普通高等教育"十二五"应用型本科规划教材

高级汉语阅读

（上册）

总 主 编	崔 巍				
主　　编	于红梅	何 玲			
副主编	王 群	董华荣	郑彩霞	王丽娟	
编写者（以姓氏拼音为序）					
	崔军艺	邓雪琴	董华荣	董媛媛	付 江
	何 玲	蒋 英	刘 瑶	罗花蕊	马小雷
	秦 武	石 斌	王 群	王莹莹	徐 芳
	于红梅	于 丽	张小刚	张迎治	赵玉霞
	郑彩霞	钟 洁			
校　　对	王 群	董华荣	于红梅		

西安交通大学出版社
XI'AN JIAOTONG UNIVERSITY PRESS

图书在版编目(CIP)数据

高级汉语阅读. 上册/于红梅,何玲主编. —西安:西安交通大学出版社,2016.7(2022.8重印)
ISBN 978-7-5605-8611-3

Ⅰ.①高… Ⅱ.①于… ②何… Ⅲ.①汉语-阅读教学-少数民族教育-教材 Ⅳ.①H194

中国版本图书馆 CIP 数据核字(2016)第 132362 号

书　　名	高级汉语阅读(上册)
主　　编	于红梅　何　玲
责任编辑	李嫣彧　雒海宁
出版发行	西安交通大学出版社
	(西安市兴庆南路1号　邮政编码710048)
网　　址	http://www.xjtupress.com
电　　话	(029)82668357　82667874(市场营销中心)
	(029)82668315(总编办)
传　　真	(029)82668280
印　　刷	西安日报社印务中心
开　　本	787mm×1092mm　1/16　印张 22.25　字数 529千字
版次印次	2016年7月第1版　2022年8月第2次印刷
书　　号	ISBN 978-7-5605-8611-3
定　　价	45.00元

如发现印装质量问题,请与本社市场营销中心联系。
订购热线:(029)82665248　(029)82667874
投稿热线:(029)82665371
读者信箱:qsfs2010@sina.com

版权所有　侵权必究

前 言

《高级汉语阅读》是为少数民族学生编写的汉语阅读课专用教材。教材分上、下两册，上册具有通识性，适用于所有已掌握4000个汉语词汇，具有一定阅读能力的汉语学习者。下册偏重于医学科普阅读，适用于大中专院校医药卫生专业的少数民族学生。

本教材编写的特点是：一、以单元专题为中心，发散性选取语料。每个单元是一个大专题，下设的每个课又是一个小专题，每个课都围绕着小专题选取和改编语料。单元阅读测试练习的语料又是对本单元相关内容的巩固和扩展。每一单元的题材和体裁丰富多样，且兼顾知识性、趣味性和科学性。通过大量、广泛的专题阅读，增加相关的词汇量和文化背景知识，以充实和完善头脑中的知识图示，从而加快阅读的速度和提高阅读理解的准确性。二、练习的编排包括对语言知识、阅读理解能力、语篇结构、阅读技巧和阅读速度等方面的训练。练习方式、题型设计突出高级汉语阅读语篇教学的特点，题型以分析素材与主题之间的关系、概括阅读材料的主旨为多，着重培养学生语篇分析能力、概括能力和快速通览全篇的能力。三、对阅读技巧进行专门的指导和练习。每课都安排了针对某项阅读技能的专门训练，"理论指导"加"实践练习"，让学生真正懂得如何进行有效的阅读。每课的限时速读和细读训练，可以培养学生良好的阅读习惯和语感。另外，为了缓解阅读疲劳，增加了一个"说一说"练习，把读和说更好地结合在一起。

教材上、下两册共12个单元，每个单元包括5个课和一个单元阅读测试练习，共60个课，12个单元阅读测试练习。每课的体例为：主课文——词语提示——练习——说一说——阅读技能指导与练习——阅读1——练习——词语提示——阅读2——练习——词语提示。每个单元阅读测试练习包括6篇阅读语料。

建议每课2学时完成。第1学时处理主课文，通过细读帮助学生深刻、准确地理解和把握主课文的语言点、相关文化背景知识以及篇章结构等。第2学时进行速读训练，在进行适当的阅读技巧指导和练习后，要求学生在一定的时间内完成读后练习。在巩固主课文所学的语言点的同时，扩大相关背景知识的积累并掌握一定的阅读技巧。阅读速度要求200~250字/分钟。

本教材在编写过程中参阅和选用了大量报刊杂志上的美文以及一些优秀网站上的电子资源，还得到了新疆医科大学各级领导、各位同仁以及西安交通大学出版社的大力支持与帮助，在此一并表示衷心的感谢。

由于水平有限，本教材肯定存在一些不足和缺点，希望您能提出批评和建议，以便我们进一步修订和完善。

编　者

2015年6月

目 录

第一单元　社会生活篇

第1课　病好了,就带你去跳舞　/001
　　　阅读技能指导　朗读　/004

第2课　距离　/010
　　　阅读技能指导　默读　/012

第3课　同窗情　/018
　　　阅读技能指导　意群阅读法　/021

第4课　敢于优秀　/027
　　　阅读技能指导　略读　/030

第5课　青少年上网宜疏不宜堵　/035
　　　阅读技能指导　查读　/038
　　　单元阅读测试练习一　/044

第二单元　文化教育篇

第6课　谜一样的东方精神　/055
　　　阅读技能指导　跳读　/058

第7课　中国人怎么什么节都过?　/064
　　　阅读技能指导　细读　/067

第8课　荷兰人如何请客送礼　/072
　　　阅读技能指导　掌握文章的组织结构　/075

第9课　输在起跑线上的德国孩子　/081
　　　阅读技能指导　抓文章中心句(一)　/084

第10课　大学在于让人们学会如何接受教育　/090

阅读技能指导　抓文章中心句(二)　/093

单元阅读测试练习二　/099

第三单元　文学艺术篇

第 11 课　"老头儿"三杂　/110

　　阅读技能指导　抓文章中心句(三)　/113

第 12 课　学霸苏轼的"八面受敌"读书法　/119

　　阅读技能指导　概括文章主旨　/122

第 13 课　米的恩典　/128

　　阅读技能指导　概括主旨：避免相关信息的干扰　/131

第 14 课　那个彩陶王国　/137

　　阅读技能指导　掌握段落的组织结构　/140

第 15 课　新疆各族民歌的音乐特点　/145

　　阅读技能指导　抓关键词　/148

　　单元阅读测试练习三　/154

第四单元　民情风俗篇

第 16 课　逝去的年味　/164

　　阅读技能指导　抓段落主题句　/167

第 17 课　过生日与祝寿　/173

　　阅读技能指导　归纳概括段落主题句　/176

第 18 课　此"曲"只为中国有　/182

　　阅读技能指导　提炼标题(一)　/185

第 19 课　摩梭人的走婚　/192

　　阅读技能指导　提炼标题(二)　/195

第 20 课　美国愚人节　/201

　　阅读技能指导　提炼标题(三)　/204

　　单元阅读测试练习四　/210

第五单元　历史地理篇

第 21 课　胡同名儿里的北京　/221
　　阅读技能指导　抓细节　/224

第 22 课　清朝地图的由来　/230
　　阅读技能指导　细节举例模式　/233

第 23 课　大学者亦大楼也　/238
　　阅读技能指导　细节事实和数据模式　/241

第 24 课　南米北面的贡献　/246
　　阅读技能指导　细节比较模式　/249

第 25 课　如果罗斯福　/255
　　阅读技能指导　细节因果模式　/258
　　单元阅读测试练习五　/263

第六单元　人生哲理篇

第 26 课　生活来源于精神　/274
　　阅读技能指导　细节打比方模式　/278

第 27 课　叫你如何看人才　/284
　　阅读技能指导　细节下定义模式　/287

第 28 课　人人皆可为国王　/293
　　阅读技能指导　细节引用模式　/296

第 29 课　两种推理　/302
　　阅读技能指导　细节分类模式　/305

第 30 课　工作与人生　/311
　　阅读技能指导　细节时间顺序模式　/314
　　单元阅读测试练习六　/319

第一单元　社会生活篇

> 深深的爱情,浓浓的亲情,君子之交淡如水的友情像一滴粘合剂,把你我他紧紧联系在一起。生活不是一个人的演出,把自己交给社会,生命方可得以延续。生活是对人生的一种诠释,是为幸福的意义而存在。为了更好地生活,我们每个人都必须付出努力。

第 1 课　病好了,就带你去跳舞

2002年11月,父亲被确诊为多发性骨肉瘤,住进了省肿瘤医院。

父亲喜欢热闹,一直在4个人的病房里住着。4个病人,加上陪在身边的家属,总是显得很热闹。乐观幽默的父亲,说着各种风趣的话,用快乐感染着身边的人。每次我去看父亲,总有一种错觉,父亲不是生病了,而是来疗养的。

为了给父亲增加营养,母亲买来了甲鱼、黑鱼、泥鳅养在床底下的脸盆里。那时父亲在接受化疗,食欲时好时差。母亲总是绞尽脑汁天天给父亲换着花样吃。为了父亲能多吃点食物,母亲操碎了心。同病房的病人、医生、护士经常对父亲说:"陈老师啊,你真好福气啊,有这样年轻漂亮又能干的陈师母服侍着你。"

母亲比父亲小7岁,皮肤白皙,身材玲珑,心灵手巧,说话和气。医院里的人,都亲热地叫母亲"陈师母"。父亲每每听到这些,总是开心地说:"等我出了院,我会好好服侍她的。"然后转过身,对母亲说:"真的会好好服侍你的,我这辈子没有为你做过点什么呢。"

父亲总喜欢让母亲坐在自己身边,端详着母亲,微笑。对母亲说:"我病好了,就不再去教书了,我要好好陪陪你。"母亲在城里工作,父亲在镇上教书,两地分居了近20年。父亲对母亲说:我想吃小核桃,你去多买点回来。母亲买回来后,父亲就让母亲坐在她的身边吃小核桃,有时假装向母亲讨一点点来吃。父亲知道母亲是喜欢吃小核桃的。但是父亲这样病着,她哪有心思吃零食,忘了吃饭也是常事。

父亲的病情在一点点恶化,他也一点点虚弱下去。母亲知道,化验单上那些上上下下的箭头就是证明。母亲辛苦准备的饭菜,父亲吃了一点点,就不吃了。父亲为了让母亲开心,总是尽量多吃一些东西,然后对母亲说:"我很快就会好的,你看我今天又吃了那么多,胃口多好啊!"

父亲吃不下东西,母亲又心焦又心疼,总会背着父亲打电话来告诉我。父亲也知道,他自己一天比一天没有力气。可是父亲总是对母亲说:"你别担心我,你看我这么高大的人,几个小小的癌细胞,还是征服得了的。"

父亲对母亲越来越依恋。母亲说:"我要去给你做饭了"。父亲说:"你不要再做了,早上留下的热一热就可以了,你在这里多坐一会儿。"

那天我去看父亲,看见母亲一脸的憔悴,我让母亲去洗洗头、洗洗澡,母亲去了。父亲像个找不到妈妈的孩子,每过两分钟就问我:"你妈呢?你妈呢?怎么还不回来啊?"父亲有我陪着,但是我看出了父亲心里的不踏实。只有母亲在他身边,他才会心安。

12月28日,是母亲的生日。母亲自己是不记得了,可父亲记得。父亲对母亲说:"我想上百货公司看看"。母亲总是依着父亲,他想去,就带他去了。在百货公司,父亲为母亲买了一件浅蓝色的羊绒衫、一根铂金项链。母亲说:"这些东西太贵了。"父亲说:"不贵"。这是父亲第一次送给母亲礼物,也是最后一次。

元旦那天,父亲觉得很有精神,拉着母亲的手在病房里跳了一曲华尔兹。高大的父亲把瘦小的母亲搂在怀里,不舍得分开。医生和护士都来了,大家的眼睛里,有泪花在闪烁。父亲对母亲说:"等我病好了,我天天带你上西山跳华尔兹,你跳起舞来,真好看。"

在第三次化疗后,父亲睡了。护士叫他陈老师,他会应一声,然后再睡去。母亲叫他一声,他也会应一声,含着笑,然后再睡。母亲对父亲说:"快点醒醒,不要睡了,醒了带我去跳舞,看你这个老头子转不转得动。"父亲还是笑,没有睁开眼睛,嘴里含糊地说了两个字:"吃药。"然后再说两个字:"跳舞。"父亲在说:"给我吃药,病好了,就带你去跳舞。"可是,父亲睡了,再也没有醒过来。

母亲天天上西山,却从不跳舞。母亲天天戴着父亲送的铂金项链,常常会不经意地用手去抚摸一下。父亲的爱,在母亲的颈项间缠绵着。母亲常常会摸着项链,陷入沉思,我知道,母亲在思念她的恋爱时光了。

(选自《今日女报》2007年11月10日,有删减)

词语提示

确诊	〈动〉	què zhěn	诊断确实。
感染	〈动〉	gǎn rǎn	通过言语或行为引起别人相同的思想。
错觉	〈动〉	cuò jué	由于某种原因引起的对客观事物的不正确的感觉。
绞尽脑汁	〈组〉	jiǎo jìn nǎo zhī	费思虑,费脑筋。
操碎了心	〈组〉	cāo suì le xīn	费心考虑和料理。
皮肤白皙	〈组〉	pí fū bái xī	皮肤白而干净。
端详	〈动〉	duān xiáng	仔细地看。
憔悴	〈形〉	qiáo cuì	形容人瘦弱,面色不好看。
不经意	〈组〉	bù jīng yì	不注意,不留神。
缠绵	〈动〉	chán mián	纠缠不已,不能解脱(多指感情)。

练习

一、根据课文内容判断正误

1. 父亲住院不是生病,而是来疗养的。　　　　　　　　　　　　　　　　(　)
2. 父亲的职业是一名教师。　　　　　　　　　　　　　　　　　　　　　(　)
3. 父亲非常爱吃小核桃。　　　　　　　　　　　　　　　　　　　　　　(　)
4. 父亲得的是癌症。　　　　　　　　　　　　　　　　　　　　　　　　(　)

5. 父亲领母亲去百货公司是为了给她买生日礼物。　　　　　　　　（　　）
6. 父亲是元旦那天去世的。　　　　　　　　　　　　　　　　　　（　　）

二、选择画线部分词语在句子中的意思

1. 那时,父亲在接受化疗,食欲<u>时</u>好时坏。
   A. 时常　　　　　B. 一半　　　　　C. 有时　　　　　D. 偶尔
2. 母亲比父亲小7岁,皮肤白皙,身材<u>玲珑</u>。
   A. 娇小　　　　　B. 矮小　　　　　C. 高大　　　　　D. 肥胖
3. 回来后,父亲就让母亲坐在她的身边吃小核桃,有时假装向母亲<u>讨</u>一点点来吃。
   A. 明抢　　　　　B. 索要　　　　　C. 分享　　　　　D. 乞讨
4. 但是父亲这样病着,她哪有<u>心思</u>吃零食。
   A. 想法　　　　　B. 思想　　　　　C. 计划　　　　　D. 心情
5. 护士叫他陈老师,他会<u>应</u>一声,然后再睡去。
   A. 反应　　　　　B. 答应　　　　　C. 惊醒　　　　　D. 点头
6. 父亲还是笑,没有睁开眼睛,嘴里<u>含糊</u>地说了两个字:吃药。
   A. 不清晰　　　　B. 不认真　　　　C. 没能耐　　　　D. 不准确

三、选择合适的词语填空

确诊　错觉　感染　端详　白皙　憔悴　缠绵　不经意　绞尽脑汁　操碎了心

1. 在父亲被（　　）为白血病后,母亲为了我们这个家（　　）。
2. 刘奶奶上前（　　）发现这姑娘皮肤（　　）,五官端正。
3. 他万万没想到从前（　　）都无法知晓的谜底竟在（　　）间被揭破。
4. 影片中男女主人公那（　　）悱恻的爱情（　　）了观看的观众。
5. 由于她天生面容（　　）,故常给人一种久病未愈的（　　）。

四、根据课文内容选择正确答案

1. 父亲为什么住在4人病房里?
   A. 父亲希望节省一些医疗费　　　B. 医院里这样安排的
   C. 利于父亲养病　　　　　　　　D. 父亲喜欢热闹,害怕孤独
2. 父亲总是尽量多吃一点儿饭菜是因为:
   A. 他心里清楚这对于病情有好处　B. 他想让母亲开心
   C. 他怕以后再也吃不上了　　　　D. 母亲做的饭菜实在是好吃
3. 父亲在病重时,母亲将自己的担心首先告诉了谁?
   A. 谁也没有告诉　　　　　　　　B. 自己的好友
   C. 自己的孩子　　　　　　　　　D. 父亲的主治医生
4. 父亲给母亲送过几次生日礼物?
   A. 一次　　　　　B. 二次　　　　　C. 每年都送　　　D. 文中没提到
5. 父亲在患病期间,一直保持着什么样的心态?
   A. 恐惧　　　　　B. 不在乎　　　　C. 乐观　　　　　D. 消极
6. 母亲在父亲去世后天天上西山是为了:

A. 陪伴父亲　　　　　　　B. 排遣寂寞
C. 缅怀自己和父亲的爱　　D. 练习跳舞

五、根据课文内容回答问题

1. 父亲在生病期间的表现怎样？由此可以看出父亲是一个怎样的人？
2. 文中的母亲是一个怎样的妻子？
3. 文章为什么要以《病好了，就带你去跳舞》为题目，而不用《父亲的爱》等更加直白的题目呢？
4. 作者通过这样一个感人的故事，想向我们揭示一个什么道理呢？

1. 谈谈你对"情人眼里出西施"的理解。
2. 你赞同"若为爱情故，一切皆可抛"的观点吗？并说明理由。

 阅读技能指导

朗读

　　朗读是一种出声的阅读方式，它通过把文字转化为有声语言来进行情感的传递。在阅读中运用有声语言的表现技巧，如停顿的长短、读音的轻重、速度的快慢、语调的抑扬等方法，让阅读中的某些字词突显出来，不仅可以让人更好地理解文字的意思，而且对提高感受读物的思想情感，增强读物内容的记忆，丰富想象力，增强语感以及口头表达能力等方面都非常有益。

　　朗读是语言学习的起点，要养成大声朗读的习惯。对阅读中遇到的精彩段落或句子应该进行摘抄，并反复大声诵读，不仅有助于识记和背诵，而且能为快速阅读和理解打下坚实的基础。

 练 习

按要求完成下面的练习

1. 对主课文的第 4 自然段和第 5 自然段（从"母亲比父亲小 7 岁"至"忘了吃饭也是常事"）进行朗读训练。
2. 画出主课文、阅读 1 和阅读 2 中你所喜欢的精彩段落和句子进行朗读，并进行背诵。

阅读1

　　有这么一部电影，讲述了二战时一对父子之间真实的故事。

　　一位善良憨厚、生性乐观的犹太人，被抓进惨无人道的纳粹集中营里。他很爱三岁的儿子，为了不让孩子幼小的心灵蒙上悲剧的阴影，他想尽各种办法试图让孩子以为这只是一场游戏。对于父亲来说，这恐怕是一生中最难演的一场戏。一边要面对充满血腥气息的战争环境，一边要尽力用谎言遮掩住真实的残酷，在恐惧焦灼与惴惴不安中，做出的却是最轻松自如的笑容，最幽默滑稽的动作。

　　这部片子我看了之后感触犹深，因为影片中所表现出来的那种心灵的挣扎和煎熬我也曾经经历过。那是 10 年前，我即将大学毕业，突然接到爸爸打来的电话，让我回家一趟，说妈妈生病了。当时我并没有多想,回到家,看到爸爸正在陪着妈妈打牌,这是很少见的情景。因为我父母都是单位里的一把手,工作非常忙,在家的时间也多用来讨论工作,很少有一家人聚在一起娱乐的时候。一向不苟言笑的爸爸一边打牌一边跟妈妈开着玩笑:"瞧,你妈的牌多好,我手气怎么就这么差呢?"妈妈也显得很开心,配合着爸爸一句句地斗嘴。可不知为什么,我总觉得气氛有些怪怪的,他们竭力表现出的轻松恰恰传达给我一种强烈的不安。我反而想哭,无来由地想哭,因为我父母从来都不会这样。他们是严肃的、很少开玩笑的,尤其是近几年,他们各忙各的事业,甚至鲜有交谈的时间。

果然,在妈妈睡下之后,爸爸神色凝重地把我和妹妹叫过来,低声说:"妈妈得了很重很重的病,你们俩多陪陪妈妈,哄哄妈妈。"敏感的妹妹立刻问:"老妈到底得了什么病?"爸爸沉默了很长时间说:"没有什么,只是需要一段时间治疗,这些事你们别管,只要别让妈妈操心着急就行。"

可事实上,妈妈是晚期肺癌,从发现到不治只有短短的四个半月。这件事,爸爸一直没有告诉我们,我和妹妹只是从大人们闪烁的言辞和妈妈病情的急剧加重中猜测出的。那时候,我们全家人似乎都约定好了,要合演一出戏,每个人都装得极为轻松,仿佛所有的愁苦都不存在似的。

说不清这场戏谁演得最辛苦。只记得直到最后一刻,爸爸都没有对妈妈说出他要说出的实情,因为我们谁都清楚,毕业于中国科技大学的妈妈早已对自己的病情心知肚明,我们在她面前演戏,她也在配合我们演戏,我们全家人就这样演出了一场最痛苦、最心酸的生离死别之戏。

转眼间妈妈已经离开我们十年了,但她仍时常出现在我的梦里。不知为什么,梦里的我,仍然是强作欢颜,一脸苦涩无比的笑,多年前那揪心的画面,一一再现。

(选自网络资料,有删减)

练 习

速读第1遍,完成下面的练习(建议阅读时间5分钟)

一、根据阅读内容选择正确答案

1. "因为我的父母都是单位里的一把手"中"一把手"的意思是:
   A. 领导班子中居于首位的负责人   B. 作为单位里的一员
   C. 能干的人   D. 喜爱工作的人

2. 回到家中的我为什么会感到一种强烈的不安?
   A. 爸妈各忙各的,甚至不交谈   B. 家庭气氛异常地轻松
   C. 爸妈突然迷恋于打麻将   D. 家庭气氛异常地紧张

3. 我和妹妹是如何发现妈妈的病情的?
   A. 爸爸告诉我们的   B. 妈妈亲口告诉我们的
   C. 我们自己猜测出来的   D. 医生告诉我们的

4. 以下哪一项符合文章的意思?
   A. 妈妈去世后十年,我才知道了妈妈当时的病情
   B. 在妈妈去世的最后一刻,爸爸告诉了她实情
   C. 其实,妈妈对自己的病情早已心知肚明

B. 姑姑告诉了妈妈她的病情
5. 请给这篇文章选一个最适合的题目：
   A. 难忘的往事　　　　　　　B. 爸爸和妈妈的谎言
   C. 最痛苦的生离死别　　　　D. 世上最难演的戏

细读第2遍，完成下面的练习

二、根据阅读内容回答问题

1. 文章在前面讲述了电影的主要内容，这种写法有什么作用？
2. 爸爸为什么要对妈妈隐瞒病情？
3. 读了这篇文章，你有什么感想？

三、选择画线部分词语在句子中的意思

1. 这部片子我看了之后感触犹深，因为影片中所表现出来的那种心灵的挣扎和煎熬我也曾经经历过。
   A. 犹豫　　　　B. 非常　　　　C. 尤其　　　　D. 犹如
2. 妈妈也显得很开心，配合着爸爸一句句地斗嘴。
   A. 语言占上风　　　　　　　B. 激烈争论
   C. 生气地反驳　　　　　　　D. 互相开玩笑
3. 他们各忙各的事业，甚至鲜有交谈的时间。
   A. 很少　　　　B. 没有　　　　C. 只要　　　　D. 从不
4. 我和妹妹只是从大人们闪烁的言辞和妈妈病情的急剧加重中猜测出的。
   A. 愉快的交谈　　　　　　　B. 大声的交谈
   C. 遮遮掩掩的话语　　　　　D. 鼓励的话语
5. 不知为什么，梦里的我，仍然是强作欢颜，一脸苦涩无比的笑，多年前那揪心的画面，一一再现。
   A. 吸引人　　　B. 不开心　　　C. 令人担心　　D. 令人感动

词语提示

惨无人道	〈组〉	cǎn wú rén dào	残酷狠毒到极点。
焦灼	〈形〉	jiāo zhuó	非常着急。
惴惴不安	〈组〉	zhuì zhuì bù ān	形容因害怕或担心而不安。
滑稽	〈形〉	huá jī	（言语、动作）引人发笑。
煎熬	〈动〉	jiān áo	比喻折磨。
不苟言笑	〈组〉	bù gǒu yán xiào	不随便说笑。形容态度庄重严肃。
心知肚明	〈组〉	xīn zhī dù míng	指心里十分清楚明白。
强颜欢笑	〈组〉	qiáng yán huān xiào	心里不畅快，但脸上勉强装出高兴的样子。
苦涩	〈形〉	kǔ sè	形容内心痛苦。

 阅读2

婆婆没上过学，目不识丁；公公当了几十年小学校长，桃李满天下。婆婆是个"话篓子"，说

话像开机关枪;公公少言寡语,沉默是金。半个多世纪两人携手一路走来,岁月没有消减两人的差距,两个性格迥异的老人,仍像小夫妻一样,吵吵闹闹。

这吵闹当然全由婆婆而起。婆婆从不叫公公名字,开口闭口"死老头子"。从"'死老头子'爱抽烟、爱打麻将"数落起,直到"'死老头子'懒得连只碗都不刷"为尾声。婆婆可以从我们进门那一刻起,不由我们插话,滔滔不绝地说上一中午。

公公73岁生日那天,我们在饭店为他祝寿。席间,婆婆偷偷叮嘱说:"有人问你公公岁数,一定说虚岁,说74或75都行,就是不能说73岁,记好!"我有两秒的诧异,转而想起"七十三、八十四,阎王不叫自己去"的说法,73岁向来被称为"鬼门关",婆婆是为了避讳!想到她平日一口一个"死老头子"地叫,我不禁偷偷在心里笑起来。

女儿3岁前,婆婆住在我家帮我带孩子,公公在老家看守门户。每到双休日,婆婆总要坐一个小时的汽车回家看望公公,风雨无阻。婆婆严重晕车,坐车对她来说像是酷刑,不吐得天昏地暗不算完事,但这丝毫不能阻止她回家看公公。星期天,脸色煞白的婆婆总会在天黑之前准时回来。等缓过来神儿,她就又开始在我面前数落公公的各种"罪行"。

等数落累了,我跟她开玩笑说:"公公那么不好,你干嘛每星期都要回去?眼不见为净,你不回去看他,不就没气生了吗?"婆婆却理直气壮地说:"那可不行。他有高血压和心脏病,我得回去让他按时吃药;他做饭不好,我这两天得给他做点好吃的;他不会洗衣服,我得回去给他洗……"

总之,婆婆有成千上万个理由必须回去;回来后又有成千上万个理由数落公公。

有时我会问婆婆:"公公不好,你想到过离婚吗?"她诧异地看着我,仿佛我问了一句非常傻气的话。"离啥婚呀!你公公是文化人,不嫌弃我就好了。他从不打我,你没见村东头你二娘被你二爷打成啥样!他挣的工资一分不少到月就交给我,也从不问我都怎么花。他那年去宁波,还给我买了块花布呢……"婆婆倒挺知足,那些微不足道的细节,成了她感知公公爱的证据。

如今,婆婆和公公进城来,住在离我们不远的地方,隔两三天我们就过去看看。上次回去,婆婆正戴着老花镜坐在太阳下边给公公缝棉裤,边数落着那个"死老头子",我笑着问婆婆:"你和公公之间有爱情吗?"婆婆迷茫地问:"爱情是个啥东西?"她的话和她的表情笑得我东倒西歪。

沉静下来细想,婆婆没文化,一生都不知道"爱情"是个啥。她和公公没有海誓山盟,没有柔情蜜意,但她为公公养育了4个子女,彼此不离不弃,一辈子就这样热热闹闹地过来了。而在她的数落里,在她一口一个"死老头子"的骂声里,谁能说里面没有"爱情"的声音呢?

(选自《河南日报》2006年11月23日,有删减)

练 习

速读第1遍,完成下面的练习(建议阅读时间6分钟)

一、根据阅读内容选择正确答案

1. 关于婆婆的描述,以下哪一项不符合文章内容?
   A. 婆婆不识字
   B. 婆婆说话很快
   C. 婆婆对公公很刻薄
   D. 婆婆很爱劳动

2. 以下哪一项不是婆婆指责公公的理由?

A. 爱抽烟　　　B. 爱打麻将　　　C. 不爱干家务　　　D. 不会关心人
3. 婆婆每逢双休日坐车看望公公是为了：
   A. 看看家　　　B. 数落他　　　C. 照顾他　　　D. 监督他
4. 对于公公，婆婆一直心存：
   A. 不满　　　B. 感激　　　C. 埋怨　　　D. 怨恨
5. 以下哪一项最能形容婆婆与公公之间的爱情？
   A. 相敬如宾　　　B. 甜甜蜜蜜　　　C. 不离不弃　　　D. 打打闹闹

细读第2遍，完成下面的练习

二、根据阅读内容回答问题
   1. 婆婆和公公在性格上有什么样的差异？
   2. 公公73岁生日那天，婆婆为什么要偷偷交待我们说他虚岁？
   3. 女儿3岁前，每到双休日，婆婆都要干什么？
   4. 作者认为她公公和婆婆之间的爱情是什么样的？

三、用所给的词语替换下列句子中的画线部分词语，保证句子意思基本不变

   隔三差五　忌讳　责备　嘱咐　讨厌　抛弃

   1. 从"'死老头子'爱抽烟、爱打麻将"<u>数落</u>起，直到"'死老头子'懒得连只碗都不刷"为尾声。（　　）
   2. 席间，婆婆偷偷<u>叮嘱</u>说："有人问你公公岁数，一定说虚岁。"（　　）
   3. 婆婆不让我们说公公73岁是为了<u>避讳</u>。（　　）
   4. 你公公是文化人，不<u>嫌弃</u>我就好了。（　　）
   5. 婆婆和公公进城来，住在离我们不远的地方，<u>隔两三天</u>我们就过去看看。（　　）

词语提示

目不识丁	〈组〉	mù bù shí dīng	形容一个字也不认得。
桃李满天下	〈组〉	táo lǐ mǎn tiān xià	比喻学生很多，各地都有。
话篓子	〈组〉	huà lǒu zi	话特别多的人
少言寡语	〈组〉	shǎo yán guǎ yǔ	指平时说话不多。
滔滔不绝	〈组〉	tāo tāo bù jué	像流水那样毫不间断。指话很多，说起来没个完。
虚岁	（名）	xū suì	一种年龄计算法。人一生下来就算一岁，以后每逢新年就增加一岁，这样比实际年龄多一岁或两岁，所以叫"虚岁"。
诧异	（形）	chà yì	觉得十分奇怪。
避讳	（名）	bì huì	封建时代为了维护等级制度的尊严，说话写文章时遇到君主或尊亲的名字都不直接说出或写出，叫做避讳。
酷刑	（名）	kù xíng	残暴狠毒的刑罚。
煞白	（形）	shà bái	由于恐惧、愤怒或某些疾病等原因，面色极白，没有血色。

| 理直气壮 | 〈组〉 | lǐ zhí qì zhuàng | 理由充分,说话气势就壮。 |
| 海誓山盟 | 〈组〉 | hǎi shì shān méng | 指男女相爱时立下的誓言,爱情要像山和海一样永恒不变。 |

第 2 课　距离

单元楼下有一个自行车修理部,蛰居在两个裁缝铺中间,面积不足五平方米。修车师傅姓陈,50 多岁,上有老,下有小,正是人生的"负重期"。为了多挣些钱,老陈每天都是早开门晚关门,常常是一身土一身油的。

老陈为人淳朴、和善,清瘦的面庞上一天到晚挂着友好的笑。我每次从修车部前经过,老陈总是主动热情地打招呼,一来二去,我们就熟络了。老陈最引以为自豪的是他的儿子在读大学,"娃儿打小就聪明着哩,学习成绩在班里从未下过前三名,去年很轻松地就考上了省城的大学,比录取分数线整整高二三十分呢!"话语里掩饰不住快慰。

老陈的儿子就读的大学离这儿不远,也就两公里吧,但我很少见他来看老陈。我不解,就问老陈。老陈顿了顿,幽幽地说:"这孩子自尊心太强了,从不在他的同学面前说我干啥,怕丢人呀!隔个十天半月来取生活费,也是一个人躲躲闪闪的,拿了就走,从不停留。""自尊心"太强了,我不晓得老陈为何想到了这个词,但从他的语气里,流露的分明是戚然和感伤。

一天午饭后,闲来无事,我到老陈的修车部前晒太阳。老陈正吃午饭,馒头就榨菜丝,面前的一杯水冒着微弱的热气。馒头刚吃了一半,一小伙子来修车,老陈二话没说,馒头往塑料袋里一装又忙活开了,"没办法,吃饭只能见缝插针,不能让别人等。"老陈憨憨地笑笑。小伙子胸前戴的大学徽章让老陈很感兴趣,因为那正是自己儿子就读的大学。老陈就问小伙子读哪个专业哪个班,巧得很,他竟和老陈的儿子同班。老陈万分激动,就拐弯抹角地向他打听自己儿子的信息,什么样的信息他都关注,他都乐意听。"他呀,和班里的一位女同学拍拖了,正打得火热呢。"老陈不懂"拍拖"何意,一脸迷茫地向小伙子求解。"嗨,就是谈恋爱呗,如今校园流行着呢。"老陈张张嘴,干咳两声,欲言又止。小伙子也许意识到了什么,诧异问:"咦,你咋认识他呀?""啊,啊……他是我们邻村的,我和他大(意为父亲)熟悉。"老陈局促地撒着谎,语无伦次,脸涨得通红。

信息的传播速度真快。不大一会儿,老陈的儿子竟气咻咻地来了:"大,我交代你多少回了,你咋还口无遮拦的。刚才你都跟我们班那个同学说了些啥,他一回到学校就大肆渲染,猜测着你和我的关系……你知道我有多被动吗?你以后还咋让我在班里混,同学们咋看待我……"老陈万没想到自己的"口误"竟给儿子带来了这么大的伤害,呆愣愣地站着,不停地搓着粗糙的双手,干涩的双眼木然地瞅着墙根塑料袋里早已冰凉的馒头,不知所措。

前后也就不到三分钟吧,老陈的儿子又气咻咻地走了,连句道别的话也没说。看来他是真的生气了。老陈这时似乎才突然想起了什么似的:"你看看,你看看,我咋忘了问问他生活费还有没有,哎,真是老糊涂了。"看着老陈自怨自责的样子,我不知道该如何安慰他。

我在想,两公里的路程,说近也近,说远也远。地理上的距离近在咫尺,而心理上的距离却遥不可及。

(选自《羊城晚报》,有删减)

词语提示

蛰居	（动）	zhé jū	像动物冬眠一样长期躲在一个地方，不出头露面。
淳朴	（形）	chún pǔ	诚实朴素。
清瘦	（形）	qīng shòu	指人瘦，一种委婉的说法。
躲躲闪闪	〈组〉	duǒ duǒ shǎn shǎn	指有意掩饰或避开事实真相。
流露	（动）	liú lù	（意思、感情）不自觉地表现出来。
见缝插针	〈组〉	jiàn fèng chā zhēn	比喻尽量利用一切可以利用的空间或时间。
徽章	（名）	huī zhāng	佩戴在身上用来表示身份、职业等的标志。
拐弯抹角	〈组〉	guǎi wān mò jiǎo	比喻说话、写文章不直截了当。
欲言又止	〈组〉	yù yán yòu zhǐ	想说却又停止了。
气咻咻	〈组〉	qì xiū xiū	气喘吁吁的。
渲染	（动）	xuàn rǎn	比喻夸大地形容。
不知所措	〈组〉	bù zhī suǒ cuò	不知道怎么办才好，形容受窘或发急。
自怨自责	〈组〉	zì yuàn zì zé	自我埋怨和责备。
近在咫尺	〈组〉	jìn zài zhǐ chǐ	形容距离很近。
遥不可及	〈组〉	yáo bù kě jí	形容由于距离很远而无法达到。

练习

一、根据课文内容判断正误

1. 修车的陈师傅每天早开门晚关门是为了多挣钱，因为他很需要钱。（ ）
2. 由于"我"经常去老陈那儿修车，所以和他很熟。（ ）
3. 老陈的儿子学习很好，所以考上了重点大学。（ ）
4. 老陈的儿子怕别人笑他靠父亲养活，所以不在同学面前提父亲。（ ）
5. 来修车的小伙子知道了老陈是他同学的父亲。（ ）
6. 老陈的儿子不常来看他是因为他恋爱了。（ ）
7. 老陈的儿子生老陈的气是因为他说出了他是自己的父亲。（ ）
8. 使老陈后悔的是忘记问儿子生活费用完了没有。（ ）

二、选择画线部分词语在句子中的意思

1. 单元楼下有一个自行车修理部，<u>蛰居</u>在两个裁缝部中间。
   A. 躲在一个不显眼的地方   B. 长期居住在一个地方
   C. 居住的面积很小   D. 安静地呆在一个地方
2. 一来二去，我们就<u>熟络</u>了。
   A. 熟悉   B. 熟知   C. 认识   D. 联络
3. 话语里掩饰不住<u>快慰</u>。
   A. 很快的欣慰   B. 快乐和安慰

C. 快乐且慰问　　　　　　　D. 快点得到安慰
4. 但从他的语气里,流露的分明是戚然和伤感。
  A. 无所谓　　B. 哭泣的样子　C. 悲伤的样子　D. 发愁的样子
5. 老陈局促地撒着谎,语无伦次,脸涨得通红。
  A. 狭小　　　B. 短促　　　　C. 仓促　　　　D. 拘谨
6. 不大一会儿,老陈的儿子竟气咻咻地来了。
  A. 大声喘气的样子　　　　　B. 气势汹汹
  C. 发怒的样子　　　　　　　D. 非常生气的样子

三、选择合适的词语填空

流露　见缝插针　拐弯抹角　欲言又止　不知所措　遥不可及

1. 言谈举止间他分明（　　）出一种不安。
2. 最近医院病人很多,他只能（　　）地看点书。
3. 看着他伤心的样子,我有些（　　）,不知怎样安慰他。
4. 只要努力,梦想就不会永远（　　）。
5. 说话不要（　　）,要直截了当;也不要（　　）,吊别人胃口。

四、画线连接

A. 老陈　　　　　　　　　　①喜欢搬弄口舌
B. 老陈的儿子　　　　　　　②富有同情心
C. 老陈儿子的同学　　　　　③虚荣心强
B. "我"　　　　　　　　　　④淳朴和善

五、根据课文回答问题

1. 老陈最引以为豪的事情是什么?
2. 对于儿子不常来看他,老陈是怎么想的?
3. 老陈为什么要向来修车的小伙子打听儿子的情况?
4. 为什么儿子过了一会儿回来找老陈?
5. 本文的最后一句话是什么意思?

说一说

1. 请你就本文中讲述的社会现象谈谈自己的看法。
2. 请讲述你和父母之间发生的最不愉快的一件事。

  阅读技能指导

默读

默读是一种不出声的阅读方法。前面说朗读是语言学习的起点,而默读则是快速阅读的起点。它是大脑对文字的思维反映,只运用脑、眼两个器官去理解文字的意义,省去了口、耳两个器官的参与,因而视觉广度大,阅读速度加快。汉字尤其适合于默读,但对一些母语非汉语的少数民族学生来说,首先要改变他们一直以来养成的声读习惯,培养良好的默读习惯,才能达到速读。

那么如何才能改变声读的习惯呢？可以在阅读时有意闭口,或者在齿间衔一只铅笔,以避免嘴唇习惯性蠕动,从而改变唇读的习惯。但最难改变的当属难以觉察的心读,表面上看似乎并未发声,但内心深处却清晰地发出每个字的读音。这种习惯的克服需结合一些速读训练,比如略读、查读、跳读等,当阅读速度比发音速度快时,心读就自然消失了。

在阅读资料、文件、阅读报纸、杂志等时,人们一般都采用默读。从速度和理解上看,默读是优于朗读的。

按要求完成下面的练习

1. 默读阅读 1 并完成练习。
2. 默读阅读 2 并完成练习。

阅读1

前天,我去吃早餐。那是个在路边临时摆成的摊位,都是些来城里务工的人所开发起来的生计,聚集着各种各样的小吃,便慢慢成了一个早市。我最喜欢去路西边一个女人的馄饨铺,买一个烧饼,再要一碗馄饨,那滋味,想起来都口齿生香。

我照常坐在我喜欢的那个位置,靠着一座小桥的桥墩边,在吵闹的街市里那算是一个安静的地方。我依然点了一碗馄饨,老板娘说今天有新馅的馄饨,要不要来一碗尝尝？我说那就来一碗吧,可是一尝,味道有些怪。老板说,那是茴香馅的。我说我有些吃不惯,她说,那味道刚开始吃的人都觉得不好吃,但吃多点儿就会咀嚼出香味了。我想或许是那样吧,但咬着牙却只吃到半碗就再也吃不动了,于是我还是又点了平常爱吃的三鲜馅。

"那个,能给我吗？求求你了！"我的身边突然不知什么时候出现了一个浑身脏乎乎的小孩,有七八岁的样子,衣服黑黑的,浑身上下泛着油光。我一侧身,那身上泛出来的酸味,让我有些反胃。

老板娘忙转过身来,拿着一块抹布,轰他走,"去去,别把客人都给我吓跑了。"

"我没有,我只是想要点儿吃的。"那孩子边躲闪着,边指着那半碗被我推在桌边上的馄饨。

他刚要过来,老板娘抢先了一步,忙把那套在碗上的塑料兜提起来,倒给了那个孩子,嘴里还嘟囔着:"可不能把我这碗给拿跑喽。"

孩子拿了馄饨,高兴地往另一个桥墩下面跑去。这时我才看清楚,十几米远的地方,还瘫坐着一个中年妇女,屁股下面垫着厚厚的一摞废纸壳,旁边的石块上竖个小车,就是一些拼凑成方形的木板,四周固定上了几个很小的转轮,还拴了条长长的麻绳。看来,这是孩子拖着母亲走的工具。

等我把手里的烧饼吃完,又去看那对母子时,孩子正双手托着那塑料兜,母亲拿了一把勺子,把馄饨喂进了儿子的口里,然后再放到自己嘴里一勺。他们脸上所洋溢着的那种幸福,异常甜蜜地绽放开来,让我的心里涌起了一种从未有过的撼动。

幸福,有时只是半碗馄饨。

(选自《北京青年报》2005年6月22日,有删减)

练习

速读第1遍,完成下面的练习(建议阅读时间4分钟)

一、根据阅读内容选择正确答案

1. "我"最喜欢吃的早餐是什么?
   A. 豆浆油条　　　B. 烧饼油条　　　C. 馄饨烧饼　　　D. 稀饭咸菜
2. "我"为什么改吃茴香馅的馄饨?
   A. 吃腻了三鲜馅的　　　　　　　B. 茴香馄饨新鲜
   C. 想尝尝新口味　　　　　　　　D. 最爱吃茴香味
3. 小孩来馄饨铺干什么?
   A. 要钱　　　　　B. 捣乱　　　　　C. 要半碗馄饨　　　D. 偷碗
4. 以下哪一项符合文章的意思?
   A. 老板娘很同情乞丐小孩
   B. 乞丐小孩的母亲是残疾人
   C. 我把半碗三鲜馅馄饨给了乞丐小孩
   D. 我被小孩的样子吓坏了
5. 我被什么深深感动了?
   A. 老板娘自强不息的精神　　　　B. 城里务工人员的奋斗精神
   C. 乞丐小孩为母亲要饭的举动　　D. 乞丐母子的亲情场面

细读第2遍,完成下面的练习

二、根据阅读内容回答问题

1. "我"在今天早晨吃早餐时遇到了什么事情?
2. 老板娘对待小孩的态度怎样?
3. 我看到那对乞丐母子为什么会"涌起了一种从未有过的撼动"?
4. 对于文章的最后一句话"幸福,有时只是半碗馄饨",你是如何理解的?

三、用所给的词语替换下列句子中的画线部分词语,保证句子意思基本不变

震撼　仍旧　坚持　计划　生路　充满　布满

1. 那是个在路边临时摆成的摊位,都是些来城里务工的人所开发起来的<u>生计</u>。（　　）
2. 我<u>依然</u>点了一碗馄饨,老板娘说今天有新馅的馄饨,要不要来一碗尝尝?（　　）
3. 我想或许是那样吧,但<u>咬着牙</u>却只吃到半碗就再也吃不动了。（　　）
4. 他们脸上所<u>洋溢</u>着的那种幸福,异常甜蜜地绽放开来。（　　）
5. 让我的心里涌起了一种从未有过的<u>撼动</u>。（　　）

词语提示

桥墩	(名)	qiáo dūn	桥梁下面的墩子,用石头或混凝土等做成。
咀嚼	(动)	jǔ jué	用牙齿磨碎食物。比喻对事物反复体会。
嘟囔	(动)	dū nang	轻轻地连续不断地自言自语。

摞	（量）	luò	量词，用于重叠放置的东西。
洋溢	（动）	yáng yì	（情绪、气氛等）充分流露。
撼动	（动）	hàn dòng	震动。

阅读2

一个胖胖的女人，大概五十来岁，站在肉摊前，手里抡着刀，"喀喀"地切肉，汗水顺着她的脸颊淌下来，脂粉被冲成了一条条小河沟。她的生意好极了。卖完肉，她坐下来和别人聊天，她坐下来都和别人站着一般高。电视大屏幕里正在播放一场排球比赛，她甩了一把汗，嗓门粗大地说："这有什么呀？当年我还差点儿成了排球队员呢！"旁边的人都笑："瞅你那体形，还打排球呢，你能跳起来吗？"见别人不相信，她认真起来："当年我可瘦了，1米8的个头，才一百二十多斤。我弹跳力特别好，人家教练一眼就相中我了！"

"你说说，到底是怎么回事？"在大家的起哄声中，胖女人开始讲起来。

那年她才14岁，在一个体育学校练习打排球。一天，解放军某部到学校里来选拔苗子，老师推荐了她。负责选拔的干部们一看到她那高挑的身材，眼睛都亮了，一致认为她是个非常有潜质的排球队员。但是，在填写政审表时，却遇到了困难，她的父亲因为给领导提意见被打成了"现行反革命"，已被捕入狱。也就是说，她是"黑五类"子女！这在那时候可不是一件小事。解决办法只有一个，即她的父母必须离婚，以证明她们母女政治清白。她回家把这件事告诉了母亲，母亲沉默不语。第二天早晨，她看到母亲的头发竟然在一夜之间变得花白了！

"孩子，我知道你很想参加这个排球队，但在你父亲和这份职业之间，你必须做一个选择！"一面是令人羡慕的未来，多少人争破了头都抢不到这个机会；一面是身陷囹圄的父亲，因为他，自己受尽了委屈和白眼。在这个抉择面前，母亲也犹豫了，一面是曾经同甘共苦，但现在孤零无依的丈夫；一面是正当花季，人生之路才刚刚开始的女儿。无奈之下，她把选择的天平交到了女儿手中。而女儿，其实从来就没有犹豫过，对母亲讲这件事情的经过时，她就再三申明："妈妈，我爱爸爸，我知道你也爱爸爸，我们都相信爸爸不会是那样的人。我不参加排球队了，我要爸爸。"这样，她理所当然地被刷了下来。而那一批被录取的人中，今天已经有好几个拥有了很高的军衔。

有人问胖女人："你后悔吗？""不后悔，我现在不是挺好的吗？去年，是我老爹老妈金婚纪念，提起这件事来，他们都哭了。"

中午的时候，一个白发苍苍的老太太来给胖女人送饭，她就是胖女人的母亲。看女儿大口大口地吃饭，她眼神里漾满关爱。

（选自《中国经济时报》2006年10月20日，有删减）

练习

速读第1遍，完成下面的练习（建议阅读时间5分钟）

一、根据阅读内容选择正确答案

1. 胖女人目前是做什么的？
   A. 运动员　　　B. 小商贩　　　C. 公务员　　　D. 无业

2. 胖女人当年为什么没有考上体校？
   A. 体重超标了　　　　　　　　B. 面试没通过

       C. 她父母离婚了   D. 她不愿放弃亲情
   3. 胖女人14岁时,她父亲正在干什么?
       A. 坐牢   B. 外地打工   C. 住院   D. 赋闲在家
   4. 胖女人对于当初的选择:
       A. 十分后悔   B. 没有后悔,但很失落
       C. 不后悔,反而感到很幸福   D. 至今内心仍很矛盾
   5. 最适合本文的标题是:
       A. 爱的抉择   B. 我的父亲   C. 无悔的选择   D. 伟大的亲情

细读第2遍,完成下面的练习

二、根据阅读内容回答问题
   1. 胖女人为什么没有成为解放军某部排球队队员?
   2. 母亲的头发一夜变白的主要原因是什么?
   3. 在父亲和去部队的抉择中,胖女人的态度是怎样的?
   4. 胖女人现在生活得怎么样?

三、选择画线部分词语在句子中的意思
   1. 我弹跳力特别好,人家教练一眼就相中我了!
       A. 选择   B. 满意   C. 看上   D. 相信
   2. 一天,解放军某部到学校里来选拔苗子,老师推荐了她。
       A. 苗头   B. 在某方面有潜质的年轻人
       C. 人才   D. 年龄小的孩子
   3. 负责选拔的干部们一看到她那高挑的身材,眼睛都亮了。
       A. 恍然大悟   B. 非常欣赏   C. 晃眼睛   D. 很有魅力
   4. 因为他,自己受尽了委屈和白眼。
       A. 瞪眼   B. 没良心   C. 看不起   D. 不满意
   5. 一面是令人羡慕的未来;一面是身陷囹圄的父亲。
       A. 诬陷   B. 排挤   C. 困境   D. 监狱

词语提示

脸颊	(名)	liǎn jiá	脸的两旁部分。
脂粉	(名)	zhī fěn	胭脂和粉,旧时借指妇女。
瞅	(动)	chǒu	看。
高挑	(形)	gāo tiāo	指身材瘦长。
黑五类	〈组〉	hēi wǔ lèi	中国"文革"中指地主、富农、反革命分子、坏分子、右派分子五种人(多用来指人的家庭出身)。
囹圄	(名)	líng yǔ	监狱。
同甘共苦	〈组〉	tóng gān gòng kǔ	共同享受幸福,共同担当艰苦。
申明	(动)	shēn míng	郑重说明。

| 军衔 | （名） | jūn xián | 区别军人等级的称号。如元帅、将官、校官、尉官等。 |
| 金婚 | （名） | jīn hūn | 西方风俗称结婚五十周年为金婚。 |

| 第 3 课 | 同窗情

20多年前,他们是高中同学,同住一条弄堂,恰巧又是同姓,年长几个月的被同学称之为大李,另一个就是小李了。

那时,大李家住在弄堂口的过街楼上。每天清晨,小李穿过弄堂来到弄口,总会对着大李家的窗户,扯起嗓子喊:"大李,上学去喽!"不一会儿,大李就背着书包吧嗒吧嗒地下楼了,小哥俩有说有笑地去学校了。

说是小哥俩,毕竟是两家门户,其性情和模样则完全是"错位"的,或许这也就是所谓的性格互补吧!大李长得高大结实,读书成绩一如他的模样,一直是四平八稳的,总能保持在班上的前三名;小李生得玉树临风,成绩单也像他的模样,飘飘然然,其震荡幅度够刺激,可在前十名和后十名之间来回摆动。所以每每考试,小李就往大李家跑,他说大李是他的"佛脚",他得及时"抱一抱"。

当时,正值"文革"后刚刚恢复高考之际,岂止是应届生,更有许多被耽搁的往届毕业生,都纷纷涌进了高考大军的行列。这好比是千军万马过独木桥,除了分数上的实力相拼,首先,体检一关就近乎苛刻,有不少人硬是在这个节骨眼上被拉下了马。不幸的是,大李就是其中一例,在高考体检中他竟意外地被查出患有先天性心脏病,医生在体检单上轻轻的一个戳,对大李来说犹如五雷轰顶,这就意味着他已经失去了参加高考的资格。大李欲哭无泪,从小到大,他在学校里打篮球、踢足球,从来就没落下过,怎么会有这等病。他仿佛是一个在赛场上全力奔跑的人,突然横遭一腿,重重地摔了一跤,一下子懵了。以后的日子里,尽管小李隔三差五地来大李家陪伴他,但也无法排遣大李郁闷的心情。大李的父母唯恐儿子想不开,于是送他去乡下外婆家"分心"去了。

高考的日子很快过去了,当小李拿到华东师大的录取通知时,大李也回来了。小李怕大李伤心,没向他报喜。然而,偏偏在小李去学校报到的前夕,不慎扭伤了脚踝。这可让小李犯愁了,父母都不在本地工作,家里只有年迈的爷爷奶奶,当时又没有叫车的条件。正为难着,大李来看他了,他言语不多,只是安慰小李道:"没关系,明天我会来送你的。"小李推辞着,他想若让大李送他去学校,岂不是在他的伤口上抹了一把盐。

容不得小李多想,第二天一早,大李已经借了一辆上海人所谓的"黄鱼车"载着小李和他的行李上路了。从他们家到学校足足要骑两个多小时的路程,大李使劲地蹬着车子,九月里的太阳依然灼热,大李的衬衣已经被汗水渗透了,好几次,小李叫他歇一歇,大李却说:"不累不累,你腿脚不便,早些到校,兴许还可以挑一个好铺位。"到了学校,大李替小李安置好了一切,小哥俩该告别了,小李翕动着嘴唇想说些什么,但鼻子却发酸了,反倒是大李调侃道:"兄弟,明年我也考华师大,那时候,你就是学哥,我成了学弟,我们俩可以换位啦。"有道是"男儿有泪不轻弹",此时,望着大李远去的被汗水渗透的背影,小李泪水盈眶了。

20多年后的今天,小李已经在IT行业拥有了自己的公司,大李也举家去了国外发展,每次大李回国,小李总要去机场接机。大李说:"不麻烦啦,你挺忙的,我们可以自己解决的。"小李就是不依,大李出国十几年了,小李接机送机从未间断过。有一次,小李的一位部下遇到小李的妻子,不解地问道:"这大李是个什么样的人物,为什么每次回来,李董总要安排好事务亲自接送?"小李的妻子道:"说来话长,这是他们哥们儿之间的事,总之我家小李说过,多少次的小车接送都抵不过大李的一趟黄鱼车相送。"

人生在世,能拥有这样一段真挚的同窗情,足矣!

(选自周珂银博客 2011 年 1 月 17 日,有删减)

词语提示

弄堂	(名)	lòng táng	方言,小巷,胡同。
四平八稳	(组)	sì píng bā wěn	形容说话、做事、写文章稳当。有时也指做事只求不出差错,缺乏创新精神。
玉树临风	(组)	yù shù lín fēng	形容男子相貌好。
苛刻	(形)	kē kè	(条件、要求等)过高;过于严厉,刻薄。
五雷轰顶	(组)	wǔ léi hōng dǐng	比喻遭到了巨大的打击。
懵	(形)	měng	一时的心乱迷糊。
不慎	(副)	bù shèn	不小心。
推辞	(动)	tuī cí	表示拒绝。
灼热	(形)	zhuó rè	像火烫着一样热。
调侃	(动)	tiáo kǎn	开玩笑地说。
男儿有泪不轻弹	(组)	nán ér yǒu lèi bù qīng tán	男子不轻易流眼泪。
说来话长	(组)	shuō lái huà cháng	表示事情很复杂,不是几句话就能说清楚(多指不大愉快的事)。
抵不过	(组)	dǐ bù guò	比不上。
真挚	(形)	zhēn zhì	真诚恳切(多指感情)。

练习

一、根据课文内容判断正误

1. 每天清晨都是小李来叫大李上学。( )
2. 大李长得高大结实,但成绩却不稳定。( )
3. 小李要考军校,但因为体检不合格失败了。( )
4. 大李和小李都住在上海市。( )
5. 自从小李脚受伤后,大李天天接送他上学。( )
6. 大李后来也考上了华东师大。( )

二、给划线词语选择正确的解释

1. 有不少人硬是在这个<u>节骨眼</u>上被拉下了马。
   A. 总是;重要环节　　　　　B. 也是;重要时刻
   C. 就是;关键环节　　　　　D. 总是;关键时刻

2. 他仿佛是一个在赛场上全力奔跑的人,突然横遭一腿,重重地摔了一跤,一下子<u>懵</u>了。
   A. 无知　　　B. 糊涂　　　C. 不明事理　　　D. 昏迷

3. 尽管小李隔三差五地来大李家陪伴他,但也无法排遣大李郁闷的心情。
   A. 偶尔　　　　B. 经常　　　　C. 三、五次　　　D. 很少
4. 大李的父母唯恐儿子想不开,于是送他去乡下外婆家"分心"去了。
   A. 散心　　　　B. 分散　　　　C. 开心　　　　D. 忘记
5. 小李推辞着,他想若让大李送他去学校,是在他的伤口上抹了一把盐。
   A. 对他很不礼貌　　　　　　　B. 对他很不合适
   C. 让他更辛苦　　　　　　　　D. 让他更伤心
6. 人生在世,能拥有这样一段真挚的同窗情,足矣!
   A. 知足了　　　　B. 完成了　　　C. 可以了　　　D. 无憾了

三、选择合适的词语填空

四平八稳　玉树临风　苛刻　不慎　推辞　调侃　说来话长　抵不过　刻薄

1. 他这个人做事（　　）,令人放心。
2. 由于一时的（　　）,我将母亲留给我的唯一纪念品——项链给弄丢了。
3. 人家再三邀请,一番盛情,你再（　　）就不好了。
4. 他（　　）地说:"我要有陆毅那么（　　）,早当明星了,还在这儿受累呀!"
5. 对于她而言,再多的礼物也（　　）他的一句"生日快乐"。
6. 你对孩子的要求也太（　　）了点吧。
7. 这事呀（　　）,你别急,听我慢慢儿跟你说。

四、根据课文内容选择正确答案

1. 大李和小李的关系是:
   A. 同父异母的兄弟　　　　　　B. 高中同学
   C. 既是同学又是邻里　　　　　D. 同母异父的兄弟
2. "所以每每考试,小李就往大李家跑,他说大李是他的'佛脚',他得及时'抱一抱'"。这句话的意思是:
   A. 大李能给小李带来好运,所以考试前要去见他
   B. 每次考试前,小李总会去大李家鼓励他
   C. 大李常常帮小李进行考前的突击复习
   D. 大李可以安慰小李,帮他克服紧张情绪
3. 关于大李,以下哪一项符合文章的意思?
   A. 大李长得很英俊　　　　　　B. 大李没参加高考是因为身体有病
   C. 大李从小就不爱运动　　　　D. 大李是往届毕业生
4. 小李去学校报到前为什么事而发愁?
   A. 父母都不在本地工作　　　　B. 家里年迈的爷爷奶奶没人照顾
   C. 不慎扭伤了脚踝而去不成学校　　D. 家里很穷,交不起学费
5. 小李为什么不愿让大李送他去学校?
   A. 嫌大李啰嗦　　B. 怕大李给他丢人
   C. 怕大李伤心　　D. 因为大李没考上大学
6. 大李后来从事什么工作?

A. IT 工程师　　　B. 教师　　　　C. 科学家　　　　D. 文章没提到

五、根据课文内容回答问题

1. 大李和小李在个性、学习以及模样等方面都有什么样的差异？
2. 大李没考上大学的主要原因是什么？
3. 为什么大李没考上大学的那年特别难考？
4. 小李考上华东师大的消息为什么不敢告诉大李？
5. 哪几件事使大李和小李的感情更加深厚？
6. 本文歌颂了一种什么样的同窗情谊？

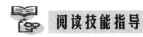

1. 你认为同学关系重要吗？为什么？
2. 你与同学相处得好吗？你觉得怎样做才能和睦相处？

阅读技能指导

意群阅读法

意群阅读法是指在阅读过程中，按照词组、短语在文中的组合意义整体阅读，而不是单个词语阅读的一种方法。意群阅读往往把句子分成多个部分，眼睛从一个意群到另一个意群进行移动。

一个普通读者阅读时眼睛是从一个词语移动到另一个词语，对每一个词语都给予同等的重视，从头逐词读到尾。这不但浪费时间，而且可能读完最后一个词都不知所云。例如：我们/不/愿/让/那些/穷苦/的/孩子/感到/他们/是/在/接受/救济，因为/施舍/的/最高/原则/是/保持/受施者/的/尊严。如果逐词阅读，不但速读慢，而且不易形成一个完整的意思。用意群阅读法可以这样：我们不愿/让那些穷苦的孩子感到/他们是在接受救济/，因为施舍的最高原则是/保持受施者的尊严。用眼睛选读其中关键的字词以意群为单位进行阅读。这样不仅能提高阅读速度，而且能克服指读、重读等不良习惯，从而有助于快速而又准确地理解文章大意。

在我们的阅读教学中要有意识地培养学生快速阅读的习惯，但养成意群阅读的习惯并不是一蹴而就的，需要一个长期训练的过程。

练习

对下面语料进行意群划分并阅读

1. 当时，正值"文革"后刚刚恢复高考之际，岂止是应届生，更有许多被耽搁的往届毕业生，都纷纷涌进了高考大军的行列。

2. 不幸的是，大李就是其中一例，在高考体检中他竟意外地被查出患有先天性心脏病，医生在体检单上轻轻的一个戳，对大李来说犹如五雷轰顶，这就意味着他已经失去了参加高考的资格。

3. 容不得小李多想，第二天一早，大李已经借了一辆上海人所谓的"黄鱼车"载着小李和他的行李上路了。

阅读1

　　手机上储存的电话号码一天天多了起来,但真想找个人倾诉的时候,掏出手机来,却常常不知道该打给谁。无论是孤独、郁闷还是源自内心的喜悦与幸福,都无法与更多的人分享。与此同时,坐趟公交或者上次厕所,却往往能碰上好几个热情打招呼的熟人。

　　台湾作家龙应台曾经自我诘问:"为什么在人群中我反而更加孤独?"事实上,这也是现代人普遍的疑问:熟人越来越多,朋友越来越少,正似乎成为某种时代宿命。更多的时候,我们宁愿蜷缩于自我的狭小空间,体味着个人的喜怒哀乐,既不会被人理解,也不愿理解别人。

　　刚学会上QQ的时候,我的好友名单迅速扩容,队伍庞大。一开始网上聊天大都兴致盎然,但很快彼此都会发现,可以聊的内容实在微乎其微。在很多熟人之间,心灵交汇的空间其实有限得惊人。也正因此,我方始明白,为什么有人要旗帜鲜明地喊出"只爱陌生人"的口号,因为陌生,彼此都可以肆无忌惮,无需对各自的背景和未来负责。

　　现代都市中的芸芸众生,高山流水式的投合固然已经成为心灵幻影,即便坦诚相见的友情都越来越难得一求。在长沙的公交车上,我曾经无数次听到别人在接手机时,一边说自己现正在广州、重庆、上海,一边抱怨对方来长沙怎么不提前告诉一声,也好等着为之接风洗尘。更为尴尬的是,在外地工作的某甲回到长沙,给某乙打电话说本来要来看老朋友的,但日程实在太紧,只好下次再聚。某乙也殷切地说自己多么想念对方,但碰巧近日在赶一个材料。谁知道,第二天上午他们居然在烈士公园不期而遇。

　　2005年7月,我和爱人同时遭遇车祸,其中我爱人住院长达3个月。此期间,我们收到真情关爱的同时,也收到了不少虚开的友情支票。有人明明没有去过医院,却硬说去那里没有找到我们;有人说他买了贵重的东西去看望我们,才知道我们已经出院;有人每次见面都一再表示要来家里慰问,结果一年下来就被他这样"慰问"过七八次;还有人在找我帮忙时问我是不是为他没去医院看望介意了,说良心话我还真没有介意,但他随即说出的一句话就真不能不让人介意了,他说:"这样的小事,你介意的话就太不够朋友了!"经他这么一质问,"不够朋友"的责任就完全落在了我的头上,这关于"朋友"的逻辑也真奇怪得很。

　　自诩伶俐的现代人,事实上已经失去了很多本真的东西,就连友谊这么简单的一种感情,都让我们弄得如此复杂而微妙,充满虚与委蛇甚至钩心斗角的玄机。

　　偶尔检查手机和QQ上的好友名单,发现其中很多人居然一开始就不曾联系也没想过要保持联系,当初添加的时候或是因为漫不经心或是出于礼貌。一个个删除这些名单的时候,我内心里是清醒而悲哀的,因为我知道,我自己又何尝不是他们的"熟人"而已?

(选自《杂文报》,有删减,作者:魏剑美)

练习

速读第1遍,完成下面的练习(建议阅读时间6分钟)

一、根据阅读内容选择正确答案

1. 关于熟人和朋友,以下哪一项符合文章的观点?
   A. 熟人就是在厕所里或公交车上和你热情打招呼的人
   B. 现代人常常会因为自我空间的狭小而不愿有朋友
   C. 很多人都感到现代社会熟人越来越多,朋友越来越少

D. 熟人逐渐代替朋友是现代社会发展的趋势
2. 为什么有人会喊出"只爱陌生人"的口号？
   A. 对陌生人才敢坦诚而言　　　B. 陌生人更容易理解自己
   C. QQ使陌生人成为朋友　　　　D. 对陌生人的爱不需要负责任
3. 第四自然段的两个小事例说明了什么？
   A. 现代生活节奏很快
   B. 现代人朋友间不能坦诚相待
   C. 甲和乙根本不是朋友，只是熟人
   D. 现代人由于工作紧张，朋友聚会也变成了一件难事
4. 对于那位找我帮忙的人，"我"到底介意他什么？
   A. 没去医院探望"我"　　　　B. "我"住院时常"慰问"
   C. 去医院没找着"我"　　　　D. 说话太虚伪了
5. 对于友情，作者的观点是：
   A. 应当真诚　　B. 圆滑处之　　C. 顺其自然　　D. 少交朋友

细读第2遍，完成下面的练习

二、根据阅读内容判断正误

1. 本文的作者是台湾女作家龙应台。（　）
2. 作者认为现代社会中根本没有坦诚相见的友情。（　）
3. "我"和爱人遭遇车祸住院时收到了不少真情的关爱。（　）
4. 作者认为现代人的友情复杂而微妙。（　）
5. 本文是一篇议论性的散文。（　）
6. "我"内心的悲哀源于我知道自己也是他们的"熟人"。（　）

三、用所给的词语替换下列句子中的画线部分词语，保证句子意思基本不变。

命运　立场坚定　深切　果然　竟然　屡次

1. 熟人越来越多，朋友越来越少，正似乎成为某种时代的宿命。（　）
2. 也正因此，我方始明白，为什么有人要旗帜鲜明地喊出"只爱陌生人"的口号。（　）
3. 某乙也殷切地说自己多么想念对方，但碰巧近日正在赶一个材料。（　）
4. 谁知道，第二天上午她们居然在烈士公园不期而遇。（　）
5. 有人每次见面都一再表示要来家里慰问。（　）

词语提示

诘问	（动）	jié wèn	追问；责问。
宿命	（名）	sù mìng	生来注定的命运。
蜷缩	（动）	quán suō	蜷曲紧缩。
兴致盎然	〈组〉	xìng zhì àng rán	形容兴趣很浓的样子。
微乎其微	〈组〉	wēi hū qí wēi	形容非常小或非常少。
肆无忌惮	〈组〉	sì wú jì dàn	非常放肆，一点没有顾忌。

芸芸众生	〈组〉	yún yún zhòng shēng	佛教指世间的一切生灵。一般也用来指众多的平常人。
接风洗尘	〈组〉	jiē fēng xǐ chén	指设宴款待远来的客人,以示慰问和欢迎。
不期而遇	〈组〉	bù qī ér yù	没有约定而遇见。指意外碰见。
世俗	〈名〉	shì sú	尘世;非宗教的。
圆滑	〈形〉	yuán huá	形容人善于各方面敷衍讨好,不负责任。
自诩	〈动〉	zì xǔ	自夸。
伶俐	〈形〉	líng lì	聪明;灵活。
虚与委蛇	〈组〉	xū yǔ wēi yí	指对人虚情假意,敷衍应酬。
勾心斗角	〈组〉	gōu xīn dòu jiǎo	比喻用尽心机,明争暗斗。
玄机	〈名〉	xuán jī	道家称深奥玄妙的道理。
漫不经心	〈组〉	màn bù jīng xīn	随随便便,不放在心上。

阅读2

和朋友聊天,聊着聊着便说到了"朋友"的话题,感慨之余说了两则和"朋友"相关的故事。

一则,有个自称是炒股专家的人,因缺了头寸,便向一位仁兄提出筹措点资金的事,并信誓旦旦地立下股东分红方案,胸有成竹地要用高额利润予以回报。这位仁兄不好意思拒绝,便将自己全部的积蓄拿出来当作对方炒股的本金,解了朋友的燃眉之急。

朋友的雄心抵不过股市的动荡,一脚踏进漩涡,回天乏力。

说好三个月还的钱,拖了一年都没有兑现。这位仁兄开始忐忑起来,别是他的血汗钱也打了水漂?于是,他很不好意思地向朋友提出还钱的事。不想朋友拉长了脸,阴沉地说:"要钱没有,要命一条。"

听闻此言,这位仁兄的心全凉了,尝到了站着借钱、跪着要钱的味道,他只得宽慰自己:等一段时间再说吧,说不定什么时候有了转机。

然而,令他瞠目结舌的是朋友卖了房子,不辞而别,再无音讯。多年的积蓄如同空气一般无影无踪。

另一则,一位颇有慧根的室内设计师在朋友的再三恳求下,帮朋友的朋友新居设计了一套方案。设计之前,他很坦率地把自己的设计收费标准亮了出来。"只要东西好,钱不是问题"朋友的朋友说。于是这位设计师非常投入、格外用心地去做了。结果出来了,朋友的朋友非常满意,但是避而不提费用的事,说是要给他的家人再看一下,过些时日给出答复。说的也在理上,设计师想,是朋友介绍的,总不会有问题,便一心等待着答复。

时间过去了几个月,没有任何答复,费用的事自然也无从提及。设计师觉得有些不妙,找到朋友埋怨了一番,朋友也无奈地说再同对方联络一下。朋友的朋友传来了话,显然颠覆了先前如何如何满意的结果,说的全是设计中有这样那样的问题,设计师心里很明白这意味着什么。最后,设计师拿到了费用,但是比起先前说好的相差甚远。

"现在啊,我倒情愿和陌生人打交道,有话挑明了说,有事按规则办。一是一,二是二。即便是算计,也是有心理准备的。怕就怕朋友托事,不帮忙吧,怕伤和气,帮了忙吧,怕伤元气。这世道,连朋友都不知道怎样做了。"友人的这一番话,道出了万般无奈。

"朋友"这个词真的变味儿了吗?连朋友都成了盘剥算计的对象,这个世界似乎真的太可怕了。

于是自我告诫在以后的交友中须得更加谨慎,更加小心。但是,真的连朋友都不能相信了吗?就像倒洗澡水不会连孩子一起倒掉一样,在看待朋友这个问题上自然也不能到因噎废食的地步。是的,朋友一定要慎交,再则,世界上毕竟好人多。这样一想,便有些释怀了。

(选自《劳动报》,有删减,作者:马加)

练习

速读第1遍,完成下面的练习(建议阅读时间5分钟)

一、根据阅读内容选择正确答案

1. 第一则故事当中那人拿钱给朋友当作炒股的本金的主要原因是:
   A. 得到高额利润回报　　　　B. 朋友是炒股专家
   C. 解朋友燃眉之急　　　　　D. 当时股市行情很好

2. 另一则,"一位颇具慧根的室内设计师"中"颇具慧根"一词的意思是:
   A. 很有天赋　　B. 很有创意　　C. 很有学识　　D. 很有经验

3. 设计师最后拿到的费用:
   A. 和先前说好的一样　　　　B. 比先前说好的少了一些
   C. 比先前说好的还多　　　　D. 比先前说好的少了很多

4. 对于朋友,作者的观点是:
   A. 最好少交　　　　　　　　B. 不要太信任
   C. 一定要慎交　　　　　　　D. 不如陌生人好打交道

5. "这样一想,便有些释怀了"中"释怀"一词的意思是:
   A. 恐惧　　　　B. 放心　　　　C. 消除　　　　D. 解释

细读第2遍,完成下面的练习

二、根据阅读内容回答问题

1. 第一则故事中,那位仁兄的朋友进入股市后发生了什么事情?
2. 第二则故事中,朋友的朋友对于设计方案满意吗?
3. 作者的朋友现在更愿意和什么样的人打交道?
4. 作者认为我们在人际交往中应该警惕什么行为?

三、选择画线部分词语在句子中的意思

1. 因缺了<u>头寸</u>,向一位仁兄提出筹措点资金的事。
   A. 资金　　　　B. 头发　　　　C. 很少的钱　　　　D. 银行贷款

2. 这位仁兄开始忐忑起来,别是他的血汗钱也<u>打了水漂</u>?
   A. 投入而没有回报　　　　　B. 在水上漂
   C. 被作他用　　　　　　　　D. 被人花完了

3. 闻听此言,这位仁兄的心全凉了,尝到了<u>站着借钱、跪着要钱</u>的味道。
   A. 借给别人钱时站着,要钱时跪着　　B. 借钱容易,要钱难
   C. 不愿意借钱给别人　　　　　　　　D. 要钱会受到惩罚

4. 令他瞠目结舌的是朋友卖了房子,不辞而别,再无<u>音讯</u>。

    A. 发言   B. 说话   C. 消息   D. 汛期

5. 连朋友都成了盘剥算计的对象,这个世界似乎真的太可怕了。
    A. 计算数目   B. 仔细考虑
    C. 大概估计   D. 暗中谋划伤害别人

词语提示

词语	词性	拼音	释义
头寸	(名)	tóu cùn	投资者拥有或借用的资金数量。
筹措	(动)	chóu cuò	设法弄到(钱)。
信誓旦旦	〈组〉	xìn shì dàn dàn	誓言说得真实可信。
胸有成竹	〈组〉	xiōng yǒu chéng zhú	比喻在做事之前已经拿定主意。
本金	(名)	běn jīn	存款者或放款者拿出的钱(区别于利息);经营工商业的本钱;营业的资本。
燃眉之急	〈组〉	rán méi zhī jí	火烧眉毛那样紧急。形容事情非常急迫。
漩涡	(名)	xuán wō	比喻某种使人不能自脱的境地。
回天乏力	〈组〉	huí tiān fá lì	比喻局势或病情严重,已无法挽救。
兑现	(动)	duì xiàn	比喻诺言的实现。
忐忑	(形)	tǎn tè	心神不定。
瞠目结舌	〈组〉	chēng mù jié shé	瞪着眼睛说不出话来。形容窘困或惊呆的样子。
挑明	(动)	tiǎo míng	公开,揭开。
和气	(名)	hé qi	和睦的感情。
元气	(名)	yuán qì	指人或国家、组织的生命力。
因噎废食	〈组〉	yīn yē fèi shí	原意指因为有人吃饭噎死了,想到此人们都不敢吃饭。比喻要做的事情由于出了点小毛病或怕出问题就索性不去干。
释怀	(动)	shì huái	消除心中的挂念。

第 4 课　敢于优秀

韩颖离开了工作 9 年的海洋石油总公司,丢掉铁饭碗,正式加入了惠普(中国)公司,在财务部工作。那年,她已经 34 岁,面对异议,她说:"人生什么时候改变都不会晚。"

一进惠普公司,韩颖就来了一次大动作。

那是 20 世纪 80 年代末,员工没有工资卡,每次发工资都由两个人手工完成:同事负责点钱,韩颖负责核实。300 多人的工资,当时又没有百元大票,厚厚一摞儿要一一核实,数得她头晕眼花。韩颖暗自想,每个月都如此发工资,既浪费时间又容易出错,有什么办法呢?

一天下班后,疲惫不堪的韩颖路过公司附近的一家银行时,突然灵光一闪。次日一大早,韩颖找到银行负责人,希望能为公司 300 多位员工开户,将每个月的工资总数直接存到银行,员工凭折子领取工资。

负责人有些犹豫。韩颖说:"这样银行会有一笔数目不小的存款,有百利而无一害,是好事啊!"负责人经不起她的再三劝说,终于点了头。

第二个月发工资的日子到了,韩颖兴奋地在财务部外面贴了一张告示,告诉大家今后领工资不用排队等候了,直接拿着折子到银行领取就行。

然而事情的发展并不顺利。每个拿到折子的员工似乎都不太满意,在财务部外面站着,面有愠色地议论纷纷。韩颖心里正忐忑不安时,直属领导叫人来找她了。

一跨进办公室,她就挨了批评,领导说她犯了两大错误:一是为自己轻松,让 300 多个员工自己取钱,自私;二是贴大字报搞宣传,不经上级同意就擅自行事,放肆。领导声色俱厉地让她回去检讨自己。

韩颖回到财务部,努力忍住不让眼泪掉下来。难道自己真的做错了?

正在这时,上层的外方领导也传话来了。走进办公室,韩颖看见对方赞许的笑脸。外方领导肯定地说:"你改写了公司手工发工资的历史,这种勇气和创新精神非常值得嘉奖!"

就这样,那一天成为韩颖职场生涯的转折点。她因此被评为惠普公司年度优秀职员。在大会上,她意气风发地说:"好的设想常常被扼杀在摇篮里,但这绝对不是你变得平庸的真正原因。永远不要害怕改变,改变里就有契机。"

再回头,让我们看看韩颖迄今为止的人生履历。

她 15 岁下乡,24 岁招工回城,被分配在天津渤海石油公司运输大队做汽车修理工。五十铃的轮胎与她肩膀同高,累得她筋疲力尽。回到家,她仍抓紧时间学习会计学,并因业绩突出被调入中国海洋石油总公司。

她 27 岁进入厦门大学学习西方会计专业,在 3 年的学习期间,还编译了一本 140 万字的英汉、汉英双语会计词典。该词典是当时国内第一本西方会计工具书。

她 34 岁进入惠普(中国)公司,38 岁出任公司中国区财务经理,41 岁任公司中国区首席财务官和业务发展总监,47 岁当选亚洲最佳 CFO(首席财政官),2008 年成为英国著名杂志 AsiaCFO 的封面人物,并被该杂志评为"亚洲 CFO 融资最佳成就奖",也是此奖设立以来获奖的中国第一人。

韩颖改变的不只是银行折子的功用,而是自己的一生。

(选自《现代妇女・爱尚》2014 年 9 月 17 日,有删减)

词语提示

核实	(动)	hé shí	检验和查证。
疲惫不堪	〈组〉	pí bèi bù kān	形容非常疲乏。
愠色	(形)	yùn sè	怨怒的神色。
忐忑不安	〈组〉	tǎn tè bù ān	心神极为不安。
放肆	(形)	fàng sì	任意作为,不加拘束。
声色俱厉	〈组〉	shēng sè jù lì	说话时声音和脸部表情都很严厉。
嘉奖	(动)	jiā jiǎng	称赞并奖励。
意气风发	〈组〉	yì qì fēng fā	形容精神振奋,气概豪迈。
扼杀	(动)	è shā	掐住脖子,使窒息而死。比喻摧残、压制发展中的事物。
契机	(名)	qì jī	指事物转化的关键;机会。
履历	(名)	lǚ lì	包括个人经历的资料的简要说明。
业绩	(名)	yè jì	完成的事业和建立的功劳;重大的成就。

练习

一、根据课文内容判断正误

1. 大家对韩颖加入惠普公司的做法表示理解和赞同。　　　　　　　　　　　(　)
2. 发工资时,同事负责核实,韩颖负责点钱。　　　　　　　　　　　　　(　)
3. 韩颖一直有要在银行为员工开户的想法。　　　　　　　　　　　　　　(　)
4. 第二个月发工资时,拿到折子的员工都很激动。　　　　　　　　　　　　(　)
5. 韩颖的直属领导对韩颖的做法很不满意。　　　　　　　　　　　　　　(　)
6. 韩颖的外方领导很欣赏韩颖的做法。　　　　　　　　　　　　　　　　(　)

二、选择画线部分词语在句子中的意思

1. 韩颖离开工作了9年的海洋石油总公司,丢掉<u>铁饭碗</u>,正式加入了惠普(中国)公司,在财务部工作。
   A. 非常坚硬的碗　　　　　　　　B. 稳定的不会失业的工作
   C. 用铁做成的碗　　　　　　　　D. 一点儿不辛苦的工作

2. 二是贴大字报搞宣传,不经上级同意就擅自<u>行事</u>,放肆。
   A. 办事,做事　　B. 出事　　C. 行动　　D. 行为方式

3. 就这样,那一天成为韩颖职场<u>生涯</u>的转折点。
   A. 生计　　B. 生存　　C. 生活　　D. 生机

4. 好的设想常常被扼杀在摇篮里,但这绝对不是你变得<u>平庸</u>的真正原因。
   A. 平静　　B. 平凡　　C. 庸俗　　D. 昏庸

5. 再回头,让我们看看韩颖<u>迄今</u>为止的人生履历。
   A. 现在　　B. 截止　　C. 起止　　D. 至今

6. 韩颖改变的不只是银行折子的功用,而是自己的一生。
   A. 作用　　　　B. 用法　　　　C. 功夫　　　　D. 用功

三、选择合适的词语填空

核实　放肆　放纵　筋疲力尽　告示　启示　告诉　犹豫　业绩　成绩

1. 当祖国需要你的时候,你要毫不(　)地挺身而出。
2. 在长辈面前不能这么(　)无礼。
3. 我将去(　)一下火车开出的时间。
4. 我注意到你们的窗户上面贴有招聘的(　)。
5. 他们发现长期作战已使他们(　)。
6. 也就是说公司将按你的(　)给你提成奖金。

四、根据课文内容选择正确答案

1. 一进惠普公司,韩颖就来了一次大动作,"大动作"指的是:
   A. 手工点钱发工资　　　　B. 凭折子在银行领取工资
   C. 在财务部排队领工资　　D. 贴告示领工资
2. 拿到折子的公司员工对韩颖的做法表示:
   A. 肯定　　　B. 不满意　　　C. 支持　　　D. 憎恨
3. 谁对韩颖的做法表示赞同?
   A. 韩颖的同事　　　　B. 银行的负责人
   C. 韩颖的直属领导　　D. 韩颖的外方领导
4. 韩颖的人生履历说明韩颖是一个什么样的人?
   A. 努力上进　　B. 甘于落后　　C. 安于现状　　D. 好大喜功
5. 文中"有百利而无一害"的正确解释是:
   A. 有好处也有坏处　　　　　　B. 没坏处也没好处
   C. 有很多好处,没有一点儿坏处　D. 有很多坏处,没有一点儿好处
6. 下列选项中符合文章意思的一项是:
   A. 韩颖对离开工作9年的海洋石油总公司有点儿后悔
   B. 韩颖经上级领导同意去银行为员工开户
   C. 韩颖认为任何时候的改变都不会晚
   D. 韩颖的上级领导认为韩颖改写了发工资的历史

五、根据课文内容回答问题

1. 韩颖为什么想要给公司的员工在银行开户?
2. 在韩颖的职业生涯中她都干过哪些工作?
3. 韩颖的中方上层领导和外方领导对韩颖的态度,你欣赏哪一个,谈谈你的看法。

说一说

1. 你喜欢让你的生活经常发生一些改变吗?为什么?
2. 你认为一个人的经历越丰富越好还是越简单越好?说说你的理由。

阅读技能指导

快速阅读法之一：略读

快速阅读可以简称为速读，就是利用视觉运动的规律，在较短的时间内阅读大量文献资料的一种科学学习方法。快速阅读具有眼脑直映式获取文本信息、注意力高度集中及无声思维语言等特点。学会快速阅读，对于扩大阅读范围，提高阅读效能，丰富知识大有裨益。通过有意识地训练可以养成快速阅读的习惯，但要求速读者必须具备两项基本素质：足够的词汇量和相关内容的知识储备。因为在进行快速阅读时，不可能读出每一个字，每一个词，而是只选读几个关键的字词，然后用自己头脑中储备的知识来补充阅读中的内容和细节。

略读是一种较常用的快速阅读方法。它要求在较少的时间内，舍弃细节，快速地了解文章的主旨大意和梗概。其主要特征是选择性地阅读，而不必阅读全部材料。略读不仅能提高阅读速度，也能获得大量的信息。

进行略读训练的最简单方法就是在规定的时间内读完某一篇文章。略读时往往要求注意力高度集中，增加眼跳的幅度，努力捕捉那些能引起注意或者重要的内容。想要快速了解文章或段落的大意、文章的语气等，使用这种方法是极为有效的。

 练习

按要求完成下面的练习

1. 在 4 分钟内完成阅读 1 的练习一。
2. 在 5 分钟内完成阅读 2 的练习一。

 阅读 1

她是个不幸的孩子，19 岁那年，正当步入人生花季和芭蕾舞台生涯巅峰之际，却意外地发觉自己双眼模糊，后被诊断为视网膜脱落。

通过家人的劝说，她接受了手术，可结果是她仍然无法恢复正常视力。医生建议卧床一年，叮嘱不能练习抬腿绷脚尖，不能扭头，同时需要控制脸部表情，才能达到调养结果。

她心急如焚，跳芭蕾舞的人都知道：芭蕾一天不练自己知道，两天不练同行知晓，三天不练观众明白，她明白一年不练在芭蕾艺术里等待她的是一条死亡之路。

她苦苦哀求，丈夫只得辞去工作，陪伴在她身边。每天，她让丈夫的手指替代脚尖，在自己胳膊上表演古典芭蕾剧目。一天又一天，一月又一月，虽然不曾舞蹈，但她内心那份感觉却又真实地存在。

一年以后，她重新登上舞台，一下子就找到了久违的自己。她手持纱巾，翩翩起舞，尽情地出演了《吉赛尔》《天鹅湖》《胡桃夹子》《海盗》《卡门》等经典芭蕾舞剧。凭着精湛的舞技，她获得了鲜花和掌声，受到人们的好评。

表演事业蒸蒸日上，可视力却一天天衰弱。不久，她仅有一只眼睛有模糊视力，丈夫劝说她放弃芭蕾舞，可倔强的她又选择了双人舞，因为在双人舞舞段中，一般规则是由男演员来引导女演员。在舞台上，她的舞伴都是精确定位，如果是远距离接抛，他们之间的距离则会固定脚步数，舞台上的特殊彩灯，引导着她婀娜多姿的舞步，而台下的观众根本不会觉察到舞台上的她。

功夫不负有心人,她用自己的坚持和激情燃烧了半个世纪,她呕心沥血打造出的古巴国家芭蕾舞团成为了世界十大顶尖芭蕾舞团之一,她就是赫赫有名的阿隆索,2010年7月9日,这位著名古典芭蕾舞演员摘取了西班牙巴勃罗艺术大奖。

当媒体曝光她"双目失明"事实时,她再度成了人们心目中的奇人,许多记者好奇地追问:"为什么双目失明还能取得如此佳绩?"高雅庄重的她总会淡淡一笑:"不给自己任何借口,将'借口'踩在脚下,翩翩起舞,也就一路走到了今天……"

是的,不给自己任何借口!一个人如果能秉持这种信念,就能斩断后路,不断超越自己,收获属于自己的成功。

(选自《读者》2011年5月,有删减)

练习

速读第1遍,完成下面的练习(建议阅读时间4分钟)

一、根据阅读内容选择正确答案

1. 下列哪项不是手术后医生的建议?
   A. 要卧床休息　　　　　　　　B. 要控制脸部表情
   C. 不能抬头　　　　　　　　　D. 不能练习抬腿绷脚尖

2. 对"芭蕾一天不练自己知道,两天不练同行知晓,三天不练观众明白"的理解不正确的一项是:
   A. 每天都要勤加练习　　　　　B. 要时常练习才不会荒废
   C. 可一两天不练,不可三天以上不练　　D. 持之以恒的练习才会进步,不会后退

3. 她明白一年不练在芭蕾艺术里等待她的是一条死亡之路,"死亡之路"是指:
   A. 舞台生命的终结　　　　　　B. 一条无法回头的路
   C. 一条走不通的路　　　　　　D. 自己生命的结束

4. 再次登上舞台演出的阿隆索能"一下子就找到了久违的自己"的原因是:
   A. 在舞台上尽情表演经典芭蕾舞剧
   B. 生病期间也从未停止过芭蕾舞的练习
   C. 精湛的舞技使她获得了鲜花和掌声,受到人们的好评
   D. 生病期间丈夫用手指在她的胳膊上表演,使她内心的感觉存在

5. 阿隆索之所以最终能收获成功,主要是因为她:
   A. 舞技精湛　　　　　　　　　B. 坚持,不放弃
   C. 观众喜欢　　　　　　　　　D. 丈夫支持

细读第2遍,完成下面的练习

二、根据阅读内容判断正误

1. 她被诊断出视网膜脱落之时,正是她在芭蕾舞台上的高峰时期。　　　　(　)
2. 手术后,她的视力基本恢复到了正常水平。　　　　　　　　　　　　(　)
3. 丈夫为了能使她恢复得更好,一边工作一边照顾她。　　　　　　　　(　)
4. 一年后,她重登舞台,很快就找到了久别重逢的感觉,并赢得了掌声。　　(　)

5. 古巴国家芭蕾舞团能成为世界十大顶尖芭蕾舞团之一主要是她的努力和付出。（ ）
6. 2010年7月9日,她摘取了古巴巴勃罗艺术大奖。（ ）

三、选择画线部分词语在句子中的意思

1. 她<u>苦苦</u>哀求,丈夫只得辞去工作,陪伴在她身边。
   A. 痛苦　　　　B. 辛苦　　　　C. 竭力　　　　D. 多次
2. 一年以后,她重新登上舞台,一下子就找到了<u>久违</u>的自己。
   A. 好久　　　　B. 违背　　　　C. 违心　　　　D. 原来,过去
3. 表演事业蒸蒸日上,可视力却一天天<u>衰</u>弱。
   A. 下降　　　　B. 衰退　　　　C. 衰老　　　　D. 软弱
4. 功夫不<u>负</u>有心人,她用自己的坚持和激情燃烧了半个世纪,她呕心沥血打造出的古巴国家芭蕾舞团成为了世界十大顶尖芭蕾舞团之一。
   A. 辜负　　　　B. 负责　　　　C. 欺骗　　　　D. 负担
5. 当媒体曝光她"双目失明"事实时,她<u>再度</u>成了人们心目中的奇人。
   A. 完全　　　　B. 一直　　　　C. 再次　　　　D. 一度

词语提示

巅峰	（名）	diān fēng	事物发展的最高峰。
心急如焚	〈组〉	xīn jí rú fén	形容极为焦急。
精湛	（形）	jīng zhàn	精深。
蒸蒸日上	〈组〉	zhēng zhēng rì shàng	比喻事情蓬勃发展,日日都有进步。
倔强	（形）	jué jiàng	刚强,不屈服。
婀娜多姿	〈组〉	ē nuó duō zī	姿态柔美、机动灵活的样子。
呕心沥血	〈组〉	ǒu xīn lì xuè	形容费尽心思和精力。
赫赫有名	〈组〉	hè hè yǒu míng	形容声名非常显著。
秉持	（动）	bǐng chí	持有。

阅读2

上大学的时候有句话,"开车外语计算机,毕业工作来找你"。从小大家就照着这个目标学,结果还是大批人失业,这是为什么呢?

我工作两年多的时候,全球经济危机很严重,全球每个分公司都不能招正式员工,只可以招不被总部发现的实习生,小A就是在这种时代背景下进入公司做实习生的。小A做得很好,但是那种默默无闻的好,没大优点也没大缺点,什么都是一般般。这在平时可能也会顺利转正,本来实习生也不指望有什么惊天的能力,但在经济危机的那一年,这就有点难度了。公司嘛,从来都是要有用的人,可替代性非常强的人从来不是老板关注的重点,更何况是一个实习生。有一天晚上同事要交一个方案,但是很晚了还没有做好PPT美化。小A加班的时候被同事看见抓去,赶鸭子上架做基础排版,结果出人意料的是,小A不仅做好了排版,还做好了美化,甚至做出了演示的动画效果,这让同事们感到惊艳。据说那天小A被众星捧月般地围在电脑前做到后半夜。从那以后,小A就变身PPT大拿,成为各个组的顶梁柱。一般的美

化每个员工都能有两把刷子,但能像小A那样熟练的美化大师,别说在我当时的公司,就是现在在任何一家公司都不多见,谁家有这么个宝,都得供着。后来小A毕业转正是公司老板亲自发邮件给美国总部申请的,那一年,中国区就这一个转正名额,给了啥都一般般、但PPT美化特别突出的小A。

第二个故事主人公是我以前的助理,当年一腔热情不计回报地在我身边帮我做任何事情,准确地说是帮我做了不少PPT。她大学毕业后第一年工作很不顺利。第二年她应聘到一个私立学校做后勤科主任的助理,没关系没门路。她面试的时候准备了一个PPT,我帮她改了半天。面试过后,她进了,因为PPT做得稍微好看点,这让我有些意外。那之后,她买了好多PPT的书来学,她说这PPT是我帮忙改过的,以后她要是没我做得好,就会露馅儿的,于是使劲儿学了很久。有一天晚上我突然收到一个短信,她说:"突然很想你,很想感谢你,谢谢你当年对我的历练。现在学校从上到下,连校长出去讲课的PPT都是我来做。现在的生活,每天都如鱼得水,非常有成就感,谢谢你。"我突然觉得很感动,其实我并没有历练她什么,也没有指导过她什么,都是她自己主动学,主动做,毫无抱怨,毫不计较地帮我,也是帮自己。那些年我只是偶尔忽悠她说:这世上没有什么东西学了没有用。

越长大越发现,无论是生活还是职场,只要能有一个特长就能很好地生活着。这世界不是只有英语开车计算机,当然也不是只有Word或是PPT。发展自己的一个核心竞争力,哪怕是摊煎饼,把一项技能做得比周围的人好一点点,就可以为自己的人生带来好运。

(来源:作者博客,有删减,作者:一只特立独行的猫)

练 习

速读第1遍,完成下面的练习(建议阅读时间5分钟)

一、根据阅读内容选择正确答案

1. 小A刚进公司时,工作做得怎么样?
   A. 很好　　　　B. 一般　　　　C. 不好　　　　D. 很不好

2. "小A加班的时候被同事看见抓去,赶鸭子上架做基础排版"这句话中的"赶鸭子上架"的意思是:
   A. 让别人做很容易做的事情　　　B. 努力把鸭子赶到架子上
   C. 强迫别人做能力达不到的事情　D. 强迫别人做不愿意做的事情

3. 小A被公司转正的原因是:
   A. 工作成绩非常突出　　　　　　B. 长相非常出众
   C. PPT美化特别突出　　　　　　D. 乐于帮助同事

4. 第二个故事的主人公应聘进入私立学校是因为她:
   A. 有关系　　　　　　　　　　　B. 有门路
   C. 准备了PPT　　　　　　　　　D. 作者帮她改的PPT很好看

5. 第二个故事中的主人公之所以后来的生活很有成就感是因为:
   A. 进入了私立学校　　　　　　　B. "我"帮助了她
   C. 她主动学,主动做　　　　　　D. 校长欣赏她

细读第 2 遍,完成下面的练习

二、根据阅读内容回答问题

1. 小 A 是如何变身 PPT 大拿的?
2. 作者通过这两个故事想告诉我们什么?
3. 作者对"开车外语计算机,毕业工作来找你"的说法赞同吗?
4. 在这个社会中,我们如何做才能为自己的人生带来好运?

三、用所给的词语替换下列句子中的画线部分词语,保证句子意思基本不变

巴望　露马脚　况且　计划　游刃有余　而且　案件

1. 本来实习生也<u>不指望</u>有什么惊天的能力。（　　）
2. 公司嘛,从来都是要有用的人,可替代性非常强的人从来不是老板关注的重点,<u>何况</u>是一个实习生。（　　）
3. 现在的生活,每天都<u>如鱼得水</u>,非常有成就感,谢谢你。（　　）
4. 有一天晚上同事要交一个<u>方案</u>,但是很晚了还没有做好 PPT 美化。（　　）
5. 她说这 PPT 是我帮忙改过的,以后她要是没我做得好,就会<u>露馅儿</u>的。（　　）

词语提示

众星捧月	〈组〉	zhòng xīng pěng yuè	所有的星星都围绕烘托着月亮发光。比喻众人或众物以某人或某物为核心。
顶梁柱	〈组〉	dǐng liáng zhù	指起非常重要作用的人或事物。
有两把刷子	〈组〉	yǒu liǎng bǎ shuā zi	多用于形容某人有本领、有能力、有点本事。
露馅儿	〈动〉	lòu//xiànr	比喻不愿意让人知道的事暴露或秘密泄漏出来。
历练	〈动〉	lì liàn	经历的事情多而富有经验。
如鱼得水	〈组〉	rú yú dé shuǐ	像鱼得到水一样。比喻得到跟自己最相投合的人或最合适的环境。
忽悠	〈动〉	hū yōu	指用假话蒙骗对方。

第 5 课　青少年上网宜疏不宜堵

　　近日,信息产业部在北京召开新闻发布会,宣布启动"阳光绿色网络工程"。这一工程以倡导网络文明为主旨,通过构建安全健康的网络环境推进和谐社会的建设。的确,互联网存在一些不良的信息,不少青少年因玩网游而耽误学业、危害健康甚至死亡让许多家长现在"谈网色变"。

　　其实,互联网现在已成为一种潮流、一种工具和一个时代的特征,那种一味抵触或把孩子与互联网相隔离的方法都是不正确的,对于青少年健康上网要因势利导,使他们不仅能享受到高科技带来的现代文明,而且也能寓教于乐、健康成长。

　　从近期的报道看,人们对网络引起的负面影响深恶痛绝,可见净化网络环境已刻不容缓。目前中国约有 260 万青少年网瘾者及众多的潜在网瘾倾向者,青少年特别是一些中小学生是自我防护意识和自我控制能力都相对薄弱的群体,很容易被色情信息、暴力游戏等不良网络内容所吸引,不少社会人士对青少年上网持否定态度。

　　网瘾青少年上网多以玩游戏和聊天为主。有的青少年沉溺于游戏中不能自拔,影响了学习和身体健康。在形形色色的互联网络信息中,也有如具有消极意识形态作用的网络"黑色文化",渲染色情、暴力的网络"色情文化""暴力文化"。这些都给青少年的健康发展带来各种消极的影响。

　　不可否认,网络的副作用是客观存在的,但也不能将其"一棍子打死",网游产品属文化产品,也是传播社会价值观和政治观点的工具。要一律禁止青少年上网也不太可能,因此,家庭、学校及社区要变堵为疏,引导青少年健康上网。

　　互联网是社会发展的必然趋势,它为青少年打开了一扇通往外部世界的"窗户",以便捷、高效的方式为青少年提供了求知识和学习的平台。在网络里,青少年可以通过网络找到所需要的信息,利用网络上网充电,在网上与老师、同学进行学习交流。

　　互联网的海量信息为青少年获得各种知识提供了新的渠道。在互联网上我们几乎可以找到涉及人类生活的所有方面的信息,这些都为青少年不断提高自身素质提供了帮助。此外,互联网还有助于拓宽青少年的思路和视野。例如,近期火爆的网络游戏《粮食力量》就是一款集娱乐与教育为一体的益智类网游,让青少年可以参与社会问题的思考,增强青少年的社会参与度,开发了青少年内在的潜能。

　　但事物要一分为二地看,在互联网带来便捷的同时,其潜伏的隐患也在蔓延,青少年因为沉迷网络游戏而出现的不良现象已引起业界及社会的极大关注。也基于此,北京军区总医院成立了网络成瘾治疗中心,全国各地纷纷开办各种大型的网络心理讲座,这些努力都是为了实现一个愿望:"健康上网,拒绝成迷"。

　　因此,网络的发展需要引导,绝不能放任自流,网络对青少年的影响是显而易见的,关键是我们提供什么内容给他们。

　　谁将为沉溺于网络的青少年买单?引导青少年健康上网,谁更应该承担更多的责任?说到底,让青少年有个健康的成长环境是社会的共同责任。

　　首先,企业在获取利润的同时,应主动承担这种责任。网游产业赚取了丰厚的利润,有能力为拯救"网瘾青少年"提供资金及技术上的支持,既满足游戏的趣味性要求,又在弘扬传统价值观、培养玩家能力等方面有所尝试。从发展角度讲,商家唯有承担起社会责任,才能树立良好形象,才能促进游戏产业走上良性发展轨道。

其次,学校、社区和家长要相互配合。抓好管理教育工作,不能放任自流。要为中小学生上法制教育课,讲解过度沉溺网络不良游戏,对未成年人的危害。利用典型的案例教育学生,鼓励他们努力学习,立志成才。最后,家长要抽时间多与子女沟通,引导子女健康上网。

总之,青少年关系国家的将来,让青少年保持一个健康的心态上网是社会共同的问题,社会各方面都要加强努力,积极引导青少年走上正确的途径。

(选自《通信信息报》,有删减,作者:高骥远)

词语提示

疏	(动)	shū	本文中指疏导,即引导使畅通。
谈网色变	〈组〉	tán wǎng sè biàn	一提到网络连脸色都变了。
抵触	(动)	dǐ chù	跟另一方有矛盾。
因势利导	〈组〉	yīn shì lì dǎo	顺着事情的发展趋势加以引导。
深恶痛绝	〈组〉	shēn wù tòng jué	厌恶、痛恨到极点。
刻不容缓	〈组〉	kè bù róng huǎn	片刻也不能拖延。形容形势紧迫。
沉溺	(动)	chén nì	陷入不良的境地。多指生活习惯方面不能自拔。
形形色色	〈组〉	xíng xíng sè sè	各种各样。
渲染	(动)	xuàn rǎn	比喻夸大地形容。
弘扬	(动)	hóng yáng	发扬光大。
放任	(动)	fàng rèn	听其自然,不加约束或干涉。
自流	(动)	zì liú	比喻在缺乏领导的情况下自由发展。
充电	(动)	chōng diàn	本文中意指利用网络获取所需的知识,以得到某种能力。

练习

一、根据课文内容判断正误

1. 人们对网络的负面影响深恶痛绝,所以坚决反对青少年上网。（   ）
2. 互联网是社会发展的必然趋势,能为青少年的学习提供方便,提高学习效率,故应任其自由发展。（   ）
3. 网游产业赚取了丰厚的利润,也为国家做出了巨大的贡献,因此,游戏产业一定会走上良性发展轨道。（   ）
4. 学校上法制教育课是十分必要的,可以鼓励他们好好学习。（   ）
5. 和谐社会的建设,需要一个安全、健康的网络环境。（   ）
6. 商家良好形象的树立,来自其社会责任心。（   ）

二、选择画线部分词语在句子中的意思

1. 那种<u>一味</u>抵触或把孩子与互联网相隔离的方法都是不正确的。

A. 一种气味　　B. 一种味道　　C. 单纯地　　D. 一直
2. 青少年利用网络上网充电,并在网上与老师、同学进行交流。
   A. 给电脑接上电源　　　　　　B. 释放电能
   C. 学习物理学知识　　　　　　D. 学习知识
3. 近期火爆的网络游戏是《粮食力量》。
   A. 紧急　　B. 让人暴躁　　C. 生意兴旺　　D. 很受欢迎
4. 因此网络的发展需要引导,绝不能放任自流。
   A. 自动地流　　　　　　　　　B. 自行
   C. 自由　　　　　　　　　　　D. 缺乏管理而随意发展
5. 互联网使他们不仅能享受到高技术带来的现代文明,而且也能寓教于乐、健康成长。
   A. 居住　　　　　　　　　　　B. 寄托
   C. 居住的地方　　　　　　　　D. 有所寄托的生活
6. 不少青少年因玩网游而耽误学业、危害健康甚至死亡让许多家长现在"谈网色变"。
   A. 一谈起网络,屏幕的颜色就变了　　B. 一谈起网络脸色就变了
   C. 一谈起伤心事,脸色就变了　　　　D. 一谈起老虎脸色就变了

三、选择合适的词语填空

抵触　因材施教　深恶痛绝　形形色色　沉溺　抵挡　因势利导　痛不欲生
五颜六色　沉醉　冲突

1. 夜深了,晚会终于结束了,可他仍（　）在节目的欢乐中。
2. 在个人利益和集体利益有（　）的时候,应该服从集体利益。
3. 孩子上网并不都是玩游戏,很多时候是搜集与学习内容相关的信息,家长应（　）,而不宜"一棍子打死"。
4. 公园里的花千姿百态,（　）,春意盎然。
5. 由于车祸,使他失去了双腿,女朋友也因此而离开了他,当时,他真是（　）。
6. 洪水来得太汹涌,太突然,我们根本无法（　）。

四、根据课文内容选择正确答案

1. 文中"一棍子打死"的含义是:
   A. 用棍子把人一下子打死
   B. 比喻快速解决问题
   C. 比喻做事不考虑后果
   D. 比喻对人或事物不加分析,全盘否定
2. 不良网络内容能吸引住青少年,是由于:
   A. 网络的副作用
   B. 网络产品属文化产品
   C. 网络有助于拓宽青少年的思路和视野
   D. 青少年自我防护及自我控制能力差
3. 网络游戏《粮食力量》之所以火爆,并不是因为:
   A. 对开发智力有益　　　　　　B. 能增强青少年的社会参与度

C. 互联网的海量信息　　　　　　D. 能培养青少年的思考能力
4. 社会各方都要加强努力是指哪些方面？
   A. 信息产业部、学校、家长　　　B. 中小学生、学校、家长
   C. 青少年、社区、学校、家长　　D. 企业、学校、家长、社区
5. 企业有能力拯救"网瘾青少年"的原因是：
   A. 懂技术　　　　　　　　　　　B. 有良好的社会形象
   C. 获取的利润丰厚　　　　　　　D. 有资金及技术
6. 这篇文章的作者对网络游戏的态度是：
   A. 肯定　　　　　　　　　　　　B. 否定
   C. 不明确　　　　　　　　　　　D. 既要发展，又不能任其发展

五、根据课文内容回答问题
   1. "阳光绿色网络工程"是指什么？
   2. 作者对互联网的观念是怎样的？
   3. 网络"黑色文化"该如何理解？
   4. 如何为青少年创造一个健康的成长环境？

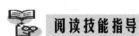

1. 谈谈网络的利与弊。
2. 讲述一下你的第一次网购经历。

快速阅读法之二：查读

所谓查读，是用较短的时间快速扫视文章，查找具体信息或相关事实与细节的一种阅读技巧。它不需要从头读到尾，只需根据一些关键词及其他有关线索，去寻找自己所需要的信息，比如小标题、黑体字、斜体字、重点句等关键信息。这种方法在我们的日常生活中会经常用到，如查字典、查火车/飞机时刻表、查节目表等等。

查读是一种与略读相对的方法。阅读时目标明确，主要是快速寻找文中的特定信息，对文段大意一般不做深究。通过查读可以避免或减少文章中干扰信息的阅读，从而节省时间，提高阅读效率。

按要求完成下面的练习

1. 请快速查找第13课《米的恩典》的起止页数。
2. 结合阅读2，利用查读法快速回答下列问题。
   (1) 网络道德行为失范现象突出表现在哪三个方面？
   (2) "花花公主"是网名还是网站？

阅读1

如果说，旧石器时代是属于北京周口店的火种；如果说，第一次工业革命属于瓦特与他的

蒸汽机;如果说,20世纪是属于两次世界大战,那么,我想说的是:21世纪是属于计算机和因特网的。

的确,时代的迁移,科技的发展,人类社会正在迈入信息网络化时代。网络给人们开启了一个全新的、缤纷的世界,特别是青少年更难以抵挡诱惑。据有些调查表明,青少年上网时间偏长是普遍现象。30.1%的调查对象有经常上网的习惯,82.5%的调查对象拥有自己可以上网的电脑。调查中,当问到最长的一次上网时间时,回答9小时的竟占31.8%,5～8小时的占25.9%。调查还发现,男生比女生的上网时间多。学生上网究竟在做什么?调查表明:用于聊天、玩游戏、下载娱乐内容的比例高达55.7%。

不容置疑,网络是功能最全应用最广的媒体,它为青少年搭建了自主学习的宽广平台,它使学生获取更多的信息知识,能"足不出户""尽览天下风云";它为学生提供参与社交活动的广阔空间,"海内存知己,天涯若比邻";它丰富了学生的生活,摆脱了"三点一线"读书生活的单调。啊!网络世界好精彩!

但更不能忽视,网络这把双刃剑刺伤了多少缺乏自护意识的青少年。网络的开放性与隐蔽性使多少精神垃圾灌输到一个个单纯的心灵。有的轻信网站教唆,酿成人间悲剧;有的轻率会网友,无辜遭伤害;有的沉迷黑网吧,弃学难自拔;还有的热衷于网络游戏,被其中的弱肉强食、尔虞我诈搞得道德观念模糊,甚至心智混乱;有的被赌博、色情等网络毒品感染,最终误入歧途。我身边有几位同学,他们陶醉于虚拟的空间,开始逃避现实,荒废学业,搞得自己形如枯槁,神思恍惚。让家长叹气,老师摇头。唉!沉迷网络真悲哀!

青少年,处于人生的黄金时代,美丽的大自然向我们招手,科学的高峰需要我们去攀登,含辛茹苦的父母期望我们健康成长,祖国的未来需要我们去铸造辉煌……我们该做的实在太多了!一方小小屏幕,岂能涵盖我们生活的全部?

"水,能载舟,亦能覆舟。"而如今,青少年的网络安全问题,已成为影响国家兴盛、社会安定、学校教育、家庭和谐的隐患,真希望能将"电子海洛因""e网打尽",更希望我们所有的青少年朋友,能对网络有清醒的认识,在头脑中建起一道安全的"防火墙"!

(选自新华网,有删减)

练 习

速读第1遍,完成下面的练习(建议阅读时间5分钟)

一、根据阅读内容选择正确答案

1. 文中第3自然段中的"平台"一词,其含义为:
   A. 晒台　　　　　　　　　　B. 平房
   C. 工作台　　　　　　　　　D. 为学习而提供的一种环境
2. 以下哪句与原文意思不符?
   A. 网络这把双刃剑,哪一面都能伤害人,尤其是青少年,因而害处很多
   B. 经常上网,会使人面容憔悴
   C. 沉迷网络,会使网迷精神恍惚
   D. 父母为了孩子的成长,都经受过艰辛困苦
3. "水,能载舟,也能覆舟"一句中的"覆舟"原意应理解为:
   A. 盖住船　　　　　　　　　B. 使船消失

C. 使船底朝上翻过来　　　　　D. 使船浮起而不沉
4. 与本文内容不符的一项是：
   A. 学生上网大多是为了下载娱乐内容等
   B. 两次世界大战均发生在20世纪
   C. 网络安全问题已经关系到国家、社会和家庭
   D. 通过各方努力"电子海洛因"被一网打尽
5. 最适合这篇文章的题目是：
   A. 我看网络利与弊　　　　　B. 我的现代网络观
   C. 青少年与网络　　　　　　D. 网络对青少年的重要性

细读第2遍，完成下面的练习

二、根据阅读内容判断正误

1. 20世纪是信息网络化的时代，因而学生能获取更多的信息知识。（　）
2. 网络这把双刃剑，既有利，又有害，因而我们不能轻视它。（　）
3. 由于网络这一媒体的功能最全，应用最广，因而，即使是相距很远的两个人，也感觉近得像邻居一样。（　）
4. 网络游戏灌输给人的是尔虞我诈、以强欺弱的观念，它能使人误入歧途。（　）
5. 网络对于青少年来说，具有很大的诱惑力，如同"电子海洛因"，使他们沉迷其中难以自拔。（　）
6. 虽然有了网络，但人们必须走出家门，才可以知道天下大事。（　）

三、选择画线部分词语在句子中的意思

1. 以往学生的生活是"三点一线"。
   A. 学生除了吃饭，就是学习　　　B. 学生除了睡觉，就是学习
   C. 学生除了吃饭、睡觉，就是学习　D. 学生除了吃饭、学习，再不想别的
2. 网络这把双刃剑，刺伤了多少缺乏自护意识的青少年。
   A. 危害巨大　　B. 锋利无比　　C. 两个刀刃　　D. 有利有弊
3. 有的被赌博、色情等网络毒品感染，最终误入歧途。
   A. 不通的路　　B. 错误的路　　C. 三岔口　　　D. 崎岖的路
4. 青少年的网络安全问题，已成为影响国家兴盛、社会安定、学校教育、家庭和谐的隐患。
   A. 潜藏的危险　B. 隐性疾病　　C. 潜在因素　　D. 罪魁祸首
5. 搞得自己形容枯槁，神思恍惚。
   A. 面容憔悴　　　　　　　　　B. 把自己形容为枯草
   C. 头发像枯草一样　　　　　　D. 失去活力

词语提示

缤纷	（形）	bīn fēn	繁多而凌乱。
诱惑	（动）	yòu huò	吸引；招引。
不容置疑	〈组〉	bù róng zhì yí	不允许有什么怀疑。表示论证严密，无可怀疑。

教唆	（动）	jiào suō	怂恿、指使别人犯罪。
酿成	（动）	niàng chéng	造成。
弱肉强食	〈组〉	ruò ròu qiáng shí	指动物中弱者被强者吃掉，借指弱者被强者欺凌、吞并。
尔虞我诈	〈组〉	ěr yú wǒ zhà	表示彼此互相欺骗。
形如枯槁	〈组〉	xíng rú kū gǎo	指形体容貌消瘦不堪。
神思恍惚	〈组〉	shén sī huǎng hū	指心神不定，精神不集中。
含辛茹苦	〈组〉	hán xīn rú kǔ	形容忍受辛苦或吃尽辛苦。
涵盖	（动）	hán gài	包括；包容。
隐患	（名）	yǐn huàn	潜藏着的祸患。

阅读2

　　由于网上世界的虚拟性，网络道德行为失范的现象时有发生，比较突出地表现在三个方面：

　　一是网络犯罪的滋生。在网络世界中，传统道德的约束力、法律的权威性均被弱化，网络侵权行为在大量重演。在现实生活中遵纪守法的大学生一旦成为网民就有可能目无法纪，传统道德中的社会舆论、内心信念和传统习惯对大学生的约束，在网络世界中形同虚设。据报道，湖北省黄石高等专科学校计算机专业的学生王××在2001年8月，以"花花公主"的网名，先后侵入"中国大冶""科技之光""黄石热线"等网站，涂改网站主页，导致这4家网站无法正常运行。而由校方提供给司法部门的材料却称："王××入校两年，学习刻苦，专业能力强，为人忠厚诚实，团结同学，尊敬师长，无违纪记录。"从王××案中可以看出，制订切实可行的网络行为准则和规范显得尤为重要。

　　二是黄色信息的传播。信息内容一般来说带有地域性，而英特网的信息传播是全球性、超地域性的，色情信息在有些国家是合法的，这就使得一些黄色信息随着英特网在世界范围内无障碍地传播开来。据有关专家调查，网络上非学术信息中47%与色情有关，每天约有2万张色情照片进入互联网。由于文化传统、社会价值观和社会制度的差异，对我国青少年的危害更严重。

　　三是西方文化的侵略。英特网信息的开放性，使多元文化、多元价值观在网上交汇，特别是西方国家借助于网上优势，倾销西方文化，宣扬西方的民主、自由和人权观念。这就加剧了不同意识形态的国家间道德、文化的冲突。一些国家还通过英特网发布恶意的反动信息，攻击社会主义国家的政治制度。

　　为了减少上述问题的出现，制定具体的规范准则能对网络行为起到明确的约束和导向作用。在制定我国的网络行为规范和准则时，应注意既要与国际接轨，又要充分考虑我国的国情，要更多地考虑为国人所普遍认同和理解，要有利于保护和促进大学生对网络的兴趣和使用水平的提高，既要能保护现时网络的安全和秩序，又不能制约网络的继续发展。网络行为规范标准则应能够适应网络在一定时期内的发展需要，要避免西方网络道德规范中奇怪的悖谬现象。

（选自新华网，有删减）

练 习

速读第1遍,完成下面的练习(建议阅读时间5分钟)

一、根据阅读内容选择正确答案

1. 下面哪一项不是英特网信息的特点?
 A. 全球性　　　　B. 规范性　　　　C. 开放性　　　　D. 多元性
2. 传统道德的约束力,在网络上形同虚设的原因是:
 A. 上网者的专业能力很强　　　　B. 上网者目无法纪
 C. 网民本人不遵纪守法　　　　　D. 网络的虚拟性
3. 以下哪一项内容与原文意思相符?
 A. 网络中有侵权行为,但不可以进行第二次违法
 B. 网民可以打开网页,但不可以涂改网络主页
 C. 网络道德行为失范的网民在现实中是守法的人
 D. 制定切实可行的网络行为准则十分必要
4. 下面哪一项不是黄色信息传播的原因?
 A. 信息传播的全球性　　　　B. 信息传播的超地域性
 C. 某些国家色情信息的合法性　　D. 文化传统的差异性
5. 作者对网络道德行为失范的现象所持的态度是:
 A. 见怪不怪　　　B. 司空见惯　　　C. 束手无策　　　D. 十分忧虑

细读第2遍,完成下面的练习

二、根据阅读内容判断正误

1. 在现实中无违纪记录的人,在网上不一定是守法的网民。（　）
2. 由于西方国家的色情信息是合法的,所以,黄色信息都来源于西方国家。（　）
3. 西方国家倾销西方文化导致不同意识形态国家之间在道德和文化上的冲突加剧。（　）
4. 在制定网络行为准则和规范时,一定要考虑国情同时也不能忽视外部环境。（　）
5. 不被国人所普通认同和理解的,或不能促进大学生网络兴趣的规范准则,是不可行的。
（　）
6. 网络犯罪、黄色信息传播及西方文化的侵略,不都是网络道德行为失范的现象。（　）

三、用所给的词语替换下列句子中的画线部分词语,保证句子意思基本不变

产生　滋长　瘫痪　非常　大肆　荒谬　迷惑

1. 网络道德行为失范的现象时有发生,比较突出地表现在三个方面:一是网络犯罪的<u>滋生</u>。（　）
2. 他涂改网站主页,导致这4家网站<u>无法正常运行</u>。（　）
3. 从王××案中可以看出,制订切实可行的网络行为准则和规范显得<u>尤为</u>重要。（　）
4. 这就使得一些黄色信息随着英特网在世界范围内<u>无障碍地</u>传播开来。（　）
5. 网络行为规范标准则要避免西方网络道德规范中奇怪的<u>悖谬</u>现象。（　）

词语提示

失范	（动）	shī fàn	失去规范。
目无法纪	〈组〉	mù wú fǎ jì	不把国家法律放在眼里。形容胡作非为，无法无天。
舆论	（名）	yú lùn	群众的言论。
形同虚设	〈组〉	xíng tóng xū shè	形式上存在，但不起任何作用。
倾销	（动）	qīng xiāo	垄断资本家在市场上用低于平均市场价格的价格，大量抛售商品。目的在于击败竞争对手，夺取市场，进而垄断商品价格，攫取高额利润。

单元阅读测试练习一

女人的丈夫身上长了许多的火疖子,疼痛难忍,中医的说法是吞吃毒蛇的蛇胆可医治火疖子,这叫以毒攻毒。于是,身为外科医生的女人特意托人弄来一条蛇。

女人战战兢兢地提着装蛇的袋子回到家。刚走进厨房,突然从门后闪出来一个人,用匕首顶住了她的喉咙:"别叫,敢叫我送你上西天!"女人被这突如其来的事情吓得一哆嗦,手一松,蛇袋滚落在地上,她被小偷挟持着往客厅里移动。突然,小偷惨烈地嚎叫一声后把她松开,她回头一看,只见从蛇袋里爬出的蛇正死死地缠咬住小偷的脚腕。说时迟那时快,女人回过身从刀架上操起一把菜刀,"咣、咣、咣"连砍几刀,小偷被女人的举动惊呆了,低头看那地上的蛇已成了几节。

女人丢下手中的菜刀,一把掐住小偷的伤口命令道:"快使劲掐住脚腕,别让毒液在血管里循环,我马上给你处理伤口。"说完跑到客厅,快速地翻找纱布和消毒用具。小偷怔怔地看着眼前手忙脚乱的女人,感觉像是在做梦,当女人蹲在地上一口一口地吸着伤口里的毒液时,那小偷才跌回到现实中来,他由惊恐到疑惑,再到惭愧,他不由自主地从怀里掏出金首饰、信用卡、手机,然后放在了女人的身边。

这时,女人抬起头打量了眼前的"病人"一眼,没有去接小偷递上来的东西,而是轻声说道:"你必须马上到医院进行治疗,我给你叫车去。"那小偷突然跪倒在女人的脚边,万分感激和不解地问道:"大姐,我刚才差点儿要了你的命,你为什么不报警,而且还这样地抢救我?"

女人说:"我是个医生,医生的天职是救人性命。"她打量了小偷一眼说:"好好的一个人干吗要干这个?"她的声音很轻很轻,但对小偷的震撼却很大很大。

120急救车来了,小偷被送进了医院。

几周后的一天,女人下班回家,发现厨房的门上贴了一封信,信中写道:"大姐:因为防盗门反锁着,我再次从窗而入替您修好了窗户,以后不会再有人从这里进来。我对天发誓,以后决不做见不得人的事,要像您一样做善良人。"

女人摸着坚固的窗户,自言自语地说了句:"手艺不错!"

(选自《郑州日报》2007年5月11日,有删减)

练 习

速读第1遍,完成下面的练习(建议阅读时间4分钟)

一、根据阅读内容选择正确答案

1. 女人为什么要买一条蛇回来?
   A. 给自己治病　　B. 给丈夫治病　　C. 用来防盗　　D. 进行研究
2. 小偷是在哪里挟持女人的?
   A. 厨房　　　　　B. 客厅　　　　　C. 卧房　　　　D. 阳台
3. 小偷为什么会松开女人?
   A. 良心发现　　　B. 女人奋力反抗　C. 一时失手　　D. 脚被蛇咬了

4. 女人最后将小偷送到了哪里?
   A. 警局　　　　B. 劳改队　　　　C. 医院　　　　D. 小偷家
5. 几周后,小偷又潜入女人的家里是为了什么?
   A. 向女人道歉　　　　　　　　B. 给女人家修窗户
   C. 给女人送钱　　　　　　　　D. 给女人家修防盗门
6. 请给本文选择一个最合适的题目:
   A. 善良的回报　　B. 小偷的震撼　　C. 蛇的作用　　D. 小偷与蛇

细读第2遍,完成下面的练习

一、根据阅读内容判断正误

1. 女人是一位中医。（　）
2. 女人其实也很怕蛇。（　）
3. 女人救助小偷的行为是小偷悔过自新的原因。（　）
4. 女人大声地批评指责使小偷恍然大悟自己的行为很可耻。（　）
5. 小偷有女人家的钥匙。（　）
6. 小偷并没有偷走女人家的钱财。（　）

词语提示

疖子	(名)	jiē zi	皮肤病,由葡萄球菌或链状菌侵入毛囊内引起。
战战兢兢	〈组〉	zhàn zhàn jīng jīng	因恐惧而发抖的样子。
哆嗦	(动)	duō suo	战栗,如因为冷、害怕或受外力等而颤抖。
怔怔	(副)	zhèng zhèng	形容发呆的样子。
惭愧	(动)	cán kuì	因有缺点或错误而感到不安;羞愧。
震撼	(动)	zhèn hàn	指心理受到强烈冲击;憾动。

阅读2

　　一天下班回家,在车站看见一个小男生孤独地站着,有些惶恐与焦急,看样子他和我女儿一样大,是个刚上一年级的小学生,于是心有戚戚焉。我问他怎么一个人站在这儿,大人呢?他说放学后爸爸先把他送上公交车,然后自己骑自行车到车站与他会合。"爸爸说要考验考验我,看我会不会自己坐车回家。"我释然,但不放心,便陪他一起等他的爸爸,但久等他爸爸不到。因为有事,我不得不先走,对他叮嘱了又叮嘱:"千万不可走开,不能跟陌生人走,小心车辆。"他很乖巧地答应了。我一过马路,发现一个推着自行车的男人躲在一棵大树后美滋滋地看着那小男生,心里有些狐疑,便问他:"你是那个孩子的爸爸吗?""是!"那位先生很骄傲地回答。看样子他站在马路对面观察儿子已经很久了,对儿子的表现很满意,于是满脸得意的表情。我催他赶紧过去,可这位父亲居然只是招手大声地喊叫。小男生看到爸爸高兴极了,想赶紧过马路找爸爸,但车辆太多,那些飞驰的车辆没有一辆知道这位孩子的心情,没有一辆车让小男生先走。小男生站在斑马线上,等了很久很久……

　　其实,不是我们要过度保护自己的孩子。你只要站在斑马线上,看看那些被川流不息的车辆围堵得不能前进或后退甚至被撞倒的孩子,你就知道那些开车的大人们大多没有通过道德的考验。是他们使父母们不敢放手。

目前,未成年儿童的安全成长问题已成为整个社会关注的焦点。在我看来,要使孩子健康成长,至少需要三个方面的互相配合:第一,首先要培养孩子的独立意识与自我保护意识。现在每个家庭只有一个孩子,难免会出现保护过度的行为,但是,我们都知道孩子终究要独立面对世界的道理,因此,及早教会孩子如何规避危险、保护自我就十分重要。其次,在孩子跃跃欲试要考验自己时,家长应该给予鼓励,而且要从心理上说服自己不要恐慌,这样才能让孩子健康成长,因为家长的言行对孩子有着潜移默化的影响,如果我们自己对这个世界都充满畏惧心理,孩子可能就更容易畏缩。第三,整个社会都应该有意识、有责任为孩子营造一个健康的成长环境。

(选自《厦门日报》2005 年 12 月 16 日,有删减)

练习

速读第 1 遍,完成下面的练习(建议阅读时间 4 分钟)

一、根据阅读内容选择正确答案

1. 作者看到小男孩孤独地站在车站,心情怎样?
   A. 激动　　　　B. 伤感　　　　C. 高兴　　　　D. 麻木
2. 我催他赶紧过去,可这位父亲居然只是招手大声地喊叫。"居然"表明作者:
   A. 感到意外　　B. 感到怀疑　　C. 感到愤怒　　D. 感到悲伤
3. "那些飞驰的车辆没有一辆知道这位孩子的心情,没有一辆车让小男生先走。"这里"孩子的心情"指什么样的心情?
   A. 激动　　　　B. 生气　　　　C. 同情　　　　D. 高兴
4. 因为家长的言行对孩子有着潜移默化的影响,"潜移默化"的正确解释是:
   A. 指人的思想长期受一种思想的影响而发生变化
   B. 指人的思想或性格受其他方面的感染而不知不觉地起了变化
   C. 指人的性格受到压抑,而默默发生改变
   D. 指人的思想或性格受到外在因素的影响而发生扭曲
5. 从文章可以看出小男孩是一个:
   A. 调皮的孩子　B. 倔强的孩子　C. 听话的孩子　D. 胆小的孩子

细读第 2 遍,完成下面的练习

二、根据阅读内容回答问题

1. 爸爸为什么躲在大树后?
2. 躲在树后的爸爸心情怎样?
3. 对儿子的表现,爸爸态度如何?
4. "是他们使母亲们不敢放手。"中"他们"指的是谁?
5. 你认为,目前社会对未成年儿童的安全成长问题有没有足够的关注度?

词语提示

惶恐	（动）	huáng kǒng	恐惧，惊慌。
戚戚	（副）	qī qī	心动的样子。
释然	（动）	shì rán	疑虑、嫌隙等消释后心中平静的样子。
狐疑	（名）	hú yí	猜疑，怀疑。
川流不息	〈组〉	chuān liú bù xī	像水流一样连续不断地行进。
规避	（动）	guī bì	设法避免。
潜移默化	〈组〉	qián yí mò huà	指人的思想、品性或习惯受到影响、感染而无形中发生变化。

阅读3

如今陷阱几乎无处不在，遍布我们的生活的方方面面。"百度"一下，找到相关网页达18700000篇，仅用时0.001秒。如果用"陷阱年代"来形容，能为过吗？

上午十点多钟来了几位朋友，家里买菜做饭肯定是赶不上了，干脆去饭店吧。我给女儿打了电话，女儿说，好啊，上一次您小外孙在某饭店过生日花了两千多，人家送的一百二十元的抵用券还在，去那儿可以省点。然而，女儿吃了饭结账后却很气愤地告诉我，抵用券每次只能抵用20元，且消费还得达到200元以上。

由此，使我想起了一位朋友拿信用卡出去旅游的事。朋友一家共刷卡消费39771.52元，由于记错了还款额，在到期还款日之前，分多次共计还款39771.28元。后来的账单令他大跌眼镜：因为少还了0.24元，付了853元的利息。某银行的解释更让人不可思议：最新的国际信用卡章程已将原来只对欠款部分收取利息，改为对消费款全部从消费发生日起，每日收取万分之五的利息。这等于说，在计息问题上，差一分钱没还与所有的钱没还一个样。

这不禁让人想到了陷阱。现在的商家都喜欢用心机，通过甜言蜜语或花言巧语巧妙伪装让你中其设的圈套。购买房子有陷阱、求职路上有陷阱、创业途中有陷阱、家庭理财有陷阱、婚姻有陷阱、拍婚纱照有陷阱、加盟代理有陷阱、民办高校招生有陷阱，就连健康讲座也有陷阱，广告、消费、旅游的陷阱那就更不用说了，多得简直让你防不胜防！

再说互联网，它带给我们的不仅仅是缤纷的虚拟世界，形形色色的骗子也在网络上策划了种种高明的骗局。他们在网上"热情地"向你发出了信号：要么是你的红颜知己，要么可以帮助你敛财百万，助你事业有成，要么向你提供什么服务。网络的虚拟和现实的力量往往使你逐渐丧失警惕，不知不觉中你已滑入"网络陷阱"：电脑刷卡、网上炒股、网上交友、网上链接等等，还有短信陷阱，什么下载"免费"发送手机短信的软件，什么免费手机注册，什么免费体验啦，……不一而足，到处布了陷阱。

不敢再想下去了，否则连做梦都会梦见陷阱的。"陷阱年代"的出现，是法治的不健全，是社会道德的衰落，也是社会文明的倒退。填平"陷阱"，走出"陷阱年代"，需要法治、制度的建设，更需要整个社会的道德水平的提高。

（选自《北京晚报》2007年1月25日，有删减）

练习

速读第1遍,完成下面的练习(建议阅读时间5分钟)

一、根据阅读内容选择正确答案

1. 我和女儿第二次在某饭店用抵用券省了多少钱?
   A. 120元　　　　B. 20元　　　　C. 200元以上　　　D. 文中没提到
2. "我"朋友陷入刷卡消费陷阱的主要原因是什么?
   A. 记错了还款额　　　　　　　B. 选择的银行信用度太低
   C. 欠款数额太大了　　　　　　D. 不了解国际信用卡章程
3. 作者认为商家让消费者中其设的圈套最主要的手段是什么?
   A. 完美的广告宣传　　　　　　B. 精美的包装
   C. 夸张不实的宣传　　　　　　D. 强迫消费
4. 以下哪一项不是文中提到的互联网骗局?
   A. 择偶　　　　B. 发财　　　　C. 就业　　　　　D. 学习
5. 作者认为走出"陷阱年代"最关键还是要依靠:
   A. 法治的健全　　　　　　　　B. 制度的建设
   C. 商家的觉醒　　　　　　　　D. 整个社会道德水平的提高

细读第2遍,完成下面的练习

二、根据阅读内容判断正误

1. 文章举百度搜索的例子是为了证明如今陷阱无处不在。　　　　　　（　）
2. "我"请朋友吃饭花了二千多元钱。　　　　　　　　　　　　　　（　）
3. "我"朋友因为少还了853元,所以多付了万分之五的利息。　　　（　）
4. 现在的商家用尽心机设陷阱是为了牟利。　　　　　　　　　　　（　）
5. 作者认为目前的各种陷阱让你防不胜防。　　　　　　　　　　　（　）
6. 由于众多陷阱的出现,使人们对于社会完全失去信任。　　　　　（　）

词语提示

陷阱	〈名〉	xiàn jǐng	比喻使人受骗上当的圈套。
不可思议	〈组〉	bù kě sī yì	形容事物无法想象或难以理解。
心机	〈名〉	xīn jī	心思,计谋。
防不胜防	〈组〉	fáng bù shèng fáng	形容要防备的太多,以致防备不过来。
虚拟	〈形〉	xū nǐ	设想;虚构。
敛财	〈动〉	liǎn cái	聚积财物。
不一而足	〈组〉	bù yī ér zú	指同类的事物不只一个而是很多,无法列举齐全。

阅读4

　　校园内的人际关系,包括正式的关系和非正式的关系,都是通过交往形成的。作为社会的人,应该懂得交往,善于交往。古人云:"在家不会迎宾客,出门方知少主人"。但是,与谁交往?怎样交往?这是很有讲究的。这里仅从安全的角度谈谈交往中应注意的几个问题。

明确最基本的交往关系。校园内的人际交往是具有多样性的。但是就交往的对象和范围而论,无论学校大小,专业如何,班集体总是校园中最基本的组织形式。在这个特定的环境里形成的师生关系和同学关系就成为最基本的人际关系。同学之间的友谊和正常的师生情谊比什么都可贵。唯有正确处理好这两种基本关系,才能促成我们顺利完成数年的学习任务。

不要用感情代替理智。人的情感,是主体与客体的交流,是主观体验,也是对外界的反映,本身应该包含理智的成分。我们有些同学在交往中受骗上当,往往吃亏于感情用事,一味"跟着感觉走",而缺乏理智。因此,在任何交往场合下,我们都要保持清醒的头脑,才能对外界作出正确的反映。这其中,特别要学会区别对待不同类型的人。对于熟人或朋友介绍的人,要学会"听、观、辨",即听其言、观其色、辨其行。态度应诚恳但不轻信,三思而行,不能"一是朋友,都是朋友"。对于"初相识",要谨慎。"画虎画皮难画骨,知人知面不知心"。在不了解对方的时候,不要轻易露出自身的底细;对于漂浮不定的上门客,接待要谨慎,处置要小心。应尽量在集体环境中接待,避免单独接待(尤其是异性之间)。

交往要有选择。择其善者而从之。真正的朋友关系首先是志同道合的,应该建立于高尚的道德情操的基础之上,是真诚的情感交流,而不是一个简单的利益和利害关系;注意"四戒"。戒交低级下流之辈;戒交挥金如土之流;戒交吃喝嫖赌之徒;戒交游手好闲之人。

交往应不失防备。古人曰,害人之心不可有,防人之心不可无。与陌生人交往必须要有防范之心。交往中应注意观察,发现对方有疑点或已经受骗上当,应该及时向老师或学校保卫部门报告,切勿"哑巴吃黄连"。

(选自新华网,有删减)

练习

速读第1遍,完成下面的练习(建议阅读时间4分钟)

一、根据阅读内容选择正确答案

1. 下列哪一句与原文不符?
   A. 校园中最基本的组织形式包括师生关系和同学关系
   B. 主体与客体的交流,是情感的一种表现形式
   C. 朋友的朋友不一定是你的朋友
   D. 对待异性朋友,最好在集体环境中接待。
2. 文中"下流之辈"一词的含义是:
   A. 地位低下的人　　　　　　　B. 住在河流下游的人
   C. 品质恶劣的人　　　　　　　D. 心胸狭小的人
3. 在交往中,有些人易上当受骗,最常见的原因是:
   A. 交友没经过选择　　　　　　B. 没有防备心理
   C. 没有搞清楚最基本的关系　　D. 感情代替理智
4. 文中"在不了解对方的时候,不要轻易露出自身的底细"一句中的"底细"一词是指:
   A. 物体的最下面部分　　　　　B. 人或事情的根源、内情
   C. 东西剩下的最后一部分　　　D. 末尾

5. 与"画虎画皮难画骨"一句内容相符的是：
   A. 能画老虎,但画不出虎皮,更不要说画虎骨了
   B. 能画出老虎,也能画出虎皮,但画不出虎骨
   C. 画老虎或虎皮或虎骨,都是不容易的事
   D. 知人知面但难知心
6. 游荡成性,不喜欢劳动的人是指：
   A. 吃喝嫖赌之徒   B. 挥金如土之流
   C. 志同道合之士   D. 游手好闲之辈

细读第 2 遍,完成下面的练习

二、根据阅读内容回答问题
1. 校园内的人际关系具体来说,指的是什么？
2. 你认为文中"跟着感觉走"是什么意思？
3. 文中"哑巴吃黄连",你是如何理解的？
4. 在人际关系中,不可结交的人有哪些？试举出两例来。
5. 你认为同学友谊最重要的是什么？（不少于 4 个词）
6. 文中介绍了几种类型的人？你认为还有其他类型的人吗？试举一例。

词语提示

三思而后行	〈组〉	sān sī ér hòu xíng	经过反复考虑,然后再去做。
底细	（名）	dǐ xì	(人或事情的)根源；内情。
挥金如土	〈组〉	huī jīn rú tǔ	挥霍钱财像撒泥土一样。形容极端奢侈浪费。
嫖赌	（动）	piáo dǔ	嫖妓与赌博。
游手好闲	〈组〉	yóu shǒu hào xián	指人游荡懒散,不愿参加劳动。
哑巴吃黄连	〈组〉	yǎ ba chī huáng lián	比喻有苦难言。
切勿	（副）	qiè wù	千万不要。

 阅读5

　　我相信每一个赤诚忠厚的孩子,都曾在心底向父母许下"孝"的宏愿,相信来日方长,可以从容尽孝。可惜人们忘了,忘了时间的残酷,忘了人生的短暂……

　　我不喜欢一个苦孩求学的故事。家庭十分困难,父亲逝去,弟妹嗷嗷待哺,可他大学毕业后,还要坚持读研究生,母亲只有卖血……

　　我以为那是一个自私的学子。求学的路很漫长,一生一世的事业,何必太在意几年蹉跎？况且这时间的分分秒秒都苦涩无比,需用母亲的鲜血灌溉！一个连母亲都无法挚爱的人,还能指望他会爱谁？把自己的利益放在至高无上的位置的人,怎能成为为人类献身的大师？

　　我也不喜欢父母重病在床,断然离去的游子,无论你有多少理由。地球离了谁都照样转动,不必将个人力量夸大到不可思议的程度。在一位老人行将就木的时候,斩断他对人世间最后的期冀,以绝望之心在寂寞中远行,那是对生命的大不敬。

　　我相信每一个赤诚忠厚的孩子,都曾在心底向父母许下"孝"的宏愿,相信来日方长,相信

水到渠成,相信自己必有功成名就衣锦还乡的那一天,可以从容尽孝。

可惜人们忘了,忘了时间的残酷,忘了人生的短暂,忘了世上有永远无法报答的恩情,忘了生命本身有不堪一击的脆弱。

父母走了,带着对我们深深的挂念。父母走了,遗留给我们永无偿还的心债。你就永远无以言孝。

有一些事情,当我们年轻的时候,无法懂得。当我们懂得的时候,已不再年轻。世上有些东西可以弥补,有些东西永无弥补。

"孝"是稍纵即逝的眷恋,"孝"是无法重视的幸福,"孝"是一失足成千古恨的往事,"孝"是生命与生命交接处的链条,一旦断裂,永无连接。

赶快为你的父母尽一份孝心。也许是一处豪宅,也许是一片砖瓦。也许是大洋彼岸的一只鸿雁,也许是近在咫尺的一个口信。也许是一顶纯黑的博士帽,也许是作业簿上的一个红五分。也许是一桌山珍海味,也许是一颗野果一朵小花。也许是花团锦簇的盛世华衣,也许是一双洁净的旧鞋。也许是数以亿万计的金钱,也许只是含着体温的一枚硬币……

在"孝"的天平上,它们等值。

只是,天下的儿女们,一定要抓紧啊!趁你父母健在的光阴。

(选自网络资料,作者:毕淑敏)

练 习

速读第1遍,完成下面的练习(建议阅读时间4分钟)

一、根据阅读内容选择正确答案

1. 对苦孩求学,作者认为是:
   A. 可以理解　　　B. 无法理解　　　C. 自私行为　　　D. 正常现象
2. 对一个赤诚忠厚的孩子,哪项是应该做的?
   A. 大学毕业后,坚持读研究生　　　B. 父母重病在床,断然离去
   C. 功成名就后,从容尽孝　　　　　D. 不留遗憾,床前尽孝
3. 作者认为不孝敬父母就是:
   A. 对生命的大不敬　　　　　　　　B. 在寂寞中远行
   C. 为人类献身的大师　　　　　　　D. 夸大了个人的力量
4. 第5自然段中的"相信"所指对象是:
   A. 许下的诺言　　　　　　　　　　B. 赤诚忠厚的孩子
   C. 衣锦还乡的人　　　　　　　　　D. 无法尽孝的人
5. 作者写这篇文章的意图是要我们:
   A. 趁父母健在时抓紧尽孝　　　　　B. 趁父母健在时好好读书
   C. 认识到时间残酷,人生短暂　　　D. 向父母许下"孝"的宏愿

细读第2遍,完成下面的练习

二、根据阅读内容回答问题

1. 作者不喜欢"苦孩子求学的故事",也不喜欢"父母病重在床,断然离去的游子",这是为什么?

2. 作者呼吁"赶快为你的父母尽一份孝心"的理由是什么？
3. 第六段中，作者说"世上有些东西可以弥补，有些东西永远无法弥补。"如何理解这句话的含义？
4. 读完这篇文章后，你知道什么是"孝"吗？为什么"豪宅"和"砖瓦"，"博士帽"和"红五分"等在"孝"的天平上是等值的？

词语提示

宏愿	〈名〉	hóng yuàn	宏大的愿望。
来日方长	〈组〉	lái rì fāng cháng	将来的日子还很长。表示事情还大有可为。
嗷嗷待哺	〈组〉	áo áo dài bǔ	饥饿时急于求食的样子。
蹉跎	〈动〉	cuō tuó	时间白白地过去；虚度光阴。
至高无上	〈组〉	zhì gāo wú shàng	高到顶点，再也没有更高的了。
行将就木	〈组〉	xíng jiāng jiù mù	指人寿命已经不长，快要进棺材了。
不堪一击	〈组〉	bù kān yī jī	经不起一次打击。形容十分脆弱。
眷恋	〈动〉	juàn liàn	（对自己喜爱的人或地方）深切地留恋。
咫尺	〈名〉	zhǐ chǐ	比喻距离很近（古代称八寸为咫）。
弥补	〈动〉	mí bǔ	补偿，赔偿。

阅读6

大学时的好友假期出游，顺路来看我，就在家中住了几天。正遇上老公出差，孩子感冒，我忙得不可开交。几天下来，她感慨道："看见你这样忙忙碌碌、身不由己，我是绝不敢要孩子了。"

我一愣："你都看见什么了？"她同情地说："看见你一日三餐洗煮烧煎，比保姆还辛苦；看见你栉风沐雨，又接送孩子上学，又忙工作，几乎变成机器人；看见你凌晨两点还不能安歇，要给孩子喂药喂水，像个苦役犯；还看见你的皱纹与眼袋，看见你无穷无尽的付出。"

她叹息："女人最好的年华就这样交付掉了，人生还有什么乐趣。你看我，工作时无忧无虑，出游时无牵无挂，多好。"我笑了，对她说："你什么都看见了，可唯独没有看见我的快乐和幸福。"

她瞪大眼睛，惊讶地看着我，半开玩笑地说："你不是在自欺欺人吧？"

我告诉她，儿子刚上幼儿园，第一次吃鸡翅时，才两岁半的他，将鸡翅藏在白衬衣的袖子里，晚上带回来要与我分吃。我至今记得，他津津有味地吸吮那半截鸡骨头的馋相。每每想起他衣袖上留下的那片鹅黄色油渍，我心里就会有一片淡淡的温暖。朋友若有所思，脸上不再是戏谑的表情。

我告诉她，走在路上，儿子像个小小男子汉，懂得让我走在他的右边。他说："妈妈是近视眼，我是千里眼，我来保护你！"过马路的时候，他会冲着车流大喊："你们通通快让开，我妈妈要过马路了！"仿佛我是至尊至贵的女王，所有人都得谦恭礼让。母亲，就是孩子心灵国度里最值得敬爱的女王。朋友爽朗地笑起来，她说："好羡慕你，女王陛下。"

我告诉她，去年五月的一个中午，儿子很晚还没回来。在外环路上，我找到了他。这一路，槐花开得纯白如雪,幽香扑鼻,儿子正专心致志地往树干上写字,一棵一棵地。他对我说:"今天是母亲节,我没能买到康乃馨,就来到了这里。"花开得那么好,却有人采摘,儿子就用水彩笔写下了这些稚拙的留言:"这是我送给妈妈的花,请让它好好地开,不要摘。"望着这一路盛开的槐花,我知道,这是最好的母亲节礼物。牵着孩子的手,我感觉自己是世界上最幸福的人。听到这里,朋友的眼神变得柔和起来。

我告诉她,就在前天,我和儿子一起去医院验血。当医生宣布儿子和我是相同血型的时候,他一下子欢呼起来:"太好了,如果以后妈妈生病需要输血,就可以抽我的了!"旁边验血的人,还有医生,都感动地说:"有个这样的孩子,真好。"我平静地陈述完这些片段,朋友的眼睛却在刹那间湿润了。

我对朋友说:"你没有看到,我在辛苦的同时享受到多少甜蜜,你也无法感受,我生命中最深的温暖。但请你一定相信,遇见了孩子,就是遇见了世上最好的爱。"朋友郑重地点了点头,露出了赞同的微笑。

(选自刘继荣的《遇上世界最好的爱》)

练 习

速读第1遍,完成下面的练习(建议阅读时间5分钟)

一、根据阅读内容选择正确答案

1. 大学时好友来我家是:
   A. 专程拜访　　　B. 同学聚会　　　C. 假期顺路　　　D. 我的邀请
2. 文章的第一自然段,好友为何感慨?
   A. 老公出差了　　　　　　　　　B. 孩子感冒了
   C. 生活缺乏自由　　　　　　　　D. 为孩子忙碌,身不由己
3. 下列哪项不是好友眼中的"我"?
   A. 一日三餐洗煮烧煎,比保姆还辛苦
   B. 忙孩子忙工作几乎成为机器人
   C. 凌晨两点还给孩子喂水喂药,像个苦役犯
   D. 工作时无忧无虑,出游时无牵无挂
4. "这一路,槐花开得纯白如雪,幽香扑鼻,儿子正专心致志地往树干上写字,一棵一棵地。"这句中的"专心致志"表现出儿子:
   A. 对妈妈的爱　　　　　　　　　B. 写字很认真
   C. 做事很执着　　　　　　　　　D. 喜欢在树干上写字
5. 对文章中的儿子描述最恰当的是:
   A. 做事执着专心　　　　　　　　B. 喜欢分享
   C. 孝顺懂事,关爱母亲　　　　　D. 懂得保护母亲

细读第2遍,完成下面的练习

二、根据阅读内容回答问题

1. "我的快乐和幸福"具体体现在哪几件事情上?请用简洁的语言概括。
2. 如何理解"遇见了孩子,就是遇见了世上最好的爱"这句话?

3. 读完这篇文章后你有什么感想？
4. 文章最后一段告诉我们什么？

词语提示

栉风沐雨	〈组〉	zhì fēng mù yǔ	形容经常在外面不顾风雨地奔波劳苦。
若有所思	〈组〉	ruò yǒu suǒ sī	好像在思考什么的样子。
油渍	（名）	yóu zì	积在物体上面难以除去的油污。
戏谑	（动）	xì xuè	以诙谐的话取笑，开玩笑。
稚拙	（形）	zhì zhuō	幼稚笨拙；幼稚质朴。

第二单元　文化教育篇

> 文化是一种社会现象,又是一种历史现象,是人类在社会历史发展过程中所创造的物质和精神财富的总和。文化与教育相互包含,共同发展。社会发展不能没有文化,而社会文化的传递和发展又有赖于社会教育。让我们在社会变迁中一起去体会文化教育的魅力。

第 6 课　谜一样的东方精神

访美期间,我发现一个现象:美国军人对中国军人十分尊重。这种尊重不仅仅是出于礼貌或者客套,而是发自他们的内心。美国人自视甚高,能放在眼里的人不多,为什么对中国军人情有独钟?

后来,我发现他们有一个特点:尊重与他们交过手的对手,尤其是那些让他们吃了亏的对手。

美国海军分析中心统计,第二次世界大战结束后,美国对外用兵次数超过 240 次。其中规模最大的有 3 次:1950 年至 1953 年的朝鲜战争,1961 年至 1975 年的越南战争,1991 年的海湾战争。

3 场战争,前两场都与遏制中国有关。3 场战争中,朝鲜战争持续 3 年,用兵 44 万,美国官方统计死亡、失踪 54246 人;越南战争持续 14 年,用兵 55 万,死亡、失踪 58209 人;海湾战争用兵 44 万,43 天结束战斗,阵亡 146 人。

对这 3 场战争,美国军人自有比较。在为什么失败与为什么取胜这些问题上,他们甚至比我们国家的一些专业人士分析得还要客观。一句话,从美国军人的尊重中,我们都能感觉到是那些长眠于战场的先烈奠定了今日中国军人的地位。

今天,很多人已经不知道当年中国人民志愿军是在怎样的条件下与以美军为首的联合国军作战的了。他们或许能记住一两篇描写志愿军的文学作品,对以下这些比任何文学描写都更加震人心魄的数字却不知情。

朝鲜战场上美军一个军拥有坦克 430 辆,中国军队最初入朝的 6 个军,一辆坦克也没有。

美军一个陆军师的师属炮兵有 432 门榴弹炮和加农炮,还可以得到非师属炮兵同类口径和更大口径火炮的支援;中国人民志愿军一个师的师属炮兵仅有一个山炮营,12 门山炮。

美军一个步兵师拥有电台 1600 部,无线电通信可以一直到达排和班;中国军队入朝时从各部队多方抽调器材,才使每个军的电台达到数十部,勉强装备到营,营以下通信联络仍然主要靠徒步通信、军号、哨子及少量的信号弹等。

美军运输全部机械化,一个军拥有汽车约 7000 辆;中国人民志愿军入朝之初,主力三十八军只有汽车 100 辆,二十七军则只有 45 辆。

更令人难以置信的是,当时我三十八军90%的战斗兵仍在用日军1905年设计的三八式步枪。

空中力量的悬殊更大。志愿军当时不但没有飞机,连防空武器也极端缺乏。面对美军1100架作战飞机,志愿军当时只有一个高炮团,36门75毫米的高炮,还要留12门在鸭绿江边保卫渡口。最初带入朝鲜的,竟然只有这种旧式的日制高炮24门。至于雷达则一部也没有,搜索空中目标全凭耳听和目视。

当时美国飞机从朝鲜东海岸炸到西海岸,从鸭绿江炸到汉江,连后方大榆洞的我志愿军司令部都遭到狂轰滥炸,司令员彭德怀差点遇难。在志愿军总部工作的毛泽东长子毛岸英,刚刚出国一个多月,即牺牲于美国空军凝固汽油弹的熊熊烈焰之中。

中国人民志愿军就是在这样的条件下艰苦奋战,迫使不可一世的远东美军总司令、五星上将麦克阿瑟丢官去职,第八集团军司令沃克中将翻车丧命,硬把美国人打回到谈判桌前。

当时志愿军作战艰难困苦的情况,很多美国人直到现在也并不完全清楚。他们对曾与之对阵的中国军人怀有一种颇富神秘感的尊重,这种尊重是对实力的尊重。从他们的角度看,中国军队的实力更多地表现在排山倒海、坚忍顽强、奋勇冲杀和不惧牺牲的精神,他们称之为"谜一样的东方精神"。当年到过朝鲜的美国军官,在回忆录里皆印象深刻地描述志愿军发起冲锋时"撕心裂肺的军号声"和"尖利刺耳的哨子声"。这些声音一直伴随他们走到军事生涯的终点,甚至生命的终点。

这就是两军的相识。那些在冰天雪地的朝鲜战场连一把炒面、一把雪都吃不上却依然冲锋不止的战士,那些在零下40℃严寒中单衣单裤作战冻死在长津湖畔的英雄,以他们惊人的牺牲精神为我们这些后来者赢得了今日的地位。我们应该骄傲,我们也应该惭愧。我们千万不能吃尽这一老本,我们也应该为明天的中国军人留下点什么。

(选自网络资料,有删减,作者:金一南)

词语提示

客套	(形)	kè tào	用以表示客气的套话;应酬的客气话。
情有独钟	〈组〉	qíng yǒu dú zhōng	指对某人或某事特别有感情。
遏制	(动)	è zhì	指制止、阻止。
阵亡	(动)	zhèn wáng	在战斗中牺牲。
奠定	(动)	diàn dìng	使稳固;使安定。
震人心魄	〈组〉	zhèn rén xīn pò	形容美好的事物,让自己失去了自我,以至于像魂被取走了似的。
难以置信	〈组〉	nán yǐ zhì xìn	出乎意料,让人很难相信。
狂轰滥炸	〈组〉	kuáng hōng làn zhà	指短时间内对目标频繁进行的破坏性轰炸。
排山倒海	〈组〉	pái shān dǎo hǎi	形容力量强盛,声势浩大。
撕心裂肺	〈组〉	sī xīn liè fèi	形容某事令人极度悲伤。有时也可指疼痛到了极点。

练习

一、根据课文内容判断正误

1. 访美期间,我发现美国军人对中国军人十分尊重。（　）
2. 美国人自视清高,把谁都不放在眼里。（　）
3. 第二次世界大战期间,美国对外国用兵规模最大的有240次。（　）
4. 朝鲜战场上,中国人民志愿军是在极其恶劣的条件下作战的。（　）
5. 朝鲜战场上,美国运输已实现机械化。（　）
6. 朝鲜战场上,志愿军不但没有飞机,连防空武器也极端缺乏。（　）

二、选择画线部分词语在句子中的意思

1. 这种尊重不仅仅是<u>出于</u>礼貌或者客套,而是发自他们的内心。
   A. 出在　　　B. 对于　　　C. 由于　　　D. 理由
2. 尊重与他们<u>交过手</u>的对手,尤其是那些让他们吃了亏的对手。
   A. 交战过　　B. 手挽手　　C. 双手交叉　　D. 手拉手
3. 我们都能感觉到那些<u>长眠</u>于战场的先烈奠定了今日中国军人的地位。
   A. 睡觉　　　B. 长期休养　　C. 死亡　　　D. 睡着
4. 对以下这些比任何文学描写都更加震人心魄的数字却<u>不知情</u>。
   A. 不想知道　　　　　　B. 不清楚
   C. 不懂别人的意思　　　D. 不懂感情
5. 毛泽东长子毛岸英,刚刚出国一个多月,<u>即</u>牺牲于美国空军凝固汽油弹的熊熊烈焰之中。
   A. 立即　　　B. 便　　　C. 也　　　D. 即使
6. <u>硬</u>把美国人打回到谈判桌前。
   A. 结实　　　B. 坚硬　　　C. 强硬　　　D. 坚决

三、选择合适的词语填空

客套　自视清高　情有独钟　遏制　奠定　难以置信　排山倒海　撕心裂肺

1. 化疗方法（　）住了病人癌细胞的扩散。
2. 我进门以后,先和主人（　）了一番,然后才步入正题。
3. 这件事是她干的,这真让人（　）。
4. 叔叔家有童话书、故事书、科技书,小明却对科技书（　）。
5. 她突然跌进一把椅子里,用两只拳头顶着脑门儿,突然（　）地哭了起来。
6. 现在的努力学习是为以后的成功（　）基础。

四、根据课文内容选择正确答案

1. 美国军人对中国军人的态度是：
   A. 由衷的尊重　　B. 非常客气　　C. 傲慢无礼　　D. 不屑一顾
2. 美国军人往往会尊重哪一类人？
   A. 自视清高的对手　　　B. 自己没打赢的对手
   C. 被他们打败的人　　　D. 服从他们的军人

3. 二战期间,美国为遏制中国出兵较多的的战争有几次?
   A. 1次　　　　B. 2次　　　　C. 3次　　　　D. 240次
4. 在美国人的眼中"谜一样的东方精神"是指:
   A. 奋勇冲杀　　B. 不怕牺牲　　C. 坚忍顽强　　D. 以上所有
5. "我们千万不能吃尽这一老本,我们也应该为明天的中国军人留下点什么。"句子中的"吃尽这一老本"是什么意思?
   A. 吃本子为生　　　　　　　　B. 依靠老本行
   C. 干原来的职业　　　　　　　D. 靠原有的功劳过活

五、根据课文内容回答问题

1. 美国军人为什么尊重中国军人?
2. 朝鲜战场上,中国军人是怎样作战的?
3. "谜一样的东方精神"是什么精神?

1. 你对抗美援朝战争了解多少?请说一说。
2. 你认为我们应该依靠什么赢得别人的尊重?

阅读技能指导

快速阅读法之三:跳读

在理解句子时,往往会遇到一些生词、不熟悉的成语、俗语或者诗词,如果这些内容对句子主要意思的理解没有太大的影响,就可以跳过去不看,以减少阅读时间,提高阅读速度。例如:唐代青瓷发展到了顶峰。唐代诗人陆龟蒙曾用"九秋风露越窑开,夺得千峰翠色来"的诗句来形容越窑(今浙江绍兴)青瓷动人的色泽。诗句"九秋风露越窑开,夺得千峰翠色来"在阅读时就可以跳过不读,因为这对该段话意思的理解并没有什么影响。此外,还有一些排比、举例在句中都可以采用跳读的方法。

练习

指出下列语段中可以跳读的地方

1. 美国海军分析中心统计,第二次世界大战结束后,美国对外用兵次数超过240次。其中规模最大的有3次:1950年至1953年的朝鲜战争,1961年至1975年的越南战争,1991年的海湾战争。
2. 海洋中含有许多生命所必需的无机盐,如氯化钠、氯化钾、碳酸盐、磷酸盐,还有溶解氧,原始生命可以毫不费力地从中吸取它所需要的元素。
3. 诸葛亮的《出师表》提出忠心耿耿的为臣之道和勤恳不息的敬业精神。名句"鞠躬尽瘁,死而后已""亲贤臣,远小人""受任于败军之际,奉命于危难之间"等广为流传。

最近"家风"的话题引发了公众的关注与热议,每个家庭都用善意与正直影响着下一代,而现当代大师的家风,则会给我们带来更多有益的启发。

国学大师钱穆、钱钟书等为代表的钱家的家风,就是好读书、重教育。有人问钱家为什么出那么多名人?科学家钱伟长戏说:"我们钱家人喜欢读书,书读多了容易当官,当官的容易出名。"这种好读书的家学渊源相传至今。

国学大师梁漱溟的家风是直道而行。父亲梁济的"尸谏"影响了梁漱溟,成为最有警示性的家风,那就是"道德理想和卓立精神"。梁漱溟因此一生都很少顾及自己,而是为国为民。可他并不薄情,相反,他对两个儿子的教育可圈可点。他给两个儿子取名培宽、培恕,因为"宽恕是我一生的自勉"。他的家教使得儿子在多灾多难的世纪得以平安度过,两人在历次运动中都没有遭到太多磨难。

史学大师陈寅恪的家风是笃定务实,其祖父陈宝箴21岁便中得举人,他的文才、韬略和办事能力,深为曾国藩所赏识,称他为"海内奇士也"。父亲陈三立为光绪年间进士,官拜吏部主事,以改革天下为己任。陈家重视后代的教育,开设家塾,延聘名师,使子孙很早就开始读书。陈寅恪幼承家训,很早就把读书同正心、立志与做人结合起来,这些成为他日后的立身之道和行为规范。

文学大师金庸的家风,有临危不惧、坚忍不拔、内敛深沉的特点。金庸的政治评论大胆,观察细微,语言准确。1951年,金庸的父亲被当地政府镇压。金庸在武侠小说里写了很多身负杀父之仇的少年成长故事,从隐忍到为家门争光,大约都有家族的遗传。1981年邓小平和金庸会谈时,主动谈起金父当年被杀之事,说要"团结起来向前看"。金庸点头:"人人黄泉不能复生,算了吧!"后经复查,确是冤案,遂由当地政府平反。金庸为此写信致谢。金庸的隐忍到了骨子里,甚至最后淡化至零至无。

当代文学大师莫言的家风,主要是重视学习,重视文化,勤学上进,与人为善。莫言说,家风实际是社会、家庭、道德观念最具体化的表现。我们中国大多数的家庭实际上是受中国儒家文化所熏陶的,也就是勤俭、节约、好学、上进……这些构成了家风的基本内容,家风也是在与时俱进,更加开放、自由、健康、向上,这说明传统文化的根还在百姓心里。

而今,家风是什么?孝顺,和气,不糊弄人,不干坏事,是中国老百姓眼里最朴素的家风。不管社会如何变化,诚信、正直、勤奋等核心的价值观念,应被长久坚守,这是我们安身立命的根本。

(选自《牛城晚报》,有删减,作者:张光茫)

练习

速读第1遍,完成下面的练习(建议阅读时间4分钟)

一、根据阅读内容判断正误

1. 总体来说,现在每个家庭对下一代的教育都趋向善良与正直。( )
2. 钱家的家风使钱家人才辈出。( )
3. 史学家陈寅恪的家风"宽恕、勤奋"是其立身之道。( )
4. 文学大师金庸的家风在其处理父亲冤案时得以体现。( )
5. 莫言认为家风是社会、家庭、道德观念的具体表现。( )
6. 在老百姓眼里最朴素的家风就是孝顺,和气,不糊弄人,不干坏事。( )

细读第 2 遍，完成下面的练习

二、根据阅读内容选择正确答案

1. 钱家出名人多的原因是：
   A. 好读书　　　B. 有做官传统　　　C. 爱出名　　　D. 有家庭背景
2. 根据文章可知影响梁漱溟的"尸谏"精神是：
   A. 道德理想和卓立精神　　　B. 重视教育
   C. 甘于奉献，不徇私情　　　D. 文中没提到
3. 史学大师陈寅恪的祖父陈宝箴被称为"海内奇士也"是因为：
   A. 他是光绪年间进士　　　B. 他有才能
   C. 受人赏识　　　D. 教子有方
4. 以下哪一项是对金庸的正确描述？
   A. 是时政评论家　　　B. 不忘杀父之仇
   C. 胆小怕事　　　D. 性格深沉内敛
5. 以下哪一项不是莫言对"家风"的认识？
   A. 开放、自由、健康　　　B. 重视传统，重视文化
   C. 勤俭节约，好学上进　　　D. 光宗耀祖，注重自我
6. 请给这篇文章选一个最适合的题目：
   A. 保持传统家风　　　B. 大师的家风
   C. 与时俱进的家风　　　D. 人人关注家风

三、选择画线部分词语在句子中的意思

1. 相反，他对两个儿子的教育<u>可圈可点</u>。
   A. 表现不好　　　B. 可批评可表扬
   C. 值得肯定或赞扬　　　D. 付出的很少
2. 人入<u>黄泉</u>不能复生，算了吧！
   A. 黄色的泉水　　B. 地名　　C. 下河　　D. 死亡
3. 后经复查，确是<u>冤案</u>，遂由当地政府平反。
   A. 没有罪而被当作有罪受处罚的案件　　　B. 破不了的案子
   C. 不存在的案件　　　D. 没审判的案件
4. 后经复查，确是冤案，遂由当地政府<u>平反</u>。
   A. 纠正错误　　　B. 推翻正确的说法
   C. 重新核查　　　D. 平定叛乱
5. 金庸的隐忍到了骨子里，甚至最后<u>淡化至零至无</u>。
   A. 完全消除　　B. 不重视　　C. 化整为零　　D. 变淡
6. 当代文学大师莫言的家风，主要是重视学习，重视文化，勤学上进，<u>与人为善</u>。
   A. 说别人好话　　　B. 对人友善
   C. 看别人优点　　　D. 和好人做朋友

词语提示

渊源	（名）	yuān yuán	水的源头。比喻事物的本源。
薄情	（形）	bó qíng	情义淡薄；无情。
笃定务实	〈组〉	dǔ dìng wù shí	有把握、安心、放心，根据实际情况出发，不幻想。
举人	（名）	jǔ rén	明清两代称乡试考取的人。
进士	（名）	jìn shì	隋唐科举考试设进士科，录取后为进士。明清时称殿试考取的人。
家塾	（名）	jiā shú	旧时请老师到家里来教授自己子弟的私塾。
立身之道	〈组〉	lì shēn zhī dào	一个人在社会上立足的条件。
临危不惧	〈组〉	lín wēi bù jù	遇到危难的时候，一点也不怕。
坚韧不拔	〈组〉	jiān rèn bù bá	形容意志坚定，不可动摇。
内敛	（形）	nèi liǎn	（性格、思想感情等）深沉，不外露。
糊弄	（动）	hù nòng	欺骗；蒙混。
安身立命	〈组〉	ān shēn lì mìng	生活有着落，精神有所寄托。

阅读2

路遇老人跌倒，扶还是不扶？这曾经是一个简单的问题，但在如今的社会却让人不得不三思而后行。

2013年8月1日，中国首例"好人法"终于千呼万唤始出来。《深圳经济特区救助人权益保护规定》获深圳市人大常委会表决通过，开始实施。事实上，在世界各国都曾有过不少类似"好人难做"的先例。因此，近十年来各式各样的"好人法"在很多国家已相继出台，并已取得了不小的成效。

美国是无偿救助免责。2004年的万圣节晚上，一位名叫亚历山德拉德的年轻女子驾车撞上了路边的电线杆，车子冒浓烟很可能会爆炸，她被卡在车里动弹不得，后被一位名叫丽莎的女子救出。由于丽莎没有专业施救技能，导致亚历山德拉德车祸后瘫痪。2008年，亚历山德拉德将丽莎告上法庭，称是由于丽莎救助的疏忽而导致了她的瘫痪，因此丽莎要对她负责。民众的观点几乎一边倒，他们认为，虽然好心人在帮助他人时会出错，但不能因此而惩罚做好事的人。加州议会对此做出了反应：2009年，以全票通过"好心人免责条款"，条款规定如果发生因救助者的疏忽导致被救助者受到伤害的情况，救助者可以免责。

法国是见死不救必惩。1997年8月31日凌晨，前英国王妃戴安娜在法国巴黎的一个地下隧道中遭遇严重车祸。她车祸后一直有意识，是被送达医院几个小时后死亡的。戴妃的专车是为摆脱"狗仔队"的紧盯，以及司机酒驾、车速过快撞上桥洞边柱出事的。车祸发生后，尾随的"狗仔"在现场拍摄了大量照片，亲眼看到血泊中尚未咽气的戴妃在挣扎，却没有通过报警或其他方式施以援手。法国警方事后将这些"狗仔"一一逮捕，还把他们告上了法庭，罪名就是：见死不救。根据这一指控，最长将判处5年监禁，并处相当于人民币60万元的罚金。

新加坡是严惩"反咬一口"。在新加坡，见义勇为已经借由道德的法律化上升为公民的一项基本义务。新加坡的法律完全站在保护施救者权益的立场上。惩罚机制规定，被援助者事后若反咬一口,必须亲自上门向救助者赔礼道歉,并施以相当于本人医药费1~3倍的处罚。而影响恶劣、行为严重者,则以污蔑罪论处。据统计,该规定实施以来,新加坡再没有发生过类似的被救反污蔑他人的事情,公民在实施见义勇为时也免去了顾虑和担忧。

应该说"为好人立法",对于破解当下的道德困局,具有突破性意义。这也是目前不少专家呼吁深圳"好人法"应当得到进一步推广的原因吧。

(选自《中国青年》,有删减,作者:时晓冉)

练 习

速读第1遍,完成下面的练习(建议阅读时间4分钟)

一、根据阅读内容选择正确答案

1. 2013年8月1日,中国首例"好人法"是指:
   A. 《深圳经济特区救助人权益保护规定》
   B. "好心人免责条款"
   C. "见死不救必惩"法
   D. 严惩"反咬一口"法

2. 2004年,丽莎救出的女子致残是由于:
   A. 救助不及时　　　　　　B. 救助的疏忽
   C. 车祸太严重　　　　　　D. 家人护理不当

3. 2008年,亚历山德拉德因致残将丽莎告上法庭,民众认为:
   A. 应由丽莎担责　　　　　B. 这是亚历山德拉德自己的责任
   C. 这是肇事车辆的责任　　D. 丽莎应该免责

4. 英国王妃车祸发生后,狗仔队是怎样做的?
   A. 立即报警　　　　　　　B. 见死不救
   C. 马上开始救助　　　　　D. 马上逃离了现场

5. 以下哪一项不是新加坡"反咬一口"惩罚机制的规定?
   A. 被救助者必须亲自向救助者赔礼道歉
   B. 对被救助者进行金钱处罚
   C. 以污蔑罪论处
   D. 让民众来裁决

6. 作者对中国"好人法"实施持什么态度?
   A. 赞成　　　B. 反对　　　C. 莫衷一是　　　D. 模棱两可

细读第2遍,完成下面的练习

二、根据阅读内容回答问题

1. 人们对待"老人跌倒扶还是不扶"这个问题是什么态度?
2. 美国加州议会通过的"好心人免责条款",是如何保护救助者的?
3. 英国王妃是怎么死的?
4. 对英国王妃交通事故案,警察以什么罪名控告"狗仔队"?
5. 新加坡对被救援者事后"反咬一口"会采取什么措施?

6. 你怎么看"好人法"?

三、选择画线部分词语在句子中的意思

1. 这曾经是一个简单的问题,但在如今的社会却让人不得不<u>三思而后行</u>。
   A. 光想不做　　　　　　　　　　B. 想三遍再做
   C. 思前想后　　　　　　　　　　D. 反复考虑,然后再去做

2. 2013年8月1日,中国首例"好人法"终于<u>千呼万唤始出来</u>。
   A. 大声呼喊　　　　　　　　　　B. 再三催促才终于出现
   C. 叫很多遍　　　　　　　　　　D. 不谦虚

3. 近十年来各式各样的"好人法"在很多国家已<u>相继</u>出台。
   A. 继续　　　B. 相互　　　C. 陆续　　　D. 持续

4. 民众的观点几乎<u>一边倒</u>。
   A. 观点倾向一边　　　　　　　　B. 反对
   C. 不发表意见　　　　　　　　　D. 不一致

5. 戴妃的专车是为摆脱"<u>狗仔队</u>"的紧盯,以及司机酒驾、车速过快撞上桥洞边柱出事的。
   A. 训练狗的人　　　　　　　　　B. 养狗的人
   C. 带狗巡逻的警察　　　　　　　D. 专门搜集信息不太正规的记者群体

6. 而影响恶劣、行为严重者,则以污蔑罪<u>论处</u>。
   A. 讨论　　　　　　　　　　　　B. 处理
   C. 讨论的观点　　　　　　　　　D. 判定处罚

词语提示

三思而后行	〈组〉	sān sī ér hòu xíng	经过反复考虑,然后再去做。
瘫痪	〈动〉	tān huàn	由于神经功能发生障碍,身体一部分完全或不完全地丧失运动的能力。
疏忽	〈动〉	shū hu	精心大意;忽略。
隧道	〈名〉	suì dào	在山中或地下凿成的通路。
血泊	〈名〉	xuè pō	大滩的血。
顾虑	〈名〉	gù lǜ	因担心对自己,对别人或对事情不利而产生的顾忌和忧虑。
施以援手	〈组〉	shī yǐ yuán shǒu	伸手拉人一把以解救其困境。
反咬一口	〈组〉	fǎn yǎo yī kǒu	不仅不承认自己的错误,却反过来诬赖对方。
污蔑	〈动〉	wū miè	歪曲事实,造谣诽谤,败坏他人的名誉。

第 7 课　中国人怎么什么节都过？

我有一位老师,从来不将"圣诞"称为"圣诞",而是称之为"耶诞",原因很简单:对于不信基督教的他来说,耶稣只是个(或许)存在于历史中的人物而已,与"圣"扯不上关系。同样,他也搞不清楚为什么中国人会热衷于过"感恩节"和"万圣节"。前者是北美"特产"的节日,用来感谢印第安人;后者则源自古凯尔特的传统。这两个节日甚至不能算是西方世界共有的,但都被原原本本地移植到了中国。

"中国人怎么什么节都过?"这是一位外国朋友对我提出的疑问。我答:两个原因,一是平日太辛苦太寂寞,二是为了消费。这样的回答或许有些粗糙,但的确表达了我的基本看法。很多人把洋节日在中国的盛行归结为国人受西方影响、"崇洋媚外",实在言过其实了。人的本能和需求都是非常朴素的,在旧的环境里得不到满足,就会到新的环境中找寻慰藉。至于价值观上的认同,则远远谈不上。

我把中国人喜欢过洋节的现象称作一种"消费的仪式"。消费好理解,就是花钱,通过购买行为获取快感。那什么是仪式呢? 在人类学中,这个词汇时常被理解成一种纯净的、基本的社会行为,没有意义或目的,仿佛是一种"心旷神怡的游戏"。若仔细观察中国人在过圣诞节时的种种行为,便不难发现其行为方式实在与一般意义上的"过节"相去甚远。

首先,共同行动的群体不是通常意义上的"家庭",而是"情侣"或"朋友"。或者,用更时髦的话说,"和小伙伴一起"。这表明在中国,所谓的"过圣诞节"被纳入了社交而非家庭团聚的范畴。大家坐在一起吃喝闲聊,仿佛不是给耶稣过生日,而是给每一个人过生日。

其次,比起西方的种种庆贺方式来,中国单单把"送礼物"吸纳过来,成为中国式圣诞节的核心。一方面,购买礼物是消费行为,可以带来快感;另一方面,交换礼物符合日常社交的需求,在群体压力之下甚至会演变成一种半强制性的议程。多么富有消费主义时代的转型期的当代中国特色!

再者,比起清明、端午、中秋、春节来,洋节日对中国人而言是没有文化和道德负担的节日。不必扫墓,不必挤火车或长途车赶回老家去,不必给小孩子压岁钱,也不必面对亲戚朋友们的种种"多余"的"关爱"。卸去了文化之重的节日,的确令人心旷神怡。人们甚至不必知道这节日是怎么来的、为什么要过这个节日,只要消费、社交、狂欢、遗忘。难道这不正是古老而常新的中国及生活在这个国家里的人最需要的吗?

一味批评国人爱过洋节日是"崇洋媚外"的做法没有任何意义,因其缺乏对普通个体的温情与理解。从常识上说,人只有在自己的母文化中存在,才能感到真正的温暖与安全。但文化的内涵需要跟随时代的发展作出相应的改变。在美国,批评各种节日(尤其是圣诞节)已经演变成"花钱节"的观点也已不再新鲜,消费主义似乎是整个人类面临的共同困境。当传统节日统统与祖先崇拜紧密关联而无法满足新的时代需求,年轻人们自然要将目光转向其他地方。我本人对消费主义文化的泛滥并无特别的好感,但交换礼物的确是建立人与人之间友善关系的最简单的方法。只有令人没有文化负担的节日,才能真正赢得大众的欢迎。

所以,当人们开始将中国的乞巧节转化为中国式的"情人节",并选择在这一天与情侣共度良宵,如我这般保守人士虽多少有些无奈,却也能坦然视之,因为这似乎是人力无法阻挡的过程。人是趋利避害的,自然也是功利的,可这种功利又如此合情合理。吸纳了消费主义元素的传统节日,总好过不明就里"拿来就过"的洋节日——我们也将不得不无可奈何地承认这一点。毕竟新的传统恐怕要千百年才能形成,而人的饥渴与困惑是实实在在的。

(选自《新华每日电讯》,作者:常江)

词语提示

热衷	(形)	rè zhōng	热心;醉心,沉迷。
崇洋媚外	〈组〉	chóng yáng mèi wài	崇拜西方一切,谄媚外国人。
言过其实	〈组〉	yán guò qí shí	指话说得过分,超过了实际情况。
心旷神怡	〈组〉	xīn kuàng shén yí	心情舒畅,精神愉快。
时髦	(形)	shí máo	时尚的、流行的、符合时势潮流的。
范畴	(名)	fàn chóu	人的思维对客观事物的普遍本质的概括和反映。
扫墓	(动)	sǎo mù	祭扫坟墓,对死者表示悼念。
一味	(副)	yī wèi	盲目,不顾客观条件;单纯地。隐含贬义的意思。
泛滥	(动)	fàn làn	江河湖泊的水溢出;比喻坏的事物不受限制地流行。
良宵	(名)	liáng xiāo	美好的夜晚。
保守	(形)	bǎo shǒu	守旧;维持原状,不想改进。
坦然	(形)	tǎn rán	形容心里平静,没有顾虑的样子。
趋利避害	〈组〉	qū lì bì hài	趋向有利的一面,避开有害的一面。
不明就里	〈组〉	bù míng jiù lǐ	不明白事情的实际情况。

练习

一、根据课文内容判断正误

1. "感恩节"是北美特产的节日,是用来感谢上帝的。( )
2. 我的一位老师不过圣诞节,但过耶诞节。( )
3. 作者认为中国人过洋节只是一种非常朴素的本能需求。( )
4. 洋节日对中国人而言有一定的文化负担。( )
5. 中国人过洋节与"崇洋媚外"以及价值观没有关系。( )
6. 中国人过洋节只是一种心旷神怡的消费方式。( )

二、选择画线部分词语在句子中的意思

1. 耶稣只是个(或许)存在于历史中的人物而已,与"圣"<u>扯不上关系</u>。
   A. 关系不够好   B. 没有关系   C. 联系不上   D. 拉上关系
2. 很多人把洋节日在中国的盛行归结为国人受西方影响、"崇洋媚外",实在<u>言过其实</u>了。
   A. 话说得超过了实际情况   B. 说的不过是事实
   C. 说了真话   D. 说得太多

3. 若仔细观察中国人在过圣诞节时的种种行为,便不难发现其行为方式实在与一般意义上的"过节"相去甚远。
   A. 去很远的地方 B. 距离很远 C. 相差很大 D. 相互走动
4. 或者,用更时髦的话说,"和小伙伴一起"。
   A. 一时的英才 B. 美丽 C. 复杂 D. 时尚
5. 吸纳了消费主义元素的传统节日,总好过不明就里"拿来就过"的洋节日。
   A. 不懂道理 B. 不知内情
   C. 不明白在哪里 D. 不明白就做
6. 人是趋利避害的,自然也是功利的,可这种功利又如此合情合理。
   A. 追求成功 B. 以成功为目的
   C. 成功和胜利 D. 追求眼前的功效和利益

三、选择合适的词语填空

热衷　范畴　相去甚远　心旷神怡　泛滥　坦然　一味　慰藉

1. 李林从最近一次比赛的成功中得到了(　)。
2. 艾力对于数学十分(　),对它充满兴趣,所以学习也相当好。
3. 站在一望无际的大海边,真使人(　),流连忘返!
4. 我家菜地里的草(　)成灾了,每天除,可还是除不干净。
5. 这孩子谁的话都不听,(　)胡闹。
6. 你所做的和我们对你的期望(　)。

四、根据课文内容选择正确答案

1. 我的老师对中国人过洋节日的态度是:
   A. 不理解 B. 赞成 C. 批评 D. 无所谓
2. 下面哪一项是中国人喜欢过洋节的原因?
   A. 这是一种社交方式 B. 可以购物和赠送礼物
   C. 没文化和道德负担 D. 以上都是
3. 我对中国人什么节都过的态度是:
   A. 无所谓 B. 不理解 C. 支持 D. 理解
4. 以下哪一个是中国的传统节日?
   A. 端午节 B. 圣诞节 C. 万圣节 D. 感恩节
5. 目前人类对待节日的共同做法是:
   A. 给压岁钱 B. 消费 C. 回家团聚 D. 体现节日的文化
6. 我对人们将乞巧节转化为中国式情人节的态度是:
   A. 完全理解 B. 坚决反对 C. 比较纠结 D. 完全支持

五、根据课文内容回答问题

1. 文中提到的洋节日有哪些?
2. 作者认为中国人什么节都过的主要原因是什么?
3. 文中为什么说批评过洋节日没有任何意义?
4. 你对过洋节日持什么态度?

说一说

1. 说一说本民族的传统节日都有哪些？都是怎么过的？
2. 你了解哪些中国的传统节日和习俗？

阅读技能指导

细读

细读是相对于速读而言，是在阅读考察中用于深入理解和获取具体细节的一种阅读方法。根据阅读需求找到文章中的有关范围以后，即在此范围内仔细阅读，特别对关键词、句仔细琢磨，弄清文章中"字里行间"所隐含的意思，以便较深刻、较准确地理解和把握阅读的主要内容。在细读中，对没有学过的生词，可根据上下文或自己的背景知识等来推测其意义，对难以看懂的长句，可借助语法手段，对其加以分析，以达到透彻的理解。

略读往往是细读的先期阶段，也就是说，先有略读作先导，从整体上把握文章大意，然后再去细读，就能抓住重点，深入钻研，有利于准确理解。在略读的基础上细读，两者不可偏废。

但需要强调的是，在阅读过程中，我们要根据不同的需求采用不同的阅读方法。总的来说，可参照下列步骤进行。首先用"略读"的方法浏览全文，以了解中心思想及大意。在此基础上，根据要回答的问题，用"查读"的方法，或查到文章中与答题内容有关的范围后用"细读"的方法，来确定答案。

练习

仔细阅读下列语段并解释画线词语或句子的意思

1. 比起西方的种种庆贺方式来，中国单单把"送礼物"吸纳过来，成为中国式圣诞节的核心。一方面，购买礼物是消费行为，可以带来快感；另一方面，<u>交换礼物符合日常社交的需求，在群体压力之下甚至会演变成一种半强制性的议程</u>。多么富有消费主义时代的转型期的当代中国特色！

2. 魏徵的《谏太宗十思疏》探讨一个政权怎样才能巩固，并且<u>塑造了一个较理想的君臣关系样板</u>。提出"居安思危，戒奢以俭""载舟覆舟，所宜深慎"，提出"凡百元首，承天景命，善始者实繁，克终者盖寡"。<u>这就是 1945 年黄炎培与毛泽东在延安谈的政权周期律</u>。后人常说的"居安思危""善始善终""水可载舟覆舟"，主要出于<u>此</u>。

阅读 1

2013 年，中国文化建设看似波澜不惊，实则出现了一些新变化。如央视"中国汉字听写大会"清新高雅，一改部分娱乐类节目俗不可耐的形象；再如国人对粗俗的"土豪"一词将入选《牛津英语词典》表示尴尬甚至羞愧，表明中国文化建设将由热捧"土豪"转为欣赏"君子"。这些积极变化值得列入大众的观察范围，推动更多人对中国近年的社会文化进行反思，促使整个中国社会文化的荒漠化问题得到解决。

与英国"绅士"一词折射出的文化传统和优雅品位相比，中国 2013 年的中国虽没有英国式的"绅士"传统，但却有一个悠久和精致的"君子"传统，比英国"绅士"毫不逊色。可以说，中国传统文化的一大特色就是重视"君子",中国传统国家建设的目标就是打造一个"君子国"。

遗憾的是,晚清以来,中国传统文化成为国家山河破碎、国势陵夷的"替罪羊",呈现出崩溃态势;与此同时,我们虽然拼命学习西方文化,但西方文化始终在中国存在严重的"水土不服"现象,不能有效构建中国人的文化家园。于是,中国文化建设出现了一个巨大的"历史欠账",甚至呈现出精神破碎、价值虚无、礼仪缺失特别是道德崩溃的恶性态势。换而言之,中国文化陷入了"荒漠化"的困境,中华民族将从世界上最有文化、最优雅的民族,滑落为一个缺少文化品位、缺乏优雅礼仪的民族。

与文化建设的"历史欠账"相比较,中国的"君子"传统也名存实亡。所以,连"常回家看看"以及是否扶起跌倒老人这些基本的做人道理,都会成为社会上的争议话题。近日,法国市场调查公司益普索发布的一项调查显示,在20个受调查国家中,71%的中国人表示将根据拥有物质财富的多少衡量个人成功,而全球仅有34%的人同意这一观点。

不过,国人越来越意识到自己文化建设存在的短板以及由此造成的严重问题。对于以"土豪"为代表的粗俗风气的反思和反感,就透露出国人对优雅礼仪和品位、崇高精神和道德的欣赏。或者说,"土豪"一词虽然异军突起成为时髦用语,但其开始流行之日,就是其遭到戏谑和摒弃之时。

戏谑和嘲讽"土豪",必然转向对中国"君子"传统的欣赏。未来,国人势必体现出越来越强烈的对传统文化的自觉性和自信心,完成更深刻的反思,向自己的"君子"传统转向,努力将中国再造成为一个"君子国"。

(选自网络资料,有删减,作者:慕朵生)

练习

速读第1遍,完成下面的练习(建议阅读时间4分钟)

一、根据阅读内容选择正确答案

1. 作者对中国文化建设的新变化持什么态度?
   A. 否定　　　　B. 肯定　　　　C. 模棱两可　　　D. 以上都不是
2. 作者认为流行语"土豪"一词暴露了什么?
   A. 国人炫富的粗俗风气　　　　B. 国人有钱了
   C. 国人的素质提高了　　　　　D. 国人优雅的品位
3. 中国的传统文化更重视:
   A. 绅士　　　　B. 土豪　　　　C. 君子　　　　D. 有知识的人
4. 文中提到的中国文化建设出现的巨大"历史欠账"不包括哪一项?
   A. 价值虚无　　B. 礼仪缺失　　C. 道德崩溃　　D. 精神充实
5. 这篇文章的主旨是:
   A. 对"土豪"一词的戏谑和嘲讽
   B. 呼吁重新构建中国人的文化家园
   C. 剖析中华民族是一个缺少文化品位的民族
   D. 中国传统文化如何才能雅俗共赏

细读第 2 遍,完成下面的练习

二、根据阅读内容判断正误

1. 央视"中国汉字听写大会"是中国文化建设的新变化。（　）
2. 作者对"土豪"一词入选《牛津英语词典》表示欣喜。（　）
3. 作者认为央视的部分娱乐节目俗不可耐,近代文化荒漠化严重。（　）
4. 西方文化不能有效构建中国人的文化家园。（　）
5. 我们拼命学习西方文化,中国的"君子"传统却名存实亡。（　）
6. 绝大多数中国人认为成功的标准是物质财富的多少。（　）

三、选择画线部分词语在句子中的意思

1. 2013年,中国文化建设看似波澜不惊,实则出现了一些新变化。
   A. 情况不好　　　　　　　　B. 没有什么变化
   C. 波涛汹涌　　　　　　　　D. 变化很大
2. 再如国人对粗俗的"土豪"一词将入选《牛津英语词典》表示尴尬甚至羞愧。
   A. 有钱又很喜欢炫耀的人　　　B. 游戏玩家
   C. 游戏中的人物　　　　　　　D. 旧社会的地主
3. 西方文化始终在中国存在严重的"水土不服"现象。
   A. 水质不好　　B. 土质不好　　C. 不服从环境　　D. 不能适应
4. 连"常回家看看"以及是否扶起跌倒老人这些基本的做人道理,都会成为社会上的争议话题。
   A. 大家关心的问题　　　　　　B. 产生纠纷的话题
   C. 未达到一致意见的话题　　　D. 都同意的话题
5. 国人越来越意识到自己文化建设存在的短板以及由此造成的严重问题。
   A. 最短的板子　　　　　　　　B. 关键薄弱环节
   C. 受限制的板子　　　　　　　D. 漏洞

词语提示

波澜不惊	〈组〉	bō lán bù jīng	比喻局面平静、形势平稳,没有什么变化或曲折。
俗不可耐	〈组〉	sú bù kě nài	庸俗得使人受不了。
羞愧	〈形〉	xiū kuì	对自己的过失感到内疚、后悔。
优雅	〈形〉	yōu yǎ	（指物）优美雅致；（指人）优美高雅。
品味	〈名〉	pǐn wèi	泛指人或事物的品质、水平。
炫富	〈动〉	xuàn fù	展示、炫耀财富。
毫不逊色	〈组〉	háo bù xùn sè	与什么相比丝毫不差。
替罪羊	〈组〉	tì zuì yáng	比喻代人受过的人。
名存实亡	〈组〉	míng cún shí wáng	名义上还存在,实际上已消亡。
异军突起	〈组〉	yì jūn tū qǐ	比喻一支新生力量突然出现。

| 摒弃 | （动） | bìng qì | 抛弃、丢弃。 |

阅读2

在中国,竹子上刻字、岩洞里题字、城墙上留字,自是文人雅士的习惯。古代文人写诗,题目常常爱写成"题×××壁""题×××庙","不识庐山真面目"是苏东坡刻在庐山西林壁上的,"两山排闼送青来"是王安石刻在朋友湖阴先生房子的墙壁上的。幸亏水上不能写字,不然估计"疑是银河落九天"就被李白写到瀑布上去了。在国人耳熟能详的《西游记》里,孙悟空在佛祖的中指上写道"齐天大圣到此一游",还在拇指上撒泡尿,成为坏样板,为中国孩子上了一堂别开生面的启蒙课。

美国孟菲斯大学历史系教授孙隆基有一个有趣的观点:国人缺乏公共空间的基本礼貌的原因在于对婴儿排泄习惯的训练太过随便。按照中国的传统习惯,一般让孩子穿开裆裤,可以随时随地大小便。受这种教育长大的人,当众擤鼻涕、挖鼻屎、搓身上的汗垢,在人群中放屁,吃饭时将骨头吐在桌子上,把公共场所当作随便可以丢垃圾的地方,不守时间,不守规则,对身体的多余动作不去控制等,就都不奇怪了。

现在,华人舞蹈队在纽约十分活跃,凡是华人社区的大众性活动或大型活动,中老年舞蹈队的身影都会出现,为中外民众送去腰鼓表演、传统舞蹈。平日里他们就在布鲁克林的日落公园里排练,但因过去该公园锻炼或跳舞健身的华裔民众越来越多,且华人大多喜爱在音乐的伴奏下大跳集体舞或交际舞,所以总是引来不堪这些音乐与噪声骚扰的公园周围居民的抗议与抱怨。

学者朱大可认为,中国人缺乏公共空间的基本礼貌,肆无忌惮地大声喧哗是其中一种表现,此外还有碰撞别人后毫无反应,更不会致歉;在车上哄抢座位,拒绝给老人和孕妇让座;随地吐痰和小便,吃饭时大声咀嚼。但这些在中国几乎是约定俗成的规矩,在大多数国人看来,并不觉得不妥。

在全球化的趋势下,一场自上而下的生活习惯改良运动渐次在中国大地展开。与1952年的"爱国卫生运动"和1981的"五讲四美三热爱"活动相比,以往都是中国社会内部的运动,而这一次则是因为国际交往而起,它可以与提升现今中国国家软实力、提升国际地位相提并论。

不过,从笔者采访得到的数据而言,中国年轻一代的情况优于前辈,因为受过良好教育,出生在殷实地区的人居多。

(选自《中外文摘》,有删减,作者:马帅)

练习

速读第1遍,完成下面的练习(建议阅读时间5分钟)

一、根据阅读内容选择正确答案

1. 在中国,文人雅士刻字题字的地方不可能在:
   A. 竹子上　　B. 岩壁上　　C. 瀑布上　　D. 城墙上
2. 文中举例孙悟空在佛祖手上写字、撒尿是为了说明:
   A. 孙悟空给孩子们上了一堂有教育意义的课
   B. 孙悟空的行为很不礼貌
   C. 孙悟空的行为很有趣

    D. 国人对孩子行为习惯的错误引导
  3. 国人在公共场合的不礼貌现象文中哪一项没提到?
    A. 随地大小便   B. 随地丢垃圾
    C. 上卫生间不排队   D. 肆意大声喧哗
  4. 作者认为中国年轻一代在遵守公共道德方面表现怎么样?
    A. 和前辈一样   B. 好于前辈   C. 逊于前辈   D. 不好说
  5. 下面哪一个题目最符合这篇文章?
    A. 一堂生动的启蒙课   B. 如何提高国人素质
    C. 公共场所行为规范   D. 中国人的礼貌

细读第2遍,完成下面的练习

二、根据阅读内容回答问题:
  1. 美国孟菲斯大学历史系教授孙隆基有一个有趣的观点是什么?
  2. 将"粪便"任意地倒入客观世界的倾向还包括哪些?
  3. 学者朱大可认为,中国人缺乏公共空间的基本礼貌表现在哪些方面?
  4. 在全球化的趋势下,一场自上而下的生活习惯改良运动有什么特点?
  5. 你认为还有哪些属于缺乏公共空间基本礼貌的行为?

三、用所给的词语替换下列句子中的画线部分词语,保证句子意思基本不变。

  幸亏 克制 耳熟能详 不堪 肆无忌惮 相提并论 殷实

  1. 他<u>抑制</u>不住心中的喜悦,激动地跳了起来。   (   )
  2. 今天的科技成果展他<u>如数家珍</u>,讲得很详细。   (   )
  3. 他<u>不胜</u>酒力,还是醉倒了。   (   )
  4. 现在国家政策好,即使农民也很<u>富有</u>。   (   )
  5. 通过长时间的刻苦学习,现在的成绩和以前相比,已经不可<u>同日而语</u>。(   )

词语提示

幸亏	(副)	xìng kuī	表示由于别人的帮助或某些有利条件得到了好处或避免了不希望发生的后果。
耳熟能详	〈组〉	ěr shú néng xiáng	指听得多了,能够说得很清楚、很详细。
克制	(动)	kè zhì	抑制(多指情感)。
肆无忌惮	〈组〉	sì wú jì dàn	非常放肆,一点没有顾忌。
不堪	(副)	bù kān	不能胜任,不能承当;忍受不了。
相提并论	〈组〉	xiāng tí bìng lùn	把不同的人或不同的事放在一起谈论或看待。
抹黑	(动)	mǒ hēi	使蒙上耻辱。
殷实	(形)	yīn shí	充满;富裕;厚实。
擤	(动)	xǐng	捏住鼻子,用气排出鼻涕。
动辄	(副)	dòng zhé	动不动就。

第8课　荷兰人如何请客送礼

　　荷兰人请客就像请来了大少爷二少奶奶，穿梭于屋里屋外，伺候宾客忙得不亦乐乎，所以他们轻易不请人吃饭。

　　你如果不凑巧在吃饭时间来到荷兰人家里，他们耐心地等你走了再做饭吃饭；如果你不知趣赖着不走，他们就用眼睛看你，直到把你看走了事。不是荷兰人小气，而是因为他们做的饭总是正好够吃。

　　荷兰人每做饭之前都要去超市买菜，不多不少，就够一顿的。买就多买点呗，省得明天再跑腿，而且多买价钱还便宜些！他们说两天吃一样的，腻歪。实际上，他们每次购物常不能一次用完，积攒几天，足能拼成另一餐。但他们一码是一码，脑子里想好做什么菜，就到超市买什么材料，包括一次用的调料。不像中国人那样随机应变：打开冰箱，看材料下菜，不行就来个大杂烩。

　　华侨总说荷兰人一根筋，直线思维，不会拐弯，不擅长辩证法，我看不无道理。一位阿姆斯特丹大学的教授曾问我，你们中国人有什么绝招能见地生根，发财致富？他说他们系有位来自南京的数学助教，工资没他高，但别墅比他大，汽车比他贵，太太身上的名牌比他太太多。我说那位助教如果不是富二代官二代的话，只能有一个原因：他比荷兰人会过日子。

　　我给那教授算了一笔账，每周去超市两次，一次买三天的菜，调料买大包装的，冰箱里有什么就做什么，别想一出是一出，不按菜谱做饭。这样下来，别墅香车太太的行头就省出来了。他听了将信将疑，但几年以后，他经过观察不得不承认我说得有道理。

　　一根筋虽然难存钱，但这使荷兰人一板一眼，说一不二，遵纪守法，很少耍滑头，偷税漏税。民众即使不认同政府的有些方针政策，也是通过政治法律新闻和对话与有关部门摆事实讲道理，而不是上面有政策，下面有对策，为法治国家奠定了基础。

　　荷兰人到亲戚或朋友家做客吃饭时，送一把花，一瓶酒，或一盒巧克力，价值不得超过十来欧元。何谓"不得超过"？如果你给别人的礼太厚，届时他到你家做客时，绝不会送你相同价值的礼物。因为你送人贵重礼物，破坏了荷兰礼轻情意重的习俗，他们通过自己的行为保留这习俗，否则就乱了套了。

　　荷兰人比较抠门，下馆子吃饭，一般不为对方买单。和英法德等国人相比，荷兰人确实节省了点。你去他们家喝咖啡，主人打开饼干盒，你刚拿出一块饼干，他就把盒盖关上。你当然不好意思擅自打开饼干桶，取出第二块饼干来了。他们吃饭也不像英德法意等国家那样，摆一桌子菜，丰盛有余。

　　荷兰过去没有立锥之地，现在许多地方是通过风车抽水硬从海水里捞出来的。他们两面、三面甚至四面环水，一下大雨举国上下就密切观察大坝，以防决堤，淹死一片人。所以荷兰人夹着尾巴做人，吃苦耐劳，勤俭节约，生活所逼，环境所致呀。

　　正是由于荷兰人讲究礼轻情重，他们日子过得轻松，亲戚朋友之间少铜钱味，简单明了。"君子之交淡如水"。

　　其实说淡也不淡。越八杆子打不着的人，荷兰人送"礼"就越昂贵。非洲闹蝗虫，菲利宾闹海啸，拉丁美洲闹禽流感，荷兰人比谁都着急上火。今天在新闻联播上看到这消息，明天就有人组织大人捐款，小孩捐玩具。不到几天，八九十位数字的款子就凑齐了，邮向离他们十万八千里,素不相识的灾民。不少荷兰人嫌麻烦,干脆每月通过银行自动转账,资助第三世界的老弱病残。很多荷兰人过生日或圣诞节,提前向宾客宣布,我这儿有某某慈善基金会的账号,把你们送我礼物的钱捐给弱势人群吧。你说荷兰人小气不小气?道是无情胜有情呀。

(选自《世界博览》,有删减,作者:王露露)

词语提示

词语	词性	拼音	释义
穿梭	(动)	chuān suō	像织布的梭子来往频繁。
不亦乐乎	〈组〉	bù yì lè hū	不也是很快乐吗?现常用来表示达到过甚的程度。
随机应变	〈组〉	suí jī yìng biàn	随着情况的变化灵活机动地应付。
下菜	(动)	xià cài	配菜。
大杂烩	〈组〉	dà zá huì	用多种菜合在一起烩成的菜。比喻把各种不同的事物胡乱拼凑在一起的混合体(含贬义)。
腻歪	(形)	nì wāi	因次数过多或时间过长而感觉厌烦。
将信将疑	〈组〉	jiāng xìn jiāng yí	有点相信,又有点怀疑。
行头	(名)	xíng tou	戏曲演员演出时用的服装道具。现泛指服装、行装。
一板一眼	〈组〉	yī bǎn yī yǎn	比喻言语、行动有条理或合规矩。有时也比喻做事死板,不懂得灵活掌握。
耍滑头	〈组〉	shuǎ huá tóu	指耍弄手段使自己少出力或不担责任。
抠门	(形)	kōu mén	泛指他人舍不得付出。
立锥之地	〈组〉	lì zhuī zhī dì	形容极小的一块地方。也指极小的安身之处。
举国	(名)	jǔ guó	整个国家。
决堤	(动)	jué dī	堤坝挡不住上游的水,堤垮了就叫决堤。
知趣	(形)	zhī qù	知道进退,不惹人讨厌。也说识趣。
素不相识	〈组〉	sù bù xiāng shí	向来不认识。
昂贵	(形)	áng guì	物价很高。

练习

一、根据课文内容判断正误

1. 荷兰人不喜欢请人吃饭。( )
2. 荷兰人做饭总是做的刚好够吃。( )
3. 荷兰人买菜为了便宜总是多买。( )
4. 荷兰人买一次性调料也是吃一顿买一顿。( )
5. 荷兰人做饭随机应变,看材料下菜。( )
6. 荷兰人小气不仅对朋友,对慈善事业也是如此。( )

二、选择画线部分词语在句子中的意思

1. 但他们<u>一码是一码</u>,脑子里想好做什么菜,就到超市买什么材料,包括一次用的调料。

A. 一件事归一件事,不能混为一谈　　B. 只有一码的距离
C. 要求很少　　D. 做事死板

2. 这里的华侨说荷兰人一根筋,直线思维,不会拐弯,不擅长辩证法,我看不无道理。
A. 认死理不知变通　　B. 直爽
C. 认真　　D. 不聪明

3. 一根筋虽然难存钱,但这使荷兰人一板一眼,说一不二,遵纪守法,很少耍滑头,偷税漏税。
A. 只说一不说二　　B. 只说不干　　C. 意志坚定　　D. 说话算数

4. 所以荷兰人夹着尾巴做人,吃苦耐劳,勤俭节约,生活所逼,环境所致呀。
A. 老实　　B. 小心谨慎做人
C. 紧张　　D. 骄傲自大

5. 越八杆子打不着的人,荷兰人送"礼"就越昂贵。
A. 关系不和睦　　B. 不太熟悉
C. 二者之间毫无关联　　D. 关系密切

6. 不到几天,八九十位数字的款子就凑齐了,邮向离他们十万八千里,素不相识的灾民。
A. 相距极近　　B. 十万八千里的距离
C. 相距极远　　D. 十万八千里的范围内

三、选择合适的词语填空

穿梭　凑巧　知趣　腻歪　一根筋　耍滑头　抠门　昂贵

1. 看到他正认真地学习,所以我就很(　)地没有打扰他了。
2. 我(　)在人群中,希望能尽快找到走散的家人。
3. 要是你觉得待在家里(　),想出去干个什么也行啊!
4. 他真是(　),撞完南墙撞北墙也不认输。
5. 你跟他(　),赶紧收手吧,你可不是他的对手。
6. 这种资源非常(　),利用价值很高。

四、根据课文内容选择正确答案

1. 你如果凑巧在吃饭时间来到荷兰人家里,他们不会怎么做?
A. 等你走了再做饭　　B. 穿梭于屋里屋外,招待客人
C. 用眼看着你把你看走　　D. 不会请你吃饭

2. 荷兰人去超市买菜,一般会怎么做?
A. 不多不少就买一顿的　　B. 一次买几天的
C. 买一样的连吃几天　　D. 没计划,看见什么就买什么

3. 以下哪一项不是华侨说荷兰人的?
A. 一根筋　　B. 直线思维　　C. 不会拐弯　　D. 擅长辩证法

4. 荷兰人到亲戚朋友家吃饭,如何送礼?
A. 送厚礼　　B. 礼物价格不超过 10 来欧元
C. 贵重礼物　　D. 送名酒

5. 以下哪一项不是荷兰人抠门的表现?

A. 下馆子吃饭不为对方买单
B. 打开饼干盒,只让客人吃一块
C. 不送贵重礼物给别人
D. 捐款捐物很大方

6. 荷兰人吃苦耐劳,勤俭节约是由于:
A. 多年留下的传统　　　　　　B. 有抠门的习惯
C. 生活所逼,环境所迫　　　　　D. 生活太贫穷

五、根据课文内容回答问题

1. 荷兰人有什么样的性格特点?
2. 荷兰人是怎么送礼的?
3. 哪些方面表现了荷兰人无情胜有情?

说一说

1. 通过本文你认为荷兰人小气吗?请说明理由。
2. 你是怎么看抠门的?

阅读技能指导

掌握文章的组织结构

文章的组织结构就是把文章中的所有材料、作者的所有认识,按照写作的意图合理地排列,组合成一个完整而和谐的整体。了解文章的组织结构特点有助于快速抓住文章的中心思想以及支持细节与中心的逻辑关系。

我们阅读的文章体裁大多为记叙文、说明文、议论文和应用文,这些文章在组织结构上大多简明地由"总"(点出主题甚至中心思想)、"分"(阐述、说明或论证中心思想)、"总"(总结中心思想)三个部分构成。这三个部分可以由三个自然段组成,也可以由多个自然段构成。不同文章也可以有不同的结构组合模式,有的是总分总结构,有的是总分结构,还有的可能是分总结构。

文章的组织结构是作者用于安排信息的模式。我们在实践中熟练掌握这些体例模式后,对于提高阅读速度是非常有益的。

练习

阅读下列短文并完成相应的练习

瑞士是个富国。可是有谁知道150年前的瑞士,还穷得叮当响,壮年人都卖身去国外当兵。18世纪末,大教育家裴斯塔洛齐为了改变瑞士贫困落后的状况,提倡"手脑并用",叫人们不要光动脑子不动手,要精练技术。从此这个国家照此行事,重视和推行了教育与实际相结合的制度,于是在工业精密工艺上取得了巨大成就,使国家逐渐富裕起来。

瑞士儿童6岁之前要接受学前教育,从6岁起每个学生必须接受九年强制性的普通教育。之后,约有12%~14%的学生进入正规的高级中学或教师训练学校,作为以后进入大学校门的台阶。另有16%的学生获得一些基本职业训练后,进入社会工作。约有70%左右的学生进

入带有职业学校性质的普通高级中学或高级职业学校,学生有充分的选择余地去挑选最能发挥自己才能的课程,让学生能深入地掌握一门技术,同时也提供更多的进入大专院校的机会。

瑞士大专学府为数不多,但学科门类齐全,有一所人文大学、一所师范大学、七所州立大学、两所联邦理工学院、三十七所工艺学院和职业专修学院,还有几所神学院。另外,为工作中的职工也提供了深造的机会。有名目繁多的进修课程可以挑选。可以说,每个人都有充分的学习机会。

正因为把教育同实际工作结合起来,使绝大多数人学有所用。尤其是在科技开发中,使不少科技项目的发展走在了世界的前端,为国家带来了巨大的经济效益。又由于国内语言多种化,更促使了学习的快速进步。瑞士国富与其长期重视教育,重视培养高级科技人才是分不开的。在瑞士,教育的力量功不可没。

1. 本文的篇章组织结构模式是_____。
2. 画出本文的中心句并指出其位置。
3. 本文主要讲的是:
   A. 瑞士是个富裕的国家
   B. 瑞士每个人接受教育的情况
   C. 瑞士非常重视教育和人才培养
   D. 瑞士教育使国家富强

阅读1

随份子,本来是中国民间一种凑钱的做法,比如有人要结婚了,亲戚朋友随上一份钱给予帮助。后来演变为参加婚宴时给新人红包。再后来,特别是近几年,生日、升学、满月、乔迁、录用、升职、出国等,都要随份子了。

美国人也随份子,但颇有美国特色。一是频率低,你想不起名字的人不会给你送请帖;二是品种少,主要是亲友结婚、过生日、生孩子,或者得到别人帮助,需要表示一下。三是金额少,大多只相当于老百姓一两个小时的工资,这在中国人看来,拿不出手,极其寒酸。美国人不兴中国式的红包,若要送钱的话,到超市去买张礼品卡,礼品卡分门别类,可去餐馆吃饭、书店买书、超市购物等。金额通常为10美元、15美元、20美元、25美元、50美元。这就是美国人随份子的行情。

当然,祝贺结婚时随份子的金额较多些,且通常不给现金,但也有例外,有些地区承继来自波兰的风俗,在婚礼上会举行"金钱舞会"。来宾跟新娘或新郎跳舞,给一点现金,表示感谢,几美元而已。有的新人为了不使来宾感到"不付钱不好意思",特地在每张桌子上摆个碗,放不放钱,悉听尊便。

美国人祝贺新婚的随份子方式主要是给新人买东西。亲朋好友会收到一份长长的购物单,叫作"新娘登记单"。美国人在结婚费用上体现了"重女轻男",传统上这笔费用由女方承担。新娘登记单上分门别类地详细列出所需的物品,大体为:装饰品、玻璃器皿、炊具、寝具、餐具、浴室用品等。美国没有丈母娘刚需,比如房子和聘礼,准新郎"无债一身轻"。

新娘登记单的客观社会效益是,倡导了"礼轻情意重"的良好风气。登记单上的物品不贵,每件几美元、几十美元,绝不会影响送礼亲友的日常开销,也断了某些人的敛财之路。

也有人效仿中国人,收礼金,不发新娘登记单,而代之以"蜜月登记单",礼金用于度蜜月;

"雷锋新人"则发出"慈善登记单",礼金转交给慈善机构。

礼金支票写多少钱合适?通常兄弟姐妹给300美元至500美元。朋友、同事则基本按照"一年20美元"潜规则,即相识一年的,给20美元,两年的,给40美元……通常到100美元封顶。若是从穿尿不湿开始一起长大的发小,最多给200美元,你总不能超过"兄弟姐妹"吧。

据统计,平均而言,美国每对新人收礼200份,每份价值70美元到100美元。其中有些还是"团送"的,即几个人合起来送。所以,美国人是绝对不会因结婚随份子而"节约闹革命"的。

（选自新浪网博客,有删减,作者:姚鸿恩）

练 习

速读第1遍,完成下面的练习（建议阅读时间4分钟）

一、根据阅读内容选择正确答案

1. 中国民间在哪种情况下可能不送红包?
   A. 生日　　　B. 满月　　　C. 乔迁　　　D. 失业
2. 以下哪一项不是美国人随份子的特色?
   A. 频率低　　B. 品种少　　C. 金额少　　D. 只送现金
3. 以下哪一项可能不是美国人随份子的金额?
   A. 25美元　　B. 50美元　　C. 200美元　　D. 1000美元
4. 在美国随份子金额最多的可能是以下哪一项?
   A. 婚礼　　　B. 生日　　　C. 生孩子　　D. 得到别人帮助
5. 以下哪一项不是新娘登记单上列出的物品?
   A. 装饰品　　B. 炊具　　　C. 餐具　　　D. 新房
6. "雷锋新人"发出"慈善登记单",礼金主要用于什么?
   A. 度蜜月　　　　　　　　　B. 转交给慈善机构
   C. 买生活用品　　　　　　　D. 请客

细读第2遍,完成下面的练习

二、根据阅读内容判断正误

1. 美国人随份子的次数并不多。　　　　　　　　　　　　　　　　（　）
2. 美国人在生日、结婚、满月、生孩子、乔迁时都要送礼。　　　　（　）
3. 美国人结婚时随份子金额多些,且都给现金。　　　　　　　　　（　）
4. 美国人结婚费用上女方承担的多。　　　　　　　　　　　　　　（　）
5. 美国人结婚送礼倡导礼轻情意重。　　　　　　　　　　　　　　（　）
6. 在美国参加一般同事朋友的婚礼,随份子最高的也就100美元。　（　）

三、选择画线部分词语在句子中的意思

1. 后来演变为参加婚宴时给新人<u>红包</u>。
   A. 贺喜的钱　B. 包着红纸的钱　C. 红色包裹　D. 礼单
2. 美国人<u>不兴</u>中国式的红包。
   A. 不高兴　　B. 不送　　　　C. 不流行　　D. 不喜欢
3. 有的新人为了不使来宾感到"不付钱不好意思",特地在每张桌子上摆个碗,放不放钱,

悉听尊便。
A. 根据主人的安排去做　　　　B. 想要怎么样随便你
C. 都听长辈的　　　　　　　　D. 怎么方便怎么做

4. 新娘登记单上分门别类地详细列出所需的物品。
A. 按门牌号分类　　　　　　　B. 按喜好分类
C. 不分类型的　　　　　　　　D. 按事物特征分类

5. 美国没有丈母娘刚需，比如房子和聘礼，准新郎"无债一身轻"。
A. 没有债务，体重也轻
B. 没有债务，身体才健康
C. 没有债务，就没有压力，身心轻松
D. 没有债务，不被人重视

词语提示

乔迁	（动）	qiáo qiān	祝贺用语，祝贺人迁居或祝贺人官职升迁。
寒酸	（形）	hán suān	形容贫苦读书人的穷困、窘态寒酸气。
悉听尊便	〈组〉	xī tīng zūn biàn	所有事情都完全按照对方的意思去办。
刚需	（名）	gāng xū	最为紧迫的需求。
敛财	（动）	liǎn cái	搜刮钱财。
效仿	（动）	xiào fǎng	模仿；效法。
潜规则	〈组〉	qián guī zé	是指看不见的、明文没有规定的、约定俗成的、但是却又是广泛认同、实际起作用的、人们必须"遵循"的一种规则。
封顶	（动）	fēng dǐng	不许超过规定的极点。

阅读2

　　在瑞士火车上，一名巴西女子把脚摆在对面凳子上，坐在我旁边的男士起身，走到她面前，气冲冲地说："请把你的脚放下，你可以放脚，但请你先脱掉你的臭鞋！我们的干净不是给你来破坏的！"说完，回来，坐好。我朝他伸大拇指。他笑了一笑，说："就是过分嘛，你不会在家这样做。"

　　不说此巴西女子，在伦敦、巴黎，把臭脚脏鞋放在公交车的丝绒凳子上的，也大有人在，我们屡见不鲜。记得有次跟伦敦朋友说起，香港港铁内有内地小朋友大小便事件，他的反应并不是我预期的"咦"一声，而是说："大小便总算是人有三急，但在伦敦多年，我仍不明白当地人怎能把脚放在对面椅子上。"

　　在我们的城市，虽然很少看到有人把脚连鞋摆在公交车椅上，但却总有人把只应家里私密做的事，在公共场所里做，从剪指甲、涂指甲油、挤暗疮、化妆到大声聊天、打电话、让小朋友奔跑喧闹……应有尽有。

　　公德，正如常识，并不是与生俱来、不学而得的。什么可以做，什么不应做，或许每个地方有其定义。在东京，公交车车厢内不能打电话；在伦敦，人们不会站在电梯左边。但当我以为伦敦的电梯使用法是国际标准时,来到瑞典斯德哥尔摩,却发现他们原来跟我们一样,随意得很,左右不分,想停便停。

说回瑞士,经过一轮转车,恰巧坐在我前面的一名女士,又把脚伸放在对面去,不过这次,她真如那名先生所言,先把鞋脱掉,并把报纸夹放在脚板与椅子中间。或许这就是国有国民性,亲眼看到了,就不能不相信。那名巴西小姐呢,转过火车后,她又把脚连鞋撑到对面的椅子上……都说江山易改,本性难移。瑞士车厢的整洁并不能改变她的习惯。

(选自网络资料,有删减,作者:黄洁玲)

练习

速读第1遍,完成下面的练习(建议阅读时间3分钟)

一、根据阅读内容选择正确答案

1. 坐在"我"旁边的男士认为巴西女子把脚摆在对面凳子上怎么样:
   A. 无所谓　　　　　　　　B. 破坏了公共环境卫生
   C. 做得对　　　　　　　　D. 车上和家里一样,可以在凳子上摆脚
2. "我"朝他伸大拇指是因为:
   A. 称赞他的做法　　　　　B. 反对他的做法
   C. 认为他对女士不礼貌　　D. 认为他很过分
3. "我"的伦敦朋友对香港地铁内有小朋友大小便的态度是:
   A. 愤怒　　B. 不能理解　　C. 太过分了　　D. 可以理解
4. "我"认为以下哪一项是可以在公共场所做的:
   A. 大声聊天　　　　　　　B. 左右不分,想停就停
   C. 剪指甲　　　　　　　　D. 站在电梯的右边
5. 回瑞士的车上,"我"遇到了什么事?
   A. 坐在"我"前面的女士脱掉鞋并把报纸夹放在脚板与椅子中间
   B. 坐在"我"前面的女士穿着鞋把脚伸放在对面椅子上
   C. 那名先生仍坐在"我"的对面
   D. 那位巴西小姐又坐在"我"的对面

细读第2遍,完成下面的练习

二、根据阅读内容回答问题:

1. "我"旁边的男士对一名巴西女子把脚摆在对面凳子上的行为是什么态度?
2. "我"对男士的做法持什么态度?
3. "我"认为哪些事情应该是家里私密做的事?
4. 在瑞典斯德哥尔摩乘坐电梯有什么规定?
5. 回瑞士时,坐在我前面的一名女士是怎么做的?

三、用所给的词语替换下列句子中的画线部分词语,保证句子意思基本不变。

过分　大有人在　屡见不鲜　喧闹　与生俱来

1. 在我们学校,对这种现象早已<u>习以为常</u>。　　　　　　　　　(　　)
2. 这样的工程师,在我们那里也<u>不乏其人</u>。　　　　　　　　　(　　)

3. 锻炼过度对身体也会造成伤害。 （ ）
4. 古丽能歌善舞,她的这种才艺是天生的。 （ ）
5. 时间到了深夜,热闹的街道开始才平静下来。 （ ）

词语提示

屡见不鲜	〈组〉	lǚ jiàn bù xiān	常常见到,并不新奇。
大有人在	〈组〉	dà yǒu rén zài	形容某一种人为数不少。
私密	〈形〉	sī mì	属于个人而比较隐秘的。
喧闹	〈形〉	xuān nào	喧哗,吵闹。
江山易改, 本性难移	〈组〉	jiāng shān yì gǎi, běn xìng nán yí	人本性的改变,比江山的变迁还要难。形容人的本性难以改变。
应有尽有	〈组〉	yīng yǒu jìn yǒu	该有的全都有。形容很齐全。

第 9 课　输在起跑线的德国孩子

前几天,我到德国做短期小学教育培训,就住在一位旅居德国的朋友家里。朋友有一个8岁叫思成的儿子,很是活泼可爱。

可几天下来,我有些疑惑了,作为学生的思成每天好轻松,就没有见过他学习,而更奇特的是,作为家长,朋友没有像我们中国父母的兵荒马乱——没有像我们一样为孩子着急和不停地督促孩子学习。

看着孩子很多时候都在玩耍,我忍不住问他,你不担心儿子的学习?朋友告诉我,在德国,是禁止过早和过度开发孩子的智力的。朋友接着讲了他这几年和儿子的经历。

来到德国,儿子四岁,朋友到处找幼儿园,可是所有幼儿园没有年级,所有年龄的孩子都混在一起,每天也没有像中国一样的知识教育,这里只有基本的社会常识教育,比如不允许暴力、不大声说话等。孩子经常是在玩耍,是在各自感兴趣的与手工制作活动中,主动做自己喜欢的具体的事情,以此来训练孩子的动手能力。为了不让孩子输在起跑线上,朋友在回家后,就自己教孩子一些基本的文化知识。

儿子6岁这年,朋友很心急,就向学校老师提出,能否额外教儿子一些东西,因为儿子在他的课外辅导下,早已经学会了基本的阅读、书写和简单的数学计算。可让他没有想到的是,老师当场表示反对,并说:"您应该让您的孩子与其他孩子保持同步,德国是禁止学前教育的。"老师进而解释说,"孩子智力被过度开发并不是一件好事情,因为必须给孩子的大脑留下想象空间,过多的知识会使孩子的大脑变成了计算机的硬盘,长此下去,孩子的大脑就慢慢地变成了储存器,不会主动思考了。"

可朋友对德国禁止学前教育的做法还是不太理解。为了搞清楚这个问题,朋友专门请教了德国的教育人士,他们让我找《基本法》来看。是的,联邦德国《基本法》(即宪法)第七条第六款明确规定,禁止设立先修学校。可朋友还是不明白德国宪法为何这样规定,只好再请教有关的教育专家。他们告诉我,孩子在小学前"唯一的任务"就是快乐成长。因为孩子的天性是玩耍,所以要做符合孩子天性的事情,而不应该违背孩子的成长规律。

从此,朋友也便照着这样教孩子,朋友说,这样自己很轻松,孩子也快乐,成长也比较健康,也没有以前想象中的会变笨,反而活泼可爱,动手能力强。

这天下午,朋友说自己今天有空,决定带孩子去郊外野炊。面对我的惊奇目光,朋友告诉我,德国学校都是半日制的,下午没有课,只有课外活动。

在欣赏了四周的美景后,朋友和他孩子就开始了野炊的准备。我和朋友聊着天,朋友并没有忙着做这做那,而是指挥孩子做。别看这孩子才八岁,可动手能力特别强。他先按照之前列下的清单一一检查物品,再拟定操作顺序,一件一件地去做。捡柴,搭灶台,找野菜、淘洗、清理菜品,一样样摆放整齐,最后在父亲的帮助下炒制,加上带好的熟品菜,这次的野炊真是丰富多彩。朋友告诉我,来到德国,孩子经常做家务和实践活动,动手能力渐渐提高了,不再是原来在国内那样衣来伸手饭来张口了。

朋友还告诉我,德国除了禁止学前教育,英语三年级才开始学习,小学四年级毕业,根据老师推荐升学,学习技工、中专或以后能上大学的文理中学,重视实践课程,抽象的数学学习进度至少比中国晚两年。如果说在上学前对孩子非要进行"教育"的话,那"教育"的重点只有三个方面：基本的社会常识；孩子的动手能力；保护孩子情感胚胎，培养情商，培养领导力。

德国的孩子在起跑线上输给了中国孩子，但自诺贝尔奖设立以来，德国人（含德裔）获得的诺贝尔奖人数将近总数的一半。换句话说，8200万的德国人分享了一半的诺贝尔奖，而全球另外60多亿人口只获得了剩下的一半——这的确值得我们中国家长深思啊。

（来源网络资料，有删减，作者：任天军）

词语提示

疑惑	（动）	yí huò	心里不明白；困惑。
兵荒马乱	（组）	bīng huāng mǎ luàn	形容战争期间社会混乱不安的景象。
督促	（动）	dū cù	指监督推动，使事情做好。
额外	（形）	é wài	超出定额或范围。
野炊	（动）	yě chuī	在野外烧火做饭。
清单	（名）	qīng dān	记载有关项目的明细单
拟定	（动）	nǐ dìng	起草制定。
推荐	（动）	tuī jiàn	介绍，推举。
胚胎	（名）	pēi tāi	比喻事物的萌芽或起源。
情商	（名）	qíng shāng	简称EQ。心理学上指人的情绪品质和对社会的适应能力。

练习

一、根据课文内容判断正误

1. 我去德国是为了旅游。　　　　　　　　　　　　　　　　　　　　（　）
2. 朋友的孩子思成不喜欢学习。　　　　　　　　　　　　　　　　　（　）
3. 德国的幼儿园没有按年龄分大小班。　　　　　　　　　　　　　　（　）
4. 德国的幼儿园更注重行为规范的教育和兴趣的培养。　　　　　　　（　）
5. 朋友在课外时间给孩子教了很多课外知识。　　　　　　　　　　　（　）
6. 朋友能理解德国禁止学前教育的做法。　　　　　　　　　　　　　（　）

二、选择画线部分词语在句子中的意思

1. 更奇特的是，作为家长，朋友没有像我们中国父母的<u>兵荒马乱</u>。
 A. 战争时期 B. 内心不安
 C. 社会秩序不安定 D. 做事没次序
2. 为了不让孩子<u>输在起跑线上</u>，朋友在回家后，就自己教孩子一些基本的文化知识。
 A. 输给别人 B. 还没开始就落后了
 C. 比赛一开始就落后了 D. 起跑落后了
3. 孩子智力被<u>过度开发</u>并不是一件好事情，因为必须给孩子的大脑留下想象空间。
 A. 超过限度地开发 B. 开发的量很大
 C. 充分开发 D. 按进度开发

4. 朋友说自己今天有空,决定带孩子去郊外野炊。
   A. 空位置　　　　B. 有空间　　　　C. 有时间　　　　D. 空房间
5. 捡柴,搭灶台,找野菜,淘洗、清理菜品,一样样摆放整齐,最后在父亲的帮助下炒制。
   A. 点火做饭　　　　　　　　　　B. 把灶台连在一起
   C. 垒炉子　　　　　　　　　　　D. 盖做饭的房间
6. 来到德国,孩子经常做家务和实践活动,动手能力渐渐提高了,不再是原来在国内那样衣来伸手饭来张口了。
   A. 吃的穿的都很多　　　　　　　B. 想吃就吃,想穿就穿
   C. 做乞丐　　　　　　　　　　　D. 什么也不做

三、选择合适的词语填空

疑惑　督促　额外　开发　推荐　禁止　符合　丰富多彩

1. 老师经常(　)我们,要做德智体全面发展的好学生。
2. 妈妈让我参加课外辅导班,给我增加了许多(　)的负担。
3. 老师给我们(　)了几本专业参考书。
4. 我们做事情应该(　)我们的身份。
5. 迎新生晚会上,同学们演出了(　)的节目,非常令人兴奋。
6. 老师(　)不解地问:"今天怎么才来了这么几个人?"

四、根据课文内容选择正确答案

1. 德国老师对我朋友提前教孩子基础知识的态度是:
   A. 无所谓　　　　B. 反对　　　　C. 很赞成　　　　D. 理解
2. 以下哪一项不是德国人反对过度开发孩子智力的原因?
   A. 必须给孩子的大脑留下想象的空间
   B. 过多的知识会使孩子的大脑变成计算机硬盘
   C. 孩子太小,接受不了那么多知识
   D. 孩子会变得不会主动思考
3. 关于德国禁止设立先修学校的原因不包括下面哪一项?
   A. 孩子在学前的唯一任务是快乐成长
   B. 教育要符合孩子爱玩的天性
   C. 学前的孩子没有学习的能力
   D. 不应该违背孩子的成长规律
4. 德国小学上几年?
   A. 三年　　　　　B. 四年　　　　　C. 五年　　　　　D. 六年
5. 德国的学生小学毕业以后不会去做什么?
   A. 学习技工　　　　　　　　　　B. 学习中专
   C. 上文理中学　　　　　　　　　D. 专攻深奥的数学
6. 以下哪一项符合文章的意思?
   A. 德国对孩子的教育输给了中国
   B. 德国孩子虽输在了起跑线上,但却跑赢了诺贝尔奖

C. 中国的孩子经过早教有很好的创造性
D. 德国禁止学前教育违背了孩子的生长规律

五、根据课文内容回答问题

1. 我去德国后发现那里的学生是怎样学习的？
2. 德国的幼儿园主要教些什么？
3. 德国教育专家为什么认为孩子在小学前的"唯一任务"就是快乐成长？

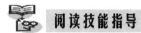

1. 说一说你所知道的我国基础教育的情况。
2. 你认为我国的基础教育和德国的哪个好？为什么？

阅读技能指导

抓文章中心句（一）

了解了文章的组织结构，就能较快地找到文章的主要话题和中心思想。一般在文章的首段或尾段中，富有哲理性的句子往往是作者所要表达的主题。一旦找到文章的主要观点，整篇文章的结构方式就开始清晰起来，你可以很快知道什么是文章的要点，以及围绕要点而进行的种种叙述和论证，这对加快阅读速度和提高阅读理解十分有帮助。

作者常常把包含有主要观点的段落放在文章的开头，目的是让读者对他们将要阅读的内容一开始就有一个概括的了解，所以首段往往是我们关注的重点，这样能很快把握全文的中心。

练习

阅读下列短文并完成相应的练习

为什么现在的问题少年如此之多？专家认为，家庭教育缺失、学校管理不到位、不良的社会环境影响是造成问题少年的三大主因。

家庭是社会最基本的细胞，是青少年性格、人格教育发展的场所。家庭环境对儿童心理素质形成和发展的影响长远而深刻。很多时候，家长们通常忽略与孩子们在思想、情感上的交流，普遍存在所谓的"代沟"现象。父母"望子成龙"心切，但"育子成才"的能力又偏低，尤其在新一代的孩子面前，多数家长感到力不从心或束手无策。

家庭结构失调、破裂，家长自身行为不端，教育方式不当等也都容易导致家庭教育缺陷，成为青少年违法犯罪的诱因。

此外，学校管理不到位和不良的社会环境影响也是造成问题少年的重要原因。青少年正处于青春期，逆反心理严重，一些青少年表现为心理上的狭隘、自私、唯我独尊、好占上风，易出现问题。如果学校教育管理方法不当，一味强调成绩，而忽视了对学生的道德教育、法制教育和世界观、人生观、价值观的培养，使得学生对学校生活毫无留恋之处，对学习不感兴趣，就会使学生厌学、辍学、逃学而流向社会。

1. 本文的组织结构模式是＿＿＿＿＿＿＿＿＿＿＿＿。

2. 画出这篇文章的中心句并指出它的位置。
3. 这篇文章主要告诉我们：
   A. 现在的问题少年很多
   B. 造成问题少年的三大主因
   C. 家庭教育缺失是青少年违法犯罪的诱因
   D. 社会环境影响是造成问题少年的重要原因

阅读1

不要在星期天泡电视，不要让冗长的电视剧和无聊的打情骂俏庸俗了你纯真的目光。推开大门，自然就在眼前，美丽而生动的景色其实是最好的风景片。

不要过早尝试爱情，生命不需要拔苗助长。虽然早熟是一种时尚，但时尚也成了现代人奢望传统的理由，比如早熟的麦子虽然提前收割，但产量低而且易折倒。

要学会尊重父母，他们是世界上最勤劳的人群。在黄土地、在工地、在城市的大街小巷，去挣取你们的未来。尊重父母，人生就有了道德的第一道防线。

要相信老师所说的话，顶撞不是自立，更不是显摆的依据。学习上可以质疑，教育上要相信老师。青春不是冲动，尊重才是礼貌。

要相信学习，热爱学习。目前为止，它依然是你们追求进步，改变处境的最好出路。不要拿比尔·盖茨作依据去逃课、打游戏，他只不过换了学习地点和学习方式。学习更是一种品质，验证着人前进的能力。

要学会劳动，劳动也是人生。与其将来到社会上打拼才知人生甘苦，不如从今天开始坚持劳动。让劳动成为习惯，让劳动成为品质，人生就增添了最亮的底色。

要学会读书，读大本的而不是口袋书。当父母外出的寂寞、厌烦作业太多的负荷一齐袭来时，选择读书不仅意味着放松，更是一种幸事；因为读一本好书，就是打开一扇窗，窗外阳光灿烂，丰富多彩。学会读书，一生受用。

要学会亲近生活，与亲人为伴，与同学为友，走进田野与花鸟虫草为邻。劳动、游戏都可以让远离父母的你分享人生的乐趣。当然也要学会思念，思念那遥远的背影和亲切的关怀，感恩的种子就在你心中萌发。

要学会踏实做事。辍学打工虽然可以赚到第一桶金，但缺少了读书求学的历练和校园生活的熏陶，你的青春风景会大打折扣，人生又会回到老路。相信自己的努力，不懈地打拼，一定可以换取明天的亮丽。

要学会与他人相处。成功来源于40%的知识能力以及60%的人际协调能力。善待他人，尊重别人。把自己当成一棵小草，增添绿色；当成一棵树，遮风挡雨。让纯真的本色在环境中和谐，一定是最自然的风景。相信自己，相信梦想像土地一样坚实肥沃而且没有尽头。

（选自《广州日报》，有删减，作者：韩昌盛）

练习

速读第1遍，完成下面的练习（建议阅读时间4分钟）

一、根据阅读内容选择正确答案

1. 老师忠告学生周末不要泡电视的原因是：
   A. 电视剧太长，浪费时间　　　　B. 无聊、庸俗的内容不适合学生
   C. 美丽的风景比电视好　　　　　D. 以上三项都是
2. 为什么要学会尊重父母？
   A. 勤劳的父母在为我们挣取未来　B. 传统教育的结果
   C. 父母是长辈　　　　　　　　　D. 老师教育的结果
3. 老师忠告学生青春期应该怎么做？
   A. 顶撞　　　　B. 显摆　　　　C. 质疑　　　　D. 尊重
4. 以下哪一项不是老师对学生的忠告？
   A. 学会读大本书　　　　　　　　B. 学会与同学为友
   C. 要踏实做事　　　　　　　　　D. 要学会打工挣钱
5. 请给这篇文章拟一个最合适的题目：
   A. 怎样赚第一桶金　　　　　　　B. 劝学篇
   C. 名人名言　　　　　　　　　　D. 一位中学教师给学生的忠告

细读第 2 遍，完成下面的练习

二、根据阅读内容判断正误

1. 老师建议学生周末不要长时间看电视，而是去欣赏大自然。　　（　）
2. 早恋就好比早熟的麦子，产量低而且易折断。　　　　　　　　（　）
3. 老师说比尔·盖茨不学习也成功了，学习成绩不重要。　　　　（　）
4. 学会劳动能为人生增添最亮丽的底色。　　　　　　　　　　　（　）
5. 学会读书要先学会读口袋书。　　　　　　　　　　　　　　　（　）
6. 辍学打工可以挣到很多钱。　　　　　　　　　　　　　　　　（　）

三、选择画线部分词语在句子中的意思

1. 不要在星期天泡电视。
   A. 看长的电视连续剧　　　　　　B. 泡着澡看电视
   C. 擦洗电视　　　　　　　　　　D. 长时间看电视消磨时间
2. 让劳动成为品质，人生就增添了最亮的底色。
   A. 最丰富多彩的颜色　　　　　　B. 最明亮的颜色
   C. 最美的人生经历　　　　　　　D. 最显眼的颜色
3. 选择读书不仅意味着放松，更是一种幸事。
   A. 幸亏的事情　　　　　　　　　B. 高兴的事情
   C. 值得庆幸的事情　　　　　　　D. 不幸的事情
4. 辍学打工虽然可以赚到第一桶金，但缺少了读书求学的历练和校园生活的熏陶。
   A. 挣到的金子　　　　　　　　　B. 创业中赚的第一笔钱
   C. 丰富的经验　　　　　　　　　D. 很多的钱
5. 你的青春风景会大打折扣，人生又会回到老路。
   A. 不值钱；回到以前的路上　　　B. 大幅度的减少；走以前的路
   C. 不那么美丽；回到从前的状况　D. 只有一半的价值；回到老地方

词语提示

冗长	（形）	rǒng cháng	（文章、讲话等）废话多，拉得很长，含贬义。
打情骂俏	〈组〉	dǎ qíng mà qiào	指男女调情。
显摆	（形）	xiǎn bɑi	显示并夸耀；炫耀。
负荷	（名）	fù hè	负担。
辍学	（动）	chuò xué	学生没有完成规定学业发生的中途退学行为。
历练	（动）	lì liàn	经历世事；锻炼。
熏陶	（动）	xūn táo	人的思想行为因长期接触某些事物而受到好的影响。
亮丽	（形）	liàng lì	明亮美丽。
打拼	（动）	dǎ pīn	不断的奋斗、拼搏。

她在读初中时，作文极好而数学极差，几次考试都不及格。为了对得起父母和老师，她硬生生地把数学题死背下来，三次小考，数学都得了满分。数学老师认为她成绩的提高百分之百是因为作弊，她是个倔强而又敏感的女孩，并不懂得适度地忍耐更能保护自己，就直言不讳地对老师说："作弊，对我来说是不可能的，就算你是老师，也不能这样侮辱我。"

结果，被冒犯了的老师，气急败坏，单独给她发了一张她根本没有学过的方程式试题，让她当场吃了鸭蛋，之后拿蘸了墨汁的毛笔，在她眼眶四周涂了两个大圆饼，然后让她转身给全班看，又让她去大楼的走廊上走一圈。

这一事件的结果是：其一，让她休学在家，自闭了七八年，严重时，连与家人同坐一桌吃饭的勇气都没有；其二，养成了她终生悲观、敏感、孤独的性格。

假如，换一个睿智而又有爱心的老师，事情完全可以有更好的处理方式，不信，我们看看与她境况相同的另一个女孩的经历。这个女孩同她一样，读初中时，国文也出奇地好，曾在年级的国文阅读测验中得过第一名。但数学相当糟糕，面对数学课本，就像面对天书，数学老师教的东西，她没一样能懂。她戏称自己为天生的"数学盲"，并且断言这种"盲"永远无药可救。

她跌跌撞撞地读到初三时，数学要补考才能参加毕业考。她知道事态的严重，却无法左右事态的发展，只好整晚不睡觉，把一本《几何》从头背到尾。

第二天，上数学课时，老师讲到一半，忽然停下来，在黑板上写了四道题让全班演算，这没头没脑的四道题在下午补考之前出现在黑板上，又与正在教的内容毫无关系，再笨的学生也明白老师的良苦用心。

于是，她忽然就成了全班最受怜爱的人，几位同学边笑边叹气边把四道题的标准答案写出来教她背。她背会了三道，在下午的补考中得了 75 分，终于能够参加毕业考，终于毕了业。后来，初中最后的那堂数学课连同数学老师关切和怜爱的眼神，一并成为她生命中温馨美丽的记忆。

第一个故事的主人公是三毛，第二个故事的主人公是席慕蓉，她俩都是我深爱并曾为之痴迷的女作家。

三毛很不幸,她碰到的是一位看重成绩而忽视人格的、具有强烈的权威意识的数学老师。他为了维护自己那点可怜的尊严而滥用权力,给完全没有防范能力的三毛在精神上以致命一击,让她穷尽毕生精力都无法从那种伤害中复原。

席慕蓉则非常幸运,她的数学老师并没有因为她在数学方面的不足而全盘否定她,于不动声色中放了她一马,让她有条件在更适合自己的领域里振翅高飞。在自己最不擅长的领域里,得到的都是发自内心的怜爱与关怀,难怪她对生命充满眷恋,对人世充满信心。

(选自《爱情婚姻家庭》2006年第10期,有删减)

练 习

速读第1遍,完成下面的练习(建议阅读时间5分钟)

一、根据阅读内容选择正确答案:

1. 关于三毛,下列哪项描述不正确?
   A. 是个倔强而又敏感的女孩　　　B. 靠死记硬背数学得过满分
   C. 作文写得非常好　　　　　　　D. 经常顶撞老师

2. 数学老师处罚三毛一事对她哪方面有影响?
   A. 前途　　　B. 写作　　　C. 性格　　　D. 理想

3. "她跌跌撞撞地读到初三时,数学要补考才能参加毕业考。"此句中"跌跌撞撞"的意思是:
   A. 走路不稳　　　　　　　　　　B. 断断续续
   C. 时好时坏　　　　　　　　　　D. 不顺利、非常艰难

4. 初中最后的那堂数学课成为席慕蓉生命中温馨美丽的记忆,是因为:
   A. 数学补考及格了　　　　　　　B. 背会了一本《几何》书
   C. 以后不用学数学　　　　　　　D. 数学老师关切和怜爱的眼神

5. 关于席慕蓉的数学老师,下列哪一项正确?
   A. 具有强烈的权威意识　　　　　B. 关爱学生
   C. 注意维护自己的尊严　　　　　D. 缺乏原则

细读第2遍,完成下面的练习

二、根据阅读内容回答问题

1. 三毛数学得满分的原因是什么?
2. 三毛的数学老师是个怎样的人?
3. 席慕容读初中时的学习情况如何?
4. 席慕容的数学老师有什么特点?
5. 三毛和席慕蓉对人生的态度有何不同?

三、用所给的词语替换下列句子中的画线部分词语,保证句子意思基本不变。

敏感　冒犯　直言不讳　豁达　神往

1. 这倒不必多心,我是没拿你当外人,才敢这样单刀直入的。　　　　　( )
2. 你这些不礼貌的言论冲撞了长辈,还不道歉!　　　　　　　　　　　( )
3. 九寨沟迷人的风景令人向往。　　　　　　　　　　　　　　　　　　( )

4. 这台仪器属高科技产品,对外界的反应非常灵敏。 （ ）
5. 这人性格很豪迈。 （ ）

词语提示

硬生生	（形）	yìng shēng shēng	形容态度生硬。
敏感	（形）	mǐn gǎn	感觉敏锐;对外界事物反应很快。
直言不讳	〈组〉	zhí yán bù huì	说话坦率,毫无顾忌。
冒犯	（动）	mào fàn	言语或行为没有礼貌,冲撞了对方。
蘸	（动）	zhàn	在液体、粉末或糊状的东西里沾一下就拿出来。
豁达	（形）	huò dá	心胸开阔,性格开朗。
睿智	（形）	ruì zhì	聪明、智慧的意思。
心怡	（动）	xīn yí	是指女生喜欢、向往、渴望得到美好事物或事物美好的意思。
神往	（动）	shén wǎng	心里向往。

第 10 课　大学在于让人们学会如何接受教育

大学的职责是培养理解力和判断力

芝加哥大学前校长罗伯特·哈钦斯排除了一些人们普遍认为的大学的职责。他说,让学生成为好人不是大学的目标,因为大学做不到这一点,即使想做,也会失败,而且会削弱被赋予这个责任的机构的权威,但这并不是说大学对善没有作为。大学可以通过提供诱导人们养成良好习惯的气氛,提供道德的智慧基础,对善作出重大的贡献。家庭和教堂才是培养孩子道德的重大责任人。

大学也不应该旨在培养学生的职业技能,因为职业技能太简单了,诱导老师放弃培养年轻人的艰巨任务。而且大学并不能很好地完成职业培训的任务,因为技术的飞速发展,工人的流动性让某时某地的职业培训换了地方、时间就没有用处了。现在工作越来越简单,需要的培训越来越少。这些任务都无法通过职业培训来实现。

大学也不应该试图教会学生适应自己的环境。因为不知道他们未来的环境是什么样子。他们要到哪里生活,他们成熟的时候社会经济政治条件如何,无法预测。世界变化太快了,我们现在了解的信息很快就过时了。但是人们的目标肯定不只是让孩子适应环境,而是努力创造更美好的生活。而要做到这些就需要掌握判断的标准,就需要分清是非。想创造更美好的世界,就得知道什么样的世界是美好的。

大学要帮助学生具备这样的智慧,这样的理解和判断能力。教育的目标就是提供这种能力,也许大学会做很多其他有趣的、有用的事情,但是如果没有提供这种能力,大学就是失败的。大学对学生道德上、体格上、精神上进步的贡献,以及学生毕业后在社会上的成功都依赖这种能力。

大学和成人教育关系密切

大学教育从精英教育向大众教育的转型,不少人以为人人都受到更多的教育就万事大吉了,忽视了师资水平和学生能力的差异。我们称赞人人都应该受到教育的主张,但是必须反对以让人人都上学来实现这个理想。只要学生具备了理解和判断的能力,他就是受到教育的人。人们对这样的抱怨太熟悉了,大学毕业了却找不到好工作。这就是人们对教育的误解,心里有上大学就可以找到好工作的念头,毕业后找不到工作当然感到失望。但是如果说上大学是为了成为好公民,每个人不管是清洁工还是银行总裁,都需要受教育才能成为好公民,清洁工可能仍然感到失望和沮丧,但是不会因此埋怨教育。

对现实事物的理解和判断如果缺乏实际经验是没有多大用处的。比如年轻人学的经济学、伦理学、政治学、历史、文学等是无法真正了解的。他们也许喜欢这些课程,尤其是文学和历史,但是他们无法真正了解,因为要等到他们成熟了以后才能体会。

根本的错误在于假定大学可以提供学生需要的所有教育,一旦拿到了学位就表明他们是受过高等教育的人,就不用再担心接受教育的问题了。这个观念的后果就是在大学的课程表中塞进根据成人需要设计的各种各样的课程,根本不考虑年轻人是否能够理解这些。

大学和成人教育两者关系密切,实际上大学的理念就取决于对这个关系的理解。如果认为教育是青年时代的特权,那么大学的目标当然是作好人生的准备,但是如果把教育看作终身学习的过程,那么大学的目的就是教给学生继续教育自己所需的习惯、观点和技能。大学的目的就是让学生学会怎样接受更多的教育。

哈钦斯指出,当今时代最大的问题是如何正确地使用空闲时间,履行自己公民的责任,建立和谐美好的社会生活。大学的功能就在于,通过主张成年人继续教育解决了利用空闲的问题,通过主张大学帮助学生培养理解和判断的智慧能力解决履行公民责任的问题。所以在最后,他强调了大学对建立和谐美好社会的贡献。

(选自《科学时报》2006年2月14,有删减)

词语提示

削弱	(动)	xuē ruò	力量、势力减弱;使变弱。
赋予	(动)	fù yǔ	交给(重大任务、使命等)。
权威	(名)	quán wēi	指最有威望、最有支配作用的力量。
旨	(名)	zhǐ	意义;用意;目的。
诱导	(动)	yòu dǎo	劝诱教导;引导。
试图	(动)	shì tú	打算。
过时	(形)	guò shí	过去流行现在已经不流行了。
依赖	(动)	yī lài	依靠别人或事物而不能自立或自给。
精英	(名)	jīng yīng	泛指在一项或多项领域上的优秀人才和领导者。
万事大吉	〈组〉	wàn shì dà jí	一切事情都很圆满顺利。
抱怨	(动)	bào yuàn	心中不满,埋怨(别人)。
沮丧	(形)	jǔ sàng	灰心失望。
埋怨	(动)	mán yuàn	因为事情不如意而对造成结果的事物表示不满。
理念	(名)	lǐ niàn	思想;观念。
和谐	(形)	hé xié	配合的适当和匀称。
履行	(动)	lǚ xíng	实践(自己答应做的或应该做的事)。
主张	(名)	zhǔ zhāng	提倡;对某种行动提出见解。

练习

一、根据课文内容判断正误

1. 大学是做不到让学生成为一个好人的。　　　　　　　　　　　　　　( )
2. 大学对培养学生的职业技能也毫无帮助。　　　　　　　　　　　　　( )
3. 学生在大学里预测不到将来他们所处的环境。　　　　　　　　　　　( )
4. 教育的目标就是使学生具备理解力和判断力。　　　　　　　　　　　( )
5. 大学可以提供学生所需要的所有教育。　　　　　　　　　　　　　　( )
6. 大学的课程设置,应考虑年轻人的理解能力。　　　　　　　　　　　( )

二、选择画线词语在句子中的意思

1. 想创造更美好的世界,就<u>得</u>知道什么样的世界是美好的。
   A. 可能　　　　B. 需要　　　　C. 可以　　　　D. 不用

2. 人们对这样的抱怨太熟悉了,大学毕业了却找不到好工作。
   A. 埋怨　　　　　B. 冤枉　　　　　C. 委屈　　　　　D. 抱负
3. 心里有上大学就可以找到好工作的念头。
   A. 记住　　　　　B. 念叨　　　　　C. 打算　　　　　D. 欲望
4. 如果把教育看作终身学习的过程,那么大学的目的就是教给学生继续教育自己所需要的习惯、观点和技能。
   A. 全身　　　　　B. 一身　　　　　C. 一生　　　　　D. 终止
5. 根本的错误在于假定大学可以提供学生需要的所有教育。
   A. 假如　　　　　B. 假借　　　　　C. 假设　　　　　D. 假若
6. 一旦拿到了学位,就表明他们是受过高等教育的人。
   A. 一天　　　　　B. 从前　　　　　C. 早晨　　　　　D. 如果有一天

三、选择合适的词语填空

1. 专家指出,流感疫苗针对性强,即使注射了疫苗也不是____,仍然要注意饮食起居,预防感冒。
   A. 完好无损　　　B. 万事俱备　　　C. 万事大吉　　　D. 万全之策
2. 以书法、中国画教学为主的专业艺术教育机构,____弘扬华夏文化,丰富大家的文化生活。
   A. 旨在　　　　　B. 旨意　　　　　C. 目的　　　　　D. 指导
3. 成绩的大小____努力的程度。
   A. 决定于　　　　B. 取决于　　　　C. 限定于　　　　D. 归结于
4. 伊拉克"基地"组织____让自己看上去像一个合法组织。
   A. 试探　　　　　B. 企图　　　　　C. 试图　　　　　D. 试验
5. 这种技术早都____了。
   A. 过期　　　　　B. 消失　　　　　C. 停止　　　　　D. 过时
6. 即使处在困境中,他们也不____。
   A. 懊丧　　　　　B. 沮丧　　　　　C. 苦恼　　　　　D. 困惑

四、根据课文内容选择正确答案

1. 下列哪项不是芝加哥大学校长罗伯特·哈钦斯的观点?
   A. 大学做不到让学生成为好人的目标
   B. 大学对善没有作为
   C. 大学可以对善作出重大贡献
   D. 家庭和教堂对培养孩子道德起重要作用
2. 大学也不应该试图教会学生适应自己的环境,这个环境是指:
   A. 未来环境　　　B. 自然环境　　　C. 学校环境　　　D. 世界环境
3. 大学对学生道德上、体格上、精神上进步的贡献,以及学生毕业后在社会上的成功都依赖这种能力,这种能力是指:
   A. 学生道德上、体格上、精神上进步的贡献
   B. 分清是非
   C. 具备一定的智慧

D. 理解力和判断力
4. 年轻人学文学和历史无法做到真正了解,其原因是:
   A. 缺乏理解力和判断力　　B. 他们不够喜欢这些课程
   C. 缺乏实际人生经验　　　D. 学得不够认真
5. 文章认为培养孩子道德的重要场所应该是:
   A. 社会和家庭　　　　　　B. 家庭和教堂
   C. 学校和家庭　　　　　　D. 社会和教堂
6. 文章的主旨是:
   A. 大学的职责　　　　　　B. 大学和成人教育的关系
   C. 大学应该让学生学会什么　B. 大学的理念和意义

五、根据课文内容回答问题
1. 文章认为大学不会教给学生哪些方面的能力?
2. 为什么说大学不应该只是培养学生的职业技能?
3. 为什么说大学也不应该教会学生适应自己的环境?
4. 文章认为大学的目的是什么?
5. 人们对教育有怎样的误解?

1. 你认为大学应该教会学生什么?
2. 谈谈你的大学生活。

抓文章中心句(二)

作者除了把主要观点放在文章的开头外,还经常把含有主要观点的段落放在文章的结尾,对文章进行一个总结或是与开头首尾呼应。因此,尾段也往往是我们阅读的重点,有利于快速把握文章的中心。

练　习

阅读下列短文并完成相应的练习

在一次有关处理压力的课上,讲师举起手中的玻璃杯,问学生:"你们估量一下玻璃杯内的水有多重?"学生们议论纷纷,答案由20克到500克不等。讲师说:"这些水的实际重量并不重要,重要的是你拿着水杯的时间。如果是一分钟,一点感觉也没有;如果是一小时,手臂会酸痛;如果是一整天,你可能要瘫倒在地了。"

时间是很奇怪的东西。有人说时间是最好的药物,随着时间的流逝,各种东西都可以淡忘。其实,有些东西却是随着时间的流逝而积少成多的。如果我们时常挑着重担,即使重量不再增加,担子也会变得越来越重,最后负担不起来。我们应该适时让自己松一口气,放松一下,然后再担起担子。

其实,不良的情绪也可以用这个方法处理。不良情绪积存的时间越长,对人的伤害越大。

应该像放下担子歇一口气一样，经常处理就会健康快乐。放下，自然会自在。

1. 本文的组织结构模式是＿＿＿＿＿＿＿＿＿＿＿＿＿＿。
2. 画出这篇文章的中心句并指出它的位置。
3. 本文的主要观点是：
   A. 时间是最好的药物　　　　　　　B. 处理不良情绪的方法
   C. 一堂关于如何处理压力的课　　　D. 放下自然会自在

 阅读1

我想起以前和一个自称"混迹于三流学校"的学生的对话。

他是一个比较自卑的学生，但却有个惊人的梦想。他说：有朝一日，我一定要考进哈佛，周围的人都嘲笑我这个梦想，我一定要用哈佛来证明他们眼光的愚蠢。请您给我指导，如何能够进入哈佛？

我知道哈佛录取的标准已经被讲烂了，我只想讲一点百分之百正确的人生思想常识。这种"我要进哈佛，才能证明我优秀"的思路，是典型的中国式思维，应该说是中国式思维中最落后、腐朽的部分。这是我们传统中那种极端的学历虚荣心在作祟，也是我们一考定终身的选拔制度造成的"鲤鱼跳龙门式"的投机心态在作祟。

和北大、清华的录取标准不同，哈佛要录取的不是考试成绩最好、智商最高的学生，为此，哈佛大学一年可以拒绝上百个 SAT 考满分的学生。美国顶尖名校，无论其文化多么有各色，都有一个共同、公开的录取标准，就是去寻找那些具有成为未来各行业领袖潜质的学生。哈佛、耶鲁之所以有名，就在于她们的毕业生在许多领域居于前沿性的领导地位，而她们为保有这种名气，除了要完善她们的人才孵化机制，就是要同样完善她们的人才筛选机制，保证输入人才孵化机的首先不是孬种！

这里，我要提出一个根本性的问题：哈佛对你有什么意义？从对名校人才机制的分析中，我们已经看出来了，哈佛绝不是彻头彻尾的慈善救济机构，她没有能力把不幸的弱者培养成一个行业领袖，她的一切，说得残酷一点，只不过是为那些本已非常厉害的牛人们再锦上添花，授予他们一枚刻有"HARVARD"字样的荣誉勋章！说得极端一点，没什么根本性的人生转折在哈佛校园里发生，走出哈佛校园，你可能从一个极优秀者变得优秀得要命，但是没有一个弱者在那里变成了强者。哈佛是用来让强者更强，而不是扶危济困。还好，大部分人的理想尚不及我当初的那个远大。我当初的梦想，是赢得诺贝尔奖……然后，然后再像萨特那样，编个理由，把它轻轻拒掉。

什么是真正伟大的人生理想？我们不能只树立一种外在的、需要别人的标准认可的志向，最伟大的内心标准应该是，你到底想要成为一个什么样的人！任何时间、任何地点、任何学校、任何学历、任何专业……没有什么能够限制我们的努力，而失败的人常常告诉自己：要是我有了 MBA，我就去创业赚钱；要是我念了文学系，我也能成为作家；要是我上了哈佛医学院，我也能成为好医生……"要是"常常落空，所以这些人永远成了他热爱那门专业的门外汉。

名校意味着优质教学、意味着资源和机会，毫无疑问。但有时上名校需要缘分，人生设计的基本思想就在于，控制我们可以控制的，选择我们可以选择的，一步步完成"人生核聚变"；而不幸的是，那些失败的人，常常把成败寄托在不可控制的外因上，他们所富有的只是"情结"，而这东西常常会致人死命。

（选自《青年时讯》第 291 期）

练习

速读第1遍，完成下面的练习（建议阅读时间5分钟）

一、根据阅读内容选择正确答案

1. "鲤鱼跳龙门"是什么意思？
   A. 鲤鱼试跳龙门　　　　　　　B. 不可能的飞跃
   C. 通过努力改变命运，实现梦想　D. 纵身飞跃

2. 下列哪项符合文章的意思？
   A. 哈佛的学生都是成绩最优异的
   B. 哈佛的学生是最聪明的
   C. 哈佛的学生具有领袖的潜质
   D. 无论什么样的学生都有机会进入哈佛

3. 作者认为进入哈佛的人：
   A. 本身就很优秀　　　　B. 本身并无所长
   C. 人生会发生很大的转折　D. 会得诺贝尔奖

4. 下列哪项不是名校可以提供的？
   A. 优质的教学　B. 好的工作　C. 丰富的资源　D. 好的机会

5. 文章最后点明：
   A. 选择名校可以成功　　B. 一定要进名校
   C. 选择自己可以选择的　D. 成败在外因

细读第2遍，完成下面的练习

二、根据阅读内容判断正误

1. 哈佛的学生是分数最高的。　　　　　　　　　　　　　　（　）
2. "一考定终身"是我国传统的选拔制度。　　　　　　　　　（　）
3. 只要进了哈佛，就能够成为领袖人物。　　　　　　　　　（　）
4. 作者获得过诺贝尔奖。　　　　　　　　　　　　　　　　（　）
5. 人们失败的原因很大程度在于没有脚踏实地的精神。　　　（　）
6. 只要进了名校，就能获得成功。　　　　　　　　　　　　（　）

三、选择画线词语在句子中的意思

1. 我想起以前和一个自称"混迹于<u>三流学校</u>"的学生的对话。
   A. 排第三名的学校　　　B. 不好的学校
   C. 第三批次的学校　　　D. 第三类学校

2. 我知道哈佛录取的标准已经被<u>讲烂</u>了，我只想讲一点百分之百正确的人生思想常识。
   A. 讲得太多　　　B. 讲坏了
   C. 讲得不合理　　D. 讲错了

3. 也是我们一考定终身的选拔制度造成的"鲤鱼跳龙门式"的<u>投机心态</u>在作祟。
   A. 找机会的心态　　B. 乘机谋私利的心态
   C. 攀比心态　　　　D. 获得利润的心态

4. 哈佛绝不是彻头彻尾的慈善救济机构。
   A. 完完全全　　　B. 从头到尾　　　C. 没头没尾　　　D. 去头去尾
5. 只不过是为那些本已非常厉害的牛人们再锦上添花。
   A. 养牛的人　　　　　　　　　　　B. 爱吹牛的人
   C. 牛背上的人　　　　　　　　　　D. 某方面能力很强的人

词语提示

混迹	（动）	hùn jì	使行踪混杂在大众间。常有隐身不露的意思。
自卑	（形）	zì bēi	低估自己的能力，觉得自己各方面不如人。
腐朽	（形）	fǔ xiǔ	比喻人思想和观念陈腐、生活行为堕落、制度败坏。
虚荣	（形）	xū róng	虚幻的荣耀。
作祟	（动）	zuò suì	人或某种因素作怪、捣乱。
潜质	（名）	qián zhì	潜在的素质；潜在的能力、天赋。
筛选	（动）	shāi xuǎn	通过淘汰的方式挑选。
孬种	（名）	nāo zhǒng	指人胆小怕事，或品格低下。
锦上添花	〈组〉	jǐn shàng tiān huā	比喻好上加好，美上添美。
勋章	（名）	xūn zhāng	授给有功者的荣誉证章。
落空	（动）	luò kōng	没有达到目的或目标。

阅读2

身为中医的爷爷郑锦云的临终遗言是："咱家一定要出大学生。"我们是不肖子孙，三代人没能让祖先九泉之下笑逐颜开。从我父亲起，三代学历停滞不前，甚至一代不如一代，最高学历为小学。2002年7月4日上午，我们郑洪升、郑渊洁、郑亚旗，一家三代站在位于山西省浮山县史壁村的祖先墓碑前，向祖先负荆请罪。我们发誓，即使倾家荡产，从郑洪升算起，郑家第四代一定要出大学生，以实现祖先的遗愿。

郑家第一代小学生郑洪升，1932年出生，最高学历为五年私塾小学。郑洪升靠自学成为华北军政大学、石家庄高级步兵学校哲学教员，创造了小学生教大学生的纪录。其当年的学生和部下今日遍布全国，有官至将军的军界精英，有转业后成为一方父母官的市委书记，有演艺界炙手可热的大腕，有屡获大奖的电影故事片编剧，可谓桃李满天下。

郑家第二代小学生郑渊洁，1955年出生，是当年祖父郑锦云最寄希望成为郑氏家族第一名大学生的人。郑渊洁小学读到四年级时，"文化大革命"爆发，自此中断学业，顶级学历为小学四年级。郑渊洁靠自学，成为皮皮鲁、鲁西西、舒克、贝塔和罗克之父，其多种族之文学子女不计其数。

郑家第三代小学生郑亚旗，1983年出生。因不堪忍受应试教育，小学毕业后在家接受其父教育，最高学历为小学毕业，较以前两代有长足进步。郑亚旗完全靠自学成为北京某著名网络媒体技术总监。

我家三代小学生自知在文凭上属于弱势群体，我们也清楚自己永远不可能毕业，所以我们只有不停地自学。我们因此因祸得福,现在有一个时髦的词汇叫与时俱进,用它来形容知识更新速度恰如其分。有人说现在是电脑时代,有人说是汽车时代,依我说,现在是自学时代。学校是让学生误以为拿到文凭时就毕业了的地方。我家三代人的座右铭是:"先闭眼,后毕业。"只要活着,你就永远没有毕业的那天,永远要自学不息。

每当我们看到大学毕业生拿到文凭后欣喜若狂的神态,每当我们听到什么人说自己是本科、硕士、博士毕业时,我们祖孙三代就抱头痛笑。睁着眼睛活着时居然会说自己毕业了,不是弱智是什么?不是主动退出竞争舞台是什么?

学习是终身大事,特别是在知识更新与时俱进的今天。自学能力是人身上最重要的能力之一,学校不教自学,学校教授知识的实质是他学。怀揣烫金文凭离开学校就不会学习或者停止学习的人,等于选择了行尸走肉的生存方式,活着死了。

郑洪升、郑渊洁和郑亚旗已经商定,不惜一切代价也要让郑家第四代终结小学学历,至少拿到大专文凭。我们还商定,当他(她)毕业那天兴高采烈地将文凭拿给我们看时,我们会6只手合力将那文凭缓慢地撕得粉碎,然后语重心长地告诉他(她):"孩子,你爷爷的爸爸和爷爷还有爸爸撕的只是一张普通的纸,从零开始吧,一直自学到死。人的毕业证只有一个,那就是死亡证书。无人能看到自己的毕业证书。凡是以为自己看到了自己毕业证书的人,活着时已经死了。

(选自《课外阅读》2005年第11期)

练 习

速读第1遍,完成下面的练习(建议阅读时间5分钟)

一、根据阅读内容选择正确答案

1. 文中"不肖子孙"的意思是:
   A. 不成材的后代
   B. 没出息,不能继承先辈事业的子孙或晚辈
   C. 不听话的孩子
   D. 不求上进的孩子

2. 关于郑渊洁,下列哪项说法不正确?
   A. 读到小学四年级　　　　B. 写了多部作品
   C. 祖父对他寄予厚望　　　D. 有很多子女

3. 郑家三代人学历低,能力强的秘诀是:
   A. 受到良好的家庭教育
   B. 聪明好学
   C. 有好的遗传基因
   D. 三代人的座右铭都是:"先闭眼,后毕业"

4. "郑渊洁的其多种族文学子女不计其数。"此句中的"文学子女"意思是:
   A. 他的儿子女儿　　　　　B. 他培养的爱好文学的学生
   C. 他的孩子学的都是文学　D. 他创作的文学作品

5. "我们三代人的豪言壮语是当一辈子留级生,当一辈子小学生。"此句中的"留级生"意思是:

A. 成绩不好,升不了级的人
B. 永远不能说毕业,要不停止地自学的人
C. 虚心好学的学生
D. 文凭低的人

细读第 2 遍,完成下面的练习

二、根据阅读内容回答问题

1. 郑家一家三代人为什么站在祖先墓碑前负荆请罪?
2. 郑家第二代、第三代人为什么都只读到小学?
3. 郑家三代人的座右铭:"先闭眼,后毕业"是什么意思?
4. 郑家人认为什么样的举动是主动退出竞争舞台的表现?
5. 郑家人如何看待拿上文凭就停止学习的人?

三、用所给的词语替换下列句子中的画线部分词语,保证句子意思基本不变。

励志箴言　数不胜数　巨大　恰到好处　眉开眼笑　一贫如洗

1. 我们是不肖子孙,三代人没能让祖先九泉之下<u>笑逐颜开</u>。（　　）
2. 我们发誓,即使<u>倾家荡产</u>,从郑洪升算起,郑家第四代一定要出大学生,以实现祖先的遗愿。（　　）
3. 其多种族文学子女<u>不计其数</u>。（　　）
4. 最高学历为小学毕业,较以前两代有<u>长足进步</u>。（　　）
5. 现在有一个时髦的词汇叫与时俱进,用它来形容知识更新速度<u>恰如其分</u>。（　　）
6. 我家三代人的<u>座右铭</u>是:"先闭眼,后毕业。"（　　）

词语提示

笑逐颜开	〈组〉	xiào zhú yán kāi	形容满面笑容,十分高兴的样子。
停滞	〈动〉	tíng zhì	停下,受到阻碍,不能顺利地进行或发展。
负荆请罪	〈组〉	fù jīng qǐng zuì	形容主动向人认错、道歉,给予自己严厉责罚。
倾家荡产	〈组〉	qīng jiā dàng chǎn	全部家产都被弄光了。
炙手可热	〈组〉	zhì shǒu kě rè	比喻权势大,气焰盛,使人不敢接近。
恰如其分	〈组〉	qià rú qí fèn	指办事或说话正合分寸。
座右铭	〈名〉	zuò yòu míng	指人们激励、警戒自己,作为行动指南的格言。
欣喜若狂	〈组〉	xīn xǐ ruò kuáng	形容高兴到了极点。
行尸走肉	〈组〉	xíng shī zǒu ròu	比喻不动脑筋,不起作用,糊里糊涂过日子的人。
语重心长	〈组〉	yǔ zhòng xīn cháng	话语深刻有力,情意深长。

单元阅读测试练习二

有一个段子说：一帮劫匪抢劫成功之后，其中一名新加入的匪徒兴冲冲地对老大说："没想到抢这么多钱，我老早就对父母说就算不考研我也有赚大钱的能力。老大，咱们赶紧来数数，看到底抢了多少钱？"小学没毕业的老大不疾不徐地说："亏你还念过大学，脑袋怎么这么不灵光，这么多钱，咱们要数到什么时候呀，今天晚上看一下电视新闻不就知道咱们到底抢了多少钱吗？"

这就是俗称的"工作经验"！也正是很多老板和上司口中的"丰富的经验比漂亮的学历更重要"。例如，某位在电子产业的经理李先生，近两三年来感触非常深，他表示时下年轻人里面有超过三成的人都以电子信息行业作为理想的职业。不过，真正吸引这些人的不完全是待遇，而是"兴趣"。这和几年前年轻人以"高薪""发展"来作为职业选择的现象已经大相径庭。李先生对于自己团队的人才流动感到非常头疼。一天，他和一名工作经验丰富的员工聊天之后，决定试试这名员工的建议：他邀请了一群身心障碍按摩师进驻厂内，时时待命为员工提供免费的按摩纾压。如此不仅嘉惠员工，也解决身心障碍按摩师的收入问题。还有一项更令员工感动的，只要有人请病假，第一时间就有医护人员关心并提供协助。李先生的这几项措施受到所有员工的欢迎，老板也夸他有创意。而这竟然是从别人那儿偷来的经验，所以说"经验"比"学历"更值钱。

个人看来，不少人在职场上是没有品牌的"香草冰激凌"，为什么这么形容呢？因为有百分之七八十的人在学历、家境、能力、个性竞争力上都属于同一等级，没有太大差异。"缺乏差异性"就好像尝起来口感大致相同的香草冰激凌一样。缺乏差异性，就缺乏品牌性，会让职场失去购买你的欲望。当大家纷纷掏钱花时间挤进收费不低的EMBA管理课程时，我倒是建议职场人，当大家还看不出你是什么品牌的职场人时，你不妨每天上班前给自己布置个功课，在下班时利用短短五分钟回想：今天在职场上或办公室里看到或听到谁的"经验"是值得记录下来的，是值得哪天也派得上用场的，并且把别人的"经验"归类。这样有助于自己更具逻辑、更有方向感。当你在每天的工作中习惯这样观察别人的经验时，你自己就在无形中开发了与时俱进的新鲜感。

（选自《品位》，有删减，作者：崔慈芬）

练 习

速读第1遍，完成下面的练习（建议阅读时间4分钟）

一、根据阅读内容判断正误

1. 文章中讲的段子告诉我们有知识不一定就有经验。　　　　　　　　　　　　（　）
2. 吸引年轻人从事电子信息行业的原因是待遇高。　　　　　　　　　　　　　（　）
3. 李先生想出一个好主意，请按摩师为员工免费按摩纾压。　　　　　　　　　（　）
4. 文章中用"香草冰激凌"来形容职场精英。　　　　　　　　　　　　　　　　（　）
5. 作者认为与其读收费不低的EMBA课程，不如留心积累职场经验。　　　　　（　）

6. 在上班时要留心记录听到的或看到的经验。   ( )

细读第2遍,完成下面的练习

二、根据阅读内容回答问题

1. 老大为什么认为抢了多少钱看新闻就能知道?
2. 几年前的年轻人选择职业以什么为主?
3. 为什么说不少人在职场上是没有品牌的"香草冰激凌"?
4. 记录别人的经验有什么作用?

词语提示

段子	(名)	duàn zi	一段故事或笑话的简称。
劫匪	(名)	jié fěi	抢劫的匪徒。
不疾不徐	〈组〉	bù jí bù xú	指处事能掌握适度的节律,不太快或不太慢。
灵光	(名)	líng guāng	顶用;好用。
感触	(名)	gǎn chù	接触外界事物而引起的思想情绪。
大相径庭	〈组〉	dà xiāng jìng tíng	比喻相差很远,大不相同。
待命	(动)	dài mìng	等待命令。
嘉惠	(名)	jiā huì	敬辞,称别人所给予的恩惠。
创意	(名)	chuàng yì	创新的思想。

 阅读2

　　无论世界变得如何奢华,我还是喜欢俭省。这已经变得和金钱没有很密切的关系,只是一个习惯。我这样说,实在是因为俭省的机会其实很廉价,俯拾即是遍地滋生。比如不论牙膏管子多么丰满,但你只能在牙刷毛上挤出1.5到2厘米的膏条,而不是1尺长,因为你用不了那么多。再比如无论你坐拥多少橱柜的衣服,当暑气蒸人的时候,你只能穿一件纯棉的T恤衫。如果把貂皮大衣捂在身上,轻者长满红肿热痛的痱毒,重了就会中暑倒地一命呜呼。俭省比奢华要容易得多,是偷懒人的好伴侣——用最直截了当的方式和最小的花费直抵目标。

　　然而有三件事你不能俭省。

　　第一件事是学习。学习是需要费用的,就算圣人孔子,答疑解惑也要收干肉为礼。学习费用支出的时候,和买卖其他货物略有不同。你不知道究竟能得到多少知识,这不单决定于老师的水平,也决定于你自己的状态。这在某种情况下就有点隔山买牛的味道,甚至比股票的风险还大。谁也不能保证你在付出了学费之后一定能考上大学,你只能先期投入。机遇是牵着婚纱的小童,如果你不学习,新娘就永远不会出现在你人生的殿堂。

　　第二件事是旅游。每个人出生的时候都是蝌蚪,长大了都变作井底之蛙。这不是你的过错,只是你的限制,但你要想法弥补。要了解世界,必须到远方去。旅游是需要花钱的,谁都知道。旅游的好处却不是一眼就能看到的,常常需要日积月累潜移默化地蓄积。有人以为旅游只是照一些相片买一些小小的工艺品,其实不然。旅行让我们的身体感悟到不同的风和水,我们的头脑也在不同风情的滋养下变得机敏和多彩。目光因此老辣,谈吐因此谦逊。

　　第三件事是锻炼身体。古代的人没有专门锻炼身体的习惯,饥一顿饱一顿全无赘肉。生存的需要逼得他们不停奔跑狩猎,闲暇的时候就装神弄鬼,在岩壁上凿画,在篝火边跳舞,都不是轻体力劳动,积攒不下多余的卡路里。社会进步了,物质丰富了,用不完的热量成了我们挥之不去的负担。于是要人为地在机器上跋涉,在充满氯气的池子里浮沉,在人造的雪花和冰面上打滚,在矫揉造作的水泥峭壁上攀爬……这真是愚蠢的奢侈啊,可我们没有办法,只有不间断地投入金钱,操练贫瘠的肌肉和骨骼,以保持最起码的力量和最基本的敏捷。

有没有省钱的方法呢?其实也是有的。把人生当作课堂,向一切人学习,就省了上学的钱。徒步到远方去,就省了旅游的钱。不用任何健身器械,就在家里踢毽子高抬腿做广播体操……就省了健身的钱。

然而,这也是破费,因为我们付出了时间。

(选自毕淑敏《人生有三件事不可俭省》)

练 习

速读第1遍,完成下面的练习(建议阅读时间5分钟)

一、根据阅读内容选择正确答案

1. 作者认为节俭和什么有关系?
   A. 奢侈　　　B. 习惯　　　C. 贫穷　　　D. 金钱
2. 根据文章内容哪件事是作者认为可以节俭的事?
   A. 学习　　　B. 饮食　　　C. 旅游　　　D. 锻炼
3. 你究竟能得到多少知识与下面哪一项无关?
   A. 机遇　　　　　　　　B. 股票投入多少
   C. 老师的水平　　　　　D. 你自己的状态
4. 我们怎么做才能使自己长大了不变作井底之蛙?
   A. 多照相　　　　　　　B. 多买纪念品
   C. 去旅游　　　　　　　D. 多感悟生活
5. 从这篇文章我们可以知道:
   A. 节俭比奢华更难做到　　B. 花在旅游上的钱很快能见效
   C. 锻炼身体是不需要花费的　D. 人生有些事是不能俭省的

细读第2遍,完成下面的练习

二、根据阅读内容判断正误

1. 作者认为节俭是很容易做到的,和钱多钱少没关系。　　　　　　　　(　)
2. 在学习上,支出的费用越多,得到的知识也越多。　　　　　　　　　(　)
3. 学习上的投资是有很大风险的。　　　　　　　　　　　　　　　　(　)
4. 旅游让我们的头脑变得机敏、多彩。　　　　　　　　　　　　　　(　)
5. 古代的人比现代的人更注重锻炼身体。　　　　　　　　　　　　　(　)
6. 人生不能俭省的三件事其实也可以不花钱。　　　　　　　　　　　(　)

词语提示

奢华	(形)	shē huá	奢侈浮华,现在多形容有钱人的生活,也形容爱慕虚荣的人所渴望的生活。
廉价	(形)	lián jià	价钱比一般低。也就是通常说的便宜。
直截了当	〈组〉	zhí jié liǎo dàng	形容说话做事爽快、干脆。
殿堂	(名)	diàn táng	中国佛寺中重要屋宇的总称。
弥补	(动)	mí bǔ	把不够的部分填足。
井底之蛙	〈组〉	jǐng dǐ zhī wā	比喻见识狭窄的人。
潜移默化	〈组〉	qián yí mò huà	指人的思想或性格不知不觉受到感染、影响而发生了变化。
赘肉	(名)	zhuì ròu	由于脂肪堆积、囤积在身上的肉。
闲暇	(形)	xián xiá	是指人们扣除谋生活动时间、睡眠时间、个人和家庭事务活动时间之外剩余的时间。
篝火	(名)	gōu huǒ	篝火泛指一般在郊外地方,通过累积木材或树枝搭好的木堆或高台,点燃的火堆。
跋涉	(动)	bá shè	形容路程异常艰苦,也可以比喻事业方面的艰辛。
挥之不去	〈组〉	huī zhī bù qù	(事务)压在心头,无法排解。
贫瘠	(形)	pín jí	土地不肥沃,土壤层薄。
敏捷	(形)	mǐn jié	反应迅速快捷。

苏州的吃,跟苏州的园林一样,小中见大。

在苏州这样的城市,亭台楼阁都纤巧玲珑,不适宜搞满汉全席什么的。同样,苏州人也不喜欢大吃二喝,讲究少而精。找一家小饭馆,摆开小碟子、小碗、小酒杯,说一些小话题。跟朋友相约喝一点儿也叫小聚。

在苏州,最精致最出彩的还是小吃。小吃,一般都属于小本经营,但要做到价廉物美并不容易。首先要求经营者必须有耐心。小摊上卖的小吃,常常比有门面的店家的同类食品更有滋味。早先的馄饨担就是一例,在路边架起锅灶,摊主总能以包裹肉馅的麻利动作以及骨头汤的浓香,吸引来馋得直流口水的顾客。

莲影在介绍苏州茶食时提及大方糕,堪称传奇:首先,店主真够洒脱,明明有巨大需求却仍限量供应(每日只出一笼),宁愿放弃商机也不想活得太劳累。哪像生意人?快向艺术家看齐了,把大方糕当成雕塑作品了。但这无形中也吊起了顾客的胃口。其次,顾客真不够洒脱,居然为抢购糕点而动起拳脚,仿佛在追求真理,也忒执著了……

每日只出一笼、每方仅制钱四文的大方糕,就生意而言,绝对属于"小儿科"了。恐怕只有在苏州,才会出这样的店主,和这样的顾客。

玄妙观前有一家园林式的茶馆叫吴苑。吴苑的东边,又有一家酒店叫王宝和。曹聚仁先生进去品尝过:"他们的酒可真不错,和绍兴酒店的柜台酒又不相同,店中只是卖酒,不带酒菜,连花生米、卤豆腐干都不备。可是,家常酒菜贩子,以少妇少女为多,川流不息,各家卖各家的;卤品以外,如粉蒸肉、烧鸡、熏鱼、烧鹅、酱鸭,各有各的口味。酒客各样切一碟,摆满了一桌,吃得津津有味。"店主只卖酒不卖菜,宁愿把卖菜的机会以及利润出让给小贩,你说他是小气呢?还是大方? 这或许就是苏州的风格,苏州的方式。隋炀帝挖运河,为了更方便地下江南。咀嚼着精益求精的苏式点心,你会明白饮食中的江南是怎么回事了吧。

苏州的小吃是勾魂的。相比之下,满汉全席,显得有点"假大空"了。

当然,苏州也能办酒席的。也有大厨师。如果在宾馆里办,没什么稀奇的。苏州的妙处,在于它有大大小小的园林,可供露天聚饮。最近,还听苏州诗人车前子说起,他曾在某处园林,参加一位亲戚的婚宴。场面显得既夸张又别致。

不禁突发奇想:待我手头这本饮食文化的书出版后,可以考虑在苏州园林举行一次新闻发布会或新书首发式。毕竟,苏州是出美食家的地方。

(选自《中国日报》,有删减,作者:罗渊)

练 习

速读第 1 遍,完成下面的练习(建议阅读时间 5 分钟)

一、根据阅读内容选择正确答案

1. 从文章中可以知道苏州的吃的特点是:
   A. 小而精 B. 可以和满汉全席媲美
   C. 很上档次 D. 分量很充足
2. 叫王宝和的酒店有什么特点?
   A. 在吴苑的西边 B. 小吃很有特色
   C. 客人以少妇少女为主 D. 只卖酒
3. 隋炀帝挖运河的目的是:
   A. 游玩 B. 搞货运 C. 吃苏州小吃 D. 视察工作
4. 在苏州园林办婚礼的特点是:
   A. 既夸张又别致 B. 满汉全席的规模
   C. 可以大吃大喝 D. 没有大餐,以小吃为主
5. 作者为什么想在苏州园林举行新书首发式?
   A. 苏州园林环境优美 B. 苏州人喜欢吃
   C. 新书主要介绍苏州的小吃 D. 苏州是出美食家的地方

细读第 2 遍,完成下面的练习

二、根据阅读内容回答问题

1. 在苏州,哪里的小吃更有滋味?
2. 苏州的小吃有什么特点?
3. 如果在苏州园林办酒席会有什么效果?
4. 苏州的小吃让我想到了什么?

词语提示

亭台楼阁	〈组〉	tíng tái lóu gé	泛指多种供游赏、休息的建筑物。
纤巧玲珑	〈组〉	xiān qiǎo líng lóng	轻巧的，精致的或小巧古雅的。
价廉物美	〈组〉	jià lián wù měi	东西价钱便宜，质量又好。
麻利	（形）	má lì	常见于口语、方言，迅速敏捷。
洒脱	（形）	sǎ tuō	潇洒，脱俗。
忒	（副）	tuī	太。
川流不息	〈组〉	chuān liú bù xī	形容行人、车马等像水流一样连续不断。
夸张	（形）	kuā zhāng	夸大；言过其实。
别致	（形）	bié zhì	小巧精致，精美别具风格、特点。

 阅读4

把希望寄托在一个人或少数几个人身上，这是中国足球的习惯性思维，但却被接二连三无情的事实证明，这是很不靠谱的事情。

也正是因为有这样的思维习惯，出了问题以后，大家会习惯性地找个"罪魁祸首"，让他顶罪，让他下课，然后重打锣鼓另开张。就像一家经营不善的饭馆，生意惨淡赶紧换口味换厨子，顾客依然不买账，就再换厨子换菜单，直到入不敷出无以为继关张了事。

但开饭馆毕竟只是件不大的事，中国足球这么个大工程，也想指望几个人就能搞得红红火火，怎么听着都像是天方夜谭。

所以，关于中国足球的故事，总是从一次高调的备战开始，以一次惨痛的失败结束，然后是一轮疾风暴雨似的舆论轰炸，再然后是又一次始于高调的备战。取得好成绩永远被当作硬道理，但中国足球却总难拿出能当作硬道理的成绩。唯一的例外是米卢和他领衔主演的十强赛，但那次绝对是极为偶然且带有人为色彩的回光返照。从那以后，中国足球只剩下总也盼不到日出的漫漫长夜。

但遗憾的是，有些人有些时候却总喜欢固守着错误的原则，只为期待一次天上掉下的馅饼砸中脑袋的结果。在唯成绩最大的氛围里，任何治标先治本，治病先除根的想法，都只能是一闪而过的奢念。我不认为阎世铎、谢亚龙们没有意识到中国足球的病因所在，只不过他们像任何普通的彩民一样，在有限的任期里，总寄望于一次成绩上的突然光鲜，尽管这样的几率甚至比中彩票的几率还小。

可以预料的是，围绕着国字号各线队伍的一系列总结，将会在足协内部如火如荼地进行。同样可以预料的是，如何在短期内提高成绩依然会是讨论的主题。会有人下课，会改变人员配置，但结果呢，并不会有根本上的改变。

因为中国已经没有真正意义上的球星，鲜有可供挑选的人才，而这种尴尬的出现，源于我们已经自毁人才培养的链条。

体育之所以有个育字，是因为成功的体育绝对不可以和教育分开的。当我们在感慨中国足球大环境恶劣，球员教练素质低下时，一个不争的事实是，这些踢球的人几乎没有受过正常的教育，这也直接影响到他们在球场上的表现，也直接决定了我们的球员只专业不职业。

中国足球病因何在已无需赘述,在重申足球必须从娃娃抓起的同时,还得再加上一句:足球绝不能远离教育。因为踢好球与技术有关,也与素质有关。

(选自《中国青年》2006年9月14日,有删减)

练 习

速读第1遍,完成下面的练习(建议阅读时间5分钟)

一、根据阅读内容选择正确答案

1. 怎么听着都像是天方夜谭。"天方夜谭"在这里的意思是:
   A. 好像讲故事一样　　　　　　B. 说空话
   C. 不可能的事情　　　　　　　D. 不合逻辑

2. 下列哪项说法正确?
   A. 几个人就能把中国足球搞红火　B. 成功的体育离不开教育
   C. 中国的球员有职业球员的精神　D. 中国有很多优秀的球星

3. 只为期待一次天上掉下的馅饼砸中脑袋的结果。"天上掉馅饼"比喻:
   A. 会有好的机会降临的
   B. 应该等待时机
   C. 不应该等待机会,应该创造机会
   D. 天底下没有那么便宜的事情,不能不劳而获

4. 下列哪一项作为文章的题目较为恰当?
   A. 球员应该接受教育　　　　　B. 足球怎能远离教育
   C. 应该培养职业球员　　　　　D. 足球是大工程

5. 作者对中国足球的态度是:
   A. 很漠然　　　　　　　　　　B. 仅仅是泛泛而谈
   C. 很关心　　　　　　　　　　D. 表现出无所谓

阅读第2遍,完成下面的练习

二、根据阅读内容回答问题

1. 第二自然段"也正是因为有这样的思维习惯"中,"这样"指的是?
2. 中国足球是否有过好成绩的历史?
3. 作者认为中国足球不能取得成绩的原因在哪儿?
4. 如何改变中国足球的现状?
5. 用一句话概括你对中国足球的看法。

词语提示

靠谱	(形)	kào pǔ	表示可靠,值得相信和托付的意思。
罪魁祸首	〈组〉	zuì kuí huò shǒu	作恶犯罪的头子。
惨淡	(形)	cǎn dàn	指凄惨暗淡,不景气。
入不敷出	〈组〉	rù bù fū chū	收入不够支出。

无以为继	〈组〉	wú yǐ wéi jì	没有任何办法和理由继续下去。
天方夜谭	〈组〉	tiān fāng yè tán	比喻荒诞、离奇的议论。
疾风暴雨	〈组〉	jí fēng bào yǔ	形容风雨来势猛。比喻迅猛激烈的斗争。
舆论	〈名〉	yú lùn	舆论是社会中相当数量的人对于一个特定话题所表达的个人观点、态度和信念的集合体。
回光返照	〈组〉	huí guāng fǎn zhào	比喻人死前精神突然兴奋。也比喻事物灭亡前夕的表面兴旺。
赘述	〈动〉	zhuì shù	说些不必要的细节。
如火如荼	〈组〉	rú huǒ rú tú	形容大规模的行动气势旺盛,气氛热烈。
尴尬	〈形〉	gān gà	处于两难境地无法摆脱。

我作为一个在美国生活了十多年的人,有责任和读者们分享自己的观察:美国的孩子与中国的孩子为什么会不同?

不妨从我六岁半的女儿上幼儿园和小学的经历说起。她五岁时,参加了女童子军。这个组织在美国孩子中非常流行,但结构很松散,不过是几个家长凑在一起,轮流志愿带孩子而已。女儿六岁时,童子军派下差使:推销饼干,目的是培养孩子的社会和经营技能。童子军的网站也直言不讳地介绍,美国许多成功的企业家,都是从在童子军卖饼干开始的。饼干一包四美元,至少高于市场价30%。这么教孩子赚钱,是否过分呢?一试才明白,买童子军的饼干,没有人嫌贵。刚开始时,女儿哪怕是见了熟人,也害羞得连话都说不出来。不过,大人们都特别热情,一看她穿着童子军的小制服怯生生地站在那里,就主动走过来问:"你在干什么呀?是在卖饼干吗?我可以买几包吗?"就这样在"客户"的引导和鼓励下,她的买卖也开张了。许多买主告诉我们,他们都是在童子军里卖饼干长大的。渐渐地,女儿居然也敢主动张嘴推销了。每次推销,孩子要向人家解释品种,告诉人家买某种饼干的理由,然后算账,四块钱一包,一共多少钱,算术也跟着学了。具体卖的办法是先找顾客订货,登记大家购买的数量,然后"进货""送货"、收款,要走整一个商业流程。几个礼拜下来,女儿居然卖出了32包。总金额128美元。饼干卖完,大家凑在一起算账,看看总收入是多少,让孩子们讨论钱该怎么花。结论是把钱一分为三,第一部分给组织者,因为人家义务劳动,还要自己缴钱,不公平,所以孩子希望能把志愿者倒贴进来的钱支付了。第二部分钱,要捐给那些无家可归者。第三部分钱,留下来给孩子们开个庆功会。

我教育女儿:什么都不是白来的,必须自己挣来。挣来钱后,再要想想世界上"三分之二受苦的人"。这种教育,改变了她的价值观念。有一次和她讨论阅读,书里面一位奶奶式的人物对自己的孙女说,女孩长大嫁给王子,这辈子就大功告成了。我问她有什么看法。她马上说那样不好,因为那样一个人只能当生活的"观察者",没有办法参与,学不到东西。看来,孩子有什么样的价值观念,还是要看大人怎么教育。

我们这里大人教孩子什么呢?我们也组织过援助非洲灾民等活动,那都是学校出面进行动员,就像搞运动一样。孩子从中学会的,除了几个意识形态教条外,就是如何打发上面派下来的差使。我们的家庭中,逢年过节,孩子们除了吃、放鞭炮,就是拿礼品、红包,很少有像童子军这样民间自发的组织,由家长通过生活的细枝末节自然地向孩子灌输帮助他人的价值观念。

此外,美国的精英高中生,常常自己花钱到非洲等贫穷国家当志愿者,这一经历,有时成为他们竞争进入一流大学的关键。生活中的一点一滴,都浸透着这样的道德情操:真理和智慧,是他们的价值;财富和权力,是他们实现这些价值的手段。人生的意义不在于掌握了财富和金钱,而在于承担自己的社会责任、把这个世界变得更加美好。

(选自人民网2006年3月26,有删减)

练 习

速读第1遍,完成下面的练习(建议阅读时间5分钟)

一、根据阅读内容选择正确答案

1. 女儿刚开始卖饼干时,是怎样的一个状态?
   A. 很害羞　　　B. 很害怕　　　C. 很自如　　　D. 很坦然
2. 就这样在"客户"的引导和鼓励下,她的买卖也开张了。"客户"指的是:
   A. 卖主　　　B. 买主　　　C. 家长　　　D. 客人
3. 中国家长与美国家长对孩子的不同之处在于:
   A. 喜欢孩子的方式　　　B. 对孩子的投资方面
   C. 培养目标方面　　　D. 教育理念
4. 下列叙述正确的一项是:
   A. 美国成功的企业家都是从卖饼干开始的
   B. 卖饼干得来的钱由孩子们自由支配
   C. 孩子价值观念的形成与父母的教育分不开
   D. 孩子们的饼干价与市场价一样
5. 作者对童子军卖饼干的态度是:
   A. 支持　　　B. 反对　　　C. 中立　　　D. 没提

细读第2遍,完成下面的练习

二、根据阅读内容回答下列问题

1. 童子军是一个什么样的组织?
2. 让孩子们去推销饼干的目的是什么?
3. 孩子们推销饼干的具体做法是什么样的?
4. 卖饼干得来的钱是如何分配的?
5. 对书里面的女孩长大嫁王子一事,"女儿"的看法是什么?
6. 对美国人教育孩子,我们得到一个什么样的启示?

词语提示

不妨	(副)	bù fáng	表示可以这样做,没有什么妨碍。
直言不讳	〈组〉	zhí yán bù huì	说话坦率,毫无顾忌。
推销	(动)	tuī xiāo	推广销路。
流程	(名)	liú chéng	事物进行中的次序或顺序的布置和安排。

自发	（形）	zì fā	不受外力影响而自然产生。
灌输	（动）	guàn shū	输送（知识、思想等）。
情操	（名）	qíng cāo	指由感情和思想综合起来的，不轻易改变的心理状态。

阅读6

又到了一年毕业季，曾几何时，"海归"是企业招聘疯抢的对象。然而，最近几年，"海归"和国内大多数学校的学生一样，求职路上困难重重。

这几天，24岁的小孟坐在计算机前，网页依旧是她刷了无数遍的各大招聘网站。还在英国留学期间，"求职"就一直伴随着她的学习和生活。

英国利物浦约翰莫尔斯大学研究生小孟尽管内心有些焦虑，但并没有想到自己的求职路会长达一年多时间。毕竟，最初选择去国外继续深造时，她和家人都对自己将来就业抱有很高的期望。

回国后，小孟正式加入求职大军。学习国际新闻专业的小孟向多家媒体单位投出了简历，但给她回应的仅有两三家，而对这几家单位小孟并不满意。小孟说："我现在发现很多的一些单位要求高一点的，更加倾向国内知名大学毕业的一些研究生。"回国以后的大半年时间，小孟几乎天天都在看各种求职信息，但结果都以失望告终。从"海归"变成了"海带"。

留学生回国就业遭遇尴尬，那就业市场上，企业对海归们又有什么看法呢？

教育背景更多元的"海归"的竞争力并不明显。整体上来讲，海归出国也花了很多心血，所以说整体上会有点眼高手低。再者，他们长期在国外，对国内的市场也不是太了解。另外，随着中国高等教育水平的不断提高，"海归"和国内具有同等学历的本土毕业生相比，虽具有一定优势，但这种差距正在不断缩小。除此之外，留学回国人员整体素质的下降，也是用人单位不再迷信"海归"的重要原因。从企业的角度说，教育背景仅仅是一个参考。

事实上，这些年国内就业市场竞争压力大已是不争的事实，即便是外企也不再是留学生的"金饭碗"，外企裁员的消息频频传来。

虽然"海归"们的整体素质有所下降，但名校毕业、能力较强的留学生依然是就业市场上受欢迎的"香饽饽"，而毕业于普通海外高校的留学生则很难再利用留学背景获得加分，在日趋竞争激励的就业环境中，他们的遇冷会更加明显。

有真才实学很关键，因为在国内，特别是企业用人单位，就你学的专业，水准以及你的实体操作，光徒有个虚名恐怕对你入职和择业不会占优势。所以还是专业也要选好，有比较好的学校就尽可能选比较好的学校，这个可能对未来发展比较有好处。

（选自人民网2014年2月19日，有删减）

练 习

速读第1遍，完成下面的练习（建议阅读时间4分钟）

一、根据阅读内容选择正确答案

1. 近几年海归求职情况怎样？
   A. 比国内学生好就业　　　　　B. 困难重重
   C. 是企业疯抢的对象　　　　　D. 没提到

2. 国内招生要求高一些的企业更倾向招哪些人?
   A. 海归　　　　　　　　　　　B. 国内名校毕业的研究生
   C. 专业对口的毕业生　　　　　D. 有工作经验的学生
3. 哪一项不是海归难就业的原因?
   A. 眼高手低　　　　　　　　　B. 整体素质下降
   C. 不了解国内市场　　　　　　D. 竞争力强
4. 哪类海归在就业市场上受欢迎?
   A. 名校毕业,能力较强　　　　B. 专业有优势
   C. 学历高　　　　　　　　　　D. 外语好
5. 文章中"香饽饽"的意思是:
   A. 糕点　　　　　　　　　　　B. 馒头
   C. 用杂粮面制成的食物　　　　D. 非常受欢迎的人
6. 用人单位在选择人才时最看重的是:
   A. 真才实学　　　　　　　　　B. 留学背景
   C. 外语水平　　　　　　　　　D. 毕业于名校

细读第 2 遍,完成下面的练习

二、根据阅读内容回答问题

1. "海归""海带"是什么意思?
2. 24 岁的小孟为什么有些焦虑?
3. 为什么用人单位不再迷信"海归"?
4. 哪些海归依然是就业市场上的"香饽饽"?
5. 哪些海归很难就业?
6. 读了这篇文章你最深的感受是什么?

词语提示

告终	(动)	gào zhōng	宣告终结。
稀罕	(形)	xī hǎn	稀奇,少有,少见。
眼高手低	〈组〉	yǎn gāo shǒu dī	眼力过高,手法过低。指要求的标准很高(甚至不切实际),但实际上自己也做不到。
徒有虚名	〈组〉	tú yǒu xū míng	空有名望。指有名无实。
金饭碗	〈组〉	jīn fàn wǎn	比喻待遇非常优厚的职位亦或国家公务职位。

第三单元　文学艺术篇

> 文学艺术可以开启人们对美的感知，也是了解文化的一条捷径。了解文学艺术，离不开好的文艺书籍，在此选择几篇介绍文学艺术的文章，希望通过它来了解文化，开启我们对美的感知。

第 11 课　"老头儿"三杂

我们家"老头儿"虽然被人戴上了"最后一个士大夫""学者文学的代表"之类的帽子，杂七杂八的东西也知道一些，但是很不成体系，有杂而无学。

老头儿之杂，起码有三，看杂书，写杂文，吃杂食。

父亲看杂书的习惯，早在上大学时就有了。他在聊天时说过，当时西南联大中文系开的课，他是喜欢的上，不喜欢的就不怎么上。像闻一多先生、沈从文先生的课，他是听得很认真的。朱自清先生的课，有时就溜号，因为他觉得朱先生上课一板一眼的，不太适应。他大学肄业后，生计无着，中文系主任罗常培先生推荐他给朱先生当助教，朱先生不干，说："这个汪曾祺连我的课都不认真听，怎么给我当助教！"这下他可傻了眼。

不过，父亲白天上课虽然有时溜号，晚上却没闲着，总泡在中文系的资料室看书，有时一直看到天亮，然后回宿舍睡觉，接着逃课。我问他都看什么书，他说："没准儿，就是瞎翻，看到有意思的就读下去。有一次看到一本《饮膳正要》，里面有一道驴皮汤，翻完之后还琢磨，这东西能好吃吗？结论是，不好吃。"《饮膳正要》是元代饮膳太医忽思慧撰写的营养学专著。

老头儿虽然是搞文学创作的，但是家里像样的文学书却很少。"文革"之前，我们家里的书满打满算不到一书柜。别说什么孤本善本，就是人们熟知的中外名著、大师文集，都和他嘴里的牙一样，残缺不全。他曾说过，对他创作影响最大的中国作家是鲁迅、沈从文和废名，外国作家是契诃夫和阿索林。可是家里的《鲁迅全集》只有第一卷，沈从文的书只有 1957 年出版的一本小说选集，废名的作品集则一本没有。

老头儿书看得杂，懂得的东西也多，文章内容自然也杂。

他不是书法家，但是谈过对书法作品的印象。他不是专业画家，也写过关于中国画的文章。

他还写过一本《释迦牟尼传》，里面有大段大段韵文，据他说是参照佛教经典风格写的。父亲去世后，他的小同乡王干对我说，老头儿以前应该读过佛经，因为他的文章中涉及佛教的用语都十分精确。这些我们确实不清楚，因为只见他写过《受戒》，却从来没见他读过一部佛经。

老头儿的文章中，有许多是写吃喝的，他还编过一本《知味集》，收录了几十个文人谈吃的文章。他和我说过，这本书只有王世襄先生和李一氓先生的文章最好，一是真懂吃，二是会写。王先生一生坎坷，但对于生活始终持乐观态度。李一氓是老革命，又是文人，他在文章中写了不少当年在缺吃少喝的情况下如何改善伙食的故事,让人知道革命者其实也很懂生活。老头儿很赞同他们的人生态度,无论环境怎样,都不忘品味生活。这其实也是他的风格。

看杂书、写杂文之外,老头儿还喜欢吃杂食,自称是个杂食动物。他生在高邮,在昆明、上海、北京住过,还跑了不少地方,对各地的吃食都很有兴趣,都想品尝一番,特别是那些稀奇古怪的东西。他去内蒙古,专门要试着生吃羊肉。

有一年他和一帮作家到广西桂林,放着宾馆的大菜不享用,非和贾平凹到街头吃小饭馆,最后相中了老友面,好像就是酸笋肉丝面。以后两人一走进小馆子,贾平凹就高叫一声:"两碗老友面!"老头儿对贾平凹印象不错,除了觉得他有才外,还因为两人曾经是"面友"。

老头儿也会做上几样拿手菜,在朋友中间有点名气。

一个是煮干丝。这本来是扬州的名菜,但他进行了改良。一次他受作协之托在家中招待聂华苓,做了一道煮干丝,结果客人把碗里的最后一点汤汁都喝得干干净净,让他很是得意。还有一次,朱德熙来家里吃饭,一大碗煮干丝还剩一小半,他就对夫人何孔敬说:"你不吃了吧!"随即把碗抱过来,吃了个底儿朝天。朱伯伯平时很谦和,对夫人也很好,但真碰上合口的东西就不管不顾了。真有意思。

老头儿的"三杂"对他的文学创作多有裨益。

老头儿多年的朋友黄裳先生写过一篇《也说汪曾祺》,追忆了两人的交往故事,还对他的一些作品进行了评价,都十分精到。真的是懂老头儿。

(选自《三联生活周刊》,有删减,作者:汪朗)

词语提示

词语	词性	拼音	释义
杂七杂八	〈组〉	zá qī zá bā	形容东西非常混杂,或事情非常杂乱。
溜号	(名)	liū hào	溜走。
一板一眼	〈组〉	yī bǎn yī yǎn	比喻言语、行动有条理或合规矩。有时也比喻做事死板,不懂得灵活掌握。
肄业	(动)	yì yè	指在校学习;指尚未毕业而因故不能继续学业。
琢磨	(动)	zhuó mó	雕刻和打磨(玉石);加工使精美(指文章等)。
撰写	(动)	zhuàn xiě	写作。
满打满算	〈组〉	mǎn dǎ mǎn suàn	全部计算在内。
孤本	(名)	gū běn	指某书仅有一份在世间流传的版本,也指仅存的一份未刊手稿或原物已亡,仅存的一份拓本。
善本	(名)	shàn běn	古代书籍在学术或艺术价值上比一般本子优异的刻本或写本。如善本书;善本目录。
凶悍	(形)	xiōng hàn	凶残强悍。
稀奇古怪	〈组〉	xī qí gǔ guài	指很少见,很奇异,不同一般。
谦和	(形)	qiān hé	谦虚平和。
随即	(副)	suí jí	立刻。
裨益	(名)	bì yì	益处。
精到	(形)	jīng dào	精细周到。

练 习

一、根据课文内容判断正误

1. "老头儿"被人称作"最后一个士大夫"。（　）
2. 沈从文先生的课，他有时逃课。（　）
3. 老头儿是搞文学创作的，家里像样的文学书很多。（　）
4. 王世襄先生会写，李一氓先生懂吃。（　）
5. "老头儿"曾经和沈从文一起吃"老友面"。（　）
6. 黄裳写了《也说汪曾祺》，评价了他的作品。（　）

二、选择画线部分词语在句子中的意思

1. 父亲白天上课虽然有时<u>溜号</u>。
   A. 逃课　　　B. 请假　　　C. 开小差　　　D. 做小动作
2. 他大学肄业后，生计<u>无着</u>。
   A. 没有开始　B. 不愁　　　C. 没有着落　　D. 无忧
3. 家里<u>像样</u>的文学书却很少。
   A. 好像一样　B. 样子　　　C. 好像　　　　D. 好的
4. 据他说是<u>参照</u>佛教经典风格写的。
   A. 参考按照　B. 参悟　　　C. 参与　　　　D. 照旧
5. <u>随即</u>把碗抱过来，吃了个底儿朝天。
   A. 随之　　　B. 立即　　　C. 即使　　　　D. 即便
6. 一次他受作协<u>之托</u>在家中招待聂华苓。
   A. 的委托　　B. 他托付　　C. 的托辞　　　D. 它委托

三、选择合适的词语填空

溜号　肄业　撂　稀奇古怪　毕业　谦和　随即　裨益　利益

1. 大智者必（　），大善者必宽容。
2. 他说："这也就算了，只是你赶紧说你那（　）的案情吧。"
3. 敌人趁黑夜率领残部突围向西逃跑，我七十五师的战士，（　）跟踪追击。
4. 由于家庭困难，没有完成学业，此女只获得了学校（　）证书。
5. 学习先进经验，对于改进工作，大有（　）。
6. 大夫忍住了笑，知道他刚才是（　）去偷看庙会的。

四、根据课文内容选择正确答案

1. 关于"老头儿"的叙述，下面哪一项不对？
   A. 有一套自成体系的理论
   B. 被人称作"最后一个士大夫"
   C. 有杂而无学
   D. 被人称作"学者文学的代表"
2. 下面的哪位不是"老头儿"的老师？
   A. 沈从文　　B. 贾平凹　　C. 闻一多　　　D. 朱自清

3. 《知味集》是一本什么样的书？
   A. 关于旅游 B. 关于饮食 C. 关于民俗风情 D. 关于书法
4. "老头儿"去内蒙古，专门要试着做什么？
   A. 去草原旅游 B. 去找好友
   C. 吃老友面 D. 生吃羊肉
5. 文中的"老头儿"是指：
   A. 汪曾祺 B. 废名 C. 王干 D. 契诃夫
6. "老头儿"为什么对贾平凹印象好？
   A. 两人是至亲
   B. 是关系最好的朋友
   C. 一起去旅游过
   D. 认为他有才华，也因为曾经是"面友"。

五、根据课文内容回答问题

1. "老头儿"的"杂"体现在哪些方面？
2. 对"老头儿"影响大的作家有哪些？他家里有没有这些作家的书？

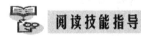

1. 你现在喜欢读哪些书？为什么？（至少三条理由）
2. 说说你对一个本民族作家的印象。

 阅读技能指导

抓文章中心句（三）

文章的中心句除了在首段和尾段外，也有位于段落中间的。通过人物的对话或作者的议论、抒情等方式表达出来，在文章中起着承上启下的作用。

练习

阅读下列短文并完成相应的练习

她今年26岁，两岁时因一次意外摔跤，听力神经遭到破坏，没有及时送去医院，由此完全丧失听力，被认定为二级残疾。

她在一家饭店做过半年服务生。按饭店的规定，过了半年就可以涨工资了，可老板觉得她耳聋，经常误事，就把她辞退了。

从饭店里出来，她又开始四处寻找工作。可是文化程度低，没有什么技能，耳朵又听不见，大多数企业都不想要她这样的人。于是，在百般无助中她选择了长沙市残联办的一所电脑学校，免费学习办公软件等。学了两个月，因她学习成绩优异，学校把她推荐到一家国企性质的磁铁厂做一名普工。那时刚好是2008年，受国际金融危机影响，公司的订单急剧减少，于是公司让她回家轮休，一直等到一年合同期到期了，公司才叫她回去上班，可是没过多久就决定不要她了。

面对这些挫折，她显得很淡然。她一直记得一本书里的一句话：每个人生来就像是个苹果,人之所以残疾,是因为这个苹果长得太可爱了,上帝忍不住咬了一口。

目前,她这颗"苹果"正在渐渐"完好"。她找到了爱情,并于去年完成了婚礼,已经有了5个月的身孕。现在她最大的心愿就是和老公一起挣更多的钱,休息的时候把家庭打理好,孩子生下来后,好好把他培养成才。

1. 画出这篇文章的中心句并指出其位置。
2. 本文的主要观点是:
   A. 面对挫折,要乐观坚强
   B. 挫折让人逐渐成长
   C. 上帝对每个人不公平
   D. 只有淡然,苹果才能逐渐完好

 阅读1

7月17日是杨绛先生102岁寿辰。她是专家学者,是作家、翻译家,是女儿,是姐妹,是妻子,是母亲。她守候着人类最小的社会单元,为人生创造了美丽的"第一秩序"——家。她有一个被时代熟知的称号"钱钟书夫人",她是一个从容优雅的精神贵族,却有着一个世纪令人感动的平民情怀。

杨绛曾说,我最珍惜和感念的是与家人的亲近。

家在杨绛心中是人生的核心。自从嫁给钱钟书后,杨绛一直不辞辛劳地操持家务,以至于心疼女儿的父亲不免心有不平地说:"钱家倒很奢侈,我花这么多心血培养的女儿就给你们钱家当不要工钱的老妈子!"钱钟书的婶婶夸杨绛:"季康(杨绛本名杨季康)啊,你是'上得厅堂,下得厨房,入水能游,出水能跳。'宣哥(钱钟书)是痴人有痴福。"

生活中笨手笨脚的钱钟书常常碰到墨水瓶弄翻了污染了桌布、台灯、门轴坏了等等琐事,杨绛一说"不要紧",问题就解决了。在牛津大学学习时,因钱钟书不喜欢古文书学加上粗心竟考了不及格,这大概是他一生中在文科领域考的唯一一个不及格。杨绛用一只耳挖子的尖头,一个一个点着帮助钱钟书认识英国古人到今天书写是如何变化的,钱钟书看清楚了就很容易的过关了。

钱钟书有今天的著作面世,既是杨绛担负了大多数家庭琐事,更直接的还是因杨绛拼命保存了钱钟书许多重要手稿。从20世纪40年代在上海孤岛时期,杨绛在日军传唤她时,拼命地把钱钟书《谈艺录》手稿藏好。钱钟书《围城》创作也正是在杨绛创作的启发下动的念头。为此杨绛节衣缩食,辞退保姆,自任"灶下婢",让钱钟书减少教课时间全心创作。

钱钟书的短篇小说集《人·兽·鬼》能保存出版是因为"此稿本曾由杨绛女士在兵火仓皇中录副,分藏两处",书出版后钱钟书用英文写下了一句耐人寻味的名言:"赠予杨季康绝无仅有的结合了各不相容的三者:妻子、情人、朋友钱钟书。"对此,杨绛认为:"三者应该是统一的。夫妻该是终身的朋友,夫妻间最重要的是朋友关系,即使不是知心朋友,至少也该是能做伴侣的朋友或互相尊重的伴侣。情人而非朋友的关系是不能持久的。夫妻而不够朋友,只好分手。"钱钟书先生和女儿钱瑗去世后,杨绛整理出版了卷帙浩繁的钱钟书英文和中文手稿。特别是钱钟书英文手稿,还蕴含着钱钟书先生想写而未能完成的英文《管锥编》。杨绛写出了一家人感人至深的散文集《我们仨》,这个书题原来是女儿钱瑗准备写而未能完成的。杨绛把这个称之为:我们仨失散了,留下我独自打扫现场,我一个人思念我们仨。

如果说专家们总是把人生的主要时间花在专业上,那么杨绛的专业应该是守望家园的园丁,而且无怨无悔。杨绛的"家"承载着百年悲欢和深切动人的人生温情,闪烁着理想的光辉。

(选自《北京晚报》,有删减,作者:钱晓鸣)

练习

速读第1遍,完成下面的练习(建议阅读时间4分钟)

一、根据阅读内容选择正确答案

1. 关于杨绛的身份,文章中没有提到:
   A. 作家　　　　B. 学者　　　　C. 翻译家　　　　D. 教师

2. 以下哪一项说明"家在杨绛心中是人生的核心"?
   A. 她是一个从容优雅的精神贵族
   B. 自从嫁给钱钟书后,杨绛一直不辞辛劳地操持家务
   C. 上得厅堂,下不得厨房
   D. 把人生的主要时间花在专业上

3. 下面说法哪一项与文章内容不符?
   A. 因不喜欢和粗心,钱钟书的古文书学竟考了不及格
   B. 杨绛在日军传唤她时,拼命地把《谈艺录》手稿藏好
   C. 杨绛女儿写出了一家人感人至深的散文集《我们仨》
   D. 对于钱钟书来说,杨绛是妻子、情人和朋友的三者统一

4. 下面哪一项不是杨绛对"夫妻"的看法?
   A. 夫妻应该终身是朋友　　　　B. 夫妻而不够朋友,只好分手
   C. 夫妻间最重要的是朋友关系　　D. 朋友而非情人的关系是不能持久的

5. "我们仨失散了,留下我独自打扫现场,我一个人思念我们仨。"该句中画线部分的意思是:
   A. 由我来完成钱钟书和女儿未完成的工作
   B. 独自打扫家里的卫生
   C. 独自一人孤独地生活
   D. 对孤身一人感到失望、恐惧

细读第2遍,完成下面的练习

二、根据阅读内容判断正误

1. 杨绛先生既是专家学者,又是作家、翻译家。　　　　　　　　　　　　　(　)
2. 杨绛曾经拼命保存了钱钟书许多重要手稿。　　　　　　　　　　　　　(　)
3. 钱钟书生前,杨绛整理出版了卷帙浩繁的钱钟书的中文手稿。　　　　　(　)
4. 《我们仨》这个书题原来是钱瑗准备写而未能完成的。　　　　　　　　(　)
5. 杨绛的专业应该是园丁。　　　　　　　　　　　　　　　　　　　　　(　)
6. 自从嫁给钱钟书后,杨绛一直不辞辛劳地操持家务。　　　　　　　　　(　)

三、选择画线词语在句子中的意思

1. 她守候着人类最小的社会单元,为人生创造了美丽的"第一秩序"。

    A. 亲人　　　　　B. 家　　　　　　C. 大学　　　　　D. 研究院
2. 以至于心疼女儿的父亲<u>不免</u>心有不平。
    A. 不是　　　　　B. 免去　　　　　C. 难免　　　　　D. 免得
3. 我花这么多心血培养的女儿就给你们钱家当不要工钱的<u>老妈子</u>！
    A. 妈妈　　　　　B. 佣人　　　　　C. 奶奶　　　　　D. 老太婆
4. 此稿本曾由杨绛女士在兵火仓皇中<u>录副</u>，分藏两处。
    A. 记录言论　　　B. 抄写副本　　　C. 记录保存　　　D. 抄写保存
5. 赠予杨季康<u>绝无仅有</u>的结合了各不相容的三者：妻子、情人、朋友。
    A. 不止一个　　　B. 绝对没有　　　C. 独一无二　　　D. 非常绝对

词语提示

奢侈	（形）	shē chǐ	挥霍浪费钱财，过分追求享受。
琐事	（名）	suǒ shì	繁杂零碎的事。
面世	（动）	miàn shì	呈现于世间；问世。
仓皇	（形）	cāng huáng	匆忙而慌张。
耐人寻味	〈组〉	nài rén xún wèi	意味深长，值得人仔细体会琢磨。
卷帙浩繁	〈组〉	juàn zhì hào fán	形容书籍很多或一部书的篇幅很长。
承载	（动）	chéng zài	担当或蒙受。

阅读2

作家梁晓声在《郁闷的中国人》中写道："如果在三十岁以前，最迟在三十五岁以前，我还不能使自己脱离平凡，那么我就自杀。"极端化追求"不平凡"，正在使一个个人处心积虑，甚至不择手段，也要在三十五岁前让自己做到"不平凡"。

那么"不平凡"又是什么呢？没有具体标准，于是，有人把"不平凡"变得物质化：起码要有房有车，要成为有一定社会地位的人吧？起码要有一笔数目可观的存款吧？有人说，这是新时期的"精神胜利法"。比房、比车、比地位、比钱多，才有所谓的成就感。

俗话说"人往高处走，水往低处流"。谁都幻想出人头地、出类拔萃、高人一等。这种好胜心理，使每一个人都有一种奋斗欲、赶超欲和争斗欲，都是一样的不甘于寂寞。于是，梁晓声接着写道："我联想到了曾与一位美国朋友的交谈。她问我：'近年到中国，一次更加比一次感觉到，你们中国人心里好像都暗怕着什么，那是什么？'我说：'也许大家心里都在怕着一种平凡的东西。'她追问：'究竟是什么？'我说：'就是平凡之人的人生本身。'"

梁晓声的回答，让美国朋友很惊讶："太不可理解了，我们大多数美国人可倒是挺愿意做平凡人，过平凡的日子，走完平凡的一生的。你们中国人真的认为平凡不好到应该与可怕的东西归在一起吗？"为了出名，为了不平凡，刚刚出道的蒋介石曾发出誓言："不能流芳千载，也要遗臭万年。"今天，你走到刚懂事的孩子面前问一问长大要干什么？当科学家的，当工程师的，当军事家的，当外交家的，什么都有，没有一个甘于平凡，横竖都要自己的人生不平凡。

平凡怎么了？在当下，平凡被人瞧不起，因为平凡被误以为是平庸，平凡被误以为是胸无大志，平凡被误以为是无所事事，平凡被误以为是不求上进。如果一个人的智商很一般，他的父母就会请客送礼为孩子创造一个"不平凡"的环境。那些一心想"不平凡"的人,就没有想想,无论过去,现在,还是将来,平凡而普通的人们,永远都是大多数。没有多数人的平凡,哪有少数人的不平凡?这就需要有一种良好的心态:平凡的人,永远都是社会的常态,永远都是一种原本很正常的生活状态,为什么要打破这样的平静让自己变得焦躁不安、急功近利呢?

一个人不可以没有"不平凡"的志向,但一个人如果没有做平凡人的思想准备,这个人绝对不会成功。成功是回馈那些有充分思想准备又甘于平凡人的一份厚礼。而一味不切合实际地追求不平凡,这样的人,终归是一幕悲剧。

不要总为"不平凡"唱赞歌。也要以一种平和的心态,为那些甘于做螺丝钉的平凡人歌唱。这样的社会,才是一个成熟社会;这样的心态,才是一种成熟心态。

(选自《咸阳日报》,有删减,作者:唐剑锋)

练习

速读第1遍,完成下面的练习(建议阅读时间5分钟)

一、根据阅读内容选择正确答案

1. 以下哪项不是"幻想出人头地、出类拔萃"的人的欲望?
   A. 甘于寂寞　　　B. 奋斗欲　　　C. 赶超欲　　　D. 争斗欲
2. 文中提及"所谓的成就感",不包括下面哪一项?
   A. 有房　　　B. 有车　　　C. 有地位　　　D. 有智慧
3. 中国人心里都暗怕着什么?
   A. 不能流芳千载　　　　　B. 人生平凡
   C. 不平凡　　　　　　　　D. 急功近利的心态
4. 为什么说一个人如果没有做平凡人的思想准备就不会成功?
   A. 成功属于那些有充分思想准备又甘于平凡的人
   B. 平凡的人,永远都是社会的常态
   C. 因为平凡被误以为是平庸,平凡被误以为是胸无大志
   D. 因为平凡会使人变得焦躁不安、急功近利
5. "一味不切合实际地追求不平凡,这样的人,终归是一幕悲剧"中画线词的意思是:
   A. 盲目　　　B. 即使　　　C. 一切　　　D. 味觉

细读第2遍,完成下面的练习

二、根据阅读内容回答问题

1. 极端化追求"不平凡"可能导致什么后果?
2. "不平凡"有哪些标准?
3. 大多数美国人愿意怎样度过一生?
4. 在当下,平凡为什么被人瞧不起?
5. 作者为什么提倡"以一种平和的心态,为那些甘于做螺丝钉的平凡人歌唱"?

三、用所给的词语替换下列句子中的画线部分词语,保证句子意思基本不变

招待　无所作为　情愿　回赠　百世

1. 不能流芳千载,也要遗臭万年。（　　）

2. 这天还要设宴款待亲朋，同时接受亲朋的礼物，有的还要演戏助兴。（ ）
3. 平凡被误以为是无所事事，平凡被误以为是不求上进。（ ）
4. 成功是回馈那些有充分思想准备又甘于平凡人的一份厚礼。（ ）
5. 也要以一种平和的心态，为那些甘于做螺丝钉的平凡人歌唱。（ ）

词语提示

词语	词性	拼音	释义
极端	（形）	jí duān	事物发展所达顶点。
可观	（形）	kě guān	指达到比较高的水平、程度。
出人头地	〈组〉	chū rén tóu dì	形容德才超众或成就突出。
出类拔萃	〈组〉	chū lèi bá cuì	指才干实力能力大大高出同类而拔尖。
好胜	（形）	hào shèng	各方面都想胜过他人。
遗臭万年	〈组〉	yí chòu wàn nián	死后恶名一直流传，永远被人唾骂。
平庸	（形）	píng yōng	寻常；凡庸；不高明。
急功近利	〈组〉	jí gōng jìn lì	急于求成，贪图眼前的成效和利益。
回馈	（动）	huí kuì	回报；报答；回赠。

第 12 课　学霸苏轼的"八面受敌"读书法

苏轼天资聪颖,天分极高,当年文坛领袖欧阳修读到他的文章,都不由惊叹说:"吾当避此人一头地。"他博览群书,贯通经史,看起书来如饥似渴,是个典型的"学霸"。不过他的文学成就却不是天分两个字可以解释的,他在成为"学霸"的道路上着实下过一番笨功夫。

苏轼小时候很贪玩,那时候读书,绝非出自自愿,而是老爸逼出来的。他曾经写过一首诗:"夜梦嬉戏童子如,父师检责惊走书。计功当毕春秋余,今乃沮及桓庄初。坦然悸悟心不舒,起坐有如挂钩鱼。"意思是,他晚上做了一个梦,梦见自己回到了童年,父亲监督着他读书。有一天,父亲出去要办事,给他布置了一道家庭作业,就是把《春秋》这部史书读完。结果他因为贪玩,一看时间,父亲快回来了,可《春秋》读了还不到三分之一,那个着急啊,感觉胸口里头好像十五个吊桶七上八下,嘴上就好像那鱼咬了钩一样难受。这首诗写自什么时候呢?是贬在海南时写下的,那时苏轼已经六十多岁。这么大的年纪想起幼年读书时的情景还心有余悸,当年他老爸的严厉程度可见一斑。

当然,后来苏轼读书就完全是心甘情愿了,那种刻苦的精神也不是一般人能够比拟的。元丰三年(1080年),苏轼贬谪黄州(今湖北黄冈市)为团练副使,他在黄州城东的一块坡地上建起了一个小屋,取名"雪堂",自号"东坡居士",开始用读书驱散人生的阴霾。

司农朱载是苏轼贬谪黄州后结识的一个文友。有一天,朱载来拜访苏轼,通报进去之后,很长时间也不见苏轼出来。朱载走也不是,留也不是,很是尴尬。过了足足有一个时辰,苏轼才走了出来,他向朱载道歉说,自己正在做功课,所以不能马上出来,非常失敬。朱载便问他做什么功课,苏轼回答说:"抄《汉书》。"朱载大为奇怪,说:"以先生的才华,开卷一览,就能够终生难忘,怎么还亲自抄书呢?"苏轼回答说:"不是这样的。我抄《汉书》已有三遍了,边抄边背。开始抄第一遍时,每段专抄三个字做题目,第二遍每段专抄两个字做题目,现在只抄一个字做题目,只要提起这个字,我就能接着往下背诵下去。朱载非常新奇,施礼说:"您能将所抄的东西让我看看吗?"苏轼拿出一册抄写的汉书,朱载随口念了一个字,苏轼应声背诵题下文字,没有一字差错。

一部《汉书》将近75万字啊,抄写三遍,倒背如流,这等功夫谁学得了啊!

对于苏轼来说,最难的事,不是屡遭贬谪的政治失意,也不是经常发配蛮荒之地的生活清苦,而是无书可读,那才叫难过啊。不过他脑瓜一转,就想出了新的点子。他发明了一种"八面受敌"读书法,"每一书皆作数过尽之","每次作一意求之"。意思是每一本书要读上好几遍,每一遍都只带着一个主题去探求、去研究,这样就好像读了好几本书一样。晚年时,苏轼谪居海外,手头的书少得可怜,一次偶然得到柳宗元的一篇文章,于是横看侧看,敲骨吸髓,何止八面,几乎每个字都玩味了数遍。

苏轼读书,在别人看来很苦,可在他,却是无与伦比的乐事。他读起书来,常常读到三更天,即使喝高了,大醉而归,也要披衣展卷,读到困倦方才就寝。

在这个世界上,每一个天才的背后,其实都浸润着辛勤的汗水,他肆意潇洒的每一个字,都经历了千锤百炼的笨功夫。曾经,有人称赞鲁迅是天才,他回答说:"哪里有天才,我是把别人喝咖啡的工夫,都用在工作上的。"这或许也是对苏轼一生成就的最好注释。

(选自网络资料,有删减,作者:清风慕竹)

词语提示

博览群书	〈组〉	bó lǎn qún shū	广泛阅读古今书籍。形容学问渊博。
心有余悸	〈组〉	xīn yǒu yú jì	危险的事情虽然过去了,回想起来心里还害怕。
可见一斑	〈组〉	kě jiàn yī bān	可看到一块斑,比喻通过看到事物的一小部分也能推知事物的整体。
贬谪	〈动〉	biǎn zhé	封建时代指官吏降职,被派到远离京城的地方。
阴霾	〈名〉	yīn mái	天气阴晦、昏暗。比喻人心灵上的阴影和不快的气氛。
施礼	〈动〉	shī lǐ	弯下腰行礼。指一种尊敬的行为。
司农	〈名〉	sī nóng	主管钱粮的官员。
发配	〈动〉	fā pèi	古刑律之一。指罪犯被判充军或流放而由差役押解出发。
谪居	〈动〉	zhé jū	贬谪后住在某地。
敲骨吸髓	〈组〉	qiāo gǔ xī suǐ	敲碎骨头来吸骨髓。比喻剥削压榨极其残酷。
肆意	〈动〉	sì yì	任性;任意;不顾一切由着自己的性子(去做)。
千锤百炼	〈组〉	qiān chuí bǎi liàn	比喻经历多次艰苦斗争的锻炼和考验。也指对文章和作品进行多次精心的修改。

练 习

一、根据课文内容判断正误

1. 从小苏轼就在父亲的严格教育下读书。（ ）
2. "东坡居士"是苏轼的号,是苏轼在海南时取的。（ ）
3. 经过多年的勤奋努力,苏轼终于写成了《汉书》。（ ）
4. 柳宗元是苏轼被贬黄州时结交的一位文友。（ ）
5. 苏轼能取得很高的文学成就主要取决于他的天资聪慧。（ ）
6. "我是把别人喝咖啡的工夫,都用在工作上的",这句话完全可以用来概括苏轼成为大文豪的原因。（ ）

二、选择画线部分词语在句子中的意思

1. 他在成为"学霸"的道路上<u>着实</u>下过一番笨功夫。
   A. 有力量　　B. 确实　　C. 结实　　D. 可能
2. 那个着急啊,感觉胸口里头好像<u>十五个吊桶七上八下</u>。
   A. 学习之余用十五个吊桶练习打水　　B. 通过用吊桶打水培养毅力
   C. 内心感到非常激动　　D. 内心感到非常不安
3. 朱载随口念了一个字,苏轼<u>应声</u>背诵题下文字,没有一字差错。
   A. 随着话音　　B. 大声回答　　C. 重复上句话　　D. 凭借
4. 即使喝高了,大醉而归,也要披衣展卷,读到困倦方才<u>就寝</u>。

A. 结束　　　B. 洗漱　　　C. 休息　　　D. 上床睡觉
5. 一次偶然得到柳宗元的一篇文章，于是横看侧看……几乎每个字都玩味了数遍。
A. 仔细体会　　B. 反复修改　　C. 抄写　　　D. 背诵
6. 他肆意潇洒的每一个字，都经历了千锤百炼的笨功夫。
A. 放肆　　　B. 刻意　　　C. 故意　　　D. 随意

三、选择合适的词语填空

博览群书　心有余悸　感动不已　无与伦比　千锤百炼　着实　驱散　果然

1. 只有经过（　　），才能炼出好钢。
2. 他的一席话如一缕缕春风，（　　）了我心中的愁云。
3. 几年前的那场车祸令他失去了双腿，至今想起来他仍然（　　）。
4. 拿到入伍通知书，想着不久就要穿上军装，（　　）令他兴奋了好几天。
5. 纵观古今中外，凡是在科学文化领域做出突出贡献的人，无不是（　　）之人。
6. 九寨沟的风景（　　），特别是湖水，色彩斑斓，富有变化，人走在其中，宛如步入画中。

四、根据课文内容选择正确答案

1. 关于苏轼，下面的说法不正确的是：
   A. 苏轼小时候很聪颖，但学习时有懈怠
   B. 苏轼曾被贬到湖北和海南
   C. 苏轼抄写《春秋》是为了撰写《汉书》练笔
   D. 苏轼以读书为乐，常常是废寝忘食
2. 苏轼的"八面受敌"读书法源自：
   A. 受朋友的启发　　　　　B. 仕途顺利时的得意
   C. 贬谪时的无书可读　　　D. 柳宗元一篇文章的启示
3. 对于苏轼来说，最难的事，不是屡遭贬谪的政治失意。画线词语的正确解释是：
   A. 连续　　　B. 多次　　　C. 曾经　　　D. 以前
4. 苏轼一生以书为伴，特别是被贬后，书对他的意义是：
   A. 生活必需品　　　　　　B. 完成父亲生前的教导
   C. 受朋友的嘱托　　　　　D. 助他化解心中苦闷
5. "一次偶然得到柳宗元的一篇文章，于是横看侧看，敲骨吸髓"，对句中画线词语理解正确的是：
   A. 深入仔细地研读　　　　B. 模仿着写
   C. 敲开骨头吸取骨髓　　　D. 读一阵放下，过后再继续读
6. 关于如何能成为"天才"，从本文中可以知道：
   A. 天资聪颖，天分很高　　B. 辛勤地付出，不懈地努力
   C. 能将《汉书》等经典倒背如流　D. 自幼接受严格的教育

五、根据课文内容回答问题

1. 说说朱载拜访苏轼的经过？
2. 苏轼是怎样抄写《汉书》的，抄写后的效果如何？
3. 苏轼的"八面受敌"读书法是一种什么样的读书法？

说一说

1. 苏轼是一位爱民如子的官员,无论他走到哪里,都为百姓造福。比如杭州的"苏堤",你能说说苏堤的来历吗?
2. 请谈谈你对"聪明在于学习,天才由于积累"的看法。

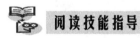 **阅读技能指导**

概括文章主旨

文章主旨是作者写这篇文章所要表达的观点、态度和感情。在阅读时经常会有对文章主旨的考查。例如:这篇文章主要说了什么?本文的主旨是什么?这篇文章主要跟什么有关。其实对文章主旨的考查就是对文章中心的考查。我们前面讲过文章中心句的位置一般在篇章的开头、结尾或中间,那么找着了中心句,文章主旨基本也就明确了,只需用简洁的文字概括一下中心句即可。或者根据阅读问题的选项,找出和中心句意思最贴近的答案。

练习

阅读下列短文并完成相应的练习

两个年轻人一同寻找工作,一个是英国人,一个是犹太人。

一枚硬币躺在地上,英国青年看也不看它走了过去,犹太青年却激动地将它捡起。

英国青年对犹太青年的举动露出鄙夷之色:一枚硬币也捡,真没出息。

犹太青年望着远去的英国青年心生感慨:让钱白白地从身边溜走,真没出息。

两个人同时走进一家公司。公司很小,工作很累,工资也低,英国青年不屑一顾地走了,而犹太青年却高兴地留了下来。

两年后,两人在街上相遇,犹太青年已成了老板,而英国青年还在寻找工作。英国青年对此不可理解,说:"你这么没出息的人怎么能这么快就'发'了?"犹太青年说:"因为我没像你那样绅士般地从一枚硬币上迈过去。你连一枚硬币都不要,怎么会发大财呢?"

英国青年并非不要钱,可他眼睛盯着的是大钱而不是小钱,所以他的钱总在明天。这就是问题的答案。

1. 画出这篇文章的中心句并指出它的位置。
2. 本文主旨是:
   A. 英国青年和犹太青年对待一枚硬币的不同态度
   B. 一个人的成功取决于你对一枚硬币的态度
   C. 英国青年找到了犹太青年发财的答案
   D. 只想挣大钱而不愿挣小钱人永远发不了大财

 阅读 1

中国古典文学中,以诗歌最为发达。它最迟产生于公元前 1500 年的商代。中国最早的诗歌总集《诗经》之中,《商颂》即是商代的史诗。《诗经》收集了春秋中期以前 500 年间民间诗人及公卿列士的作品,计有"风""雅""颂"三类共 305 篇,内容涉及先民历史、生产劳动与多方面的社会事物,表现了社会各阶层在现实生活中的各种真朴感情,确立了中国诗歌的现实主义传统。它以四言为主,大量采用重章叠句格式,运用赋、比、兴等修辞手段,产生了极强的艺术感染力,被后世尊为经典,对中国文学产生了巨大而深远的影响。

如果说《诗经》确立了中国诗歌的现实主义传统,在南方楚地民歌基础上发展起来的楚辞则是中国诗歌的浪漫主义先声。战国时期的楚辞作家屈原,是中国文学史上第一位伟大的爱国诗人。他的《离骚》代表了中国楚辞作品的最高成就。作为中国古代最长的抒情叙事诗,《离骚》抒发了诗人刷新政治、挽救楚国的愿望和统一中国的理想。

汉魏六朝时,中国乐府民歌大放异彩。其中产生了《陌上桑》《上邪》等刚健、朴实、清新的作品。长篇叙事诗《孔雀东南飞》《木兰诗》,更是雄视诗坛千古的名作。东汉的《古诗十九首》,具有很高的文学价值,使中国的五言诗臻于成熟。至唐代,诗体大备,流派众多,以李白、杜甫、白居易为杰出代表的诗坛群星托起了中国古典诗歌的黄金时代。

李白是继屈原之后又一位伟大的积极浪漫主义诗人,现存诗900多首。他在乐府诗、长篇歌行、绝句、律诗上都有极深的造诣。其作品包括对祖国壮丽山川的热爱,对世俗权贵的鄙夷,对诚挚友情的赞美等多方面的内容。李白诗歌感情炽热,风格豪放飘逸,笔势变化莫测。他留下了许多千古不朽的绝唱,达到了浪漫主义艺术的顶峰。

杜甫是《诗经》以来现实主义传统的集大成者,现存诗1400余首。他穷极笔力,创作了《兵车行》《春望》"三吏""三别"等大量忧国忧民、抨击时弊的辉煌之作,充满着强烈的现实生活气息。其诗风深沉、笔调客观,在他那感时伤世的诗作中,渗透着浓烈的爱国主义情怀。他不仅把现实主义推向了诗歌领域的巅峰,而且将唐代诗歌的思想成就提高到了极点。

宋代诗歌继续繁荣,出现了苏轼、辛弃疾、陆游等大诗人。此时词的创作达于极盛。

元代中国各少数民族杂居中原,给诗坛注入了浓厚的地方色彩和民间风格,形成了一种新的诗歌体裁——散曲。它用韵灵活、句式长短自由,大量吸收方言俚语,大大增强了诗歌的通俗性。

(选自行云驿站,有删减)

练 习

速读第1遍,完成下面的练习(建议阅读时间5分钟)

一、根据阅读内容选择正确答案

1. 下列说法正确的一项是:
   A. 《离骚》和《孔雀东南飞》都是叙事诗
   B. 李白、杜甫和屈原都是浪漫主义诗人
   C. 宋代苏轼和辛弃疾将词的创作推向了鼎盛
   D. 散曲不是诗歌

2. 关于中国诗歌的现实主义传统,说法正确的是:
   ①起源于《诗经》 ②李白是集大成者 ③《春望》是杜甫的代表作 ④最后发展为散曲
   A. ①③   B. ②④   C. ②③   D. ②④

3. 关于李白,下列说法不正确的是:
   A. 李白是唐朝著名的诗人
   B. 李白的诗歌达到了浪漫主义创作的顶峰

C. 李白诗歌的内容很广泛
D. 李白诗歌的内容大多比较消极

4. "穷极笔力"中的"穷"字正确的注音和释义是:
A. qióng 贫困,没有钱　　　　B. qún 贫困,没有钱
C. qióng 尽;完;达到极点　　　D. qún 尽;完;达到极点

5. 下列说法不正确的一项是:
A. 楚辞源于楚地的民歌　　　　B. 乐府民歌到汉朝时才有所成就
C. 宋朝时词的创作很兴盛　　　D. 散曲是元朝的少数民族创作的

细读第2遍,完成下面的练习

一、根据阅读内容判断正误

1. 诗歌是中国古典文学中最发达的一种文学形式。　　　　　　（　）
2. 《诗经》中的诗歌只反映劳动人民的生活。　　　　　　　　（　）
3. 南方的楚辞开辟了中国诗歌的浪漫主义先声。　　　　　　　（　）
4. 屈原的《离骚》是中国的第一部楚辞作品。　　　　　　　　（　）
5. 唐代是中国古典诗歌的黄金时代。　　　　　　　　　　　　（　）
6. 辛弃疾是唐朝著名的爱国诗人之一。　　　　　　　　　　　（　）

三、选择加点词在句中的意思

1. 《诗经》被后世尊为经典,对中国文学产生了巨大而深远的影响。
A. 推崇　　　B. 尊重　　　C. 确定　　　D. 吹捧
2. 东汉的《古诗十九首》,具有很高的文学价值,使中国的五言诗臻于成熟。
A. 趋向　　　B. 达到　　　C. 逐渐　　　D. 缓慢
3. 李白的作品包括对祖国壮丽山川的热爱,对世俗权贵的鄙夷。
A. 傲慢　　　B. 轻视　　　C. 奉承　　　D. 逃避
4. 杜甫创作了"三吏""三别"等大量忧国忧民、抨击时弊的辉煌之作。
A. 打击　　　B. 报复　　　C. 鞭策　　　D. 批评
5. 李白诗歌感情炽热,风格豪放飘逸,笔势变化莫测。
A. 感情热烈　　B. 情绪激动　　C. 风格豪迈　　D. 温度极高

词语提示

经典	（名）	jīng diǎn	指具有典范性、权威性的著作经典著作。
先声	（名）	xiān shēng	指发生于某一重大事件以前的类似的有相同性质的事件。
刚健	（形）	gāng jiàn	指性格、风格、姿态等坚强有力。
臻（于）	（动）	zhēn	达到（美好的）。
造诣	（名）	zào yì	学业、专门技术等达到的水平、境地。
鄙夷	（动）	bǐ yí	轻视;鄙薄。
飘逸	（形）	piāo yì	洒脱自然。

集大成	〈组〉	jí dà chéng	指融合各家思想、学说、风格、技巧等而自成体系或自成一格。
抨击	〈动〉	pēng jī	用评论来攻击（某人或某种言论、行动）。批评性地说出、斥责。
时弊	〈名〉	shí bì	当时社会的弊病。
巅峰	〈名〉	diān fēng	顶峰；事物发展的最高峰。
俚语	〈名〉	lǐ yǔ	粗俗的口语。常带有方言性。

阅读2

从古至今，影响中华民族政治文明、人格行为和文化思想的美文为数不多。我排了一下有十篇。

这里说的是"政治美文"，就是说既要有思想，还要文字美，这要符合三个条件：一是文章提出了一种影响了中华民族政治文明、人格行为的思想；二是文章中的一些名句熟词广为流传，成为格言、成语、座右铭，有的已载入辞典，丰富了民族语言；三是文章符合艺术规律，词、句、章和形、情、理都达到了美的要求。如果我们只是就文字"选美"，当然还会选出更多，如王勃的《滕王阁序》等，但那是另一个范畴。下面按这个标准一一分析。

贾谊的《过秦论》探讨一个政权为什么会灭亡。为政者必须施仁政，不能反人民。后来提到农民起义时常用的"斩木为兵，揭竿为旗"一语，即出自本篇。

司马迁的《报任安书》探讨生命的价值，提出一个做人的标准："人固有一死，或重于泰山，或轻于鸿毛，用之所趋异也。"

诸葛亮的《出师表》提出忠心耿耿的为臣之道和勤恳不怠的敬业精神。名句"鞠躬尽瘁，死而后已""亲贤臣，远小人""受任于败军之际，奉命于危难之间"等广为流传。

陶渊明的《桃花源记》以文学的手法描绘出一个理想社会的蓝图，从中可以看出老庄哲学与空想社会主义的影子。西方的政治名著《乌托邦》《太阳城》与其相类。"桃花源中人""不知秦汉，无论晋魏"，已成后人常用的词语。而"桃花源"已经是理想社会和优美风景的代名词。

魏徵的《谏太宗十思疏》探讨一个政权怎样才能巩固，并且塑造了一个较理想的君臣关系样板。提出"居安思危，戒奢以俭""载舟覆舟，所宜深慎"，提出"凡百元首，承天景命，善始者实繁，克终者盖寡"。这就是1945年黄炎培与毛泽东在延安谈的政权周期律。后人常说的"居安思危""善始善终""水可载舟覆舟"，主要出于此。

范仲淹的《岳阳楼记》提出"先天下之忧而忧，后天下之乐而乐"的为人、为政理念。这句名言几乎成了范之后所有进步政治家的信条。范的这篇文章和陶渊明的《桃花源记》，都做到了形美、情美、理美，是用文学来解读政治的典范。

文天祥的《正气歌序》提出的为人要有正气的气节观，鼓舞了历代的民族英雄，成了中国人的做人标准。"正气"成了战胜一切邪恶、腐败势力的旗帜。

梁启超的《少年中国说》反对保守，提倡革新。提出抛弃老朽的中国，创造一个少年中国，振兴中华。几乎通篇都是美言美句。

林觉民的《与妻书》呼唤共和，敲响了数千年封建王朝的丧钟。再次响亮地喊出"老吾老以及人之老，幼吾幼以及人之幼"，牺牲个人，报效祖国。

毛泽东的《为人民服务》提出的"为人民服务"的思想成了共产党人立党立国的宗旨，并已是检验一个政权成败、好坏的标准。

这些文章已经成为中华文明的经典。

(选自网络 2012 年 09 月 21 日,有删减,作者:梁衡)

练 习

速读第 1 遍,完成下面的练习(建议阅读时间 5 分钟)

一、根据阅读内容选择正确答案

1. 下列文章不属于政治美文的是:
   A.《少年中国说》　B.《桃花源记》　C.《滕王阁序》　D.《岳阳楼记》

2. 根据"贾谊的《过秦论》探讨一个政权为什么会灭亡。为政者必须施仁政,不能反人民"这几句分析,"过"的意思是:
   A. 过失　　　B. 缺点　　　C. 批评　　　D. 评论

3. 与西方政治名著《乌托邦》的思想最相近的文章是:
   A.《过秦论》　B.《桃花源记》　C.《少年中国说》　D.《报任安书》

4. 在这 10 篇政治美文中,既具文学性又具政治性的典范之作有:
   A.《过秦论》《谏太宗十思疏》　　　B.《正气歌序》《出师表》
   C.《岳阳楼记》《桃花源记》　　　　D.《少年中国说》《与妻书》

5. 司马迁的《报任安书》提出了做人标准,另一篇同样,它是:
   A.《正气歌序》　　　　　　　　　B.《谏太宗十思疏》
   C.《少年中国说》　　　　　　　　D.《出师表》

细读第 2 遍,完成下面的练习

二、根据阅读内容回答问题:

1. 什么样的文章才称得上是"政治美文"?
2. 本文列出的影响中国历史的政治美文是哪 10 篇?
3. "桃花源"这一名词的出处是哪里,它有什么寓意?
4. 毛泽东提出的"为人民服务"的思想有什么意义?
5. 请说出这 10 篇政治美文中的经典名句。

三、选择画线部分词语在句子中的意思

1. 文章中的一些名句熟词广为流传,成为格言、成语、座右铭,有的已<u>载入</u>辞典。
   A. 装入　　　B. 记录进　　　C. 雕刻　　　D. 登入

2. 诸葛亮的《出师表》提出忠心耿耿的为臣之道和勤恳不<u>怠</u>的敬业精神。
   A. 松懈　　　B. 急慢　　　C. 傲慢　　　D. 疏忽

3. 受任于败军之际,<u>奉命</u>于危难之间。
   A. 安排任务　B. 制定计划　C. 下达命令　D. 接受命令

4. 提出"<u>居</u>安思危,戒奢以俭"。
   A. 居住　　　B. 考虑　　　C. 处于　　　D. 面临

5. 后人常说的"居安思危""善始善终""水可载舟<u>覆</u>舟",主要出于此。
   A. 遮盖　　　B. 倾翻　　　C. 装满　　　D. 注入

词语提示

忠心耿耿	〈组〉	zhōng xīn gěng gěng	形容非常忠诚。
鞠躬尽瘁	〈组〉	jū gōng jìn cuì	指恭敬谨慎，竭尽心力。
小人	〈名〉	xiǎo rén	地位低的人的谦称。也指人格卑鄙的人。
蓝图	〈名〉	lán tú	比喻建设计划。
居安思危	〈组〉	jū ān sī wēi	处在安乐的环境中，要想到可能有的危险。指要提高警惕，防止祸患。
善始善终	〈组〉	shàn shǐ shàn zhōng	做事情有好的开头，也有好的结尾。
信条	〈名〉	xìn tiáo	指普遍相信的任何原则或主张。
气节	〈名〉	qì jié	指人的志气和节操。

第 13 课　米的恩典

在所有的汉字当中,我最敬重的一个字,是"米"。

甲骨文中,"米"字像琐碎纵横的米粒,典型的一个象形字。《说文解字》曰:"米,粟实也。象禾实之形。"意思是,米是谷物和其他植物去壳后的籽实。

断奶之后,我们开始要吃饭了。民以食为天,说明吃饭是天大的事。多少年以来,中国人见面都要问候一句:"吃了吗?"难怪古代的圣人早就明察:仓廪实而知礼节。

吃饭要靠天,更要靠地。没有谁能够管得了天,但是,地,却是被人牢牢控制住了。在中国的传统中,土地是万有之源,万物都从中孕育化生。《易经》云:"安土敦乎仁,故能爱。"安土便能乐业,就会诞生故乡,同时,还象征着淳朴的道德选择与坚守的精神意志。土地联系着历史与道德、政治与民生,而其中的媒介与命脉,即是白花花香喷喷的米。一切财富与权力,最终,都可以通过米来衡量与转化,以"石"计量。

广义的"米",包括稻米、高粱、玉米、小米、黄米等等,一般而言,主要指稻米,即大米。在南方,稻田随处可见,甚至在陡斜的山坡上,也被开垦出一圈一圈的梯田。在雾气中,在月光下,那些成片的梯田,像大地的行为艺术,在视觉上极为震撼,彰显着人的力量和创意。

20世纪80年代,母亲带我去粮店买米,揣着一册购粮本。彼时,每个人的粮食,都是一个定数,有钱也多买不到一两。卖米的工作人员常常带着居高临下的目光,我们则像是等待赈济的灾民,需要他们来拯救。我突发恐惧:要是哪天他们关门不卖米了,我们又怎么办?

幸好,某一天,人们又做起了交易,在农贸市场,大米开始自由流通,只要有钱,想买多少买多少。望着那些被解放了的大米,我觉得生活才真正开始。

吃饱饭后,人性苏醒了。接着,我们各式各样的欲望,日益膨胀。不知不觉间,人们见面,不再问候吃饭,而是关心挣钱发财。很快,米的命运也发生了变迁,它们被包装进入超市。在某种意义上,这时候的米,面目全非,与土地紧密的关系已经断裂。顾客从一袋米中,看不到四季的替换,闻不着泥巴、雨水和阳光的气味,也无视农夫的喘息与农妇的忧伤。可怜的米,被抽象成了一种消费符号。

每次不得不去超市,面对琳琅满目的商品,我都在猜想:假如苏格拉底看到这一切,不知还会发出怎样的感叹。在两千多年前,他就对物质消费不屑一顾:"我们的需要越少,就越接近神。别人为食而生,我为生而食。"也就是说,对于这位伟大的哲学家来说,他只需要粮食即可生存,生活更重要的是精神与理性。

许是因为苏格拉底的提醒,我开始尽量少去超市,实在要去,也要扪心自问一番:是不是因为听从了大米的召唤?我越来越相信:过度的物质消费,是一种恶习,甚至,是对人类独立于物质的高贵精神的冒犯。

每一粒大米,无论是干瘪的还是饱满的,一起经历了四季的轮回,演绎了生命的涅槃,见证过土地的馈赠,追逐过阳光雨露,都领受了人的安抚和神的祝福。在此意义上,它们都是平等的,都有权利进入人的胃,化为人的血肉与精气。

联想到米的"远亲"——麦子。西方人眼中的麦子具有神性,因为麦子经过"施洗"已经脱胎换骨,变成了有信仰的面包,荣升为基督的圣餐。我想,倘若真有神灵可以降福于诸般良善与恩惠、纯洁与正义,那么它可以启示麦子,同样也能祝福大米。

粮食是至善至美的对象,敬畏粮食,就是遵守心灵的律法,可以凭此找回自我,梳结人与大地的伦理,并抵达感恩的故乡。

从一粒大米的恩典中,我领受了永恒的充实与安宁。

(选自《人民日报》,有删减,作者:甘典江)

词语提示

粟	(名)	sù	一年生草本植物,子实为圆形或椭圆小粒。北方通称"谷子",去皮后称"小米"。
仓廪实而知礼节	〈组〉	cāng lǐn shí ér zhī lǐ jié	(百姓的)粮仓充足才能知道礼仪。
石	(量)	dàn	中国市制容量单位,十斗为一石。
命脉	(名)	mìng mài	指生命,血脉,比喻生死相关的事物。
居高临下	〈组〉	jū gāo lín xià	由高处俯视,俯瞰、或是因地位更高而居高傲下。
膨胀	(动)	péng zhàng	扩大增长。
琳琅满目	〈组〉	lín láng mǎn mù	满眼都是珍贵的东西。形容美好的事物很多。
不屑一顾	〈组〉	bù xiè yī gù	认为不值得一看。形容极端轻视。
扪心自问	〈组〉	mén xīn zì wèn	摸着胸口,自己问自己怎么样。指自己反省。
冒犯	(动)	mào fàn	在言词或举动上没有礼貌,冲撞了对方。
涅槃	(动)	niè pán	死亡的美称。
脱胎换骨	〈组〉	tuō tāi huàn gǔ	比喻痛改前非,重新做人。
至善至美	〈组〉	zhì shàn zhì měi	最完善,最美好。
敬畏	(动)	jìng wèi	既敬重又害怕。
恩典	(名)	ēn diǎn	原指帝王的恩赐和礼遇,现泛指恩惠。

练习

一、根据课文内容判断正误

1. "吃了吗",是中国一直以来一成不变的见面问候语。( )
2. 米是土地与政治、道德、民生联系的纽带。( )
3. 在古代,二十斗米就是二十石。( )
4. 古代,米可以用来衡量财富和权力。( )
5. 20世纪80年代,人们的粮食供应是定量的。( )
6. 在西方人眼里,麦子经过"施洗",具有了不同的意义。( )

二、选择划线词语在句中的正确解释。

1. 安土便能乐业,就会诞生故乡,同时,还象征着<u>淳朴</u>的道德选择与坚守的精神意志。

A. 朴实　　　　B. 保守　　　　C. 呆板　　　　D. 愚昧
2. 土地联系着历史与道德、政治与民生,而其中的<u>媒介</u>与命脉,即是米。
A. 介绍　　　　B. 引子　　　　C. 致使　　　　D. 使双方发生关系的事物
3. 那些成片的梯田,像大地的行为艺术,在视觉上极为<u>震撼</u>。
A. 动荡起伏　　　　　　　　　B. 受到强烈的冲击而感动
C. 感到极大的遗憾　　　　　　D. 持续地来回动荡颠簸
4. 卖米的工作人中常常带着<u>居高临下</u>的目光,我们则象是等待赈济的灾民。
A. 所占的地势非常有利　　　　B. 站在高处俯视下面
C. 态度傲慢,目光轻视　　　　D. 态度谦卑,目光温和
5. 在两千多年前,他就对物质消费<u>不屑</u>一顾。
A. 不愿意　　　B. 不轻视　　　C. 不理睬　　　D. 不主动
6. 过度的物质消费,是对人类独立于物质的高贵精神的<u>冒犯</u>。
A. 冒失　　　　B. 侵犯　　　　C. 蔑视　　　　D. 抗拒

三、选择合适的词语填空

居高临下　面目全非　害怕　敬畏　淳朴　命脉　膨胀　扩大

1. 做了几年县长,他的贪欲不断(　　),最终走上了犯罪的道路。
2. 铁路、航运、邮电、银行等是我们国民经济的(　　)。
3. 台风将这个小村庄彻底毁了,村民的房屋已(　　)。
4. 这个小寨子远离城市喧嚣,民风(　　),置身其中,令人忘却烦扰。
5. 登上红山山顶,(　　),山下不远处的游泳馆一览无余。
6. 我们应该对所有的生命存有(　　)之心。

四、根据课文内容选择正确答案

1. 对"民以食为天"的理解正确的一项是:
A. 农民靠天种粮食　　　　　　B. 粮食是百姓的支柱
C. 百姓把吃饭当作最重要的事　D. 百姓把粮食看作是上天的恩赐
2. 文中说"被解放了的大米"的意思是:
A. 大米可以随便买了　　　　　B. 大米终于可以进入农贸市场了
C. 大米可以进入超市了　　　　D. 大米的品种越来越多了
3. 当粮食供应充足后,"米的'面目'发生了变化",这句话的意思是:
A. 米的品种更加多样
B. 米不再仅仅是粮食,更成了一种消费符号
C. 米成了人们心中的一种信仰
D. 对米的态度衡量着一个人的理性
4. 在超市,面对琳琅满目的商品,"我"的感受是:
A. 人们的欲望在日益膨胀
B. 苏格拉底对物质消费的低需求令人折服
C. 现在的米已不是从前的米了

D. 人们的物质消费过度了
5. 在"我"眼里,每一粒大米都是平等的,因为:
   A. 它们都经历了春夏秋冬　　B. 它们都具有人的血气和精气
   C. 它们都得到了人们的膜拜　　D. 它们都是上天给人类的恩惠
6. 大米给予"我"的恩典是:
   A. 让"我"认识到过度物质消费是一种恶习
   B. 让"我"感受到生命的永恒和安宁
   C. 让"我"更加注重高贵精神的培养
   D. 让"我"对"仓廪实而知礼节"有了更充分地认识

五、根据课文内容回答问题
1. 文中所说的"吃饱饭后,人性苏醒了",是什么表现?
2. 作者为什么说"这时候的米,面目全非,与土地紧密的关系已经断裂"?
3. 我们应该如何对待"粮食"?

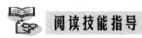

1. 米是人类生存的物质基础,但它的价值远不止饱腹这样的实用范畴,你能谈谈米还有什么价值吗?
2. 我们现在为什么要倡导光盘行动,它有什么意义?

阅读技能指导

概括主旨:避免相关信息的干扰

在寻找或归纳文章主旨的过程中,往往会受一些相关信息的影响或干扰,也许这些观点或信息跟文章主旨有一定联系,但他们并不是主要观点,这就是所谓的干扰信息。这些干扰信息往往会影响文章主旨的准确把握。例如:主课文练习中第四大题的第 6 小题就是对本文主旨的考查。A、C、D 答案要么是截取文中词语加工成主旨,要么是把文中的片面观点当作主旨。只有 B 才是本文结合中心句概括出的主旨,其余项都是真正主旨的干扰项。

影响主旨确定的干扰项往往有以下几种情况:一、偷梁换柱,张冠李戴。有的干扰项对原句做了细微地改动,或者截取文章中的词语或类似结构进行编造;有的把因说成果,把果说成因;还有的把别人的观点或作者反对的观点说成是作者的观点。二、断章取义,以偏概全。有的干扰项与正确答案看起来比较相似,但在程度和范围上与原文有出入,或者在表述上不如正确答案更完整、更严谨;有的选项还把文章中的事实和细节当主旨,把片面的次要观点当成主要观点。三、随意发挥,过度引申。有的干扰项过度发挥,内容大大超出了文章所表达的范围。

在确定主旨时,了解干扰项存在的可能情况,有利于快速、准确地把握文章的主要观点。

根据阅读 1 和阅读 2 完成下面的练习

1. 阅读 1 一文主要告诉我们:
   A. 汉语中存在很多谐音现象

B. 谐音这一语言现象产生的原因
C. 通过谐音可以了解风俗习惯
D. 应该正确使用谐音,它是人们表达愿望的一种方式

2. 阅读2一文的主要观点是:
A. 网络语言加速了现代汉语的快速发展
B. 网络有利有弊,我们应该合理使用
C. 网络语言有利有弊,我们应该正确对待
B. 网络发展导致了网络词语的不断涌现

谐音就是两个字的读音相同或相近,汉语中由谐音产生的语言现象很多。

有一句话叫"外甥打灯笼——照旧"外甥与舅舅是对应的亲戚关系。"外甥打灯笼",暗示灯光照的是舅舅,简化为照舅,谐音为"照旧",因为舅与旧同音,所以一说"外甥打灯笼"别人就知道是"照旧"的意思。有些人起名字也用谐音,比如"杨帆"是"扬帆"(张开风帆,顺利前进)的谐音、"何适"是"合适"的谐音。这样的名字又好听又好记。很多外国商品进入中国时,用了谐音的方法来翻译它的品牌名称。最有名的一个是Cocacola翻译成"可口可乐",在汉语里"可口"是好吃的意思,"可乐"表示值得高兴,这四个字又记音又表意,很快被中国人接受。谐音还可以帮助人表达意思。从前有一个不识字但很聪明的女子,她很思念在远方工作的丈夫。于是,她请人给丈夫带去了一封信,信里一个字也没有,只有一根长长的丝线和一颗茴香豆。她的丈夫接到信很快就回来了。这个女子在信里"说"了些什么呢?"丝"与"思"同音,就是说"我很思念你";"茴香"与"回乡"同音,就是要丈夫回来的意思。人们还用谐音来开玩笑,比如,称呼怕妻子的男人是"床头柜(跪)",说他们得了"气管炎(妻管严)"。

由谐音产生的风俗习惯也不少。送礼物不能送伞,不能送钟,因为"伞"和"散"同音,"钟"和"终"同音,都是不吉利的。有的人吃水果,喜欢把水果切成一片一片的,和亲友分着吃,但是梨却不能这样分着吃,因为"梨"、"离"同音,"分梨"就是"分离",表示要和亲友分开,这也不吉利。女子结婚时,不能吃瓜,因为"瓜"、"寡"谐音。舌,也是一个需要回避的字,因为"舌"与"折(蚀)"同音,对商人来说,折(蚀)本当然不好,所以各地方言都想法回避这个"舌"字。

上面这些是因为谐音不好而不能说、不能用,另一些因为谐音好而常常用。过年过节或者办喜事,人人喜气洋洋。这时候,"哐"的一声,有人不小心打碎了个杯子。大家都被吓了一跳,感到很扫兴,打碎东西的人一定也很不好意思。这时候,只要说一声"岁岁(碎碎)平安"就可以了。打碎东西变成了"平安"的好兆头,于是大家又高高兴兴的了。过年吃年夜饭的时候,菜里面一定要有鱼,为什么呢?"年年有余(鱼)"嘛。还有蝙蝠这种动物,因为"蝠""福"同音,也常常被画在年画上、雕刻在屋檐上。人们把"福"字倒过来挂在门上、贴在墙上,为什么要倒过来呢?这与谐音有关,汉语里"倒、到"同音,"福倒了"就是"福到了"这不是很幸运的事吗?

谐音是特殊的语言现象。虽然其中有迷信的东西,但美好生活是人们共同的追求,谐音只是人们表达愿望的一种方法。

(选自《中国语言文字》汪石满主编,有删减)

练习

速读第1遍,完成下面的练习(1057字,阅读时间6分钟)

一、根据阅读内容选择正确答案

1. 下面哪一个歇后语不是由谐音造成的?
   A. 青菜萝卜——各有所爱　　　B. 火车头无灯——前途无量
   C. 小葱拌豆腐——一清二白　　D. 瓜子里磕出个臭虫来——啥人都有

2. 有些人起名用谐音是为了:
   A. 有趣　　　B. 易读　　　C. 好听易记　　　D. 图省事

3. "CocaCola"翻译成"可口可乐"很快被中国人接受的原因是:
   A. 可口可乐好喝　　　　　　B. 可口可乐令人高兴
   C. 可口可乐四字读起来顺口　D. 可口可乐翻译时注意了音意结合

4. 以下哪种文化现象不是由谐音造成的?
   A. 中国人忌讳数字"4"
   B. 称给人带来不幸的女人为"扫帚星"
   C. 送老人礼物不能送"钟"
   D. 在新郎、新娘的婚床上撒红枣、花生、桂圆和瓜子

5. 过年吃年夜饭必须有一道菜是鱼的原因是:
   A. 希望年年都有鱼吃　　　B. 祝愿来年快乐吉祥
   C. 期望来年财运亨通　　　D. 期望年年生活富足

6. 关于谐音,表述正确的一项是:
   A. 汉语中由谐音产生的语言现象最多
   B. 外国商品进入中国时,都必须用谐音来翻译
   C. 谐音富有浓厚的迷信色彩,应该酌情使用
   D. 谐音是人们表达愿望的一种方法,应该正确使用

细读第2遍,完成下面的练习

二、根据阅读内容回答问题

1. 为什么"梨"不能分着吃?
2. 对商人来说为什么要回避"舌"字?
3. 人们为什么喜欢在屋檐上雕刻蝙蝠?
4. 一般过年时打碎杯子要说什么?
5. 汉语的谐音在哪些方面影响较大?
6. 请列出2个你所知道的由谐音造成的社会现象。

三、用所给词语替换下列句子中的画线词语,保证句子的意思基本不变

欢天喜地　眉飞色舞　祥瑞　失望　镂刻　败兴　征兆　运气

1. "钟"和"终"同音,都是不吉利的。　　　　　　　　　　　　　(　　)
2. 过年过节或者办喜事,人人喜气洋洋。　　　　　　　　　　　(　　)
3. 有人不小心打碎了个杯子。大家都被吓了一跳,感到很扫兴。　(　　)

4. 打碎东西变成了"平安"的好兆头,于是大家又高高兴兴的了。（　）
5. 还有蝙蝠这种动物,也常常被画在年画上、雕刻在屋檐上。（　）

词语提示

吉利	（形）	jí lì	指事情顺利,合乎心意。
折本	（动）	shé běn	亏损,吃亏,亏耗,损失,指赔了本钱。
扫兴	（形）	sǎo xìng	正当高兴时遇到不愉快的事情而兴致低落。
兆头	（名）	zhào tou	预兆。

网络语言是时代和媒体演化产生的新语言,有人说它是人的神经末梢的另一种延伸。伴随网络发展,流通于网络的新词语应运而生。比如数字语言,584(我发誓)、885(帮帮我);比如表达喜怒哀乐各种表情的脸谱;比如通过符号的特定组合,传递情感意向:D(咧嘴大笑)、@》(一朵鲜艳的玫瑰);比如缩写语"酱紫"(这样子)、"bc"(白痴)等。2004年评选出的"十大网络流行用语"有:做人要厚道、沙发(第一回帖人)、潜水(只看帖不回复)、顶(支持)、偶稀饭(我喜欢)等。据网上报道,《中国网络语言词典》已经出版,这将为网络信息的沟通,提供了解读的码本。

网络语言在一定的语境中,形成幽默活泼的语言风格,尤其在网络交际中有它的便利性和灵活性,对网络语言的涌现不必杞人忧天。有文章曾称网络语言为黑话。有大学教授、语言学家称网络语言是对汉语的一种污染,是小群体为了团体交流方便,根据自己的爱好编造出来,不是一个健康的苗头。但也有文章驳斥说,不懂生活中的语言,只能说明语言学家的失职。作为语言学者应更新语言观念,对新的语言现象有独特的敏感性和前瞻思维,同时抛弃陈腐和落后的偏见。网络语言活泼幽默、方便时尚、生动有趣,使人耳目一新。网络语言的魅力在于不拘一格,如果把它们换成正统表达,可读性也许就差了许多。年轻一代有着截然不同的交往方式和独特经验,老一代要和年轻人沟通,最好的办法还是从熟悉他们的语言开始。

网络语言将大大丰富现代汉语的词库。历史上许多语言都是经过一定的波折才进入现代汉语词库的。当然任何时代的新语言都不会原封不动地进入我们母语的语库之中,它需要经过时间的积淀和过滤,以及词语的规范化处理。网络语言现在已不只是网上的一种表达方式,它正从虚拟空间进入现实社会,在许多人中流行。只要这些词语在人际传播中具有独特的功能,它就会有强大的延续力,不仅不会从语库中消失,而且还会大大增强汉语的表现力。网络时代的语言革命是不可避免的,美、英等国一些权威词典已经收录了部分网络语言,作为国内普通话用词典范的《现代汉语词典》也正在进行收录。网络语言的流通靠的是约定俗成,大家共同认可它就有生命力。网络语言的发展趋势为一部分自生自灭;另一部分则会渗透进现实社会,成为人们的日常生活用语。

但是对于正在学习语言的中小学生来说,网络语言的使用要有一定的限度。因为他们正处于学习母语的重要阶段,必须打好汉语规范化使用的基础。如果过多沉溺于网络,就会在现实世界和虚拟世界之间失衡。网络语言也是一把双刃剑,它的作用如何,不在于网络语言本身,而常常取决于我们对待它的观念、方法和态度。

（选自《中国文化报》2005年6月16日,有删减）

练习

速读第1遍,完成下面的练习(建议阅读时间5分钟)

一、根据阅读内容选择正确答案

1. 第一段中"有人说网络是人的神经末梢的另一种延伸"这句话的意思是:
   A. 网络是人的另一根神经末梢
   B. 网络是人的神经末梢的继续
   C. 网络对外界一切新鲜事物的反应非常敏感
   D. 网络作为媒介具有像神经末梢一样强大的传递功能

2. "有文章曾称网络语言为黑话"中"黑话"是什么意思?
   A. 一些特殊团体交流所使用的暗语
   B. 反动的话语
   C. 不健康的语言
   D. 正常人不能理解的语言

3. 下面哪一项不属于新时代的语言学家应该具有的语言观?
   A. 敏感性   B. 前瞻性   C. 与时俱进   D. 固步自封

4. 老一代要想跟年轻人消除代沟,首先要做的应该是:
   A. 了解年轻人的想法   B. 熟悉年轻人的语言
   C. 更新观念   D. 改变交往方式

5. "网络语言也是一把双刃剑"这句话告诉我们作者对网络语言的看法是:
   A. 网络语言使我们的社会更加稳妥、安全
   B. 网络语言给社会带来的危害非常大
   C. 网络语言给社会带来的好处非常多
   D. 网络语言对社会的影响有利有弊

细读第2遍,完成下面的练习

二、根据阅读内容判断正误

1. 网络语言在网络交际中具有便利性和灵活性。　　　　　　　　　　(　)
2. 网络语言的发展会削弱汉语的表现力。　　　　　　　　　　　　　(　)
3. 作者认为语言学家对网络语言的认识是偏颇的。　　　　　　　　　(　)
4. 如果将网络语言进行规范和统一,势必减弱其可读性。　　　　　　(　)
5. 中小学生正处于学习语言的重要阶段,应鼓励他们多使用网络语言。(　)
6. 对于网络语言,我们应该给予限制,以免污染汉语。　　　　　　　(　)

三、解释句子中的画线词语

1. 伴随网络发展,流通于网络的新词语<u>应运而生</u>。　　　　　　　　(　)
2. 对网络语言的涌现不必<u>杞人忧天</u>。　　　　　　　　　　　　　　(　)
3. 有大学教授、语言学家称网络语言是对汉语的一种污染,不是一个健康的<u>苗头</u>。(　)
4. 作为语言学者应更新语言观念,同时抛弃陈腐和落后的<u>偏见</u>。　　(　)
5. 网络语言活泼幽默、方便时尚、生动有趣,使人<u>耳目一新</u>。　　　(　)

词语提示

应运而生	〈组〉	yìng yùn ér shēng	旧指应天命而产生。现指适应时机而产生。
杞人忧天	〈组〉	qǐ rén yōu tiān	比喻不必要的或缺乏根据的忧虑和担心。
黑话	〈名〉	hēi huà	流行于某一特殊人群（如帮会），或某一行业中，而为局外人所不能了解的语言。
苗头	〈名〉	miáo tóu	刚刚显露的事物发展的趋势或迹象。
前瞻	〈动〉	qián zhān	向前面看。
偏见	〈名〉	piān jiàn	偏于一方面的见解。
耳目一新	〈组〉	ěr mù yī xīn	听到的、看到的跟以前完全不同，使人感到新鲜。
不拘一格	〈组〉	bù jū yī gé	不局限于一种规格或一个格局。
约定俗成	〈组〉	yuē dìng sú chéng	事物的名称或法则，经人相约遵用，久而久之，为社会所公认或实用。

第 14 课　那个彩陶王国

那是去年 10 月的一天,站在山西赫赫有名的夏县西阴村遗址上,我瞪大了眼睛,对着一截土墙仔细搜索。一块嵌在墙体上的陶片很快就被发现了。不过那是素陶,而不是彩陶,欣喜中略有点失望,不过这是意料中的事。毕竟此时已不是 1926 年的 10 月,与考古之父李济先生在此发现陶片的年代,已时隔 85 年。此时更不是公元前 4000 年西阴人在此搏泥做陶的新石器时代。

六千年前,这里大概是一处窑场。结束发掘时,李济他们拉走了几十箱东西。有人密报,于是受到盘查。打开箱子一看,全是破碎的陶片,一箱又一箱。尽是"破砖烂瓦",检查人员不解地放行了。

陶器的烧成,是人类第一次创造出生活用具,而彩陶,则是人类具有精神文化表达意识的发端。所以那些个"破砖烂瓦"的意义不言而喻。它不仅仅让人得以窥见远古人的精神世界,还可以通过彩陶器型、纹饰的传播,探寻某一种文化传播的走向。破碎的陶片,还真不是"破砖烂瓦"。

仍留在夏县研究西阴遗址的考古人员,拎来了一兜彩陶残片。我拿起一块仔细端详:红地,黑彩。残留的图案像是一个向右上角扬起的弯角,很像那种被李济命名为"西阴纹"的纹饰。完整的"西阴纹",应该是连续、有规则地分布在陶器的沿面或鼓腹部位,弯角首尾相连,等份分割。

考古专家王仁湘先生曾撰文指出,早在 1921 年瑞典人安特生发掘的河南渑池仰韶村遗址里,就发现有"西阴纹"彩陶。"仰韶文化"的年代有多早呢?距今七千年。此外,在陕县庙底沟遗址也出土有数件"西阴纹"彩陶,此年代距今约六千年,属于仰韶文化庙底沟类型。此后在河南、陕西、甘肃东部直至湖北,都陆续发现了其身影。1996 年,当湖南澧县城头山遗址被发现时,人们又看到了熟悉的"西阴纹",而那已经到了洞庭湖边。

王仁湘先生于是描绘了一条"西阴纹"彩陶向南传播的想象路线:在六千年前,"西阴纹"由豫西经豫西南到鄂西北,再经江汉进入洞庭湖周围。

"西阴纹"彩陶属于仰韶文化,仰韶文化持续时间约二千年(公元前 5000 年——公元前 3000 年),在其中期即庙底沟时期,仰韶文化的印记,几乎刻画在四面八方——不仅仅是"西阴纹",还有"鱼纹""鸟纹"及它们的变体,见诸于至少是秦汉时奠定的中国版图之内的各地彩陶上,相当于建立了一个史前的彩陶王国。

人口的迁徙,必然带来文化的传播与迁徙,文化的传播、交流与碰撞,可能会出现几种状况。考古学家张忠培先生在其《仰韶时代——史前社会的繁荣与向文明时代的转变》一文中说,在先进文化与落后文化之间,基本上是前者影响后者并起主导作用;在均势文化之间,则相互吸收;若是外来与本地文化之间发生了对峙和冲突,那么在为此而展开的激烈残酷的战争中,弱者必然消失得无影无踪。

那些破碎的陶片,可真不是"破砖烂瓦"。其上的每一种纹饰,都代表着一种文化内涵和特质,它走到哪,哪里就会或多或少地留下它的痕迹。它越美丽,越芬芳,其感染力、传播力就越强。然后人们不知不觉地就向它聚拢,与它为伍。一种文化,就这样在不同人群中得到认同。有了共同的文化认同,原本不同之人,就会成为同族同群。从多元到统一,华夏文明的形成,实情就是如此，而彩陶文化是在史前为之打下的一个坚实基础。

在庙底沟类型的主流彩陶纹饰里，有鱼纹和鸟纹。它们的影响范围比"西阴纹"还要广大。以古思今，我忽然想，这鸟，也许它是一只和平的鸟，为你衔来的是橄榄枝；也许它却是一只会吃鱼的鸟。

（选自《中华遗产》2012年4月，有删减，撰文：黄秀芳）

词语提示

赫赫有名	〈组〉	hè hè yǒu míng	声名非常显赫。
抟	〈动〉	tuán	把东西揉弄成球形。
盘查	〈动〉	pán chá	清点检查。
发端	〈名〉	fā duān	初现，开头。
不言而喻	〈组〉	bù yán ér yù	不用说话就能明白。形容道理很明显。
窥见	〈动〉	kuī jiàn	暗中看出来或觉察到。
撰文	〈动〉	zhuàn wén	写文章，著书。
迁徙	〈动〉	qiān xǐ	住所另换地点。
对峙	〈动〉	duì zhì	对抗；抗衡。
衔	〈动〉	xián	用嘴叼。
仰韶文化	〈组〉	yǎng sháo wén huà	黄河中下游地区重要的新石器时代文化。1921年在河南省三门峡市渑池县仰韶村被发现，所以被命名为仰韶文化。也称彩陶文化。
渑池	〈名〉	miǎn chí	渑池县隶属于河南省三门峡市，位于河南省西北部。

练习

一、根据课文内容判断正误

1. "西阴纹"彩陶大约在6000年前就已经开始传播了。（　）
2. 陶器的烧成，标志着人类创造生活用具的开始。（　）
3. 仰韶文化遗址发掘于1926年。（　）
4. "西阴纹"彩陶在陕西、河南、甘肃、湖北、湖南等地都有发掘。（　）
5. 仰韶文化持续了约2000年。（　）
6. 人口的迁徙也会带来文化的传播与迁徙。（　）

二、选择画线部分词语在句子中的意思

1. 一箱又一箱，<u>尽</u>是"破砖烂瓦"。
   A. 全部　　　B. 有一些　　　C. 完毕　　　D. 可能
2. 尽是"破砖烂瓦"，检查人员<u>不解</u>地放行了。
   A. 勉强　　　B. 被迫　　　C. 不明白　　　D. 不加考虑

3. 彩陶,则是人类具有精神文化表达意识的发端。
   A. 发现　　　B. 开端　　　C. 发展　　　D. 启蒙
4. 它不仅仅让人得以窥见远古人的精神世界。
   A. 暗中看出　B. 探视　　　C. 看见　　　D. 发现
5. 若是外来与本地文化之间发生了对峙和冲突,那么在为此而展开的激烈残酷的战争中,弱者必然消失得无影无踪。
   A. 相对而立　B. 背靠背站立　C. 融合　　　D. 对抗
6. 然后人们不知不觉地就向它聚拢,与它为伍。
   A. 成为伙伴　B. 同流合污　C. 汇集　　　D. 作为榜样

三、选择合适的词语填空

对峙　窥见　赫赫有名　发端　不言而喻　为伍

1. 朋友久别重逢,喜悦之情是(　)的。
2. 从一个人的言谈举止可以(　)他的修养。
3. 朝鲜和韩国的(　)引发多国关注。
4. 我整日与文字(　),并不觉得厌倦,反而越发喜爱起它来了。
5. 霍金是一位(　)的物理学家,很多人都在读他的《时间简史》。
6. 开端是小说情节的第一个基本组成部分,又称"(　)"或"起因"。

四、根据课文内容选择正确答案

1. 考古之父李济发现陶片的地方是在:
   A. 山西西阴村遗址　　　　B. 河南渑池仰韶村遗址
   C. 河南陕县庙底沟遗址　　D. 湖南澧县城头山遗址
2. 彩陶的发掘意味着:
   A. 人类能够生产生活用具了　　B. 人类有了表达精神文化的意识
   C. 某一种文化传播的走向　　　D. 民族大融合的开始
3. 关于"西阴纹",下列表达不正确的是:
   A. 属于仰韶文化的一部分
   B. 连续、有规则地分布
   C. 刻画在素陶上
   D. 在秦汉时,已出现在全国各地的彩陶上
4. 为什么说"那些破碎的陶片,可真不是'破砖烂瓦'":
   A. 它们是考古人员辛苦发掘的　　B. 它们虽然破损,但依然美丽
   C. 它们虽然破损,依然有经济价值　D. 它们代表着一种文化内涵
5. 这篇文章主要告诉我们:
   A. 一些破砖烂瓦也有考古价值
   B. 考古发掘是一项艰苦而细致的工作
   C. 人口的迁徙带来文化的传播与迁徙
   D. 彩陶代表着一种文化,它为华夏文明的形成打下了坚实基础

五、根据课文内容回答问题

1. 那些"破砖烂瓦"似的陶片的意义是什么？
2. 西阴纹的纹饰有什么特点？
3. 仰韶文化的印记指的是什么？

1. 请介绍一下你喜欢的本民族器物上的纹饰。
2. 你参观过的博物馆里哪一个展厅的展品给你的印象最深，为什么？

掌握段落的组织结构

段落是文章的组成部分，主要从某一方面阐述、说明整篇文章的主题。段落和文章在长度上有明显不同，但是在结构上非常相似。段落通常由一个主题句引出，接着是一系列说明主题句的细节，最后是结尾句。可以说，文章是段落的扩展，段落是文章的缩影。

段落一般由主题句、扩展句和结论句三个部分组成。主题句是段落的灵魂，提出论述的主题；扩展句是用细节来叙述、说明或支持前面主题句的句子；结论句是在论证的基础上对全段的总结。他们相辅相成，构成一个完整的段落。有些段落还有过渡句，在上下两个段落之间起着承上启下的作用。

阅读后完成相应的练习

我把中国人喜欢过洋节的现象称作一种"消费的仪式"。消费好理解，就是花钱，通过购买行为获取快感。那什么是仪式呢？在人类学中，这个词汇时常被理解成一种纯净的、基本的社会行为，没有意义或目的，仿佛是一种"心旷神怡的游戏"。若仔细观察中国人在过圣诞节时的种种行为，便不难发现其行为方式实在与一般意义上的"过节"相去甚远。

1. 指出段落中的主题句、扩展句、结论句和过渡句。
2. 根据这段内容，猜测下一段可能是关于什么的内容？

阅读1

"戏"字在几千年前的商周鼎文中就出现了，意思是指一种祭祀性仪式。秦汉时期，娱乐性表演又称"百戏"，包括乐舞、杂技、魔术、马戏等。后来，娱乐性的玩耍时叫"游戏"。所以"戏"原本有仪式、百戏、游戏的含义。

戏剧指以语言、动作、舞蹈，音乐，木偶等形式达到叙事目的的舞台表演艺术的总称，它是人物扮演故事的表演艺术。表演是手段，故事才是核心。有了"故事"，戏剧便区别于广泛意义上的"戏"与"百戏"。故事内涵在戏剧中的存在和被强调，意味着文学性成分的增强，于是，便有了剧本。尽管戏剧是一种剧场中的表演艺术，没有剧本也可以有戏剧，但是，文学的参与使思想内涵深化了。

中国传统戏剧因以"戏"和"曲"为主要因素，所以称做"戏曲"。戏曲是中国传统的、民族性的戏剧艺术。它把中国传统的诗、歌、舞、乐、技的手段在舞台上综合运用起来表演故事，有别于西方的话剧、歌剧、舞剧。

前些年，流行"世界三大戏剧体系"的说法：一是苏俄的斯坦尼斯拉夫斯基体系，一是德国的布莱希特体系，一是中国的梅兰芳体系（或称中国戏曲表演体系）。简单地说，所谓斯坦尼体系，指的是幕景化的、模拟现实场景的、创造生活幻觉的话剧表演体系；所谓布莱希特体系，指的是将舞台视为流动空间的、无场景无场次的、使演员与观众产生意识交流（即所谓演员与角色的"间离效果"），并带有某种哲理意味儿的戏剧体系。斯坦尼和布莱希特30年代在苏联都观看过梅兰芳的演出，不约而同地大为赞叹，都认为梅兰芳的表演可以印证他们各自的理论。后来，就有人称中国戏曲为"梅兰芳表演体系"。

实际上，斯坦尼体系和布莱希特体系与梅兰芳所代表的中国传统戏曲是不同文化背景的产物，三者并列，在理论上，逻辑上都不严密。如果要讲体系的话，那么中国戏曲是"神形兼备"（即写意）的戏剧表演体系。在世界戏剧史上，东西方古典戏剧（或传统戏剧）可以进行比较，但不宜将西方现代戏剧与中国传统戏剧加以类比。

中国戏曲有古老的传统，通常以公元12世纪左右的杂剧和南戏为戏曲成熟的标志，从那时起，戏曲的艺术传统一脉相承，从未间断，到现在已有800余年历史。目前中国戏曲有300多个剧种，剧目数以万计，戏曲工作者数十万人。如此深厚的文化积淀、如此庞大的艺术队伍，任何一个国家都无法相比的。

（选自周华斌的《什么是戏曲》）

练习

速读第1遍，完成下面的练习（建议阅读时间4分钟）

一、根据阅读内容选择正确答案

1. 下列表述，与原文意思相符的一项是：
   A. 在戏剧中，表演是手段，故事才是核心，所以没有剧本就没有戏剧
   B. 戏曲是中国传统艺术，它把乐舞、杂技、魔术和马戏等形式综合起来进行表演
   C. 西方戏剧的代表是斯坦尼体系和布莱希特体系，而中国戏剧的代表是梅兰芳体系
   D. 虽然"戏"字出现很早，但中国戏曲的成熟至今还不到1000年

2. 下面哪一项最能够体现戏曲表演中的文学特征？
   A. 故事　　　B. 舞蹈　　　C. 音乐　　　D. 动作

3. 第四自然段主要告诉我们：
   A. 梅兰芳表演体系的由来　　　B. 世界三大戏剧体系
   C. 东西方戏剧的差异　　　　　D. 戏剧产生的文化背景

4. 梅兰芳表演体系是指：
   A. 梅兰芳先生演出的剧目自成体系，顾得此名
   B. 梅兰芳先生擅长的京剧
   C. 整个中国戏曲表演体系
   D. 梅兰芳先生独创的"梅"派唱腔

5. 关于戏剧，下列说法正确的是：
   A. 中国传统戏剧有故事情节，而西方戏剧则没有

B. 中国传统戏剧与西方传统戏剧的表演形式一样,可以进行比较
C. 西方的话剧、歌剧和舞剧很难与中国传统戏剧媲美
D. 中国传统戏剧表现了中国文化的丰富与深厚

细读第 2 遍,完成下面的练习

二、根据阅读内容回答问题

1. 剧本是在什么情况下出现的?
2. 为什么说中国戏曲是一门综合性的艺术?
3. 中国的戏曲与西方的话剧、歌剧、舞剧有什么区别?
4. 作者是否赞同"世界三大戏剧体系"的说法,为什么?
5. 中国传统戏剧发展至今有何成果?

三、用所给词语替换下列句子中的画线词语,保证句子的意思基本不变

不适合　模仿　浩大　世代流传　异口同声　同时

1. 所谓斯坦尼体系,指的是幕景化的、<u>模拟</u>现实场景的、创造生活幻觉的话剧表演体系。
(　　)
2. 斯坦尼和布莱希特 30 年代在苏联都观看过梅兰芳的演出,<u>不约而同</u>地大为赞叹。(　　)
3. 东西方古典戏剧(或传统戏剧)可以进行比较,但<u>不宜</u>将西方现代戏剧与中国传统戏剧加以类比。
(　　)
4. 从那时起,戏曲的艺术传统<u>一脉相承</u>,从未间断。(　　)
5. 如此深厚的文化积淀、如此<u>庞大</u>的艺术队伍、任何一个国家都无法相比。(　　)
6. 如果要讲体系的话,那么中国戏曲是"神形<u>兼备</u>"(即写意)的戏剧表演体系。(　　)

词语提示

不约而同	〈组〉	bù yuē ér tóng	事先没有约定而相互一致。
一脉相承	〈组〉	yī mài xiāng chéng	从同一血统、派别世代相承流传下来。
积淀	〈动〉	jī diàn	在长期积累中形成(多用于抽象事物)。
庞大	〈形〉	páng dà	巨大,很大。

阅读2

　　看戏,在中国不但深获平民百姓的喜爱,甚至也是帝王公卿的一大娱乐。许多文人雅士更参与剧本与音乐的创作。历史上著名的唐明皇以及后唐庄宗,都曾被认为是中国戏界的祖师爷,主要原因是他们都懂音律,唐明皇更在内廷里组织梨园子弟歌舞乐队。到了后代,唱戏这个行业即被称为梨园行,演员也被称为梨园子弟。国剧的剧本,往往混合了悲剧与喜剧的色彩,而以夹杂歌唱、舞蹈的叙事诗体裁搬演历史故事、民间传说;另有一类题材,以接近日常生活的念白和作表,幽默风趣地反映现实、讽刺社会,具备了很高的教育及娱乐功能。京剧中的角色,依据性别、年龄和性格分成生、旦、净、丑四大类型。

　　京剧演员在台上的穿戴叫"行头",主要以四百年前的明代服饰为基础,为配合舞蹈身段的需要,又加进夸张的水袖,靠旗或雉尾,来强调表演动作的层次与节奏感;京剧服装除了美观

外,往往也象征角色的身分与处境,必须按规矩穿戴,所以过去的演员在台上讲究"宁穿破,不穿错"。

京剧原来在三面临空的室外舞台上演出,布景陈设均极简单,同是一张桌子,可以代表书桌、公案,也可以代表山丘、桥梁,舞台空间的转换既流畅又经济,演员因此发展出一套高度象征、虚拟化的三面式表演程式。

过去,京剧强调它是"演员剧场",完全由演员根据传统即兴发挥,负责音乐伴奏的琴师与鼓佬要和主角培养长期良好的默契,才能追随剧情,相互配合。目前,京剧进入现代化的镜框式舞台,在不影响传统风格的情况下,逐渐加进了导演制度、舞台及灯光设计,使表演的效果更丰富、更完整。

目前台湾拥有大鹏国剧队、海光国剧队、陆光国剧队和国立复兴戏剧学校国剧团等四个高水准的专业京剧剧团,由他们做定期性的轮流公演,几乎每天晚上都可以在台北市欣赏到风格严谨、唱念规矩的京剧表演。

台湾三家电视台,每周也定时播放京剧录影节目或舞台实况转播,以便岛内大众都有机会欣赏高水准的京剧演出,并有一个节目藉着京剧生动的历史、象征手法及演出来教导儿童欣赏这项传统艺术。一般广播电台也多设有京剧节目,经常播出历史性的名贵唱片或现场实况录音,使京剧的唱腔、音乐继续广为流传。

因此,京剧这项优秀而珍贵的演艺文化,将在台湾继续蓬勃兴盛地承传下去,发扬光大。

(选自《中国历史文化》,有删减)

练习

速读第1遍,完成下面的练习(建议阅读时间4分钟)

一、根据阅读内容选择正确答案

1. 下列关于传统京剧的说法,不正确的是:
   A. 戏剧的创始人被认为是唐明皇或后唐庄宗
   B. 京剧的题材非常的广泛
   C. "行头"在唐代已经成熟
   D. 各个阶层的人都喜欢看京剧

2. 现在的京剧和传统京剧的不同表现在:
   A. 角色不同   B. 排演方式不同   C. 服装不同   D. 道具不同

3. 下列说法不正确的是:
   A. 在中国历史上看戏是帝王公卿的娱乐特权
   B. 唐明皇和唐庄宗都懂音律
   C. 许多文人雅士参与剧本创作
   D. 戏剧产生之初,唱戏这个行业并不是被称为"梨园行"

4. 台湾三家电视台,每周定时播放的京剧节目中,我们可能会看到:①京剧录影节目②京剧的基本知识③京剧的历史④京剧舞台实况转播
   A. ①②③   B. ②③   C. ①③   D. ①②③④

5. 在京剧中,如果要表现一座桥,一般用什么做道具?
   A. 背景图画   B. 马鞭   C. 椅子   D. 桌子

细读第 2 遍,完成下面的练习

二、根据阅读内容判断正误

1. 作者认为中国各个阶层的人都喜欢看戏。 （ ）
2. 作者认为京剧的剧本兼具认识、娱乐、批判等多种功能。 （ ）
3. 京剧演员着装讲究"宁穿破,不穿错",这与服装的象征性无关。 （ ）
4. 导演制度与舞台及灯光设计是传统京剧与现代京剧的区别之一。 （ ）
5. 台湾四个专业剧团的演员同台演出,表现了高超的表演才能。 （ ）
6. 台湾岛的电视台、广播电台等新闻媒体为京剧艺术的传承起了推动作用。 （ ）

三、选择画线部分词语在句子中的意思

1. 京剧角色依据性别、年龄和性格分为生、旦、净、丑四大类。
   A. 老生　　　　B. 武生　　　　C. 小丑　　　　D. 花脸
2. 京剧原来在三面临空的室外舞台上演出,布景陈设均极简单。
   A. 部署　　　　B. 排列　　　　C. 安排　　　　D. 摆设
3. 过去,京剧强调它是"演员剧场",完全由演员根据传统即兴发挥。
   A. 随性　　　　B. 兴趣　　　　C. 立即　　　　D. 兴致
4. 负责音乐伴奏的琴师与鼓佬要和主角培养长期良好的默契。
   A. 约定　　　　B. 配合　　　　C. 联系　　　　D. 契约
5. 有一个节目藉着京剧生动的历史、象征手法及演出来教导儿童欣赏这项传统艺术。
   A. 依托　　　　B. 选取　　　　C. 凭借　　　　D. 播出

词语提示

公卿	（名）	gōng qīng	三公九卿的简称。本文泛指高官。
雅士	（名）	yǎ shì	高尚文雅的人。
祖师爷	（名）	zǔ shī yé	对事物或宗派创始者之称。
念白	（名）	niàn bái	是指中国传统戏曲人物中内心独白或两者对话,使用明显节奏变化。并拖长字音的语调。此种介于口白与唱腔的表演方式。
生旦净丑	（名）	shēng dàn jìng chǒu	京剧里的四种人物扮相,借指各种人物。
行头	（名）	xíng tou	戏曲演员演出时用的服装和道具。
水袖	（名）	shuǐ xiù	表演古典戏曲、舞蹈的演员所穿服装的袖端拖下来的部分,用白色绸子或绢制成。
即兴	（形）	jí xìng	事先毫无准备,仅就当时的感受创作、表演或演讲。
默契	（形）	mò qì	心灵相通。

第 15 课　新疆各族民歌的音乐特点

新疆音乐以维吾尔族民间音乐最享盛名。它继承了古代龟兹乐、高昌乐、伊州乐、疏勒乐和于阗乐的艺术传统,保留着浓厚的民族特色和地域特色。由于地域的分隔,历史、地理和生产方式的不同,又形成了风格迥异的四个音乐色彩区。即天山以南的塔里木盆地是以喀什为中心的南疆色彩区,天山北麓的伊犁河谷和准噶尔盆地是北疆色彩区,天山东端的哈密和吐鲁番盆地是东疆色彩区和刀郎色彩区。例如南疆色彩区的和田民歌古朴短小,富有乡土气息;喀什民歌节奏复杂,调式丰富;库车民歌热烈活泼,具有鲜明的可舞性,隐隐透露着古龟兹乐舞的乐声舞姿的遗风。刀郎色彩区的民歌风格粗犷,保留着古代从事游牧的刀郎人所喜爱的牧歌情调。

维吾尔族情歌,犹如一朵艺苑奇葩,首冠群芳,饮誉中外。透过情歌可以了解到这个民族的社会生活风貌、人文习俗,体察到他们的审美情趣,感受到他们多姿的优秀民俗和审美文化传统。

哈萨克族是一个酷爱音乐的民族,素有"骏马和歌是哈萨克的翅膀"之说。民歌在哈萨克族民间音乐中占有非常重要的地位,哪里有哈萨克族的毡房,哪里就有歌声。著名的《玛依拉》《我的花儿》《燕子》等已成为国内乃至国际声乐坛上经常演唱的曲目。

哈萨克族民歌的种类:按照习惯,在祝贺新生婴儿诞生时要唱"祝诞生歌";婚礼中要唱一整套的"劝嫁歌""揭面纱"等饶有兴趣的"婚礼歌";亲友离别时要唱"别离歌";节假日亲朋相聚要相互对唱;亲人去世要唱"送葬歌"。从这个意义上说哈萨克人的一生都是伴随着歌声度过的。职业的吟唱诗人被称作"阿肯",因为他们经常是站在广大群众一边,因而受到人民群众的爱戴和尊重。每年在牧群转移至夏牧场,草茂畜壮的季节,都要举行传统的"阿肯弹唱会"。这是一种演唱和诗歌即兴创作的大比赛,届时,各地的"阿肯"要在众人面前以自己拿手的歌曲曲调,即兴填唱,互相盘问。根据双方对歌的情况,最后由裁判裁定胜负。

柯尔克孜族情歌内容丰富、形式多样、格调清新、特点突出,情歌在柯尔克孜族民歌中占有相当大的比重。情歌的内容主要是歌唱男女青年对爱情的向往和赞美,歌唱恋人内心世界的美和外貌装饰的美,歌唱男女青年对美好、幸福、自由生活的向往与追求。柯尔克孜族人民爽朗的性格和即兴赋诗的天才在情歌中得到了淋漓尽致的表现。

柯尔克孜情歌和叙事歌常由歌手持考姆兹自弹自唱,并具有幽默和诙谐的性质。达斯坦、叙事歌多以表现英雄史诗、传说、故事为内容。如驰名中外的长篇英雄史诗《玛纳斯》等。叙事歌的歌词较长,一般采用同一首曲调反复演唱。

蒙古族民歌。新疆的蒙古族是有着自己独立历史和传统文化的民族,著名的蒙古族史诗《江格尔》产生于新疆蒙古族。他们的民间音乐仍以民歌为主,而民歌则可分为长调、短调两种。不同于内蒙古的新疆蒙古族民歌以长调为主,短调辅之。长调是一种散板的牧歌式歌曲,它音域宽阔、音调悠长、富有极鲜明的地方性和部落性,从不容易混淆,内容极其丰富。短调则是一种有节拍的、形式短小的歌曲,它不仅在音乐上区别于长调歌曲,而且其流行方式也不同于长调,它无任何部落性和地方性,同一民歌广泛流传于所有蒙古族部落中。

新疆地区各民族的文化源远流长,蕴藉深厚,恢弘灿烂,在东西方文化交流的历史长河中传承文明,独树一帜。对于那些即将消失的少数民族口头艺术、文化的表达,应该认同它独特的传承方式,这些非物质文化遗产,不但应该加以保护,还应该在高度发达的现代文明的帮助下更好地发展下去,与社会和经济协调发展,向着多元化的方向发展,在人类的文明史上续写辉煌。

(选自网络资料,有删减)

词语提示

盛名	(名)	shèng míng	很大的名声。
迥异	(形)	jiǒng yì	大为不同。
粗犷	(形)	cū guǎng	粗犷,豪壮。
奇葩	(名)	qí pā	比喻出众的作品。
饮誉中外	〈组〉	yǐn yù zhōng wài	在国内外都享有声誉。
体察	(动)	tǐ chá	体会和观察。
即兴	(副)	jí xìng	事先毫无任何准备,仅就当时的感受创作、表演或演讲的。
淋漓尽致	〈组〉	lín lí jìn zhì	形容文章或说话表达得非常充分、透彻。
诙谐	(形)	huī xié	谈话富于风趣。
混淆	(动)	hùn xiáo	混杂,使界限不分明。
源远流长	〈组〉	yuán yuǎn liú cháng	源头很远,水流很长。比喻历史悠久。
独树一帜	〈组〉	dú shù yī zhì	单独树起一面旗帜。比喻独特新奇,自成一家。
辉煌	(形)	huī huáng	光辉灿烂。

练 习

一、根据课文内容判断正误

1. 维吾尔情歌是新疆各民族音乐中最有名的。　　　　　　　　　　　　　　(　)
2. 库车民歌有浓郁的古龟兹乐舞的风格。　　　　　　　　　　　　　　　　(　)
3. 在哈萨克节假日亲朋相聚可以相互对唱"揭面纱"歌。　　　　　　　　　(　)
4. "阿肯弹唱会"是在每年丰收的季节举行的。　　　　　　　　　　　　　(　)
5. 新疆蒙古族民歌分为长调、短调,并以长调为主,短调为辅。　　　　　　(　)
6. 从情歌中可以看出柯尔克族族人的性格很爽朗。　　　　　　　　　　　　(　)

二、选择画线部分词语在句子中的意思

1. 新疆音乐以维吾尔民间音乐最<u>享</u>盛名。
   A. 享受　　　　B. 称为　　　　C. 占有　　　　D. 富有
2. 库车民歌热烈活泼,具有鲜明的可舞性,<u>隐隐透露</u>着古龟兹乐舞的乐声舞姿的遗风。
   A. 隐约　　　　B. 不明显　　　C. 隐含着　　　D. 立刻
3. 婚礼中要唱一整套的"劝嫁歌""揭面纱"等<u>饶</u>有兴趣的"婚礼歌"。
   A. 很　　　　　B. 没有　　　　C. 稍微　　　　D. 常常

4. 哈萨克族是一个酷爱音乐的民族,素有"骏马和歌是哈萨克的翅膀"之说。
   A. 以前　　　　B. 一直　　　　C. 现在　　　　D. 还是
5. 各地的"阿肯"要在众人面前以自己拿手的歌曲曲调,即兴填唱,互相盘问。
   A. 用手　　　　B. 有用　　　　C. 擅长　　　　D. 熟悉
6. 情歌在柯尔克孜族民歌中占有相当大的比重。
   A. 等于　　　　B. 严重　　　　C. 很　　　　　D. 相同

三、选择合适的词语填空

风格迥异　饮誉中外　淋漓尽致　源远流长　即兴　独树一帜

1. 位于西安市的大雁塔是（　　）的游览胜地。
2. 中国幅员辽阔,有（　　）的各式建筑。
3. 长江是中华文化的发源地之一,她（　　）,气势磅礴！
4. 他的表演表现出了一代帝王的气质,将人物的特点演绎得（　　）。
5. 成龙成为（　　）的动作喜剧巨星。
6. 他是个很有才情的人,经常（　　）赋诗。

四、根据课文内容选择正确答案

1. 维吾尔族民间音乐四个音乐色彩区主要是以什么为标准区分的？
   A. 地域　　　B. 历史时期　　　C. 音乐特点　　　D. 音色
2. 第四自然段中"哈萨克人的一生都是伴随着歌声度过的",是为了说明:
   A. 哈萨克人酷爱音乐
   B. 哈萨克人从出生到死亡都有民歌相伴
   C. 哈萨克人的许多著名乐曲成为国内外乐坛上经常演出的曲目
   D. 哈萨克族每年都会举行"阿肯弹唱会"
3. 关于蒙古族民歌长调短调,说法不正确的是:
   A. 长调的音调很长,而短调的则短
   B. 短调要比长调流行
   C. 长调在内容上要比短调丰富
   D. 长调短调在蒙古族民歌中各占一半
4. 关于柯尔克孜族情歌的特点,不正确的是:
   A. 内容丰富,形式多样
   B. 具有幽默诙谐的特点
   C. 歌调较长,一般采用同一歌词反复演唱
   D. 主要是即兴创作的
5. 关于《玛纳斯》,下列叙述不正确的是:
   A. 是一首长篇英雄史诗
   B. 叙事歌的歌词不长,却很有艺术感染力
   C. 一般采用同一曲调反复演唱
   D. 享誉中外
6. 关于新疆地区各民族的文化,下列说法不正确的是:

A. 少数民族口头艺术已消失
B. 应该在现代文明的帮助下更好地发展
C. 应该与社会和经济协调发展
D. 应该向着多元化的方向发展

五、根据课文内容回答问题

1. 维吾尔民歌有什么特点？
2. "哪里有哈萨克毡房，哪里就有歌声。"这句话意在说明什么？
2. 柯尔克孜民歌分为几类？各有什么特点？

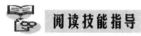

1. 你现在喜欢听哪些音乐？为什么？（至少三条理由）
2. 说说你对一位音乐家的印象。

阅读技能指导

抓关键词

关键词在我们的阅读中起着定位信息的作用。通过抓关键词，我们能快速捕捉文章中的关键信息，抓住文章的线索，从而把握文章的大意。

在汉语中，句子开头或某个话题起点的词语就经常是句子或者段落的关键词。一般可以用来回答"这句话(这段话)要说什么"的问题。而后面的信息是围绕着回答"怎么样"展开的。例如：春节每年都过，无论是在故乡还是外地，所以我感觉这不是一件什么新鲜事。可仔细在脑海中检索后才发现，"春节"真是一个既熟悉又陌生的词语了。这段话的关键词显然是"春节"。不仅出现的次数多，而且其他文字、细节都是围绕着"春节"展开的。此外，关键词还可能在段落中心句或转折关联词的后面出现。

一个段落中可能只有一个关键词，也可能有几个关键词，或者一个关键词存在于多个段落中，但重要的是，关键词总是围绕、突出文章中心的。

在快速阅读时，关键词在信息筛选方面起着重要的作用，我们可以根据问题中的关键词迅速定位到信息所在的段落，找到答案。

练习

阅读后快速找出关键词

1. 京剧演员在台上的穿戴叫"行头"，主要以四百年前的明代服饰为基础，为配合舞蹈身段的需要，又加进夸张的水袖，靠旗或雉尾，来强调表演动作的层次与节奏感。

关键词：_____。

2. 维吾尔族情歌，犹如一朵艺苑奇葩，首冠群芳，饮誉中外。透过情歌可以了解到这个民族的社会生活风貌、人文习俗，体察到他们的审美情趣，感受到他们多姿的优秀民俗和审美文化传统。

关键词：_____。

阅读 1

艺术门类中,最神秘的莫过于音乐,它由无形、无影、无可触摸的声音编织成变化无常、情趣万端的曲调,时而轻柔、时而雄伟、时而欢愉、时而哀伤……无论东方还是西方,无论当代还是古代,不知有多少人为它而陶醉,而悲伤,而振奋……在中国,相传春秋战国时代的教育家、思想家孔子在齐国听到《韶》乐后,激动得三月尝不出肉的美味,于是发出感叹:"想不到动人的音乐,竟能使人达到如此陶醉的境界!"所以中外历史上无数先哲前贤,对美好的音乐艺术都推崇备至。音乐特殊的艺术品格,使其自身当之无愧地成为全人类沟通心灵、相互理解的"共同语言"。

中国是世界上早期人类的发祥地之一。在世界东方的这片广阔而富饶的古老国土上,音乐艺术伴随着人类的起源和演进而发生、发展,经历了漫长的史前时期和有文字记载的四千年文明旅程。河南舞阳县发现的18支七音孔和八音孔的骨笛,距今已有八千多年。早在四千多年前黄帝的大臣伶伦就以竹管的长度定出了宫、商、角、徵、羽五个音阶。战国时期中国有了"变徵"之音,西汉时期又有了"变宫"之音,至此中国乐谱中已七音俱全。而西方定出五音是在公元前六世纪,比伶伦晚了一千七百多年。西方于十一世纪才有六音,七音皆备则是更晚的事。

中国音乐未能以自己为中心独立发展,而是依附在文化的各领域以游散的方式发挥了多种功能。因此,中国音乐可按其功能分为:一、仪式音乐,用于祭祀、宗庙、大典,也包括宗教寺庙的仪式音乐。其特点是音域不宽,节奏缓慢,完全服从于仪式的过程,肃穆庄重。二、宫廷舞乐,主要用于帝王享乐。中国音乐的创造都在这个领域,如曾侯乙墓的编钟,唐代的霓裳羽衣曲。这里音乐主要服务于舞蹈,当然也在舞蹈的推动下发展。三、声乐,就创造数量、流传空间、使用阶层来说,声乐占有更重要的地位。从《诗经》到明清戏曲,从宫廷演唱,文人低吟,青楼妙音,到民歌俚曲,都是它的表现形式。四、独奏器乐,琴、筝、笛、二胡都可独奏,其中琴的地位最重要,它一直与棋、书、画保持同等重要的地位。五、民乐,指民俗庆典中的音乐,以吹奏打击乐为主,热闹喧哗。

中国音乐具有世界性的魅力。曾侯乙墓编钟是一奇观。它由能奏各种不同音高的六十五件乐器组成,分三层排列,总音域达五个八度之广,十二个半音齐全,可以演奏五声、六声或七声音阶的乐曲。唐代的大型套曲和舞乐正像京剧独特的唱腔唱段一样至今仍有独特的盛誉。中国的著名琴曲《高山流水》《潇湘水云》、琵琶曲《十面埋伏》等也极具民族心灵的代表性。

(选自《中国文化概论》张岱年、方克立主编,1996年)

练 习

速读第1遍,完成下面的练习(建议阅读时间4分钟)

一、根据阅读内容选择正确答案

1. 孔子在齐国听到的《韶》乐属于下列哪一项?
   A. 仪式音乐　　B. 宫廷舞乐　　C. 声乐　　D. 文中没提到

2. 陕北腰鼓、山西锣鼓最有可能属于下列哪一项?
   A. 仪式音乐　　B. 宫廷舞乐　　C. 独奏器乐　　D. 民乐

3. 戏曲表演中的音乐可能属于:

A. 仪式音乐　　　B. 宫廷舞乐　　　C. 声乐　　　　　D. 独奏器乐
4. 下面哪一项不符合文章原意？
   A. 中国音乐的创造主要表现在宫廷舞乐上
   B. 流传范围最广,创造数量最多的是声乐
   C. 供帝王享乐之用的是独奏器乐
   D. 仪式音乐音域不宽,节奏缓慢,肃穆庄重
5. 关于中国音乐,下列说法中不正确的是：
   A. 中国既创立了七音阶体系,也创立了五音阶体系
   B. 西方七音阶体系的创立远远晚于我国
   C. 中国音乐艺术经历了四千年文明旅程
   D. 中国先创立的是五音阶体系

细读第2遍,完成下面的练习

二、根据阅读内容判断正误

1. 中国古代音乐的发展曾领先于世界。　　　　　　　　　　　　（　）
2. 中国古代音乐的发展没有自成体系。　　　　　　　　　　　　（　）
3. 婚庆时演奏的乐曲属于仪式音乐。　　　　　　　　　　　　　（　）
4. 曾侯乙墓的编钟主要用来演奏宫廷舞乐。　　　　　　　　　　（　）
5. 唐代的大型套曲和舞乐因为独特的唱腔唱段享有盛誉。　　　　（　）
6.《十面埋伏》是中国琴曲的代表作品。　　　　　　　　　　　（　）

三、选择画线部分词语在句子中的意思

1. 想不到动人的音乐,<u>竟</u>能使人达到如此陶醉的境界！
   A. 但是　　　　　B. 竟然　　　　　C. 毕竟　　　　　D. 就
2. 中国是世界上早期人类的<u>发祥</u>地之一。
   A. 发现　　　　　B. 发展　　　　　C. 发源　　　　　D. 吉祥
3. 河南舞阳县发现的18支七音孔和八音孔的骨笛,<u>距今</u>已有八千多年。
   A. 现在已经　　　B. 距离现在　　　C. 距离今后　　　D. 今天距离
4. 中国音乐<u>未</u>能以自己为中心独立发展,而是依附在文化的各领域以游散的方式发挥了多种功能。
   A. 没有　　　　　B. 未来　　　　　C. 末尾　　　　　D. 已经
5. 西方于十一世纪才有六音,七音<u>皆备</u>则是更晚的事。
   A. 都准备　　　　B. 几乎都有　　　C. 都具备　　　　D. 全部准备

词语提示

万端	（形）	wàn duān	头绪极多而纷乱。
陶醉	（动）	táo zuì	表示很满意地沉浸在某种境界或思想活动中。
先哲前贤	（名）	xiān zhé qián xián	以前的有大学问的、有贤能的人。

当之无愧	〈组〉	dāng zhī wú kuì	当得起某种称号或荣誉,无须感到惭愧。
徵	〈名〉	zhǐ	古代五声之一。乐声中徵调变化,常作悲壮之声。
祭祀	〈动〉	jì sì	置备供品对神佛或祖先行礼,表示崇敬并祈求保佑。
霓裳	〈名〉	ní cháng	神仙的衣裳。相传神仙以云为裳。
音域	〈名〉	yīn yù	最低音到最高音之间的范围。

阅读2

继昆曲、古琴之后,《中国维吾尔木卡姆》作为第三个向联合国申报的"人类口头和非物质文化遗产代表作",已于去年11月被批准。

"木卡姆"在阿拉伯语中的原义是"等级""地位",在维吾尔语中作为音乐术语是"民间古典音乐大型套曲"的意思。"木卡姆"是在我国古代"龟兹乐""高昌乐""疏勒乐""于田乐"和"伊州乐"的基础上,受印度、阿拉伯、波斯及中亚、西亚各国音乐相互影响发展形成的。在新疆各地流传着各有特色的"木卡姆",例如"和田木卡姆""伊犁木卡姆""哈密木卡姆"和"刀郎木卡姆"等。源于喀什的《十二木卡姆》是最完全并经过整理、规范的的木卡姆,被称为"维吾尔音乐之母"。

《十二木卡姆》的第一次规范,在公元16世纪。这一时期,我国西域城邦小国叶尔羌汗国的拉失德汗在位,他的妃子阿曼尼莎罕精于维吾尔音乐艺术。她与当时的木卡姆大师喀迪尔汗一起,邀请各地熟悉木卡姆的民间艺人,对散失在民间的木卡姆进行了系统的搜集整理工作。这一工作使维吾尔族木卡姆与其他民族木卡姆得到了区分;第一次确定了十二木卡姆的规模;形成了木卡姆特有的琼乃合曼、达斯坦和麦西莱甫三部分结构;还重新确定了木卡姆的歌词。第二次规范,是在19世纪清代光绪年间,由当时喀什噶尔的著名木卡姆艺术家艾里姆·赛里姆和莎车的民间艺人赛提瓦尔共同完成。他俩对流行在喀什噶尔的木卡姆加以整理、规范,形成了规模更大的音乐舞蹈套曲,产生了"喀什十二木卡姆"。这一木卡姆体系经新疆英吉沙县的木卡姆老艺人吐尔地阿洪流传至今。

《十二木卡姆》是集维吾尔族古典诗歌、民间歌谣、乐曲和舞蹈为一体的音乐艺术珍品,其歌词内容多为古典诗人和劳动人民歌颂劳动、歌颂爱情、揭露黑暗统治和憧憬美好生活的。每一套木卡姆内都分为"琼乃额曼""达斯坦"和"麦西莱甫"三大部分。全部木卡姆共有360种不同的曲子,4492行诗句。

演奏中手鼓是音乐的灵魂,是乐队的指挥。每一套木卡姆演奏两小时,从头到尾要演奏24个小时。伴奏的乐器有萨塔尔、都塔尔、弹布尔、热瓦甫、艾介克、卡龙和手鼓等。每一套木卡姆演奏时,琼乃合曼苍劲深沉,蕴味无穷;达斯坦流畅欢快,抒情优美;麦西莱甫则载歌载舞,把演奏推向高潮。

新中国成立后,各级党和政府对收集、整理民族民间音乐工作十分重视,组织专人对《十二木卡姆》的乐曲录音、记谱、出书,并将歌词记录、整理、出版。一方面使《十二木卡姆》这一优秀文化遗产得以继承,一方面继续使其发扬光大。由木卡姆改编的《拉克歌舞》,令人耳目一新;用木卡姆音乐演唱的《艾里甫与赛乃姆》,被人们誉为维吾尔族的《红楼梦》;移植的歌剧《红灯记》,在国内产生巨大反响,还被拍成电影……今天,自治区有了专门研究《十二木卡姆》的机构。用五线谱出版的《十二木卡姆》,为它的探索和研究走向世界,开辟了新的道路。

(选自网络资料,有删减)

练习

速读第1遍,完成下面的练习(建议阅读时间5分钟)

一、根据阅读内容选择正确答案

1. 对十二木卡姆来说,第二次规范所起的重要作用是:
    A. 确定了十二木卡姆的规模
    B. 形成了每一套木卡姆由三大部分组成
    C. 确定了木卡姆的歌词
    D. 形成了规模更大的音乐舞蹈套曲

2. 下面关于木卡姆的表述,正确的一项是:
    A. 木卡姆是在我国古代龟兹乐、高昌乐、疏勒乐等音乐基础上形成的
    B. 完成十二木卡姆的演唱至少需要24小时
    C. 民间木卡姆的演唱形式不拘一格
    D. 木卡姆每个组成部分的曲调都是由深沉向欢快过渡的

3. 木卡姆被联合国列为"人类口头和非物质文化遗产代表作"的主要原因是:
    A. 十二木卡姆开创了维吾尔民间乐舞之先河
    B. 十二木卡姆集中体现了维吾尔歌、舞、乐三种艺术的高度统一
    C. 十二木卡姆是传统乐和现代乐结合的典范
    D. 十二木卡姆是维吾尔族音乐之母

4. 演奏木卡姆的乐器中最重要的是:
    A. 都塔尔   B. 热瓦甫   C. 弹尔布   D. 手鼓

5. 党和政府为保护十二木卡姆采取的措施是:
    A. 组织专人对十二木卡姆的乐曲录音、记谱、出书,并将歌词记录、整理、出版
    B. 由十二木卡姆移植的歌剧《红灯记》被拍成电影
    C. 用木卡姆音乐演唱《艾里甫与赛乃姆》
    D. 以上都是

细读第2遍,完成下面的练习

二、根据阅读内容回答问题

1. 十二木卡姆都在什么时候进行了规范?
2. 每套木卡姆由几个部分组成?
3. 木卡姆作为音乐术语是什么意思?
4. 十二木卡姆与新疆其他木卡姆的最主要区别是什么?
5. 十二木卡姆中演奏气氛最热烈的是哪一部分?

三、用所给的词语替换下列句子中的画线部分词语,保证句子意思基本不变

无尽　憧憬　追求　博采众长　擅长　耳目一新

1. 君实在二十岁时,满脑子装着对未来生活的<u>向往</u>。　　　　　　　　　　　(　　)

2. 他的妃子阿曼尼莎罕精于维吾尔音乐艺术。　　　　　　　　　　　　（　）
3. 他吸取过去的经验与教训，广泛向他人学习，以他超人的谋略开辟了一条新路。（　）
4. 这篇文章含义深刻，使人回味无穷 。　　　　　　　　　　　　　　（　）
5. 这部直接取材于现实社会生活的长篇小说，令人倍感新鲜。　　　　（　）

词语提示

憧憬	（动）	chōng jǐng	向往。
无穷	（形）	wú qióng	没有穷尽；没有止境。
载歌载舞	〈组〉	zài gē zài wǔ	边唱歌，边跳舞。形容尽情欢乐。
苍劲	（形）	cāng jìng	（树木、诗文、字画、歌声等）苍老挺拔。
耳目一新	〈组〉	ěr mù yī xīn	听到的、看到的跟以前完全不同，使人感到新鲜。
遗风	（名）	yí fēng	前代或前人遗留下来的风教。
先河	（名）	xiān hé	首先创导的事物。
博采众长	〈组〉	bó cǎi zhòng cháng	从多方面吸取各家的长处。

单元阅读测试练习三

 阅读1

　　我是一个很好胜的人。有一次搭公车,我的手被车门夹住了,我没有说出来,因为前面坐着好几个学姐学妹。我想,等到下一站,车门会自动打开吧。结果到了下一站,车子竟然没有停下来。于是,我就跟学姐说:"你可不可以跟司机说一下,我的手被夹到了。"我就是这样爱面子又好胜,但这却帮助了我在演艺圈生存,我告诉自己,绝对不能输,永远都要在第一。

　　我没有考上大学,但是我却给你们演讲,你们会不会觉得有点奇怪?方文山也才读过小学而已,不过他写的东西却能够进到教材里面。我觉得厉害的人、不平凡的人并不是书要念得多好,我觉得他要有一技之长,内在比学历更重要。

　　从以前到现在,我写的歌曲多是充满正能量的歌曲。我没出道时写了《蜗牛》,那时我也是"蜗居"。我写这样的歌,是因为我觉得有一天一定要站在山顶。当时我写的歌曲几乎都是给别人唱,别人不要的,我重新拿来唱,所以有了《双截棍》这些歌曲。

　　当时蜗居在录音室,被吴宗宪给发掘,他希望我三天写十几首歌曲,这是他给我的一个功课,他从里面挑选歌曲去用。那个时候,我自己给自己的一个期许就是,一定要赚到钱,然后让家人过上好的生活,这是我写歌的一个重要原因。另外一个原因是因为,我觉得父母在我小的时候,花费了太多的金钱,让我学钢琴,所以我要弥补回去。那时候有一个信念,就是不能让自己的父母失望。

　　当年父母很希望我可以考上音乐系,然后读大学。我大概考了两次吧,反正我不是读书的料,而且我又很爱玩,虽然也去图书馆,但大家都在看书,我就想去打球。后来想想,假如年轻时我没去学琴、没去打球,我现在怎么拍《不能说的秘密》和《大灌篮》?如果那时我不喜欢看武术电影,怎么拍《青蜂侠》?这些都不是父母让你去学的,你是有自发性的,你喜欢这样的东西。

　　我觉得能鼓励大家的就是,找寻自己跟大家不一样的那一点,去把它放大。

(选自《大洋新闻》,作者:周杰伦)

练 习

速读第1遍,完成下面的练习(建议阅读时间4分钟)

一、根据阅读内容选择正确答案

1. "我"被公车夹到手,为什么没有说出来?
   A. 害怕学姐学妹笑话　　　　　B. 永不服输
   C. 没感觉到疼　　　　　　　　D. 害怕司机
2. "我"觉得厉害的人、不平凡的人是什么样的?
   A. 书要念得好的人　　　　　　B. 各方面做第一的人
   C. 跟大家不一样的人　　　　　D. 有一技之长的人
3. "我"写歌的原因是:
   A. 想赚到很多钱　　B. 喜欢写歌　　C. 答应了朋友　　D. 父母的要求
4. "我"能拍成《不能说的秘密》《大灌篮》和《青蜂侠》等电影的原因是:

    A．朋友邀请我拍   B．拍电影是我在大学时的愿望
    C．父母让我去拍电影   D．我对电影中涉及到的知识很熟悉
5．不属于"我"的成功秘诀的是：
    A．不服输的性格   B．发掘自己感兴趣的方面
    C．兴趣要广泛   D．一定要有一技之长

细读第2遍，完成下面的练习

二、根据阅读内容判断正误

1．方文山只读过小学，但他写的东西却能够写进教材是因为他的内在比学历好。（　）
2．"我觉得有一天一定要站在山顶"意思是："我"一定会成功。（　）
3．"我"写《蜗牛》是因为"我"蜗居在录音室。（　）
4．"我"考上了大学音乐系。（　）
5．"我"喜欢打球，看武术电影。（　）
6．"我"觉得要多发展自己和别人不一样的优点。（　）

词语提示

蜗居	（名）	wō jū	比喻极为狭小的居室。
发掘	（动）	fā jué	把埋藏的东西挖掘出来。
弥补	（动）	mí bǔ	补偿，赔偿。

阅读2

    在汉语里，小和老是表达数量和状态的副词，又是描述和赞美的形容词。
    小，表珍怜。小猫之小，说人对猫的喜爱，其实猫不小，比老鼠大多了。当人不说老鼠、耗子，而说小老鼠的时候，也说出喜爱。童谣："小老鼠，上灯台，偷油吃，下不来。"把它当成了有爸有妈的儿童。甚至，人们说的"小鬼"这个词也透着喜爱。阎王殿里的小鬼是打工仔，画上的它们赤背，腿上的筋骨跟南方插秧的农民差不多。小鬼并不作恶，人间没一件坏事是小鬼干的，什么桥梁垮塌、踢假球，都是人干的。看过一幅画，想了半天想不起作者。画钟馗给妹妹的陪嫁就是一箩筐小鬼。小鬼那么瘦，那么年轻，钟妹妹不能拿去煮肉吃，也当人使唤。儿童的嘴里吐出更多"小"的形容词，小狗、小鸡、小筐、小桌子、小板凳、小手绢。好东西都被儿童赋予"小"的命名，他们还会说"小爸爸、小妈妈"，把父母看成自己的同伴，爸爸妈妈只是个职务。
    小的一般是美的，朱光潜说过这个话。喜欢抬杠的人说，病菌小，难道也美吗？如果仅仅谈美而不涉及善，病菌在显微镜下不见得不美。在电视上听科学家何大一说非典病毒的形态，说：太完美了！赞不绝口。小的东西是说小桥流水之小、月上东山之小、珍珠的小和孩子的小，都美。再看小小的露珠、草芽、刚冒出的树叶和麦苗、雏鸡，都由于小而显出美。小之美跟事物之初有关，刚刚出来的东西都小，都有原初之美。
    老，表尊崇。老也是副词，老年、老师、老虎都在说尊崇。师已受尊，加上老字更受敬重了。在动物里，虎戴着老的高帽子，其他的动物——蛇、兔子、猴和狼都戴不上这顶帽子。有此尊号的动物还有鹰。鹰和虎的气质沉静，外观气质就受人尊敬，就老。汉字源流中，老是长者，故受尊敬。谈话里面，老头子之老，在尊敬中带着亲昵。老坏蛋纯粹是亲昵，老爸老妈也是这样。

小和老,占着人生头和尾两个阶段,小孩子和老人都是被保护、被尊重的对象。上帝为了保护所有初生的人兽草木,赋予其美,使人不忍伤害。人类也把照顾老小当成自己的责任,时间长了,他们变成被审美的对象,他们的年龄特征也成了赞美之词。

(选自《北京晚报》2010 年 11 月 29 日)

练习

速读第 1 遍,完成下面的练习(建议阅读时间 4 分钟)

一、根据阅读内容选择正确答案

1. 人类把猫叫"小猫"是因为:
   A. 猫体积小　　　　　　　　　B. 喜欢猫
   C. 猫可以帮人抓老鼠　　　　　D. 猫年龄小
2. 儿童叫"小爸爸、小妈妈",是因为:
   A. 爸爸妈妈太年轻　　　　　　B. 爸爸妈妈很好
   C. 把爸爸妈妈看作自己的好朋友　D. 很喜欢爸爸妈妈
3. 人们喜欢小桥流水是因为:
   A. 因为小而显出美　　　　　　B. 因为小显出珍怜
   C. 因为小而受到赞美　　　　　D. 因为小而显出喜爱
4. 人们叫"老爸老妈"更多地表达了什么感情?
   A. 爱怜　　B. 平等　　C. 亲密　　D. 敬重
5. 小孩子和老人的年龄特征为什么成了赞美之词?
   A. 占着人生头和尾两个阶段　　B. 是人们照顾、尊重的对象
   C. 人们喜爱小孩子和老人　　　D. 小孩子和老人显得可爱

细读第 2 遍,完成下面的练习

二、根据阅读内容回答问题

1. 在汉语里,"小"和"老"是一对什么词?
2. 儿童的嘴里的"小"表达的是什么意思?
3. 人们称"老师"表达的是什么感情?
4. 上帝怎样保护所有初生的人兽草木?
5. 你觉得显微镜下的病菌美吗?为什么?

词语提示

垮塌	(动)	kuǎ tā	倒塌;坍塌。
钟馗	(名)	zhōng kuí	中国民间传说中能打鬼驱除邪祟的神。
抬杠	(动)	tái gàng	无谓地争辩。
雏	(形)	chú	幼小的鸟,生下不久的。
亲昵	(形)	qīn nì	非常亲密;亲近。

阅读3

当年,京剧大师梅兰芳唱红了以后,和忘年交杨小楼自组了戏班。

杨小楼是清末民初最著名的京剧演员之一,被誉为"武生泰斗",慈禧掌权时曾多次被邀至宫中演出,一时声名大噪。杨小楼的"戏份儿"比梅兰芳大。对这个问题杨小楼本人并不计较,倒是他的追随者提出,两人同拿头牌的戏份儿,但杨小楼应该再拿一份加钱,即每卖出一张票,杨小楼从中提成一角钱。这样一来,杨小楼的收入就大大超过梅兰芳了。

梅兰芳只是认真地对待每一次演出,暗暗地较劲儿。杨小楼则心安理得地享受着这种优待。

一个寒冷的傍晚,梅兰芳到一位友人家吃饭。窗外,凛冽的寒风吹得树枝摇摆不定。梅兰芳心情很差。原来,前一天杨小楼演《冀州城》,卖出去1000多张票,今天该梅兰芳演《嫦娥奔月》,偏偏天公不作美。梅兰芳忐忑不安,都想托病罢演了。在朋友的规劝下,他最终还是硬着头皮坐车前往剧场。

刚走到剧场那条街,老远就看到大街两边挤满了汽车、马车和人力车,显然都是来看戏的。梅兰芳没想到,在这么恶劣的天气里还有这么多人来看他的戏。于是,他振作精神,大步走进了戏院,只见里面人山人海,热闹非凡。原来,这天共卖出去1800多张票,不但超过了前一天的杨小楼,还打破了这个剧场开办以来的最高上座纪录。

第二天,杨小楼照例领到180块的加钱,但他却笑不出来了,"人家唱戏,咱拿钱,惭愧惭愧。"杨小楼是个正直又明事理的人,于是提出从此不再拿加钱了,与梅兰芳平起平坐,不搞特殊待遇了。

所以,人若是想要改变处境,最好的办法是在隐忍的同时提高自身,只有这样才能得到大家的肯定和承认。抱怨是最无用的。

(选自《当代健康报》2014年2月6日)

练 习

速读第1遍,完成下面的练习(建议阅读时间3分钟)

一、选择画线部分词语在句子中的意思

1. 杨小楼是清末民初最著名的京剧演员之一,被誉为"武生泰斗"。
   A. 被叫做　　B. 被当作　　C. 被看作　　D. 被赞为

2. 梅兰芳只是认真地对待每一次演出,暗暗地较劲儿。
   A. 背地里说别人坏话　　B. 悄悄地和别人比赛
   C. 暗地里使坏　　D. 自己心里不服气,不当面表现出来

3. 今天该梅兰芳演《嫦娥奔月》,偏偏天公不作美。
   A. 运气不好　　B. 老天不高兴　　C. 天气不好　　D. 老天不帮忙

4. 杨小楼……提出从此不再拿加钱了,与梅兰芳平起平坐。
   A. 一起站一起坐,关系很亲密　　B. 地位、待遇相同
   C. 水平、能力一样　　D. 待人谦虚

5. 在朋友的规劝下,他最终还是硬着头皮坐车前往剧场。
   A. 害怕　　B. 紧张　　C. 不安　　D. 勉强

细读第 2 遍,完成下面的练习

二、根据阅读内容回答问题

1. 你认为杨小楼是一个什么样的人?
2. 杨小楼为什么会从"心安理得"到感到"惭愧"?
3. 梅兰芳演出前为什么会忐忑不安?
4. 梅兰芳的成功告诉我们什么道理?

词语提示

忘年交	〈组〉	wàng nián jiāo	不因为年岁行辈产生差异而结交的朋友。
声名大噪	〈组〉	shēng míng dà zào	由于名声高而引起人们的极大关注。
头牌	〈名〉	tóu pái	旧时演戏时,演员名字写在牌子上挂出来,挂在最前面的牌子叫头牌。
凛冽	〈形〉	lǐn liè	极为寒冷,严寒刺骨。
忐忑不安	〈组〉	tǎn tè bù ān	心里七上八下,不能安定。

阅读4

越剧文化是浙江特有的一种古老而又新鲜的文化。它的文化基地是嵊州市。"越剧"起初不叫越剧,它只是嵊州市人民在日常的生活生产劳动中当作民歌来唱的一种小调。但是由于这种腔调柔和委婉、细腻,外地的人们觉得很好听,于是就学习过来唱。随着时代的变更和历史的变迁,这种小调逐渐发展为民间的"梆子戏"。人们开始把它谱写到歌词中去。随着一批戏曲人员的诞生,"梆子戏"逐渐在演唱过程中出现了很多的腔调,当它被传入上海时,就被命名为"越剧"。这时是越剧发展的高涨时期,影响着人们的生活。这种戏曲一直流传着,直到今天。

越剧演员在以前大都是男子,到了一定的时期,开始向女演员发展,形成了"女子文班戏"。为什么会出现这种情况呢?原因是多方面的。女子一般都有较好的身材,并且演出时穿的长衫合身而且文气,还有化妆等方面。这时我想很多人会问,那么男主角由谁演?这个就是越剧的一大特点——女子演男子。没错,无论是在现代还是在以前,女子都是扮演男子。她们经过长期的发声练习,使得自己的声音富有阳刚之气但又不失女性天生嗓音的味道,这就是"女小生"。并且这些女小生化妆打扮后,容貌比一般的男子都要漂亮、英俊。这就使演出更富有感染力。

越剧还有一大特点就是能明确地表达出生活里的事情。你是否发现,国粹京剧一般都是一句唱上一来半分钟的,但是越剧却不是这样,它是从民歌中发展的,而民歌是反映劳动人民生活的写实,所以唱起来富有弹力,很直接表达出意义。一些神话故事,爱情故事一般都是由越剧这一类型在舞台上表演的,因此越剧富有浓厚的文化色彩。

我国国粹分为几个派别,越剧也不例外。如"尹派"等等,她们创造了越剧的辉煌。在她们的领导和培养下,新一代的越剧班子出来了,像吴凤花、茅威涛、钱惠丽、杨魏文、何赛飞等等。越剧正在飞速发展着,正走向世界。

有空,不妨坐下看看电视,星期一至星期五浙江电视台下午2:10分都在播放浙江卫视戏曲版,里面大都播放越剧。《梁山伯与祝英台》《红楼梦》《醉打金枝》《五女拜寿》《桑园访妻》这些都是具有历史意义的事件。同时看越剧也是一种享受,是舒放心情的享受。

越剧的艺术,越剧的文化,影响着你我他,铿锵越女将是舞台上一道独特的风景线!欣赏越剧,欣赏人生,回味往事,尽在越剧戏曲中!

（选自新华网,有删减）

练习

速读第1遍,完成下面的练习(建议阅读时间4分钟)

一、根据阅读内容选择正确答案

1. 起初,越剧的演员大都是:
   A. 老人和小孩　　B. 青年女子　　C. 男子　　D. 妇女
2. 自己的声音富有阳刚之气但又不失女性天生嗓音的味道。画线词的反义词是:
   A. 阴柔　　B. 威猛　　C. 粗犷　　D. 沙哑
3. 越剧的来源是:
   A. 嵊州民间小调　　　　B. 民间"梆子戏"
   C. 女子文班戏　　　　　D. "尹派"越剧
4. 越剧为什么富有浓厚的文化色彩?
   A. 唱腔柔和委婉、细腻　　B. 演出更富有感染力
   C. 反映劳动人民的生活　　D. 唱起来富有弹力
5. 关于越剧,下列说法不正确的是:
   A. 女子演男子是越剧的一大特点　　B. 具有浓厚的文化色彩
   C. 越剧没有派别之分　　　　　　　D. 它的文化基地是嵊州市

细读第2遍,完成下面的练习

二、根据阅读内容判断正误

1. "越剧"也叫"梆子戏",起源于嵊州。　　　　　　　　　　　　　　（　）
2. "越剧"都是由女演员表演,直到现在才有男子扮演。　　　　　　　（　）
3. "越剧"小生由女子扮演是因为女子长得比男子要漂亮、英俊。　　　（　）
4. "女小生"是越剧中由女子扮演的小生。　　　　　　　　　　　　　（　）
5. 越剧中不表演神话故事和爱情故事。　　　　　　　　　　　　　　（　）
6. 浙江卫视戏曲版播放的都是经典的越剧节目。　　　　　　　　　　（　）

词语提示

嵊州	（名）	shèng zhōu	地名,浙江省绍兴市所辖的一个县级市。
委婉	（形）	wěi wǎn	语气婉转含蓄。
铿锵	（形）	kēng qiāng	形容乐器声音响亮,节奏分明,形容有节奏而响亮的声音。也用来形容诗词文曲声调响亮,节奏明快。

阅读5

近来,不仅歌坛劲吹"韩流",电视荧屏继日剧称雄之后也全面被韩国偶像剧占领。安在旭、张东健、崔真实、金喜善等韩国影视明星不仅惹疯了一群少男少女拼命"哈韩",连不少大爷大妈级的眼球也被他们牢牢抓住。一家人排排坐看韩剧的"统一行动"屡见不鲜。难怪国产TCL手机要花大钱不远千里请韩国美女金喜善做形象代言;而国产电视剧也有意邀请韩国偶像加盟一阻颓势。那么在我们哀叹国产偶像剧既不像阿猫也不像阿狗的同时,不妨一探"火爆"韩剧的必杀秘笈。

相对于中国与现实脱离的中国影视剧来讲,我更喜欢看韩国影视作品。虽然真正看过的韩剧并不多。这两年,闲着无事,看了《青青草》和《人鱼小姐》两部电视,感触很多。

观看韩剧时,便让人觉得眼前一亮,只见一群俊男美女在你面前晃过来晃过去,哭也好,笑也好,悲也好,喜也好,一举手一投足都是精心设计过的养眼。安在旭的笑脸、崔真实的酒窝,还有"氧气美女"李英爱、"阳光帅哥"车仁彪……挨个数过去,想找一个不那么惹眼的可真不容易。妙在还各有各的型,温柔的、靓丽的、清秀的、前卫的、忧郁的、奔放的、小家碧玉般的、大家闺秀样的、传统东方美人或者有欧美气质的佳丽,随便怎样总有一款适合你,再加上精美的服饰与化妆,让人觉得光看这几张脸就很值得。哇噻,你还有足够的理智去分辨这是真的还是假的,是自然的还是造作的吗?看就是了吧;靓的东西谁不爱!

韩剧经过漫长的时间吃透了亚洲人的审美趋向和情感取向。韩剧没有日剧那么新奇刺激,显得朴素平实,注重表现小人物和小事件,有时甚至有点婆婆妈妈、家长里短,然而正是在这些平常和琐碎中,亚洲伦理道德的现状和变迁,对爱情、亲情、友情的思考以及对社会弊端、人性弱点的揶揄批判如润物细雨般浸入人心,构建成了亚洲观众从根本上接受韩剧、喜爱韩剧最坚实的基础。这也是为什么除了年轻人,中老年人也会热衷于韩剧的原因。

如果说韩剧中的靓是快速抓住人的眼球,那么韩剧中的故事和讲故事的手法则是慢慢抓住人心的。在韩剧中有的仅是都市中的争斗和冲撞,然而现实中的血腥与冷酷却被人以东方式的谅解、宽容滤得干干净净。这种理想主义像美丽的泡沫给我们勾划了一个虚幻的世界,就像是观看现代童话故事。但谁能说这不是冰冷都市中最美好的慰藉?

(选自大洋新闻2001年8月5日)

练习

速读第1遍,完成下面的练习(建议阅读时间4分钟)

一、根据阅读内容选择正确答案

1. 韩国影视明星不仅<u>惹疯</u>了一群少男少女拼命"哈韩"。与画线词意思相近的一项是:
   A. 令人着迷　　B. 神智不清　　C. 惹怒　　D. 惹祸

2. 对国产偶像剧的描述,正确的是:
   A. 有很多猫狗等动物出现,不很雅观
   B. 作者对国产偶像剧持否定的态度
   C. 国产偶像剧很火爆
   D. 国产偶像剧比韩剧要好

3. 不妨一探"火爆"韩剧的<u>必杀秘笈</u>。与画线词意思相近的一项是:

A. 秘密的约定　　　　　　　　B. 包含很多绝技的书
  C. 残酷的战争场面　　　　　　D. 致人于死地的武器
4. 观看韩剧时,便让人觉得<u>眼前一亮</u>。与画线词意思相近的一项是:
  A. 因为独特而引人注目　　　　B. 晃过
  C. 响亮　　　　　　　　　　　D. 视力好
5. 年轻人和中老年人都喜欢韩剧的原因不包括:
  A. 注重表现小人物和小事件
  B. 细腻地表现了对爱情、亲情、友情的思考
  C. 批判人性弱点并不激烈
  D. 故事情节新奇刺激
6. 文章最后一段主要写什么?
  A. 韩剧故事和讲故事的手法　　B. 韩剧的俊男靓女
  C. 韩剧的色彩和音乐　　　　　D. 韩剧的审美趋向

细读第 2 遍,完成下面的练习

二、根据阅读内容回答问题

1. 作者认为,国产电视剧为什么要邀请韩国偶像加盟?
2. 作者对中国电视剧有什么看法?
3. 作者认为日剧的特点是什么?
4. 为什么说观看韩剧就像观看现代童话?
5. 你喜欢看韩剧吗?为什么?

词语提示

称雄	(动)	chēng xióng	凭借武力或特殊势力统治或独霸一方。
屡见不鲜	〈组〉	lǚ jiàn bù xiān	常常看见,并不新奇。
颓势	(名)	tuí shì	衰败的倾向,趋势。
靓丽	(形)	liàng lì	指靓艳美丽,形容青春美貌的女子或美丽风景。
养眼	(形)	yǎng yǎn	因为某人或者某事物在外观上非常有美感,让人从感官上感受到一种舒适、享受和喜悦。
揶揄	(动)	yé yú	耍笑、嘲弄、戏弄、侮辱。
慰藉	(动)	wèi jiè	安慰、抚慰。

阅读6

　　日前,某画报出版社历时两年、投资百万元打造的一套 12 册共 1200 页的漫画版《红楼梦》正式问世,然而书中的林黛玉却是一头紫色的长发,惜春的头发也是韩国漫画中随处可见的"碎发",秦可卿则袒胸露臂……对此,尽管编绘者、出版社和红学知名学者均称是"为了满足青少年的阅读习惯",是一种"大胆的尝试"。然而,许多人除了质疑,还一致认为,应该尊重我国的传统文化和历史背景,不能为了追求时尚对四大名著滥"变脸"。

　　看一看时下的图书市场不难发现,对四大名著一再"变脸"的远不止漫画版《红楼梦》,而是

刮起了"三股风":一是热衷于无厘头搞笑的"大话风"。如《大话西游》《悟空传》《春光灿烂猪八戒》《沙僧日记》等,把大家耳熟能详的唐僧师徒西天取经的故事,用调侃的语言重新再现。二是大搞漫画颠覆的"歪说风"。如《漫画歪说西游记》《漫画歪说红楼梦》《漫画歪说三国志》《漫画歪说水浒传》。比如贾宝玉与薛宝钗下棋的一幅漫画,薛宝钗在文字对白中说:"人家老公都成外企的主管了,你瞧瞧你!"贾宝玉则说:"那人家老婆比你洋气!"三是恣意演绎经管的"水煮风"。在经营管理类图书的畅销榜上,《水煮三国》一直占据榜首,而四大名著中的主人公诸葛亮、刘备、唐僧、孙悟空、宋江、林冲、贾宝玉、林黛玉等则相继在《麻辣三国》《烧烤三国》《唐僧的马》《孙悟空是个好员工》《商道红楼》中以新的身份亮相,大讲成功之道、经营之法及快意人生,原著中的形象已面目全非。

　　从改编者和出版者而言,对四大名著注入当代的时尚元素进行改造和"变脸",目的在于适应青少年的阅读特点、增加卖点,出发点似乎无可指责。然而,其效果并不好。这是因为,四大名著之所以称为名著,成为经典,是传统文化长期积淀的结果,是中国民族文化的重要组成部分,其中的人物形象也已经为多代人认可。更何况,让古代人物说现代话,让封建社会的女子袒胸露臂,既显得不伦不类,又不符合历史的真实。特别是对那些已看过原著的成年人而言,再看"变脸"后的四大名著,无疑会让人觉得是在"游戏"名著,是对已在心目中留下深刻印象的人物形象的扭曲。改编者和出版者选择的读者是青少年群体,而对其中尚未阅读过原著的青少年而言,必然会对名著造成偏见和误解,这样的后果将是任何力量都难以修正的。对于这些,不知编者和出版者是否认真考虑过?

　　中国传统文化源远流长,而文化的发展需要在继承的基础上创新,这就要求我们必须尊重历史,特别是珍视优秀的文化遗产,不能为了迎合一部分读者的口味随意对历史名著进行所谓的"整形"。

(选自《人民日报》2005年2月12日)

练习

速读第1遍,完成下面的练习(建议阅读时间5分钟)

一、根据阅读内容选择正确答案

1. 下面哪一项不是出版漫画版《红楼梦》的主要目的?
   A. 引起关注　　　　　　　　B. 方便青少年阅读
   C. 传承优秀文化　　　　　　D. 获得丰厚利润

2. 《水煮三国》是什么类型的书?
   A. 管理类　　B. 文学类　　C. 军事类　　D. 厨艺类

3. 下列说法不正确的是:
   A. 《漫画歪说红楼梦》中贾宝玉与薛宝钗是一对夫妻
   B. 四大名著因"变脸",其人物和故事情节已被替换
   C. 《水浒传》是中国的四大名著之一
   D. 《大话西游》中的主要故事情节仍是唐僧师徒西天取经的故事

4. 四大名著滥"变脸"的形式不包含:
   A. 漫画歪说　　B. 无厘头搞笑　　C. 恣意演绎　　D. 随意缩减

5. 在对待传统文化上我们应该:

A. 原样保存　　　B. 继承创新　　　C. 迎合市场　　　D. 不断改变

细读第 2 遍，完成下面的练习

二、根据阅读内容回答问题

1. 漫画版《红楼梦》出版后各方面有什么不同的反应？
2. 文中所说的"三股风"是什么意思？
3. 出版者是出于什么目的改编四大名著的？
4. 随意改编名著会对青少年产生什么后果？
5. 作者认为为什么不能随意改编四大名著？

词语提示

袒胸露臂	〈组〉	tǎn xiōng lù bì	敞开上衣，露出胳膊。
滥	〈动〉	làn	不加选择，不加节制。
热衷	〈动〉	rè zhōng	醉心，沉迷。
无厘头	〈组〉	wú lí tou	故意将一些毫无联系的事物现象等进行莫名其妙组合串联或歪曲，以达到搞笑或讽刺目的的方式。
调侃	〈动〉	tiáo kǎn	用言语戏弄；嘲笑。
面目全非	〈组〉	miàn mù quán fēi	面孔变得完全不是原来的样子。也形容事物变化很大，多为贬义。
不伦不类	〈组〉	bù lún bù lèi	形容不成样子或不规范。
源远流长	〈组〉	yuán yuǎn liú cháng	河流的源头很远，水流很长。常比喻历史悠久，根底深厚。

第四单元　民情风俗篇

> 十里不同风,百里不同俗。从古至今,民情风俗似一个极富魅力的百姓生活万花筒,丰富多彩、千变万化。文化是水,风俗民情便是鱼,鱼与水的交融,使文化愈加丰富,使风俗民情更具魅力。让我们去领略一下国内外的民情风俗吧。

第 16 课　逝去的年味

晃晃悠悠,一年又要过去,春节也近在咫尺了。

春节每年都过,无论是在故乡还是外地,所以我感觉这不是一件什么新鲜事。可仔细在脑海中检索后才发现,"春节"真是一个既熟悉又陌生的词语了。

小时候,过年总是充满着浪漫色彩。年前,母亲就开始忙着给全家人做衣裳,炸馓子,调饺子馅,置办年货。而让孩子们兴奋的是,可以从这家串到那家要糖吃,比谁的花炮多,当然最高兴的莫过于从长辈那里得到崭新的压岁钱,尽管只有五毛或一块。

大年初一的早上,屋前屋后,满地都是鞭炮,空气中也弥漫着烟火的香气,大街小巷中穿行的,到处都是喜气洋洋的笑脸,浓浓的年味就是这样散开去,植入心间的。

在那个物质乏善可陈的年代,春节的记忆却是鲜明的:可以说,过年是一年中最幸福的日子。

日子在慢慢游走,我们的生活悄然发生着变化。已经记不清从哪一年起,城市开始禁放鞭炮,因为会"造成火灾,污染空气,危害人们的健康和安全"。于是,除夕的夜晚,四处陷入一片寂静。偶尔传来的电子爆竹声,终于打破了沉寂,却显得与周遭的环境那样格格不入。

就从那时起,我对春节的记忆开始发生了断裂。

年夜饭已经不必自己动手,只要到餐厅里订一桌就万事大吉;守岁的习俗也在远去,大多数人在春节联欢晚会过后就会睡下;春联已不必请人书写,超市送的免费对联也能对付一年;拜年的方式也由登门拜访,变成电话问候,乃至如今的短信满天飞。常听人这样说,"节不节的,无非是休息,7 天长假嘛"。记忆的丧失甚至是国际性的。据报道,有些老师已经开始承担教学生怎样放鞭炮的任务了。

传统年味渐淡,已是不争的事实。

有人说,这要归结于中国人生活水平的提高,我们已经不需要在过年时满足一年积攒下来的物质需要。诚然,这种解释有一定道理,但我考虑更多的是春节所承载的文化意义。

春节的由来众所周知:古时有个凶恶的怪兽叫"夕",每到岁末便出来害人。后来,人们知道"夕"最怕红色和声响,于是年三十晚上,家家户户都要贴红春联,燃放爆竹,来驱除"夕"兽,以求得一年安宁。

因此,过年的缘起是一种仪式,是人们与自然博弈的具象化。当人们还处在对自然懵懂未知的情形下,就需要一种仪式性的活动,促进社会内聚力的融合和情感的归属,这也是一种集体意识的内化过程。

随着几百年的工业革命,人们改变了同自然的关系,理念也发生了重要的变化:从"敬畏自然"变为"征服自然"。个体走向理性和独立,社会走向分化,传统意义上的仪式丧失了其功用,春节的意义便随之衰落了。

法国社会学家涂尔干认为,工业文明的一个后果是,由于价值观的分化和人们关系的疏远,社会很容易出现失范行为,比如自杀。我想,对于中国这样一个普遍缺乏宗教信仰和面临急剧变迁的社会来说,这种危险系数恐怕会更大。

正是在这样的意义上,作为一种承载情感纽带和仪式内化的重要形式,春节不应被我们所淡忘。

别只在圣诞树下"happy together",别忘了除夕夜的那顿年夜饭。

别忘了,我们回家的路。

(选自《中国教师报》2007 年 2 月 5 日,有删减)

词语提示

馓子	（名）	sǎn zi	油炸的面食,细条相连扭成花样。
弥漫	（动）	mí màn	（烟尘、雾气、水等）充满;布满。
乏善可陈	〈组〉	fá shàn kě chén	已经没有什么可以再说的了。
鲜明	（形）	xiān míng	（颜色）明亮;分明而确定,一点也不含糊。
格格不入	〈组〉	gé gé bù rù	有抵触,不投合。
万事大吉	〈组〉	wàn shì dà jí	吉:吉利,顺利。什么事都很圆满顺利。也指一切事情都已办好。
守岁	（动）	shǒu suì	在农历除夕晚上不睡,直到天亮。
诚然	（副）	chéng rán	固然。
懵懂	（形）	měng dǒng	糊涂,不明事理。
承载	（动）	chéng zǎi	拖着物体,承受它的重量。

练习

一、根据课文内容判断正误

1. 作者每年都在家乡过春节。（ ）
2. 小时候过年最高兴的就是花炮多。（ ）
3. 以前过年,到处都可以燃放鞭炮。（ ）
4. 作者非常怀念小时候过年的景象。（ ）
5. 作者认为,虽然生活改善了,但是年味越来越淡了。（ ）
6. 春节的由来是一个神话故事。（ ）

二、选择画线词语在句子中的意思

1. 年前,母亲就开始忙着给全家人做衣裳,炸馓子,调饺子馅,<u>置</u>办年货。

A. 安置　　　　B. 安装　　　　C. 购置　　　　D. 安放
2. 除夕的夜晚，四处陷入一片寂静。
A. 安静　　　　B. 沉默　　　　C. 寂寞　　　　D. 幽静
3. 超市送的免费对联也能对付一年。
A. 应对　　　　B. 将就　　　　C. 对调　　　　D. 张贴
4. 古时有个凶恶的怪兽叫"夕"，每到岁末便出来害人。
A. 年末　　　　B. 岁数　　　　C. 一岁　　　　D. 末梢
5. 家家户户都要贴红春联，燃放爆竹，来驱除"夕"兽，以求得一年安宁。
A. 驱动　　　　B. 除去　　　　C. 赶走　　　　D. 驱使
6. 因此，过年的缘起是一种仪式，是人们与自然博弈的具象化。
A. 赌博　　　　B. 博引　　　　C. 搏斗　　　　D. 竞争

三、选择合适的词语填空

承载　鲜明　乃至　归结于　诚然　莫过于　弥漫　蔓延

1. 起火了，烟雾在室内（　），大家惊慌失措往外冲去。
2. 世界上最快乐的事，（　）为理想而奋斗。
3. 不能把粮食减产（　）退耕还林。
4. "建设社会主义新农村"，有着（　）的时代特征。
5. 他的发明，引起了全国（　）国际上的重视。
6. 城市（　）着巨大的人口压力。

四、根据课文内容选择正确答案

1. 这篇文章的写作时间大概是在：
   A. 已经过完年　　B. 即将过年　　C. 正在过年　　D. 年底
2. 过去虽然物质贫乏，但人们对过年却是：
   A. 盼望的　　　　B. 无奈的　　　C. 麻木的　　　D. 无所谓的
3. 作者为什么说"就从那时起，我对春节的记忆开始发生了断裂"？
   A. 春节的仪式已经发生了很大变化
   B. 春节禁止放鞭炮
   C. 以前春节的仪式已在"我"的记忆中消失了
   D. "我"暂时失去了记忆
4. 下列哪项不会发生在以前的过年中？
   A. 守岁　　　　　B. 写春联　　　C. 放鞭炮　　　D. 订餐厅
5. 最初的春节只是：
   A. 一种博弈　　　B. 一项活动　　C. 一种礼仪　　D. 一种仪式
6. 下列哪项符合文章的内容？
   A. 现在人们用电子爆竹代替鞭炮，认为电子爆竹与鞭炮的效果相同
   B. 虽然社会进步了，但人们之间的关系却疏远了
   C. 人们对过年越来越重视了，过年的程序也越来越复杂了
   D. 人们已经可以完全掌控自然了

五、根据课文内容回答问题

1. 作者为何说"春节"是一个既熟悉又陌生的词语？
2. 现在春节时城市禁放鞭炮的理由是什么？
3. 如何理解"有些老师已经开始承担教学生怎样放鞭炮的任务了"？
4. 在关于春节的神话中，人们燃放鞭炮的目的是什么？
5. 通过这篇文章，作者想表达什么样的思想？

说一说

1. 介绍一下本民族的传统节日。
2. 你喜欢过年吗？为什么？

阅读技能指导

抓段落主题句

　　一篇文章有自己的中心句，而段落则有自己的主题句。段落主题句是表达一个段落中心思想的句子，是为整篇文章中心服务的。一个段落只能有一个中心，段落中的其他句子都是围绕这一中心展开，进行细节描述或论证。那么在阅读时，既快又准地把握段落的主题句，将对段落和文章的理解起着关键作用。

　　每个段落一般都有自己的主题句，如果没有主题句，那该段就是在为上文或下文的主题句服务。段落主题句的位置类似于篇章中心句，通常位于段落的开头和结尾，或者位于段落的中间。如果段落主题句不明显，则需要读者分析总结。

练　习

阅读后完成相应的练习

(一)

　　最近教育部和卫生部调查显示，视力低下和肥胖已经成为威胁孩子健康的两大疾病。目前我国中小学生的近视发生率接近60％，居世界第一位。少年儿童超重和肥胖率也极为严重，18岁以下少年儿童超重及肥胖率分别为17.6％和5.6％。由此导致的青少年慢性疾病发病率也呈显著上升趋势。少年儿童是国家的未来和希望，社会、学校、家长在关心青年成长成才的同时，也应高度关注其身体健康。

1. 找出本段关键词
关键词：＿＿＿＿＿＿＿＿＿＿＿＿＿＿＿＿＿＿＿＿＿＿＿＿＿＿。
2. 写出本段主题句
主题句：＿＿＿＿＿＿＿＿＿＿＿＿＿＿＿＿＿＿＿＿＿＿＿＿＿＿。

(二)

　　中日学生夏令营的一次越野对抗赛，日本孩子以明显的优势率先到达目的地。中国领队对沮丧的中国孩子说："你们的表现还算不错。"这句话激励了孩子们，他们在以后的比赛中多次战胜了日本孩子。从这一点可以看出，表扬起到了竞争的作用，增强了孩子们的信心。

1. 找出本段关键词

关键词：_____。

2. 写出本段主题句

主题句：_____。

阅读1

要过年了，家家户户张灯结彩，披红挂绿，人人乐上眉梢，喜气洋洋。在我国北方，除夕之夜，屋里热气腾腾，一家人围坐在一起，切菜的切菜，剁馅的剁馅，和面的和面，有说有笑，热热闹闹，每家每户都在准备大年初一早上吃的饺子。过年时，无论有多么丰盛的菜肴，有多么丰富的食品，北方人总不会忘记要吃饺子。吃饺子和过春节，在他们看来是密不可分的。不吃饺子，还算什么过年？

饺子的起源非常久远。有人考证，饺子是从"馄饨"发展而来的，不过，今天的馄饨与饺子已成为两种食品。馄饨在四川叫"抄手"，在广东、广西叫"云吞"。三国时期，在魏人张揖所著的《广雅》一书中，就有"馄饨，饼也"之说。中国北方的主要农作物是麦子，所以各种面食是北方人的主食。魏晋以后，面食的花样出现不少，"饼"成了当时各种面食的总称。用蒸笼蒸的，叫"蒸饼"；在火上烤或烙的，叫"炉饼"；放进水里煮的，便叫"汤饼"。当时的馄饨，就是一种"汤饼"。1968年，在新疆吐鲁番发掘的唐代墓葬中，就发现了饺子的实物，其形状和颜之推所说的相同，和我们今天常见的水饺也没有多大差别。由此可见，南北朝时，饺子已是民间常见的食品，而且至少在唐代，饺子已传到了遥远的边疆。宋代时，馄饨又出现了一个名称，叫"角子"或"水角儿"。这个名称一直沿袭到明清。直到现在，我国还有一些地方仍把饺子叫做"角子"。"角子"一词，取其"更岁交子"之意。元代时，饺子被称为"扁食"。据考证，这个名称可能出自元代的蒙古族语或回族语。

按中国古代习俗，饺子一般在除夕晚上包好，到零时下锅煮食。中国古代"干支"计时法，夜里十一点至次日一点为"子时"。半夜零点，正交子时，即是旧年与新年相交的时候。"角子"与"交子"谐音，"交子"加上食字旁，便成了"饺子"。

春节吃饺子，以示辞旧迎新，民间有许多规矩，富有民俗意味。清代时，富贵人家，春节包饺子，将小金银元宝藏在饺子里，谁吃到了，即预示新年大吉大利。还有在春节饺子里包鼓皮、蜜糖、铜钱之类东西的。谁吃到鼓皮饺子，象征有福气；吃到蜜糖饺子，象征日子甜蜜；吃到铜钱饺子，就象征新的一年里有财运。饺子形状像元宝，因此有的地方干脆将饺子叫做元宝。

除夕包饺子讲究皮薄、馅足、捏得严紧，既不准捏烂，也不准煮烂，如果一不小心弄破了，也不能说"破"和"烂"了，只能说"挣了"。

千百年来，饺子已成为我国北方人最喜欢的食品。过年过节，要吃饺子；婚丧喜事，要吃饺子；送往迎来，要吃饺子；朋友聚会，也要吃饺子。真是如民谚所说的"好吃不如饺子"了！

(选自《中国民俗》汪石满主编，有删减)

练习

速读第1遍，完成下面的练习（建议阅读时间6分钟）

一、根据阅读内容选择正确答案

1. 饺子对北方人的重要性体现在：

A. 除夕夜全家人必须包饺子　　　　B. 过年不吃别的只吃饺子
   C. 吃饺子就像过年一样　　　　　　D. 不吃饺子不算过年
2. 下面不属于汤饼的食物是：
   A. 面条　　　B. 饺子　　　C. 馄饨　　　D. 包子
3. 关于饺子的民俗意味表述正确的一项是：
   A. 过年吃到铜钱饺子预示新年大吉大利
   B. 过年吃到鼓皮饺子象征着来年财运亨通
   C. 除夕不能说饺子"破了"，要说"挣了"
   D. 除夕包饺子如果捏烂了表明你一年晦气
4. 一些地方把"饺子"叫"角子"的原因是：
   A. 煮饺子是在大年初一的零时
   B. 煮饺子半夜零时正好与子时相交
   C. 角子与交子谐音
   D. 以上所有
5. 下面哪一项不是饺子的曾用名？
   A. 云吞　　　B. 角子　　　C. 扁食　　　D. 汤饼

细读第2遍，完成下面的练习

二、根据阅读内容判断正误

1. 在我国，大年初一吃饺子是每家每户必须进行的一项活动。　　　　（　）
2. 馄饨名称的出现早于饺子，且在不同的地方有不同的叫法。　　　　（　）
3. 三国时期，人们就已经把馄饨叫做饼了。　　　　　　　　　　　　（　）
4. 过年吃饺子，不同馅的饺子富有不同的民俗意味。　　　　　　　　（　）
5. 中国人煮饺子有一个习俗，就是不能说饺子煮破了，只能说挣了。　（　）
6. 饺子对于中国人来说是最喜欢的食品。　　　　　　　　　　　　　（　）

三、用所给的词语替换下列句子中的画线部分词语，保证句子意思基本不变

悠久　遥远　种类　造型　索性　沿用　抄袭　撰写

1. 饺子的起源非常久远。　　　　　　　　　　　　　　　　　　　　（　）
2. 三国时期，在魏人张揖所著的《广雅》一书中，就有"馄饨，饼也"之说。（　）
3. 魏晋以后，面食的花样出现不少。　　　　　　　　　　　　　　　（　）
4. 这个名称一直沿袭到明清。　　　　　　　　　　　　　　　　　　（　）
5. 因此有的地方干脆将饺子叫做元宝。　　　　　　　　　　　　　　（　）

词语提示

张灯结彩	〈组〉	zhāng dēng jié cǎi	挂上灯笼，系上彩绸。形容节日或有喜庆事情的景象。
披红挂绿	〈组〉	pī hóng guà lǜ	穿艳丽的服装或带喜庆气氛的装饰。
乐上眉梢	〈组〉	lè shàng méi shāo	欢喜的神色在脸上表现出来。

烙	（动）	lào	把面食放在烧热的锅上加热变熟。
干支	（名）	gān zhī	天干和地支的合称。拿十干的"甲、丙、戊、庚、壬"和十二支的"子、寅、辰、午、申、戌"相配，十干的"乙、丁、己、辛、癸"和十二支的"丑、卯、巳、未、酉、亥"相配，共配成六十组，用来表示年、月、日的次序，周而复始，循环使用。干支最初是用来纪日的，后来多用来纪年，现在农历的年份仍用干支。
民谚	（名）	mín yàn	民间谚语。

阅读2

岁末春初，万象更新。人们将火红热闹、五彩缤纷的年画、春联贴上墙，顿觉四壁生辉，一种节日的喜庆气氛扑面而来。

年画是由古时的门神画发展演变而来的，是我国民间绘画艺术中群众喜闻乐见的一种形式。门神在我国起源很早。远古时，人们往往喜欢在门上挂一些辟邪之物，以保护家庭的安全。相传古代尧舜时就有在门上画鸡、画虎的习俗。尧舜以后，人们认为家中的门户也是一种神。《礼记》中就有祭祀门神的记载。

汉代以后，门神人格化为威风凛凛的勇士。大约在南北朝时期，民间出现了奉神荼、郁垒为门神的习俗。大约到唐代以后，门神中又加上了两位将军，一位是白脸的秦琼，另一位是黑脸的尉迟恭。这两位是唐朝开国名将，战功卓著。设立门神本是为了驱鬼，可是到唐明皇时，又尊奉一位鬼为门神，这就是大名鼎鼎的钟馗。从此以后，两位神仙，两员大将，一位善鬼，共享门神尊位，成为老百姓喜爱的形象。

宋代，随着雕版印刷业的发展，木版门画逐步取代了手工绘制的门神画。随着宋代诗词、戏曲、话本文学的兴起，门画题材也从神荼、郁垒、秦琼、尉迟恭、钟馗等传统门神画逐渐扩展到历史人物、神话传说、民间故事和戏曲故事。据说现存最早的门画，是1907年在甘肃发现的南宋时刻印的《四美图》，上面印的是王昭君、赵飞燕、绿珠、班姬四大美人。由此可见，当时门画题材已不仅仅局限于门神。

在我国古代绘画中，原来并没有年画这一种。到明清时代，门画进入了全盛时期，年画内容日趋丰富，除了从唐代沿袭下来的门神画像外，还出现了麒麟送子、春牛耕田、金鸡报晓、五子登科、连（莲）年有余（鱼）、牛郎织女、珍禽异兽、各地名胜、戏曲故事、名臣猛将、绿林好汉等内容。年画的表现手法也日臻成熟，如以莲花、鱼来象征连年有余，以蝴蝶、佛手、蝙蝠、虎象征福寿，以金蟾、梅花鹿象征财禄、发财，以西瓜、石榴寓意多子或喜添贵子等等。年画用各种吉祥图案与画面中的人物及故事情节巧妙组合，借以表达人们祈求吉祥安康、消灾辟邪、风调雨顺、五谷丰登和对美好生活的希冀与向往。

年画与民间风俗活动有极为密切的关系。旧时大凡岁时节日、嫁女娶亲、生子弥月、入塾读书、考试中举、升官授职、拜师收徒、养蚕获利、捕鱼丰收、出猎平安、安家乔迁、谢医挂匾、祭天酬神等民俗活动中，都用年画来烘托气氛点缀其盛。

(选自《中国民俗》汪石满主编，有删减)

练习

速读第1遍,完成下面的练习(建议阅读时间5分钟)

一、根据阅读内容选择正确答案

1. 汉代以前做门神的是:
   A. 鸡和虎　　　B. 勇士　　　C. 神荼、郁垒　　　D. 秦琼

2. 把秦琼和尉迟恭设立为门神的原因是:
   A. 认为他俩都英勇善战,可以驱走妖魔鬼怪
   B. 百姓为了纪念他俩为唐朝立下的卓著战功
   C. 唐太宗钟爱两位战将,下令立他们为门神
   D. 百姓喜爱秦琼白脸和尉迟恭黑脸的形象

3. 宋代门画的特点是:
   A. 木板门画逐渐被手工绘制的门神画所取代
   B. 门画题材的范围扩大了
   C. 美人画取代了五大传统门神画
   D. 传统门神画已彻底被新题材的门神画所取代

4. 希望富贵长寿,一般在年画中用的图案是:
   A. 莲花　　　B. 麒麟　　　C. 金蟾　　　D. 蝙蝠

5. 关于年画表述正确的一项是:
   A. 年画早期的作用是祭祀门神
   B. 人们可借年画图案与画面中的人物及故事情节组合表达自己的心愿
   C. 逢年过节人们贴年画是为了消灾避邪
   D. 年画一般在逢年过节时才贴于墙上以烘托节日的气氛

细读第2遍,完成下面的练习

二、根据阅读内容回答问题

1. 远古时代,人们画门神的目的是什么?
2. 在唐代被视为门神的是哪几个人?
3. 宋代门画题材开始多样的原因是什么?
4. 明清时代的年画有什么特点?
5. 如果希望人丁兴旺在家里贴什么内容的年画?

三、选择画线部分词语在句子中的意思

1. 火红热闹、五彩缤纷的年画、春联一贴上墙,<u>顿</u>觉四壁生辉。
   A. 立刻　　　B. 感觉　　　C. 突然　　　D. 马上觉得

2. 汉代以后,门神<u>人格化</u>为威风凛凛的勇士。
   A. 美化　　　B. 打扮　　　C. 形象化　　　D. 拟人化

3. 年画的表现手法也日<u>臻</u>成熟。
   A. 每天　　　B. 完全　　　C. 慢慢达到　　　D. 快速

4. 西瓜、石榴<u>寓意</u>多子或喜添贵子。

A. 隐含的意思　　B. 比喻的意思　　C. 寓言的内涵　　D. 预言

5. 旧时大凡岁时节日、嫁女娶亲、生子弥月等民俗活动中,都用年画来烘托气氛点缀其盛。

A. 一个月　　B. 两个月　　C. 满月　　D. 十二个月

词语提示

喜闻乐见	〈组〉	xǐ wén lè jiàn	喜欢听,乐意看。指很受欢迎。
辟邪	〈动〉	bì xié	避免或驱除邪恶。
尧舜	〈名〉	yáo shùn	传说是上古的贤明君主。
威风凛凛	〈组〉	wēi fēng lǐn lǐn	形容声势或气派使人敬畏。
麒麟	〈名〉	qí lín	古代传说中的一种动物,形状象鹿,头上有角,全身有鳞甲,有尾。古人拿它象征吉祥。
五子登科	〈组〉	wǔ zǐ dēng kē	宋代窦禹钧的五个儿子仪、俨、侃、偁、僖相继考取进士,故称"五子登科"。一般用作结婚的祝福词或吉祥语。
五谷丰登	〈组〉	wǔ gǔ fēng dēng	指年成好,粮食丰收。
烘托	〈动〉	hōng tuō	陪衬,使明显突出。

第 17 课　过生日与祝寿

　　孩子们特别爱过生日。过生日,就能吃到香甜可口的生日蛋糕,能收到各种各样的生日礼物,如得到爸爸妈妈的允许,还能邀请要好的小伙伴一起到家里来嬉闹、庆贺。特别是在《祝你生日快乐》的歌声中,一口气吹灭生日蛋糕上小蜡烛的一刹那,更使生日蒙上了一层梦幻般的色彩。

　　生日这一天,爸爸妈妈格外宽容,即使孩子做了什么出格的事,也不会板下脸来。生日,是每个孩子自己个人的节日,而其他节日则是大家的。

　　也许很多孩子不知道,吃蛋糕、吹蜡烛原是从西方传来的习俗。那么,中国传统的过生日习俗是怎样的呢?

　　唐人笔记里有这么一个故事:唐玄宗当上皇帝后,渐渐冷落了自己的患难之妻王皇后。有一天,王皇后用一件过去的事情来提醒玄宗:"你忘了当年我脱下新背心去换一斗面粉,为你做面条过生日的事了吗?"从这个故事可以看出。生日吃面条的风俗最迟在唐代就已经出现了。面条,细白而绵长,可象征长寿,所以这一风俗一直流传至今。

　　中国是个尊重老年人的国家,为老年人庆寿诞是很重要的事。一般五十岁以上过生日便称"寿",特别是以"十"为整数的寿诞(俗称"整寿"),更是倍受重视,格外隆重。

　　民间流行七十三岁、八十四岁为不吉之年的说法。俗话说,"七十三,八十四,阎王不请自己去""七十三,八十四,阎王请你商量事",意思都是说这两个岁数是人生的一大关口。据说这种习俗与孔子、孟子这两位圣人的终年有关。相传孔子是七十三岁死的,孟子是八十四岁死的,既然连圣人都过不了这两关,那么一般老百姓就更不用提了。

　　给老人和长辈做寿,一般都由子孙出面张罗。祝寿的规模,主要取决于家庭社会地位的高低和经济实力的强弱。与诞生礼、婚礼等人生礼仪一样,越是富贵人家就越讲究,越是贫寒之家就越简单。

　　正逢寿诞的老人称为"寿星""老寿星"或"寿翁"。按旧时习惯,做寿这天,亲戚、晚辈、世交故友都要携礼前往祝寿。传统的寿礼有寿幛、寿联、寿烛,还有寿桃、寿面、寿糕等。寿幛、寿联是上面写着祝贺、吉庆话语的丝帛长轴。常用的吉庆语有"福如东海长流水,寿比南山不老松"之类。

　　祝寿仪式习惯在中堂举行,堂上挂一个大大的"寿"字,两旁挂上寿联,四周陈列亲友馈赠的寿幛、寿联,香案上摆满寿桃、寿糕、寿烛等寿礼,堂内张灯结彩,红烛高照。寿星坐正中,接受亲友、晚辈的祝贺、叩拜。拜寿仪式结束后,摆席设宴招待来宾,最后一道必是寿面。在江南一带,吃寿面时,各人要从自己碗里先挑出数根面条,加到寿星碗里,这叫"添寿"。碗里面条不能盛得太满,因为"满寿"为不吉,"满"即意味着"尽"和"终"。传统做寿少不了面做的寿桃。这里也有个故事。相传某年七月七日,西天王母娘娘下降人间,送给汉武帝四颗仙桃。这仙桃的滋味鲜美无比,武帝吃后连声叫好,随后小心翼翼地收起桃核。西王母问武帝何故,武帝说:"我想留着再种。"王母笑道:"此桃三千年才结果,中原地薄,种了也无用。"武帝无奈,只好作罢。这寿桃后来便成了长寿的象征。桃子当然不是一年四季都有的,于是用面粉来做寿桃便相沿成俗。

旧时民间还有"借寿"之俗。人们认为寿命虽本在天,但寿命也像钱财一样可以出借。要是家人生了病,医治无效,便认为寿期已到,这时若有人借寿给他,便可能延长寿命。于是,子女、至亲就斋戒沐浴,亲往宗庙拜祷上苍,表示自愿借寿给病人。俗传此举一定要完全出于自觉自愿,要是病家请托或他人说合,就不会灵验。如果病人偶然转危为安,大家便认为上苍已同意借寿,于是便焚香许愿,祷谢上苍;如病人还是不行了,自愿出借寿数的人也要祷告上天,以取消前愿,免得阎罗判官稀里糊涂把寿数错给了别人。

现代人无论是过生日还是做寿,都基本上抛弃了过去的迷信观念,着意于热闹一下,庆贺一下,以表示长辈对下辈的厚爱和下辈对长辈的感谢、孝敬之情。

(选自《中国民俗》汪石满主编,有删减)

词语提示

一刹那	(副)	yī chà nà	十分短促的时间内。
出格	(形)	chū gé	指越出常规;超出范围。
冷落	(动)	lěng luò	使受到冷淡的待遇。
禁忌	(名)	jìn jì	被禁止或忌讳的话或行动。
凶悍	(形)	xiōng hàn	凶残强悍。
阎王	(名)	yán wáng	佛教称管地狱的人。
馈赠	(动)	kuì zèng	赠送。
叩拜	(动)	kòu bài	叩头下拜。
斋戒	(动)	zhāi jiè	古人祭祀之前,必沐浴更衣,不喝酒,不吃荤,不与妻妾同寝,以表示虔诚庄敬。
沐浴	(动)	mù yù	洗澡。
焚香	(动)	fén xiāng	烧香;点燃香支。
说合	(动)	shuō hé	从中介绍,促使事情成功,或使两方面能说到一块儿。
灵验	(形)	líng yàn	有奇效。
转危为安	〈组〉	zhuǎn wēi wéi ān	由危险转为平安(多指局势或病情)。

练习

一、根据课文内容判断正误

1. 对孩子来说,生日是他个人最重要的节日。（　）
2. 中国传统的过生日习俗是吃象征长寿的面条。（　）
3. 中国人非常重视给老人庆寿诞,是因为中国自古是个礼仪之邦。（　）
4. 一般说来家庭社会地位和经济实力决定了给老人祝寿的规模。（　）
5. 吃寿面时从寿星碗里挑出数根面条意思是"添寿"。（　）
6. 现代人做寿的主要目的是图热闹。（　）

二、选择画线部分词语在句子中的意思

1. 生日这一天,即使孩子做了什么<u>出格</u>的事,父母也不会<u>板下脸</u>来。

A. 面无表情　　　B. 心情郁闷　　　C. 生气、不开心　　D. 非常愤怒
2. 唐玄宗当上皇帝后,渐渐冷落了自己的<u>患难</u>之妻王皇后。
　　A. 困难和危险的处境　　　　　B. 害怕困难
　　C. 共同承受灾难　　　　　　　D. 得了重病
3. 据说这种习俗与孔子、孟子这两位圣人的<u>终年</u>有关。
　　A. 去世时的年龄　　　　　　　B. 去世
　　C. 去世的那一年　　　　　　　D. 同一年去世
4. 给老人和长辈做寿,一般都由子孙出面<u>张罗</u>。
　　A. 料理　　　B. 安排、筹划　　C. 应酬　　　D. 布置、摆设
5. 武帝无奈,只好<u>作罢</u>。
　　A. 不进行　　B. 同意　　　　　C. 不理会　　D. 不算数
6. 子女、<u>至亲</u>斋戒沐浴,亲往宗庙拜祈上苍,表示自愿借寿给病人。
　　A. 关系最近的亲戚　　　　　　B. 关系最好的朋友
　　C. 父母　　　　　　　　　　　D. 最受欢迎的人

三、选择合适的词语填空

出格　过分　冷落　冷淡　说合　说服　转危为安　化险为夷

1. 他们矛盾很深,我去(　　)一下,看能够化解。
2. 我被她这种(　　)的态度,弄得不知该怎么办了。
3. 你今天说的话太(　　)了,伤了妈妈的心。
4. 警察终于(　　)歹徒放下手中的武器,投案自首。
5. 经过医生们连续几个小时的紧张抢救,他终于(　　)了。
6. 大家怕她被(　　),总是聊一些她感兴趣的话题。

四、根据课文内容选择正确答案

1. 下面哪一项不是孩子爱过生日的原因:
　　A. 能收到各种各样的生日礼物
　　B. 可以邀请好伙伴来家里嬉闹庆贺
　　C. 可以吃蛋糕、吹生日蜡烛
　　D. 可以随心所欲提任何要求
2. "七十三、八十四,阎王不请自己去"的准确解释是:
　　A. 到了七十三、八十四岁,人必定会死
　　B. 七十三、八十四岁是老年人容易死亡的年龄
　　C. 人老了,没用了,连阎王都不想收留他
　　D. 人岁数大了,随时会有死亡的危险
3. 寿诞最隆重的应该是:
　　A. 60岁　　　B. 68岁　　　C. 70岁　　　D. 72岁
4. 传统做寿时用面做寿桃的主要原因是:
　　A. 面做的寿桃好吃　　　　　　B. 面做的寿桃才能象征长寿
　　C. 桃子生长有季节性　　　　　D. 一种风俗习惯

5. 在寿诞上老寿星必须要做的一件事是：
   A. 吃寿桃　　　B. 吃寿面　　　C. 吃寿糕　　　D. 点寿烛
6. 下面哪一项不是现代人做寿的目的？
   A. 为了图热闹
   B. 表示长辈对晚辈的厚爱
   C. 表达晚辈对长辈的感谢、孝敬之情
   B. 为了延长老人的寿命

五、根据课文内容回答问题

1. 为什么民间流行七十三、八十四岁为不吉之年？
2. 你知道哪些祝寿的吉庆语？

说一说

1. 你现在喜欢过生日吗？为什么？（至少三条理由）
2. 请讲一讲本民族的祝寿风俗。

阅读技能指导

归纳概括段落主题句

一个段落可以由一个自然段组成，也可以由几个自然段组成。有的段落有明显的主题句，而有的段落则需要读者归纳概括。那么该如何归纳概括主题句呢？

如果是一个自然段的段落，先看看有几句话并了解每句话的意思，接着找出每句话中的关键词，然后用关键词自己组合成句来概括主题句。如果一个段落由几个自然段组成，首先概括出各个自然段的意思，然后把这些自然段的意思综合起来，最后用一句简洁的话概括出段落主题句。段落主题句的提炼其实也就是对段意的概括。

段落中所有句子都是围绕着主题句所表达的中心思想来扩展的，因此，主题句必须主旨鲜明，言简意赅，而且每一个句子的内容都应与主题句相关。

练习

阅读后完成相应的练习

（一）

_____。微笑应贯穿应聘全过程。应聘者进了公司，从跟前台打交道开始，就不妨以笑脸示人。见到面试官之后，不管对方是何种表情，都要微笑着与其握手、作自我介绍。在面试过程中，也要始终注意，不要让面部表情过于僵硬，要适时保持微笑。面试结束后，不管面试官给了你怎样伤心的答复，也要微笑着起身，并主动握手道别。

1. 找出该段落的关键词。
   关键词：_____。

2. 在横线处填写主题句。

(二)

_____。他们凭空想了许多念头，滔滔不绝地说了许多空话，可是从来没认真做过一件事。

_____。他们一天忙到晚，做他们一向做惯的或者别人要他们做的事情。他们做事的方法只是根据自己的习惯，或者别人的命令。到底为什么要做这件事，为什么要这样做，有没有更好的办法，他们从来不想一想。

1. 在横线处填写主题句。

阅读1

　　古人用许多方式来区分地位、身份的尊卑高下。用语言、称谓可以区分；用穿什么衣服、衣服着什么颜色也能区分；而筵席、宴会更是讲究礼仪的地方，于是如何安排座次就有了许多的讲究，用以区别人们的地位和身份。

　　我们今天所说的"筵席"，是一个完整的词。但在古代，"筵"指的是铺在地上的席子，这样地面不露出来，就比较干净；而"席"指的是"筵"之上铺的专给人坐的席子。筵大于席，筵铺于下，席铺于上。在桌椅板凳尚未发明的时候，客人来了就围坐在一块席子上，大家席地而坐。后来"筵"和"席"合在一起，就成了我们现在所理解的"筵席"，主要指酒席，有时也指宴会上的座位、席位。

　　现在民间约定俗成的许多有关筵席座次的讲究，是从古代演变而来的。古时候，在官场上，官高者坐上位，官卑者坐下位；而在民间，则是辈分高、年纪大者坐上位，辈分低、年纪小者坐下位。

　　那么座次的上下尊卑怎样排定呢？

　　一般来说，古时候的座次是通过方向来表示的。皇帝大宴群臣时，坐北朝南的座位是最尊贵的，给皇帝坐。接下来群臣面向北，按官位高低从东往西排列，这样一来，官大的就在右，官小的就在左。所以古时候有"南面称王""北面称臣"和"右为上"的说法。先秦时期，战功赫赫的廉颇看到蔺相如排在他的右边，就很不服气。

　　古代筵席的座次演化到今天，已成为正式社交场合和民间礼俗的一个重要内容。中国一般的筵席用方桌，俗称八仙桌，通常以面朝门外的一面为上座（上首），每边两个位子，一般以左首为大。宴饮时，通常待上座者入席后，其余的人方可入席落座，否则就是失礼。如果是圆桌，就以当中的位置为大，然后从左到右，依次往下排，当然也有其他种摆法。不管哪种摆法，都有一个共同的地方，那就是在有主人陪席的情况下，主人的席位是最小的一位，但又紧靠着主宾，以便于交谈和斟酒。

　　中国是有着几千年历史的礼仪之邦，各种具有人情味、反映人们尊老爱幼情感的礼俗代代相传，历久而弥新。但旧时排筵席座次也有过于烦琐的一面，这在实际生活中已得到了改革。

　　　　　　　　　　　　　　　　　　（选自《中国民俗》汪石满主编，有删减）

练习

速读第1遍，完成下面的练习（建议阅读时间4分钟）

一、根据阅读内容选择正确答案

1. 用来区分人们地位和身份的方式，文章中没有提到：
   A. 称谓　　　　B. 衣服的颜色　　C. 筵席的座次　　D. 官职的大小
2. 关于"筵"和"席"说法正确的是：
   A. 在古代"筵"指铺在地上专给人坐的席子
   B. 在古代"席"指铺在"筵"上专给人坐的席子
   C. "席"小于"筵"，"席"铺在"筵"的下面
   D. 现在的筵席指的是客人围坐在一块席子上的座位和席位
3. 古代皇帝宴请大臣时，座次正确的是：
   A. 皇帝坐北朝南，大臣面北从南往北排列
   B. 大臣面向北，按官阶大小从右往左排列
   C. 大臣面向南，按官位大小从右往左排列
   D. 大臣面向北，按官位大小从左向右排列
4. 古代表"尊"的方向是：
   A. 北面和右边　　B. 南面和右边　　C. 南面和左边　　D. 北面和左边
5. 在筵席上一般主人的席位在：
   A. 主宾的左手　　B. 主宾的右手　　C. 主宾的对面　　D. 随意坐

细读第2遍，完成下面的练习

二、根据阅读内容判断正误

1. 在古代一般通过座次来区别人的社会地位和身份的尊卑高下。（　）
2. 古时候在民间一般根据年龄的大小来安排座次。（　）
3. 中国古代没出现桌椅板凳之前，人就坐在地上。（　）
4. 古代筵席以臣面向北"右为上"，现在以上座的"左首为大"，说明古今筵席座次基本相同。（　）
5. 主人的筵席座次虽排在最后，但紧挨着主宾。（　）
6. 中国现在的筵席座次已不像旧时排筵席座次那么繁琐。（　）

三、选择画线部分词语在句子中的意思

1. 现在民间约定俗成的许多有关筵席座次的<u>讲究</u>，是从古代演变而来的。
   A. 精辟的说法　　B. 不懈的追求　　C. 认真的研究　　D. 值得注意的内容
2. 筵大<u>于</u>席，筵铺<u>于</u>下，席铺于上。
   A. 从；在　　　　B. 在；比　　　　C. 比；在　　　　D. 由，在
3. 宴饮时，通常待上座者入席后，其余的人<u>方</u>可入席落座，否则就是失礼。
   A. 就　　　　　　B. 才　　　　　　C. 都　　　　　　D. 即
4. 主人的席位是最小的一位，但又紧靠着主宾，以便于交谈和<u>斟酒</u>。
   A. 喝酒　　　　　B. 谈酒　　　　　C. 倒酒　　　　　D. 饮酒

5. 中国是有着几千年历史的礼仪之邦,各种具有人情味、反映人们尊老爱幼情感的礼俗代代相传,历久而弥新。

   A. 增加活力　　　B. 补充内容　　　C. 具有价值　　　D. 更加鲜活

词语提示

筵席	（名）	yán xí	指宴饮时陈设的座位,有时兼指酒席。
赫赫	（形）	hè hè	显著盛大的样子。
主宾	（名）	zhǔ bīn	主要的宾客。
上座	（名）	shàng zuò	坐位分尊卑时,最尊的坐位叫上座。
落座	（组）	luò zuò	坐到座位上(多用于饭馆、剧院等公共场所)。
失礼	（动）	shī lǐ	违背礼节。
烦琐	（形）	fán suǒ	繁杂琐碎。也作繁琐。

阅读2

孩子出生满周岁时,蹒跚学步,咿呀学语,十分逗人喜爱。千百年来,我国广泛流行一种"抓周"的习俗。抓周就是在孩子周岁这天,在他/她面前摆上各种玩具和生活用品,任其抓取,以此来预卜、测试孩子将来的志趣、性情和前途。现在大部分家庭当然已不会相信抓周会有如此神妙的功能,但抓周作为一种富有童趣的游戏,仍为家庭增添了许多欢乐。

由于抓周是以让小孩抓物的方式来测试小孩子未来的志向,所以在古代又叫"试儿"。试儿的风俗十分古老,据史料记载,可上溯到南北朝时代,当时主要流行于南方。

到唐宋时代,抓周习俗更为流行,将专门盛放小儿抓周用的东西的盘子称为"晬盘"。当时,富贵人家将抓周看得十分隆重,不仅要铺锦席于中堂,还要烧香秉烛,席上放各种物件,将小儿放在这些东西中间坐着,然后看他/她先取什么。这天还要设宴款待亲朋,同时接受亲朋的礼物,有的还要演戏助兴。

清代,皇宫中也举行抓周礼仪。现在北京故宫博物院就珍藏着一件当年供皇子抓周用的晬盘。这个晬盘是雕漆器,长方形,盘口外撇,制作极为考究。皇子、皇孙、公主抓周,用具虽然极其讲究,但其旨趣却与民间抓周没什么两样。

近代,全国南北各地都盛行抓周习俗。北京地区是将各种器具放在桌上,给小孩梳洗后穿上新衣,抱到桌前,让他/她随意抓取。如抓的是笔,就说将来一定是读书人;抓刀剪,则为工匠;要是抓算盘,就说将来一定是商人。江西各地在桌上放书籍、算盘、刀剪等,如抓了书,全家欢声雷动,认为这孩子以后一定会专心读书。清代时还放朝珠,小孩如抓了朝珠,家人尤为高兴,客人也必祝贺,说这孩子长大后一定能做官。抓周习俗也流传到其他少数民族地区。东北的满族就盛行此俗。

从抓周时摆设的物品和家人、亲朋的反应,可以清楚地看出当时社会的价值观。中国历来以做官为"人上人",读书是为了做官,习武也是为了做官,看不起商人、工匠、手艺人。这种充满封建色彩的观念,在长辈对下一代的期望中表现得淋漓尽致。可见,抓周虽然不一定能测出孩子的将来,倒是可以准确地测出时代和社会价值观念演变的脉搏。

(选自《中国民俗》汪石满主编,有删减)

练习

速读第1遍,完成下面的练习(建议阅读时间5分钟)

一、根据阅读内容选择正确答案

1. "抓周"一般是在孩子多大时进行:
   A. 出生一周　　B. 出生一个月　　C. 出生一百天　　D. 出生一年

2. 在古代让孩子抓周是为了:
   A. 预测孩子未来的志向
   B. 当作游戏,增添趣味
   C. 给家庭增添欢乐
   D. 纪念孩子一周年

3. 对于抓周习俗,表述正确的是:
   A. 抓周习俗兴起于南方,最后盛行于全国
   B. 中国当时的少数民族地区也都盛行抓周
   C. 皇宫中的抓周用具及意义不同于民间
   D. 现在仍有一些家庭希望通过抓周来预测孩子将来的前途

4. 抓周习俗反映出当时社会的价值观是:
   A. 重农轻商　　B. 重仕轻商　　C. 重商轻武　　D. 重仕轻武

5. 过去对父母来说,最希望孩子抓周时能抓到:
   A. 朝珠　　　　B. 算盘　　　　C. 玩具　　　　D. 糖果

细读第2遍,完成下面的练习

二、根据阅读内容回答问题

1. 现代家庭让孩子抓周的目的是什么?
2. 据史料记载抓周风俗最早出现于什么时候?
3. 在抓周中"锄头"有什么象征意义?
4. 从抓周可以看出当时的价值观是怎样的?
5. 作者对抓周怎么看?

三、用所给的词语替换下列句子中的画线部分词语,保证句子意思基本不变。

目的　趣味　讲究　彻彻底底　脉络　招待　筋疲力尽

1. 这个晬盘是雕漆器,长方形,盘口外撇,制作极为<u>考究</u>。　　　　　　　　　　（　　）
2. 这天还要设宴<u>款待</u>亲朋,同时接受亲朋的礼物,有的还要演戏助兴。　　　（　　）
3. 皇子、皇孙、公主抓周,用具虽然极其讲究,但其<u>旨趣</u>却与民间抓周没什么两样。（　　）
4. 这种充满封建色彩的观念,在长辈对下一代的期望中表现得<u>淋漓尽致</u>。　　（　　）
5. 抓周虽然不一定能测出孩子的将来,倒是可以准确地测出时代和社会价值观念演变的<u>脉搏</u>。　　　　　　　　　　　　　　　　　　　　　　　　　　　　　　　（　　）

词语提示

蹒跚	（形）	pán shān	腿脚不灵便，走路缓慢、摇摆的样子。
预卜	（动）	yù bǔ	预先断定。
上溯	（动）	shàng sù	从现在往上推算。
助兴	（动）	zhù xìng	帮助增加兴致。
晬盘	（名）	zuì pán	婴儿满周岁时，从盘中抓物，以测验他将来的志向。盛物的盘子叫"晬盘"。
锦席	（名）	jǐn xí	锦制的坐卧铺垫之物。
中堂	（名）	zhōng táng	居中的厅堂，家中的会客室，现在叫客厅。
秉烛	（动）	bǐng zhú	拿着蜡烛以照明。
淋漓尽致	〈组〉	lín lí jìn zhì	形容文章或说话表达得非常充分、透彻，或非常痛快。

第 18 课　此"曲"只为中国有

发酵食品？不少人听到这两个字先是一愣，然后便一脸茫然。于是我说："炒菜搁酱油吗？""搁。""拌面用大酱吗？""用。""喝粥就酱菜吗？""当然。"好了，"酱油、大酱、腌菜就都是发酵食品。""哦，这个呀……"听话的人眉头一松，神情立时盎然起来。

中国的发酵食品其实何止这些，可谓多到数不胜数：主食里的馒头花卷，副食里的火腿香肠，佐味的泡菜酸菜，调味的酱醋酒，它们犹如空气与水分一样，飘荡、渗透在我们日复一日、年复一年的饮食中，成就了中国饮食的风味，也造就了中国人的饮食口味。

我的食欲不很强，对吃的要求是简单方便就好。一碗白粥就着酱萝卜，是美味。烫几片生菜，用蚝油拌了，也是美味。唯一例外的是，吃不得西餐。一看摆在面前的烤牛排、炸鸡排、炸土豆条……无论快餐、正餐，连吃两顿就索然无味。有这种反应，不只是我，中国人里，十有七八。

是什么影响了我们的食欲？我想是中西饮食风味的差异，和中国人的饮食习惯与饮食态度。

差异首先来自于饮食观念。对此有很多学者做过比较。较为根本的一点是，中国人重口味，西方人重营养。讲究口味的，以味为先。强调营养的，就相对理性。——对每天摄入的营养做严格规定：多少热量、多少维生素、多少蛋白质。于是每一盘菜端上来，主菜多为肉食，配菜基本相同。品种丰富，但互不关联，味道当然迥异。热量、维生素、蛋白质是都有了，但口味没了。

中医陈存仁在《津津有味谭》里讲了一个故事，说学贯中西的清末怪杰辜鸿铭，西餐吃到忍无可忍后，就亲自下厨做菜。没有合适的调料，就托人从香港带豆豉来。他用豆豉煎猪排、炸鱼、甚至把豆豉添进沙拉里。白色的沙拉中露着黑豆豉，西方人见了不胜惊讶，辜鸿铭却洋洋得意道，"这就叫做中西文化交流"。辜鸿铭的行为果然怪异，但中国人好口味的特点，也可见一斑。这也应证了中国的一句谚语："民以食为天，食以味为先。"

中国饮食的美味是如何产生的？我翻阅了很多资料，从古到今，方法都是两个字：调和。即把具有各种特殊滋味和质地的食材，通过烹饪，使之互为补充，互相渗透，最终融合为一个和谐的整体。著名学者林语堂对中国烹饪曾做过一个点评，他说，"中国的厨艺全在于具有高超的调和技术"。调和使味道臻于和谐，这既是烹调原则，也可当做治国艺术，可谓中国人哲学观的一种体现。而在调和诸味中，调味料是不可或缺的因素。而调味料的发明，又与发酵的发明有关。

发酵其实是一种自然现象，比如野果子烂熟后，果汁会产生糖化，这时在空气中无处不在的微生物——酵母，与果汁相逢后，会将葡萄糖、果糖中和后转化为酒精和二氧化碳。所以科学家说，用果汁酿酒，无须发明创造。但是，用谷物酿酒就不是简单易见的自然现象了。《中国科学技术史》的著者黄兴宗说，它需要将两个独立的生化过程结合起来，一是把谷物中的淀粉水解为发酵糖类；二是酵母将糖类转化为酒精和二氧化碳。而关键是前者。

奇迹是怎样发生的？因为中国人的主食——稻和黍，和中国人的烹调方式——蒸。当中国人把米蒸熟，变为颗粒松软的饭时，碰巧，那饭粒也是空气中真菌孢子沉降、萌发与繁殖的最佳土壤,而它们在结合时又被聪明的中国人发现,于是就发明创造了一种包含有各种酶和活体微生物的霉菌,中国人把它称为"曲"。

"曲"发明于何时?无法可知。也许考古发现会最终给我们一个正确答案。但现已可知的是,由于曲的发明,随后一大批发酵食品逐一诞生,形成一个庞大的"曲"的家族,其中就有促成中国饮食风味形成的生力军:酱油、大酱、豆豉、醋等等各种调料。所以黄兴宗说:"曲是中国膳食体系的支柱。"

(选自《中华遗产》,有删减,撰文:黄秀芳)

词语提示

发酵	（动）	fā jiào	复杂的有机化合物在微生物的作用下分解成比较简单的物质。发面、酿酒等都是发酵的应用。
茫然	（形）	máng rán	完全不知道的样子。
搁	（动）	gē	放置。
腌	（动）	yān	用盐浸渍食物。
盎然	（形）	àng rán	形容气氛、趣味等洋溢的样子。
数不胜数	〈组〉	shǔ bù shèng shǔ	数都数不过来。形容数量极多,很难计算。
佐	（动）	zuǒ	辅助,帮助。
成就	（动）	chéng jiù	完成(事业)。
造就	（动）	zào jiù	培养使有成就。
索然无味	〈组〉	suǒ rán wú wèi	形容事物枯燥无味(多指文章)。
番茄	（名）	fān qié	也叫西红柿。
迥异	（形）	jiǒng yì	大为不同。
学贯中西	〈组〉	xué guàn zhōng xī	形容学问贯通了中国和西方的种种知识。
豆豉	（名）	dòu chǐ	食品,把黄豆或黑豆泡透蒸熟或煮熟,经过发酵而成。
可见一斑	〈组〉	kě jiàn yī bān	比喻见到事物的一少部分也能推知事物的整体。
烹饪	（动）	pēng rèn	做饭做菜。
臻于	（动）	zhēn yú	达到。
中和	（动）	zhōng hé	相当量的酸和碱互相作用生成盐和水。所生成的物质失去酸和碱的性质。
黍	（名）	shǔ	又叫黄米,比小米稍大,煮熟后有黏性。
膳食	（名）	shàn shí	日常吃的饭和菜。

练习

一、根据课文内容判断正误

1. 泡菜、酱油、醋等都是发酵食品。（   ）
2. 凡中国人都不喜欢吃西餐。（   ）
3. 西方人的饮食虽然营养丰富,但味道都一样。（   ）

4. 调和是中国人哲学观的一种体现。( )
5. 中国人发明创造了"曲"。( )
6. 中国饮食的美味归功于庞大的"曲"家族。( )

二、选择画线部分词语在句子中的意思

1. 喝粥<u>就</u>酱菜吗?
   A. 就是   B. 搭着吃
   C. 开始从事   D. 将就

2. 中国的发酵食品其实<u>何止</u>这些,可谓多到数不胜数。
   A. 仅仅   B. 只有   C. 不止   D. 为何

3. 有这种反应,不只是我,中国人里,<u>十有七八</u>。
   A. 七八个   B. 十几个   C. 绝大多数   D. 所有

4. 中国人<u>好</u>口味的特点,也可见一斑。
   A. 爱好   B. 美好   C. 好吃   D. 丰富

5. 而在调和<u>诸味</u>中,调味料是不可或缺的因素。
   A. 多种味道   B. 这个味道   C. 美味   D. 独特味道

6. 其中就有促成中国饮食风味形成的<u>生力军</u>:酱油、大酱、豆豉、醋等等各种调料。
   A. 一股新产生的力量   B. 具有新的生命力
   C. 起主要作用的力量   D. 队伍很庞大

三、选择合适的词语填空

茫然 成就 造成 学贯中西 可见一斑 臻于 索然无味

1. 经过反复修改,他的这幅作品( )完美。
2. 小姑娘初到上海,看到川流不息的车流,( )不知所措。
3. 他的刻苦努力( )了他今天的辉煌。
4. 他不仅文字功底深厚,而且( ),才得以把这部作品翻译得如此准确、生动。
5. 鸟类的数量正逐渐减少,由此( ),保护环境是当务之急。
6. 他的这篇文章虽然词藻华丽,但读起来( )。

四、根据课文内容选择正确答案

1. 关于发酵食品,下面哪一项没提到:
   A. 我们的饮食中发酵食品非常多
   B. 发酵食品只有口味,没有营养
   C. 很多人对发酵食品不是很了解
   D. 对中国饮食风味的形成起着重要的作用

2. "我"对西餐的态度是:
   A. 非常喜欢   B. 从来不吃
   C. 吃不惯   D. 可吃可不吃

3. 中西饮食风味的差异关键在于:
   A. 发酵食品的使用上   B. 饮食观念上
   C. 厨师的烹饪技术上   D. 文化差异上

4. 文中举辜鸿铭的例子是为了说明:
   A. 辜鸿铭是个怪异的人
   B. 辜鸿铭不喜欢吃西餐
   C. 辜鸿铭善于交流中西文化
   D. 中国人好口味
5. 中国饮食的美味在于:
   A. 使用特殊滋味和质地的食材   B. 合理使用调味料
   C. 厨师高超的调和技术   D. 以上所有
6. 这篇文章主要告诉我们:
   A. 什么是发酵食品   B. 中国饮食的美味是如何产生的
   C. 中西饮食风味的差异   D. 曲是中国膳食体系的支柱

五、根据课文回答问题

1. 在你的生活中常见的发酵食品还有哪些?
2. 什么原因导致了中西饮食风味的差异?
3. 请解释谚语"民以食为天,食以味为先"的意思。
4. 为什么说曲是中国膳食体系的支柱?

说一说

1. 你认为膳食中口味重要,还是营养重要?并说明理由。
2. 请介绍一种你最喜欢吃的食物。

 阅读技能指导

提炼标题(一)

　　一个好的标题就是一篇文章的"眼睛"。不仅要有很强的表现力、吸引力和感染力,还要能反映一定的思想内容。通过标题,读者就能对文章内容有一个大概的了解。提炼出的标题本身要求新颖、精炼,能紧紧围绕文章的中心。标题一般不是完整的句子,多为短语。如:"神秘的无底洞"就比"地球上确实有这样一个神奇的无底洞"更适合做标题,因为前者的语言更精炼简洁。

练 习

阅读下列短文并完成相应的练习

　　一位访美中国女作家,在纽约遇到一位卖花的老太太。老太太穿着破旧,身体虚弱,但脸上的神情却是那样祥和兴奋。女作家挑了一朵花说:"看起来,你很高兴。"老太太面带微笑地说:"是的,一切都这么美好,我为什么不高兴呢?""对烦恼,你倒真能看得开。"女作家又说了一句。没料到,老太太的回答更令女作家大吃一惊:"耶稣在星期五被钉上十字架时,是全世界最糟糕的一天,可三天后就是复活节。所以,当我遇到不幸时,就会等待三天,这样一切就恢复正常了。""等待三天",多么富于哲学的话语,多么乐观的生活方式。它把烦恼和痛苦抛下,全力去收获快乐。

　　沈从文在"文革"期间,陷入了非人的境地。可他毫不在意,他在咸宁时给他的表侄、画家黄永玉写信说:"这里的荷花真好,你若来……"身陷苦难却仍为荷花的盛开欣喜赞叹不已,这是一种趋于澄明的境界,一种旷达洒脱的胸襟,一种面临磨难坦荡从容的气度,一种对生活童子般的热爱和对美好事物无限向往的生命情感。

由此可见,影响一个人快乐的,有时并不是困境及磨难,而是一个人的心态。如果把自己浸泡在积极、乐观、向上的心态中,快乐必然会占据你的每一天。

1. 下面哪一个标题最合适本文?
   A. 乐观的生活方式
   B. 等待三天的快乐
   C. 影响一个人快乐的是一个人的心态
   D. 态度创造快乐

2. 下面哪些语句更适合做标题?
   A. 细节决定命运
   B. 成就一件事要从细节着手
   C. 小鸟的天堂
   D. 小鸟快乐生活的地方
   E. 塑料袋对生态环境的严重破坏
   F. 最糟糕的发明—塑料袋

阅读1

在中国,一说起"姓",就会使人联想到父系、男权,子女从父姓在国人看来是天经地义之事。不仅如此,旧时女人出嫁后也得在己姓前再冠夫姓,以示从夫彻底。于是,国学大师钱穆的夫人被呼为"钱胡美琦",胡适博士的夫人被叫作"胡江冬秀",就连身为总裁夫人的宋美龄也免不了称"蒋宋美龄"。知识界、上流社会尚且如此,民间百姓就更不消说了。

然而,正如人类历史上女权先于男权、母系社会先于父系社会一样,"姓"则是源于同一母系氏族的族属所共有的符号标志。我们先来剖析一下汉字"姓"的结构。你看,在堪称中国文字之祖的甲骨文里,"生"字被像模像样地刻画成一棵树苗在地上茁壮生长之形,再让一个女子虔诚地跪拜在这棵树前,于是便组成了表示生命血缘的"姓"。显而易见,这个古老的汉字符号中积淀着上古母系时代以女性为主的生殖崇拜文化观念。代表人类生育的"女"和表示破土而出的"生"放在一块儿,从此便为血缘划分、家族维系和部落认同定下了元初依据。

华夏民族的历史进入到秦汉时代,那携带着远古母权胎记的"姓"字"从女"观念仍然熠熠放光。我国最古老的一批姓,譬如姬、姒、妃、姜、嬴等,皆从"女"字,显影出作为生育人类的伟大母亲曾享有的崇高与辉煌。

岁月流逝,斗转星移,随着父权代替母权主宰天下,"姓"也从女性名下移位成了男性专利,结果子从父姓还嫌不够,王家女子嫁到张家得叫"张王氏",赵门千金嫁到李府也得称"李赵氏"。至于喝墨水不多的庶民百姓,则干脆将嫁过门的女子连名带姓皆省略了,直接以其夫之名取而代之称为"某某家的"。及至现代,"妇女解放"的口号又为失落的女权张扬起与男性平分秋色的大旗,昂首挺胸跨入新社会的李双双们再不甘心"喜旺家的"之类称呼而要站出来为己正名,以致连双双的丈夫喜旺最终也不得不让步而自命为"李双双那个爱人"。今天,尽管子从父姓的传统依然,但夫妻各以己姓合成孩子之名(如夫姓徐,而妻姓陶,便给孩子取名"徐陶")已非鲜见,而双子女家庭的子女一从父姓一从母姓亦开始被社会认同并接受。

三十年河东,三十年河西,古往今来,一个"姓"字随日月流转如魔方变幻,演化出女权意识的几多兴衰,折射出两性关系的几许消长。这,大概就是方块汉字之于中国文化所特有的全息效应所在。

(选自《咬文嚼字》1996年第2期)

练习

速读第1遍,完成下面的练习(建议阅读时间6分钟)

一、根据阅读内容选择正确答案

1. 在中国人看来,下面做法合乎常理的是:
   A. 儿子跟父亲姓   B. 女儿跟父亲姓
   C. 妻子跟丈夫姓   D. 孩子跟父亲姓
2. 在中国,血缘划分、家族维系和部落认同依靠的是:
   A. 姓   B. 祖宗   C. 地域   D. 文字
3. 王家女子嫁到张家叫"张王氏"这反映了:
   A. 父权主宰天下   B. 男女在社会中的地位平等
   C. "姓"已不重要   D. 母权主宰天下
4. "喜旺家的"是指:
   A. 喜旺   B. 喜旺家的人   C. 李双双的爱人   D. 李双双
5. 从"喜旺家的"到"李双双那个爱人"的称呼变化表明:
   A. 女性正在获得与男性同等的权利
   B. 母权开始代替父权主宰天下
   C. 随着社会的发展女性可以使用自己的姓了
   D. 父权在社会角色中处于从属地位
6. 在现代社会仍然不能被社会认同的现象是:
   A. 子从父姓   B. 子从母姓   C. 妻从夫姓   D. 夫从妻姓

细读第2遍,完成下面的练习

二、根据阅读内容判断正误

1. 旧时女人出嫁后在自己的姓前加夫姓十分普遍。   (   )
2. "姓"字反映了中国远古时代女权先于男权。   (   )
3. 到秦汉时期,男性开始取代女性成为社会的主宰。   (   )
4. 从中国古代的姓可以看出女性曾享有过崇高与辉煌。   (   )
5. "张王氏"的称呼反映了父权主宰天下的社会现实。   (   )
6. "姓"的变化演绎着中国女权意识的兴和衰。   (   )

三、选择画线部分词语在句子中的意思

1. 旧时女人出嫁后也得在己姓前再冠夫姓。
   A. 姓   B. 戴   C. 写上   D. 在前面加上
2. 甲骨文中,"生"字被像模像样地刻画成一棵树苗在地上茁壮生长的形状。

A. 雕刻 B. 用工具画
C. 比喻没有变化 D. 用艺术手段来表现人物的形象
3. 至于喝墨水不多的庶民百姓,则干脆将嫁过门的女子连名带姓都省略了。
A. 指喜欢读书的人 B. 指代文盲
C. 指读书识字 D. 指学问不高
4. 这个这个古老的汉字符号中积淀着上古母系时代以女性为主的生殖崇拜文化观念。
A. 逐渐演变 B. 逐渐增加
C. 长时间积累 D. 沉淀下来的事物
5. 跨入新社会的李双双不甘心"喜旺家的"之类称呼而站出来为自己正名。
A. 纠正自己的身份 B. 改名
C. 使自己的身份合理合法 D. 正式的声明

词语提示

天经地义	〈组〉	tiān jīng dì yì	天地间历久不变的常道。指绝对正确,不能改变的道理。也指理所当然的事。
像模像样	〈组〉	xiàng mú xiàng yàng	达到一定的标准。
茁壮	（形）	zhuó zhuàng	肥大壮实;成长壮大。
虔诚	（形）	qián chéng	恭敬而有诚意。
胎记	（名）	tāi jì	皮肤上生来就有的蓝紫色或黑色斑迹。
熠熠放光	〈组〉	yì yì fàng guāng	闪烁发光。
譬如	（副）	pì rú	举个例子,打个比方。
斗转星移	〈组〉	dǒu zhuǎn xīng yí	星斗变动位置。指季节或时间的变化。
庶民	（名）	shù mín	百姓;平民。
平分秋色	〈组〉	píng fēn qiū sè	比喻双方各得一半,不分上下。
折射	（动）	zhé shè	比喻把事物的表象或实质表现出来。

阅读2

称谓是一门学问,一种文化。古代的陛下、殿下、阁下、抚台、道台,解放前的委座、军座、师座,都是标明等级的尊称,不可僭越。重男轻女,许多妇女有姓无名,张氏、李氏,或冠以夫姓,王张氏、陈李氏。丈夫称妻子为内人、内子、孩儿他娘,或贬称糟糠、拙荆。

20世纪五六十年代,先生这个称谓已属凤毛麟角。譬如,北京文联的职工互称同志,仅尊称老舍、梅兰芳、马连良等几位名家为先生,这为什么呢?

先生者,先我而生之长者也。妻子也可称丈夫为先生。电视剧里杜小月称女老师为女先生,不分男女,先生乃一种普遍的尊称。刘备年长,称年轻的诸葛亮为先生,更突出了对其才识的尊崇,可见先生是个很好的称谓。

当年"政治挂帅",最好的称呼是同志。党内互称同志,理所当然,不称官职,倍感亲切,"少奇同志",大家都这样称呼,显示了党员平等。同志者,志同道合之革命者也。因此,人们都非常喜欢这个称谓,解放军同志、民警同志、炊事员同志……

新中国成立后，许多称谓的含义都变了。也许因为"蔡大姐""邓大姐"的称谓和善亲切，大姐成了"无产阶级"的尊称，不论年纪，大妈大婶也称大姐，年轻的是小大姐，而小姐则是"资产阶级"的，旧社会才有"少爷小姐"嘛，你再叫谁小姐，等于骂人。更有趣的是把妻子称作爱人，忘了爱人就是情人，我们的小说怎么写？"请你带爱人一块来聚会"，若翻译出去，真让老外惊羡此等"性解放"呀。

称谓紧跟时尚。"文革"中解放军威信最高，学生争当红卫兵，儿童也成了红小兵。群众组织纷纷成立战斗队、兵团、司令部，有司令员、参谋长。女孩子"不爱红妆爱武装"，不分男女老幼都爱穿草绿色军衣。

"文革"中后期，红卫兵失宠，小将们纷纷上山下乡插队务农去了，各单位、学校派驻工宣队，"工人阶级领导一切"，师傅这个称谓大行其时，同样是不分年龄性别，尊称师傅，颜面增光。

改革开放新时期，内外交往频繁，称谓也变化多多。一是复旧，先生、太太、夫人、小姐，解放前的这些称谓又回来了。二是重视职务、职称，张工、李研、王局、杨队，如此称呼，明确身份，方便工作。三是公司越办越多，董事、经理有钱有权，陈董、黄总是尊称。解放前老百姓害怕兵大爷，管他班长、排长，都叫老总。解放后只有元帅被尊称老总，朱老总、彭老总，名副其实。现在好热闹，老总满天飞。四是知识分子吃香了，不论记者、编辑、演员、作家，都被年轻人尊称为老师，是"尊师重教"的扩大化。

我无意研究称谓之变迁，只是写小说的时候不敢乱用而已。因为称谓，区区小事，也反映了不同年代的时尚、身份和人际关系。

（选自赵大年的《称谓杂谈》，有删减）

练 习

速读第1遍，完成下面的练习（建议阅读时间6分钟）

一、根据阅读内容选择正确答案

1. 以下哪一项属于古代的尊称？
   A. 内人　　　B. 军座　　　C. 阁下　　　D. 拙荆
2. 以下哪一项不能用"先生"这个称谓？
   A. 丈夫　　　B. 女老师　　C. 同志　　　D. 情人
3. 以下哪类人不适合用"同志"这个称谓？
   A. 解放军　　　　　　　　B. 无党派民主人士
   C. 炊事员　　　　　　　　D. 民警
4. 新中国成立后，"大姐"这个称谓的含义变成了什么？
   A. 年轻的女性　　　　　　B. 专指知识女性
   C. 年纪较大的妇女　　　　D. 无产阶级女性尊称
5. "文革"中后期，最流行的称谓是：
   A. 师傅　　　B. 同志　　　C. 阁下　　　D. 先生

细读第 2 遍,完成下面的练习

二、根据阅读内容判断正误

1. 20世纪五六十年代,先生这种称谓就已经很少了。（   ）
2. 尊称老舍为同志更好一些。（   ）
3. 在西方,爱人就是情人,而中国则不是。（   ）
4. "文革"期间,称谓变化很多。（   ）
5. 改革开放后,称谓比较重视职务、职称。（   ）
6. 作者认为称谓可以反映时代的变迁。（   ）

三、选择画线部分词语在句子中的意思

1. 20世纪五六十年代,先生这个称谓已属<u>凤毛麟角</u>。
   A. 很少见　　　B. 很流行　　　C. 很时尚　　　D. 已过时

2. "工人阶级领导一切",师傅这个称谓<u>大行其时</u>。
   A. 已经过气　　B. 当时很流行　C. 不受欢迎　　D. 人人都使用

3. 现在好热闹,老总<u>满天飞</u>。
   A. 到处出差　　B. 四处旅行　　C. 飞来飞去　　D. 到处都是

4. 四是知识分子<u>吃香</u>了,不论记者、编辑、演员、作家,都被年轻人尊称为老师。
   A. 好吃的　　　B. 吃饱了　　　C. 受欢迎　　　D. 受尊重

5. 我<u>无意</u>研究称谓之变迁,只是写小说的时候不敢乱用而已。
   A. 没有做某件事的愿望　B. 不是故意的
   C. 不愿意　　　D. 没意思

词语提示

陛下	（名）	bì xià	对君主的尊称。
殿下	（名）	diàn xià	对太子或亲王的尊称。
阁下	（名）	gé xià	敬辞,称对方,从前书函中常用,今多用于外交场合。
抚台	（名）	fǔ tái	明清巡抚的别称。
道台	（名）	dào tái	清代省以下、府以上一级的官员。主管范围有按地区分者如济东道,有按职务分者如盐法道。
委座	（名）	wěi zuò	对委员长的尊称。
军座	（名）	jūn zuò	对军长的尊称。
僭越	（动）	jiàn yuè	超越自己的低微地位,说了无权说或不应说的话。
糟糠	（名）	zāo kāng	酒糟、米糠等粗劣食物,旧时穷人用来充饥。形容贫穷时共患难的妻子。
拙荆	（名）	zhuō jīng	旧时谦辞,称自己的妻子。
凤毛麟角	〈组〉	fèng máo lín jiǎo	比喻珍贵而稀少的人或物。
惊羡	（动）	jīng xiàn	惊叹而羡慕。

失宠	（动）	shī chǒng	失掉别人的宠爱（含贬义）。
颜面	（名）	yán miàn	体面；面子。
变迁	（动）	biàn qiān	情况或阶段的变化转移。

第 19 课　摩梭人的走婚

居住在沪沽湖边的摩梭人至今仍沿袭着一种"男不娶女不嫁"的"走婚"习俗。摩梭人称这种婚姻为"阿夏婚"。"阿夏"意为亲密的情侣。成年男女经恋爱，双方建立"阿夏"婚姻关系后，男子夜间到女子家中偶居，次日黎明前返回，生产生活各从其家。妇女在生产、生儿育女中居于家庭支配地位，子女从母姓，血缘按母亲计算。这种地球上至今仍然存活着的"阿夏婚"遗俗，被称作人类早期婚姻的活化石。

摩梭人走婚前都得举行一个古老的仪式，叫"藏巴啦"，即敬灶神菩萨和拜祖宗。在女方家举行这个仪式，时间一般在半晚，不请客、不送礼，朋友们也不参加。女方家决不会向男方家摊派钱物，他们认为男女相爱是平等的，感情是摩梭人"走婚"的重要因素。整个仪式一个小时即可完成。举行完仪式后，男女双方关系就公开化了。这种古老的风俗既俭朴又省事。

摩梭男女青年通过"走婚"仪式后，或从男女双方家搬出居住在一起，或男方到女方家居住，也有女方到男方家的，并且长年相守、一起生活抚养着下一代，被称为定居婚，这在摩梭人中不多见。还有就是"阿夏"异居婚，即我们所说的"走婚"。

每当夜幕悄悄降临后，家庭中成年男人们就出去了，他们当中有各位舅舅、哥哥、弟弟，各奔东西南北，去自己的"阿夏"家。他们一般晚间特别忙，当家长的母亲更是双肩重担，既要打点舅舅和兄弟出门又要照料家中老母和姐妹与小孩们，还要接待自己的"阿注"（丈夫）来幽会。

摩梭人"母系"大家庭的夜间生活，也有一些规矩。对于那些外面敲门的男人或者客人，年老的舅舅们是决不会去开门的，也不问是谁，主妇也不予理睬。除非你在门外吆喝几声，说明你是外来的客人，家中老人或小孩才会给你开门。幽会的"阿注""阿夏"之间，各有各的幽会暗号和传情方式。只有对上暗号，房门才会被轻轻打开。

摩梭人的男女爱情与经济关系牵连不大，结合是自由的，两厢情愿，离异更是无瓜无葛，不会发生任何纠纷。男女双方都有主动权，社会、家庭不干预，即使发生纠纷，双方母亲、舅舅们也会妥善处理。结合不是以谋生为目的，离异也不会危及谁的生存，经济再富裕也不会为彼此结合稳固构筑可靠的基础。摩梭"阿夏"走婚的相互结合、离散，是以感情为先导。在他们的爱情天地里，也不是我们常人所想象的那样每个女子都可以去爱，每个男子你都可以去求，他们求爱方式是在生产劳动、工作学习、走村串户、走亲访友、经商与其他活动中进行的，相互了解。具有一定感情基础之后，相互交换一些礼物作为定情的信物，这些东西只有他俩和母亲才知道。随着男女之间的感情逐步加深，"走婚"幽会相聚的次数就越多，有的情侣关系就稳定下来直到终生。如果你花言巧语，不诚实，无本事，游手好闲，时间一长，你就得扫兴回娘家了。

在她们这里，不存在"第三者"，也不存在"父母之命，媒妁之言"的封建规矩，更不存在嫁鸡随鸡，嫁狗随狗的说法。男人、女人各住各的家，你不靠我养，我不靠你活，天下男子到处有，东方"女儿国"的女子任我求。摩梭人根本不存在离婚、寡妇、子女无人抚养、财产继承、流浪儿等等社会问题，他们有自己的爱情观与道德标准，与我们完全是两码事。在他们这个氏族中，大多数"阿夏""阿注"们都是相敬如宾、相互负责，只是没有其他民族那样明确而已。

"走婚"在摩梭人家庭结构中的事实,是当代人无法想象的,实行自由"走婚"其奥秘在于母子们无后顾之忧,"母系"大家庭是每个人的庇护所,对于成年男子来讲,"母系"大家庭是他们赖以生活及养老送终的最好乐园。男子汉们当然何乐而不为呢?这就是他们"走婚"习俗能延续至今的原因之一。

(选自网络资料,有删减)

词语提示

沿袭	(名)	yán xí	依照旧传统办理。
活化石	(名)	huó huà shí	指某些在地质年代中曾繁盛一时,广泛分布,而现在只限于局部地区,数量不多,有可能灭绝的生物。如大猫熊和水杉。
摊派	(动)	tān pài	叫众人或各地区、各单位分担(捐款、任务等)。
媒妁	(名)	méi shuò	媒:指男方的媒人;妁:指女方的媒人。泛指媒人。
打点	(动)	dǎ diǎn	准备;送人钱财以疏通关系,托人关照。
吆喝	(动)	yāo he	大声喊叫;呼唤。
纠纷	(动)	jiū fēn	争执不下的事情。
干预	(动)	gān yù	过问(别人的事)。
妥善	(形)	tuǒ shàn	稳妥完善的。
花言巧语	〈组〉	huā yán qiǎo yǔ	原指铺张修饰、内容空泛的言语或文辞。后多指用来骗人的虚伪动听的话。
游手好闲	〈组〉	yóu shǒu hào xián	指人游荡懒散,不愿参加劳动。
相敬如宾	〈组〉	xiāng jìng rú bīn	形容夫妻互相尊敬,像对等宾客一样。
后顾之忧	〈组〉	hòu gù zhī yōu	指在前进过程中,担心后方发生问题。

练习

一、根据课文内容判断正误

1. 摩梭人的走婚仪式不请客、不操办,简单而省事。 ( )
2. 在摩梭人的走婚习俗中,孩子跟随母亲姓,由母亲家庭来抚养。 ( )
3. 摩梭人的定居婚一般男女双方要生活在一起,共同抚养下一代。 ( )
4. 摩梭人家庭中年纪最大的母亲是最辛苦的人。 ( )
5. 由于摩梭人是走婚,所以情侣关系很不稳定。 ( )
6. 摩梭人的情侣关系会随着双方了解的深入而发生变化。 ( )

二、选择画线部分词语在句子中的意思

1. 女方家决不会向男方家<u>摊派</u>钱物。
   A. 索取 B. 分担 C. 要求 D. 与别人分享
2. 摩梭男女结合是自由的,两厢情愿,离异更是<u>无瓜无葛</u>。
   A. 男女双方不再有关系

B. 孩子跟双方没有任何关系
  C. 在经济上没有纠纷
  D. 在任何方面都没有互相牵连的关系
3. 摩梭男女的结合不以谋生为目的,离异也不会危及谁的生存。
  A. 威胁　　　B. 危害　　　C. 影响到　　　D. 顾及
4. 摩梭男女具有一定感情基础之后,互相交换一些礼物作为定情的信物。
  A. 信用和道义　　　　　　B. 信守的准则
  C. 作为凭证的物件　　　　D. 确凿可信的证据
5. 摩梭男子如果不诚实,无本事,游手好闲,时间一长,就得扫兴回娘家了。
  A. 心情愉快　　B. 尽兴　　C. 没有兴趣　　D. 心情沮丧
6. 摩梭人有自己的爱情观念与道德标准,与我们完全是两码事。
  A. 两个方面同时并存　　　B. 彼此无关的两种事物
  C. 可以这样,也可以那样　D. 正面和反面

三、选择合适的词语填空

花言巧语　　游手好闲　　游山玩水　　相敬如宾　　相濡以沫　　后顾之忧
后患无穷　　巧言令色

1. 这个人不出去工作,整天(　　),急煞了父母。
2. 这种文章满纸(　　),毫无意义,不值一看。
3. 他们夫妻俩几十年来,恩恩爱爱,(　　)。
4. 我们要学会照顾自己,让父母没有(　　)。
5. 滥砍滥伐树木,破坏生态平衡,(　　)。
6. 在那艰苦的岁月里,他们(　　),结下了亲密的友情。

四、根据课文内容选择正确答案

1. 关于摩梭男女走婚,与本文内容相符的是:
   A. 一般不请客,不送礼,也不举行仪式
   B. 不要求男女双方互相了解
   C. 奉媒妁之言,父母之命
   D. 被称作地球上人类早期婚姻的活化石
2. 对于摩梭人走婚来说,最重要的是:
   A. 男女平等
   B. 男女相爱
   C. 得到男女双方母亲、舅舅们的认可
   D. 互相不需要承担更多的责任
3. 在摩梭人的大家庭中责任最重的人是:
   A. 老母亲　　B. 当家的母亲　　C. 舅舅　　D. 阿夏
4. 摩梭人离异不会发生经济纠纷的原因是:
   A. 两方都能妥善解决各自的经济利益
   B. 离异后双方都不会存在生存问题

C. 摩梭男女的结合和离异都以感情为基础,不牵扯经济

D. 经济在双方的婚姻生活中举足轻重

5. 摩梭人走婚习俗能延续至今的最主要原因是:

A. 摩梭人崇尚爱情的社会生活观

B. 受中国封建婚姻习俗的影响少

C. 在"母系"大家庭中每个人的生存都受到保护而无后顾之忧

D. 走婚习俗使男女双方不用承担太多的责任

6. 摩梭人的婚姻爱情观是:

A. 从一而终　　B. 爱情至上　　C. 喜新厌旧　　D. 胆大妄为

五、根据课文内容回答问题

1. 摩梭人走婚的藏巴啦仪式是怎样的?
2. 摩梭人走婚的夜间生活有一些什么规矩?
3. 摩梭人为什么不会存在离婚、寡妇、子女无人抚养、财产继承等社会问题?
4. 你是如何看待摩梭人走婚的?

说一说

1. 介绍一下自己民族的婚俗。
2. 谈谈你对"父母之命,媒妁之言"这句话的理解和看法。

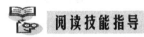

提炼标题(二)

在考查阅读理解时,经常会遇到需要我们为全文拟定或选择一个合适的标题这样的问题,那么怎样提炼标题更好呢?可以从以下方面提炼标题:1. 根据文章的中心句提炼标题。2. 选用段落中的关键词提炼标题。3. 根据各段的主题句或段意提炼标题。4. 根据故事发展的不同阶段提炼标题。5. 根据作者的写作线索提炼标题。

练习

阅读下列短文并完成相应的练习

有两位中国留学生到美国哈佛大学深造,两人在国内都是高才生。到了美国后,他们的语言遇上了麻烦,两人被邀请参加美国学生的聚会,美国人之间的交谈,他们听不太明白。其中一位心生怯意,不愿再参加这样的聚会了,而选择中国学生之间的聚会;而另一位留学生不这么看,他觉得到美国来,并不是简单地学知识的,如果与美国同学打成一片,这些美国同学将是他宝贵的财富。他经常参加美国同学的聚会,也努力表达自己的思想,虽然他的语言让美国同学听起来生硬,但他们都觉得这个中国学生与众不同,乐意把他当成朋友。不久便与美国同学融在了一起,不仅语言方面有了突破,而且后来还当选为学生会副主席。

我们看一些成功者,常常只看到他们的光辉奋斗史,但如果冷静地分析一个个成功样本就会发现:凡是成功者都有一套与人沟通的本领。他们总是不断地推介自己,让别人了解自己,接纳自己,努力地将自己往外推。原先有人说"知识改变命运",现在有人认为"沟通改变命

运",这是一个伟大的进步。

1. 请画出本文的中心句。
2. 最适合本文的题目是：
   A. 一个留学生的奋斗史　　B. 知识改变命运
   C. 沟通改变命运　　　　　D. 成功的秘诀

 阅读1

蒙古民族有着悠久辉煌的历史,目前,全世界大约有435万蒙古族人,散居在蒙古人民共和国、中国、苏联及中亚高原的广阔地域。尽管蒙古民族居住得十分分散,但他们对颜色的好恶却有着共同的习俗,其中反映出许多文化、心理、宗教因素的渊源。

任何民族都有他们所尊崇和忌讳的颜色,蒙古人自然也不例外。在红、白、蓝三原色中,没有一种不受蒙古人的特别尊崇。蒙古人崇尚红色由来已久,认为红色温暖亲切,并用之作为本民族的标志,经常用做帽缨、服装和手镯的色彩,甚至连红色的马匹也受到格外的钟爱。在口语和文学作品中,也有许多以红色表达兴旺、进取的修辞方法,例如蒙语中"红日初升""牛粪火旺""英雄传说""赤胆忠心""生活自立"等语句中均有红色这种意义。

白色也是蒙古人喜爱的颜色,并且古来如此。逢年过节办喜事,白色的蒙古袍则是最受青睐的盛妆。从文学作品和蒙古口语来考察,白色也成为蒙古语中用来从正面肯定事物性质的标志。例如蒙古语中的"大福大德""崇高的工作""纯洁的心灵""正大光明的事""无邪的思想"等语汇中均有白色一词做词根,以象征人类社会生活中的真实、正直和美好。此外,白色还代表一帆风顺,称心如意,例如带有"白色"修辞成分的"康庄大道""宽阔无垠"就是这种语汇。

蓝色在蒙古族中自古便受推崇。据史料记述,蒙古人古代建国之初,就把国家命名为"蓝色的蒙古国",并用蓝色织物作为国旗,还把国旗下的军队称作"蓝旗军"。同样,当时蒙古人的都城名为"青城",大汗的宫殿称之为"青宫",而国史则被称做"青册"。总之,在给与国家有关的事物命名时,经常冠以"蓝(青)色"一词。蒙古人在形容自然风光优美或赞扬物品质地优良时,也经常以蓝(青)色为修饰,例如带有宗教意味、令人肃然起敬的"长生天",美不胜言的"宛若轻纱的薄雾"等等。

蒙古人还十分珍视黄色,认为这是黄金与珍宝的颜色,荣华富贵的象征,因此在马鞍、靴袍和蒙古包内,黄色的饰物俯仰可见。蒙古人曾有这样的说法,金黄色是美好的颜色,可以代表所有其他的颜色。按照旧俗,蒙古人授与他人权力的文书,均用黄绸缎或黄纸书写,藉以表示尊贵。

黑色则是蒙古人的大忌,因为这是象征着敌人、丧事和一切反面事物的颜色。蒙古人的服饰、器具、住所均不以黑色做装饰。在文学作品和口语中,黑色所表现的事物性质,也都具有谬误、丑恶、卑劣、肮脏、危险等贬意,例如"思想肮脏""心肠歹毒""语言恶毒""罪孽"等词语,就是用"黑色"一词来修饰的。在各种基色中,除去黑色这一禁忌之外,蒙古人别无忌色。蒙古人对颜色的好恶反映了这一民族独特的文化价值观。

(选自《世界风俗大观》赵锦元主编,有删减)

练习

速读第1遍,完成下面的练习(建议阅读时间5分钟)

一、根据阅读内容选择正确答案

1. 下列选项中不符合蒙古人对颜色好恶习俗的是:
   A. 红色代表兴旺、进取　　B. 白色代表真实、真正、美好
   C. 蓝色代表一帆风顺、称心如意　　D. 黑色代表丑恶、卑劣、肮脏
2. 蒙古人认为表尊贵的颜色是:
   A. 白色　　B. 蓝色　　C. 黄色　　D. 黑色
3. 蒙古族对蓝色的推崇表现在:
   A. 曾把蓝色织物作为国旗　　B. 用蓝色来修饰、描写"长生天"
   C. 都城曾命名为青城　　D. 以上都是
4. 在文学作品中用来表达褒义的一定不会用:
   A. 红色　　B. 白色　　C. 黄色　　D. 黑色
5. 请给这篇文章选一个最适合的题目:
   A. 蒙古人的习俗　　B. 蒙古人对颜色的喜好
   C. 蒙古人的文化价值观　　D. 蒙古人的颜色文化观

细读第2遍,完成下面的练习

二、根据阅读内容判断正误

1. 蒙古人对颜色的好恶不因地域的差别而有差异。　　（　）
2. 蒙古人崇尚红色,逢年过节办喜事时一般都穿红色。　　（　）
3. 蓝色常跟与国家有关的事物命名联系在一起。　　（　）
4. 蒙古人在赞美某个物品质地优良时一般用黄色来修饰。　　（　）
5. 在蒙古人的家里最常见的颜色应该是蓝色。　　（　）
6. 蒙古人喜欢黄色是因为它是一种尊贵的颜色。　　（　）

三、解释句子中的画线词语

1. 任何民族都有他们所<u>尊崇</u>和<u>忌讳</u>的颜色。　　（　）（　）
2. 逢年过节办喜事,白色的蒙古袍则是最受<u>青睐</u>的<u>盛妆</u>。　　（　）（　）
3. 蓝色在蒙古族中自古便受<u>推崇</u>。　　（　）
4. 在给与国家有关的事物命名时,经常<u>冠</u>以"蓝(青)色"一词。　　（　）
5. 蒙古人授与他人权力的文书,均用黄绸缎或黄纸书写,<u>藉</u>以表示尊贵。　　（　）

词语提示

渊源	（名）	yuān yuán	水的源头。比喻事物的本源。
忌讳	（动）	jì huì	因风俗习惯或个人理由等,对某些言语或举动有所顾忌,积久成为禁忌。
青睐	（动）	qīng lài	表示对人喜爱或尊重。

推崇	（动）	tuī chóng	尊崇，崇敬。
肃然起敬	〈组〉	sù rán qǐ jìng	形容产生严肃敬仰的感情。
贬义	（名）	biǎn yì	字句里含有的不赞成或坏的意思。
罪孽	（名）	zuì niè	迷信的人认为应受到报应的罪恶。

阅读2

任何一个民族的服饰都与这个民族特定的社会生活有关。满族早期生活在白山黑水之间，以渔猎生活为主，其服装首先要求能防寒，同时又不妨碍渔猎。马蹄袖的设计正好适应这种需要。冬季狩猎拉弓射箭伸不出手，戴手套又不能过厚，为了防寒，他们就想出了在原袖口上再缝制一个可以卷上放下的活袖口，而且只缝一半在外侧挡手背。这种袖口大多用毛皮做成，既可抵御严寒，又不影响射猎。满族人一般称它为"箭袖"。后来，人们习以为常地在衣服上缝上一个箭袖，即使满族入关后，也没有改变这种习惯。昔日箭袖逐渐失去实际作用而变成了一种装饰。

不仅如此，男子的长袍、马褂，甚至每人身后留条大辫子也与满族的渔猎生活有关。长袍左右开叉是为了骑马射箭的方便，马褂袖口窄小有利于拉弓射箭。满族男子发式，前半剃光，后半结辫，长期戴帽，与他们长年出没在丛林中捕杀野兽，采集山珍，防止树木刮头，方便出入林中有关。

旗袍这一独特的满族妇女服装也受满族早期的渔猎生活的影响。昔日满族妇女同男子一样骑马射猎。旗袍两边开叉也同样是为了上下马方便；窄小的袖口更有利于拉弓射箭；领口高而紧，跑马时可以防止灌风，又可以防止蚊虫等钻进脖子。旗袍的面料一般都用棉布，富裕人家也用缎子之类。一般在衣边上绣有彩条，在大襟上绣上花鸟等图案。

满族女子服饰除了身着漂亮的旗袍外，上身还经常外罩一坎肩，脚上穿旗鞋，俗称"花盆底鞋"。这种鞋适合于满族女子"天足"的特点。走起路来稳重、端庄，富有节奏感。满族妇女喜欢穿这种高底木鞋还有个传说：在满族早期部落时代，虎尔哈河上游有个阿克敦城，部落长叫多罗罕。他有一个格格（即女儿），叫多罗甘珠，美若天仙。在虎尔哈河对岸，有一个古顿城，头领叫哈斯古罕。为人奸诈、贪婪，依仗自己的势力横行霸道。他看中了多罗甘珠，并多次派人向部落长多罗罕提亲，但均遭拒绝。有一年秋天，哈斯古罕设计杀害了多罗罕，并假借为多罗罕送灵之机攻打阿克敦城。阿克敦城三面是1米深的池塘，一面是路，已被哈斯古罕封锁。时间一长，全城粮绝，并且闹起了瘟疫。一天，当多罗甘珠眼望茫茫的草甸子发愁时，无意中发现一群白鹤站在泥塘中长时间不下沉而从中得到启示。她号召全城人学着白鹤的样子用树杈做起"鹤脚"，就这样，连夜走出泥塘，突然出现在哈斯古罕面前，用乱箭将其射死，其部下纷纷归顺。从此，虎尔哈河两岸联成了一个兄弟般的大部落，过着和平安定的生活。从此妇女们上山采蘑菇、采榛子，为了防备踩着毒蛇，也都喜欢穿上这种木底鞋，而且越改越精致，世代流传。

（选自《世界风俗大观》赵锦元主编，有删减）

练习

速读第1遍，完成下面的练习（建议阅读时间6分钟）

一、根据阅读内容选择正确答案

1. 箭袖最初的作用是：
   A. 抵御严寒　　　　　　　　B. 方便拉弓射箭
   C. 防寒和便于狩猎　　　　　D. 充当衣服上的装饰

2. 满族留辫的原因是：
   A. 骑马射箭的方便　　　　　　B. 便于戴帽
   C. 便于捕杀野兽、采集山珍　　D. 便于渔猎时出入丛林
3. 下面哪一项不是满族妇女旗鞋的特点？
   A. 鞋形像花盆　　　　　　　　B. 鞋底高
   C. 鞋子适合大脚女子　　　　　D. 走起路来富有节奏感
4. 关于高底木鞋的传说，表述正确的是：
   A. 哈斯古罕企图依仗自己的势力强娶多罗甘珠格格
   B. 哈斯古罕在攻打阿克敦城前先断绝了城中的粮草
   C. 高底木鞋拯救了多罗甘珠格格和她的部落
   D. 满族穿高底木鞋是为了消灾避祸
5. 这篇文章主要告诉我们：
   A. 满族人穿旗袍的由来
   B. 满族人服饰的发展变化
   C. 关于满族人穿高底木鞋的传说
   D. 一个民族的服饰与这个民族特定的社会生活有关

细读第2遍，完成下面的练习

二、根据阅读内容回答问题

1. 一个民族的服饰与什么有关系？
2. 为什么满族妇女的旗袍领口高而紧？
3. 满族妇女为什么喜欢穿高底木鞋？
4. 满族人古老的生活方式是怎样的？

三、选择画线部分词语在句子中的意思

1. 满族的服装首先要求能防寒，同时又不<u>妨碍</u>渔猎。
   A. 障碍　　　B. 阻碍　　　C. 防止　　　D. 阻止
2. <u>昔日</u>箭袖逐渐失去实际作用而变成了一种装饰。
   A. 往日　　　B. 数日　　　C. 一天天　　D. 今日
3. 满族男子发式，与他们长年<u>出没</u>在丛林中捕杀野兽有关。
   A. 隐藏　　　B. 出现　　　C. 出入　　　D. 淹没
4. 这种鞋适合于满族女子"<u>天足</u>"的特点。
   A. 天仙脚　　B. 未经缠裹的脚　C. 天生脚大　D. 上天给的脚
5. 哈斯占罕设计杀害了多罗罕，并假借为多罗罕<u>送灵</u>之机攻打阿克敦城。
   A. 吊念　　　B. 追悼　　　C. 运送尸首　D. 送回家

词语提示

| 妨碍 | （动） | fáng ài | 使事情不能顺利进行。 |
| 习以为常 | 〈组〉 | xí yǐ wéi cháng | 指某种事情经常去做，或某种现象经常看到，也就觉得很平常了。 |

马褂	（名）	mǎ guà	旧时男子穿在长袍外面的对襟的短褂,以黑色的为最普通。原来是满族人骑马时所穿的服装。
髻	（名）	jì	盘在头顶或脑后的发结。
奸诈	（形）	jiān zhà	虚伪诡诈,不讲信义。
横行霸道	〈组〉	héng xíng bà dào	依仗权势为非作歹。
瘟疫	（名）	wēn yì	指流行性急性传染病。
草甸子	（名）	cǎo diàn zi	长满野草的低湿地。
归顺	（动）	guī shùn	旧时统治者指敌对势力向自己屈服。

第20课　美国愚人节

"报社主编先生吗？我家出了一件新鲜事儿。阳台花盆中竟长出了通心粉！快来看看吧！"

"不必了，这已不是什么新闻。几年前我就遇到了这种情况。我家阳台简直已成了通心粉种植园了。"然后，报社主编详细地告诉打电话来的家庭妇女如何浇水，怎样施肥，才能收到既茁壮而又可口的通心粉。

读了上面的故事，也许你会问："这是真的吗？"按照美国人的幽默感，人们会开心地哈哈大笑，然后戏谑地称你为"四月傻瓜"。

实际上，这只不过是美国愚人节中的一幕。家庭主妇出于恶作剧，想捉弄一下具有猎奇心理的新闻界。但见多识广的主编先生非但没有上当受骗，反而一本正经地大谈花盆种植通心粉的经验。这种含而不露的反应，彬彬有礼的回答，使双方都感受到了幽默的愉快。

如果认为愚人节中人们的行为只是出于好心，给人以快乐，那就又错了。实际上这一天的活动，主要是使人受骗出丑。

4月1日之所以称为"愚人节"，是因为在这一天，一封电报，或者一个邮包，都可能使人上当而成为众人眼中的傻瓜，甚至稀里糊涂，把棺木买回家中。这种恶作剧，藉以愚弄他人的行为，既不会受到惩罚，也不会遭到谴责。理由是，这一天是专门定下来让人寻欢作乐的。说一声"愚人节玩笑"，就可以解脱。

愚人节不仅在美国极为流行，在其他西方国家也绝非罕见。

这一天无论是风流倜傥的法国人、热情洋溢的意大利人，还是做事一板一眼、严肃正经的德国人，都可能玩弄一些小把戏，得到一点看西洋镜的乐趣。英国人以绅士派头十足而闻名于世，但身为王室成员的查尔斯亲王就曾玩过类似恶作剧，让人大上其当。至于平头百姓，那就更不用说了。

他们有的人可能把专门为愚人节设计的，可以发出怪叫的坐垫，能放出烟花的火柴拿给人使用，有的人把次品作为上等礼物赠人，有一位妇女拿着女友的名片，分送给被自己挑逗得如醉如痴的男人，约订幽会；也有人把许多身材矮小的人约来一起进餐。对方发现上当时，已无挽回的余地，有的"哑巴吃黄连"，只好表面上装出若无其事的样子，有的自我解嘲，干脆与恶作剧者一起哈哈大笑。这确实是对人智慧的考验，有的人凭机敏，顺利摆脱困境，也有的人将计就计，反而让耍把戏的人上当。据说有位女主人对一位品酒专家带来的劣酒毫不在意，反而赞不绝口，并在晚宴上请他自食其果。

在法国，人们把上当者称为"四月的鱼"，因为4月里，鱼最容易上钩。在英国的苏格兰，则称为"布谷鸟"，自然是呆鸟之意。

愚人节的起源众说纷纭，莫衷一是。有人说与"春分"季节有关，因为这时的天气变化无常，有些捉弄人。其根据是古罗马曾有3月25日的嬉乐节，印度有3月末的欢悦节。至于何以从天气捉弄人，变成人捉弄人，那就不大清楚了。其实它的来源已无关紧要，人们所关心的是每年有这么一天，可以不拘一格地"轻松"一下。不过墨西哥的愚人节不是在4月1日，而是12月28日。这一天借别人的东西可以不归还。

愚人节是西方国家的事，但其影响范围可没有国界。有的读者可能还记得我们有的报刊曾人云亦云登载了一则科技珍闻,告诉人们:据英国一家科学刊物报道,有人已将牛与西红柿嫁接成功,不久的将来人们就可以尝到牛肉味的西红柿。这件事说明我们的编辑不但自己稀里糊涂上了当,也使不少中国读者无辜地做了一次"四月傻瓜"。

(选自《世界风俗大观》,赵锦元主编,有删减)

词语提示

猎奇	(动)	liè qí	急切地或贪得无厌地搜求新奇和异样的东西(多含贬义)。
一本正经	〈组〉	yī běn zhèng jīng	形容态度庄重严肃,郑重其事。有时含讽刺意味。
彬彬有礼	〈组〉	bīn bīn yǒu lǐ	形容文雅有礼貌的样子。
谴责	(动)	qiǎn zé	斥责;责备。
寻欢作乐	〈组〉	xún huān zuò lè	追求享乐放纵的生活,不务正业,整天醉生梦死。
风流倜傥	〈组〉	fēng liú tì tǎng	形容人有才华而言行不受世俗礼节的拘束。
一板一眼	〈组〉	yī bǎn yī yǎn	比喻言语、行动有条理或合规矩。有时也比喻做事死板,不懂得灵活掌握。
挑逗	(动)	tiǎo dòu	招惹;逗引。
如痴如醉	〈组〉	rú chī rú zuì	形容神态失常,失去自制。
若无其事	〈组〉	ruò wú qí shì	像没有那回事一样。形容遇事沉着镇定或不把事情放在心上。
自我解嘲	〈组〉	zì wǒ jiě cháo	用言语或行动为自己掩盖或辩解被人嘲笑的事。
将计就计	〈组〉	jiāng jì jiù jì	利用对方所用的计策,反过来对付对方。
自食其果	〈组〉	zì shí qí guǒ	指自己做了坏事,自己受到损害或惩罚。
众说纷纭	〈组〉	zhòng shuō fēn yún	人多嘴杂,议论纷纷。
莫衷一是	〈组〉	mò zhōng yī shì	不能决定哪个是对的。形容意见分歧,没有一致的看法。
不拘一格	〈组〉	bù jū yī gé	不局限于一种规格或一个格局。
人云亦云	〈组〉	rén yún yì yún	人家怎么说,自己也跟着怎么说。指没有主见,只会随声附和。
无辜	(形)	wú gū	清白无罪的。

练习

一、根据课文内容判断正误

1. 一位美国家庭主妇希望她家阳台花盆中长出通心粉这件事能引起社会的关注。（　）
2. 报社主编认为花盆中长通心粉是一件很正常的事,没有什么新闻价值。（　）
3. 在西方国家许多人借愚人节搞恶作剧,看别人出丑。（　）

4. 在愚人节这一天,一切恶作剧行为都会被人们谅解。（ ）
5. 愚人节的真正目的不是让人受骗出丑,而是给人以快乐。（ ）
6. 目前已有人将牛与西红柿嫁接成功,不久的将来人们就可以尝到牛肉味的西红柿了。
（ ）

二、选择画线部分词语在句子中的意思

1. 按照美国人的幽默感,人们会<u>戏谑</u>地称你为"四月傻瓜"。
   A. 开玩笑　　　　　　　　　B. 耍笑捉弄
   C. 戏弄侮辱　　　　　　　　D. 轻视瞧不起
2. 对愚人节这一天的恶作剧行为,只要说一句"愚人节快乐",就可以<u>解脱</u>。
   A. 得到别人的谅解　B. 解除痛苦　　C. 开心豁达　　D. 脱离苦海
3. 愚人节这天连做事一板一眼的德国人,都可能玩弄一些<u>小把戏</u>。
   A. 小手段　　　B. 阴谋诡计　　C. 小插曲　　D. 小心眼
4. 有一位妇女拿着女友的名片分送给男人,约定<u>幽会</u>。
   A. 男女秘密相会　　　　　　B. 男女在幽静的场合相会
   C. 男女在景色宜人的地方相会　D. 男女在光线昏暗的地方相会
5. 对方发现上当时,有的"<u>哑巴吃黄连</u>",只好表面上装出若无其事的样子。
   A. 比喻受了委屈不愿意吭声
   B. 比喻心里十分痛苦
   C. 比喻嘴上不说,心中有数
   D. 比喻有苦说不出
6. 人们所关心的是每年愚人节这一天,可以不拘一格的"<u>轻松</u>"一下。
   A. 笑一笑　　　　　　　　　B. 没有心理负担地捉弄别人
   C. "轻松"的反义"紧张"　　　D. 故作放松

三、选择合适的词语填空

一本正经　一板一眼　将计就计　人云亦云　不拘一格　若无其事　莫衷一是　迥然不同

1. 三国时东吴企图用美人计诓骗刘备,诸葛亮（ ）,使孙权赔了夫人又折兵。
2. 他不管干什么工作,总是（ ）,从不马虎。
3. 看着两岁的小东西（ ）的样子,大家情不自禁地笑了起来。
4. 凡事要多动脑筋,不能跟着他人,（ ）的瞎说一通。
5. 对他的死,众说纷纭,（ ）。
6. 我厂（ ）地聘用和使用技术人员,给企业带来了勃勃生机。

四、根据课文内容选择正确答案

1. 根据课文内容可知德国人的性格特点是:
   A. 严肃认真　　　　　　　　B. 一本正经
   C. 爱看别人笑话　　　　　　D. 喜欢捉弄人
2. 在什么情况下你会被称作"四月傻瓜"?
   A. 在四月份被人捉弄了　　　B. 愚人节上当受骗了

C. 愚人节不幽默 D. 愚人节欺骗别人
3. 对愚人节的起源,作者认为:
   A. 与春分季节天气变化无常有关 B. 与古罗马的嬉乐节有关
   C. 与印度的欢娱节有关 D. 文中没有提到
4. 要想摆脱被人愚弄的尴尬,下面哪一种方式文中没提到?
   A. 在哈哈大笑中委婉地表达自己的不满情绪
   B. 装做若无其事的样子
   C. 学会自我解嘲
   D. 以其人之道,还治其人之身
5. 墨西哥愚人节与其他国家最大的不同在于:
   A. 4月1日这天借别人的东西可以不还
   B. 不能捉弄人,只能借东西
   C. 愚人节的日期不确定
   D. 愚人节当天借东西可以不用还
6. 文章最后一段主要告诉我们:
   A. 有的报刊不负责任地刊登了一则假消息
   B. 编辑由于愚人节的蒙蔽而报导出虚假的消息
   C. 报刊内容的真假决定着读者对事物的正确认识与否
   D. 西方的愚人节现在也影响着中国人的生活

五、根据课文内容回答问题

1. 你认为文中的报社主编是个怎样的人?
2. 根据本文你认为美国人、法国人、意大利人、德国人和英国人各有什么性格特点?
3. 为什么说中国读者无辜地做了一次四月傻瓜?
4. 你对中国人现在也过愚人节有何看法?

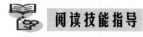

1. 你对中国人过西方节日持什么态度?并说明理由。
2. 对于美国人、法国人、意大利人、德国人和英国人,你最喜欢哪国人的性格特点?并说明理由。

阅读技能指导

提炼标题(三)

利用各段的段意或主题句提炼标题,需要在阅读中快速找到各段主题句或归纳出各段的段意,把意思联系在一起,加以概括,然后通过对主题句或段意的总体性把握获得对全文大意的理解,准确地为全文拟一个合适的大标题。

练习

阅读后完成相应的练习

中国人的传统饮食习俗是以植物性食料为主。主食是五谷,辅食是蔬菜,外加少量肉食。形成这一习俗的主要原因是中原地区以农业生产为主要的经济生产方式。但在不同阶层中,食物的配置比例不尽相同。因此古代有称在位者为"肉食者"的。

以热食、熟食为主,也是中国人饮食习俗的一大特点。这和中国文明开化较早和烹调技术的发达有关。中国古人认为:"水产腥,肉臊,草食即膻。"热食、熟食可以"灭腥去臊除膻"。中国人的饮食历来以食谱广泛、烹调技术的精致而闻名于世。据史书记载,南北朝时,梁武帝萧衍的厨师,一个瓜能变出十种式样,一个菜能做出几十种味道,烹调技术的高超,令人惊叹。

在饮食方式上,中国人也有自己的特点,这就是聚食制。聚食制的起源很早,从许多地下文化遗存的发掘中可见,古代炊间和聚食的地方是统一的,炊间在住宅的中央,上有天窗出烟,下有篝火,在火上做炊,就食者围火聚食。这种聚食古俗,一直至后世。聚食制的长期流传,是中国重视血缘亲属关系和家族家庭观念在饮食方式上的反映。

在食具方面,中国人的饮食习俗的一大特点是使用筷子。筷子,古代叫箸,在中国有悠久的历史。在《礼记》中就曾记载筷子的使用,可见至少在殷商时代,已经使用筷子进食。筷子一般以竹制成,一双在手,运用自如,即简单经济,又很方便。许多欧美人看到东方人使用筷子,叹为观止,赞为一种艺术创造。实际上,东方各国使用筷子多起源自中国。中国人的祖先发明筷子,确实是对人类文明的一大贡献。

1. 概括各段的主题句或段意:
   第1自然段:_____。
   第2自然段:_____。
   第3自然段:_____。
   第4自然段:_____。
2. 根据主题句或段意,为全文选择一个合适的标题:
   A. 中国人的饮食习俗　　　　　B. 筷子与中国饮食
   C. 中国人的饮食方式　　　　　D. 中国人的饮食文化

阅读1

澳大利亚土人的殡葬方式是多种多样的,几乎集中了当今世界各民族的各种殡葬方法,如土葬、火葬、天葬、木乃伊化、食尸、弃尸、双葬、局部葬等。采用哪种殡葬方法是根据各地区各部落的习俗不同而有所不同。

土葬是澳大利亚土人中最普遍的一种殡葬方式,它主要盛行于澳大利亚中部以及东南部、最北部和西部地区。但埋葬方式略有不同,一般把尸体放在一个墓穴内埋上土就行了。有一些部落还要在墓穴内再挖一个长方形凹槽,将尸体放在其中再埋上土。这为了防止野兽将尸体刨出来吃掉,考古学家称这种葬法为"墓洞土葬"法。阿兰达部落还采用"蜷曲土葬"法,将尸体蜷曲,双膝压着下腭,然后放入圆洞式的墓穴中,脸朝向图腾中心,用土埋上墓穴,并留下一个小孔供死者的幽灵进出。卡米罗拉伊部落要把尸体缠成一个蜷曲的圆包,沃托巴卢克部落将尸体的两只大脚趾绑在一起,吉尔吉尔伯河流域部落将尸体的腿折断,这一类的土埋法是由于惧怕死人危害活人而形成的风俗。

天葬在澳大利亚土人中也是一种较为普遍的习俗,在澳大利亚北部、昆士兰东部、墨累河下游地区均盛行。尸体被放在树上或者专门搭起来的架子上,等候尸体腐烂或老鹰吃掉。

火葬是澳大利亚土人中比较少见的一种殡葬方法,仅存于澳大利亚东部的一些部落中,而且往往伴随着其他殡葬方式。在维多利亚各部落中,在没有时间举行繁杂的土埋仪式时使用火葬。在卡通加部落中习惯把老年人火葬,而青年夭折则土葬。

木乃伊化的风俗是在企图保存尸体的愿望下产生的,澳大利亚土人采用一种极为简便的烟熏办法,他们用木头搭一个台架下边放上树枝、青草点火来熏,尸体水份挥发后便制成木乃伊。

食尸也是一种极古老的殡葬方式,在澳大利亚南部、东部和东北部的沿海某些部落中曾有过这种风俗,大家把尸体分食。双葬即两次埋葬,第一次先举行殡葬仪式,过一些日子再给死人遗骨做其他仪式。一般是天葬和土埋相结合,先天葬待尸体腐烂后再埋掉。但在卡奔塔利亚湾的阿努拉部落和马拉部落中,天葬后的遗骨放在木盆里或放在垂在水面上的树枝上,让水冲走或沉入水底。

局部葬是把死者尸体的局部埋葬、火化或分别埋葬,库尔奈部落先把尸体放在木架上天葬,待尸体腐烂后再埋葬到树洞里或火化,把指骨取下来穿在一起做成项圈戴在颈上。而瓦拉孟加部落则将风葬后的遗骨埋在蚁蛭中,手上的桡骨在举行仪式后单独埋葬。

(选自《世界风俗大观》赵锦元主编,有删减)

练 习

速读第1遍,完成下面的练习(建议阅读时间5分钟)

一、根据阅读内容选择正确答案

1. 澳大利亚土人中最普遍的一种殡葬方式是:
   A. 土葬　　　　　　B. 天葬
   C. 火葬　　　　　　D. 天葬和土葬相结合

2. 澳大利亚的一些土人部落在土葬时将尸体的两只大脚趾绑在一起是为了:
   A. 防止死人复活　　　　B. 害怕死人危害活人
   C. 防止死者的灵魂跑掉　　D. 保证人体的完整性

3. 澳大利亚土族人在什么情况下使用火葬:
   A. 人死得很突然　　　　B. 青少年夭折时
   C. 没有时间举行土葬仪式时　　D. 从不使用火葬

4. 澳大利亚的库尔奈部落把死人的指骨取下来做成项圈戴在颈上是为了:
   A. 避邪　　　　　　B. 纪念死者
   C. 为死者超度亡灵　　D. 一种风俗

5. 如果给这篇文章一个题目,最恰当的应是:
   A. 澳大利亚土人的奇特风俗　　B. 澳大利亚土人的殡葬方式
   C. 澳大利亚人的殡葬方式　　　D. 异彩纷呈的殡葬方式

细读第2遍,完成下面的练习

二、根据阅读内容判断正误

1. 澳大利亚的殡葬方式集中了当今世界各民族所有的殡葬方法。（   ）
2. 在澳大利亚采用何种殡葬方式与各地区各部落的风俗习惯有关。（   ）
3. 天葬是澳大利亚土人中比较少见的一种殡葬方法,仅存于澳大利亚东部的一些部落中。（   ）
4. 尸体木乃伊化主要是为了保存尸体。（   ）
5. 食尸这种殡葬方式目前在澳大利亚已不复存在。（   ）
6. 双葬一般是先天葬后土葬。（   ）

三、选择画线部分词语在句子中的意思

1. 它主要盛行<u>于</u>澳大利亚中部以及东南部、最北部和西部地区。
   A. 在　　　　B. 从　　　　C. 比　　　　D. 到
2. 埋葬方式<u>略</u>有不同,一般把尸体放在一个墓穴内埋上土就行了。
   A. 忽略　　　B. 省略　　　C. 稍微　　　D. 细微
3. 在澳大利亚北部、昆士兰东部、墨累河下游地区<u>均</u>盛行。
   A. 就　　　　B. 才　　　　C. 都　　　　D. 即
4. 火葬是澳大利亚土人中比较少见的一种殡葬方法,<u>仅</u>存于澳大利亚东部的一些部落中。
   A. 只有　　　B. 就　　　　C. 又　　　　D. 光
5. 双葬<u>即</u>两次埋葬,第一次先举行殡葬仪式,过一些日子再给死人遗骨做其他仪式。
   A. 既是　　　B. 即使　　　C. 就是　　　D. 立即

词语提示

盛行	（动）	shèng xíng	广泛流行。
濒临	（动）	bīn lín	紧接；临近。
篝火	（名）	gōu huǒ	原指用笼子罩着的火,现借指在空旷的地方或野外架木柴燃烧的火堆。
桡骨	（名）	ráo gǔ	前臂靠大指一侧的骨头。

阅读2

巴西人民最喜爱的娱乐活动首推桑巴舞。许多巴西人说:"我们饭可以不吃,觉可以不睡,但桑巴舞不跳不行。"狂欢节时,巴西人跳桑巴,可以连续几昼夜,忘掉了忧愁与烦恼,忘掉了紧张与疲劳,剩下的只有欢乐与享受。巴西一位妇女说:"桑巴舞已渗透到我们的血液中。"由此可见,桑巴舞在巴西广大人民心目中占有着十分重要的地位。

桑巴舞舞姿优美,舞曲旋律紧张而欢快,令人兴奋、激动。以打击乐伴奏。它是一种集体歌舞,参加表演的人少则几十,多则几万。队形有时排成双行,有时围成一圈,圈子中间还有单独表演者。男舞蹈者以两脚快速移动、旋转为主,女舞蹈者以上身的抖动和腰、腹、臀部的扭动

为主。桑巴舞的舞蹈动作不同于一般的轻歌曼舞。它具有豪放而又带点即兴发挥的性质。有时舞伴故意将对方绊倒,被绊者却又轻松自如地随着音乐的节奏重新站起来,继续跳,气氛极其热烈。

桑巴舞起源于非洲。为了满足殖民地巴西日益发展的种植园经济的需要,葡萄牙人从1532年起,开始从非洲输入黑奴。在运奴船上,奴隶贩子为了使黑奴这种"商品"体格健壮,能卖好价钱,就强令他们敲打酒桶、铁锅等,充当伴奏乐器,在甲板上跳他们的原始舞。黑奴来到巴西以后,祈祷神灵来帮助他们取得自由和幸福。他们偷偷地举行各种非洲原始的宗教仪式,对着神灵唱起赞歌,跳起舞蹈。这种"龙社"舞以非洲部落舞为基础,加上拍打大腿、揉腹和顿足,形成桑巴舞最早的舞蹈动作。

提到巴西的桑巴舞,就不得不言及巴西以桑巴舞为主的狂欢节,狂欢节是在16世纪中叶由葡萄牙人带入巴西的。它一来到巴西,便与巴西最流行的桑巴舞结下了不解之缘,水乳交融。狂欢节期间参加演出的舞蹈队伍都要选出一位"国王"和一位"王后",通过他们活泼有趣的表演,影响着群众,使狂欢的人们始终处于高昂的情绪之中。在桑巴舞学校的队伍游行之时,在其他非主要的街区,在海滩或广场,欢乐的群众自带乐器,自行组成狂欢群。有的红妆素裹,有的花脸黑头,有的原始打扮,有的平日衣着。上至七旬老叟,下至年幼女童,他们边走边唱,边奏边舞,热闹非凡。

狂欢节期间,由旅游部门、桑巴舞学校和其他单位选出代表组成评奖委员会,评选出优秀的乐曲、歌词、舞蹈,最优秀的节目以及歌舞队伍等,并颁发集体奖和个人奖。获奖的队伍还要在规定的日子里,向群众再举行一次街头演出。

这样,桑巴舞在一年一度的狂欢节及其比赛中得到了长足的发展。反过来,桑巴舞对巴西社会生活和艺术创作,产生了深刻的影响。

(选自《世界风俗大观》赵锦元主编,有删减)

练 习

速读第1遍,完成下面的练习(建议阅读时间5分钟)

一、根据阅读内容选择正确答案

1. "桑巴舞已渗透到我们的血液中"这句话的意思是:
   A. 桑巴舞带给巴西人的是欢乐与享受
   B. 桑巴舞是巴西人生命的组成部分
   C. 桑巴舞对于巴西人来说非常重要
   D. 巴西人在用激情跳桑巴舞

2. 关于桑巴舞下面说法正确的是:
   A. 跳桑巴舞时,圈子中间必须有单独表演者
   B. 为了使表演气氛热烈,有时舞伴会故意将对方绊倒
   C. 桑巴舞的舞蹈动作时而轻柔时而豪放
   D. 桑巴舞表演的人数可多可少,少则一人,多则上万

3. 非洲黑人刚来到巴西,跳舞是为了:
   A. 对非洲原始宗教的崇拜   B. 祈求神灵的帮助
   C. 忘掉忧愁与烦恼   D. 享受欢乐与幸福

4. 狂欢节期间,参加狂欢的人群是：
   A. 老人　　　　B. 青年人　　　　C. 儿童　　　　D. 以上所有人
5. 下面哪一项活动不是狂欢节期间的活动？
   A. 举行桑巴舞比赛　　　　　　B. 评选优秀的歌舞队伍
   C. 举行化装舞会　　　　　　　D. 颁发奖项

细读第 2 遍,完成下面的练习

二、根据阅读内容回答问题

1. 桑巴舞以什么乐器伴奏？
2. 桑巴舞舞蹈动作的基础是什么？
3. 巴西曾是哪个国家的殖民地？
4. 如果给这篇文章一个题目,什么题目最适合？

三、解释句子中的画线词语

1. 它具有豪放而又带点<u>即兴发挥</u>的性质。　　　　　　　　　　　　（　　）
2. 这种"龙社"舞以非洲部落舞为基础,加上拍打大腿、揉腹和<u>顿足</u>,形成桑巴舞最早的舞蹈动作。　　　　　　　　　　　　　　　　　　　　　　（　　）
3. 提到巴西的桑巴舞,就不得不言<u>及</u>巴西以桑巴舞为主的狂欢节。　（　　）
4. 上至<u>七旬老叟</u>,下至年幼女童,他们边走边唱,边奏边舞,热闹非凡。（　　）
5. 桑巴舞在一年一度的狂欢节及其比赛中得到了<u>长足</u>的发展。　　　（　　）

词语提示

不解之缘	〈组〉	bù jiě zhī yuán	不可分解的缘分。比喻不能解脱的联系或关系。
水乳交融	〈组〉	shuǐ rǔ jiāo róng	像水和乳汁融合在一起。比喻感情很融洽或结合十分紧密。
红妆素裹	〈组〉	hóng zhuāng sù guǒ	指妇女艳丽和淡雅装束。用以形容雪过天晴,红日和白雪交相辉映的美丽景色。
老叟	（名）	lǎo sǒu	称男性老人。

单元阅读测试练习四

 阅读1

"爷"字的繁体作"爺",下面的"耶"是表音的声符,上面的"父"是表义的形符。"爷"字为什么用"父"来显示字义?这是因为"爷"最初就是"父亲"的俗称。

值得注意的是,"爷"字并非只有亲属称谓的用法,它还是一个应用相当广泛的敬称:年岁与祖父相仿的男子,人们也常叫他一声"爷爷",当然这声"爷爷"定会让被称呼者心中十分舒坦;大凡长自己一辈的男子也都可以尊为"爷",或跟在姓氏后面,如"张爷""李爷",或前面添上排行,如"三爷""五爷";官僚财主更少不得一个表敬的"爷",如"县太爷""员外爷";甚至子虚乌有的神仙,也要在对他们的称呼后加上一个"爷"以示虔敬,如"阎王爷""灶王爷"。

"爷"作为一个亲属称谓,为什么会逐渐演化为一个用途广泛的敬称呢?

联系文化背景来看。不难发现这与中国尊亲的传统文化心态有关。留意一下汉语中一些涉及父亲的词语,我们可以看到父亲的尊严权威是那么的无与伦比:"天王老子"指的是至尊至贵、最有权威的人。而其中的"老子"正是"父亲"的同义词;祖国是最值得尊敬爱戴的,而她则总被称为"父母之邦"或"父国";对一般百姓而言,自己居住地区的地方官又是必须给予充分尊敬的,所以地方官又被称为"父母官";倘若把坏人当作自己的依靠和主宰,则又被叫做"认贼作父"。

父亲之所以具有绝对的权威,获得充分的尊严,当然是在父权制度下男性家长主宰其他家庭成员的实际地位而造成的,与此相应,中国传统的孝道主张所谓"父要子死,子不得不死"之类不近情理的行为准则。应当说,在父权时代,作为一家之主的父亲在家庭中建立起他的绝对权威,是非常自然的一件事。由于在物质资料的生产中占据主导地位,他便有了充分的理由去支配家庭其他成员,并得到家庭其他成员的尊敬和服从。

再深入一步看,在中国古代漫长的历史时期中,国家社会的政治统治,在本质上表现为家族和家庭的统治,整个国家的主宰,其实就是君王一家。君王把自己的家庭成员乃至家族成员分封到全国各地作为地方的统治者,大的地方统治者再把自己的子女分封到自己统辖地区的各个地方。就这样,整个国家的统治,在很大程度上表现为父对子的统治,所以父的尊严与权威的确立,又成为一种政治的需要。而传统孝道对父的地位的强调,很大程度上正是由于政治统治要求的驱动。

父亲既然有着无上的尊严和权威,"爷"作为父亲的俗称便有了充分的机会成为对人表示尊敬的字眼:叫你一声"爷",似乎意味着你已成为一个威严无比的主宰者,表示尊敬的目的则可以最大限度地得到实现。

(选自《咬文嚼字》1999年第1期,有删减)

练习

速读第1遍,完成下面的练习(建议阅读时间5分钟)

一、根据阅读内容选择正确答案

1. "爷"字最初的用法是:
   A. 表亲属称谓   B. 表敬称
   C. 表虔诚   D. 表绝对的权威

2. "甚至子虚乌有的神仙,也要在对他们的称呼后加上一个'爷'以示虔敬。"该句中"子虚乌有"的意思是:
   A. 形容神通广大的人　　　　　　B. 指一些乐善好施的人
   C. 造福人类子孙后代的人　　　　D. 指根本不存在的人或事
3. "父要子死,子不得不死"主要反映了当时社会:
   A. 森严的等级观念　　　　　　　B. 中国传统孝道不近情理
   C. 父亲在家庭中有绝对的权威　　D. 父亲可以支配家庭成员的生死
4. 父亲能得到家庭成员的尊敬和服从的主要原因是:
   A. 父亲在家庭中有绝对的权威
   B. 父亲在物质资料生产中占据主导地位
   C. 中国传统孝道对父亲地位的强调
   D. 在父权时代这是非常自然的一件事
5. 根据文章内容,下列不正确的一项是:
   A. 父亲在中国封建社会具有至高无上的权力
   B. 被别人叫一声"爷"意味着你受到别人的尊重
   C. 把"地方官"称为"父母官"是因为"地方官"像父母一样受到尊敬
   D. 父亲尊严与权威的确立在很大程度上是一种政治的需要

细读第2遍,完成下面的练习

二、根据阅读内容回答问题

1. "爷"字哪部分表字义?
2. "爷"在用法上有哪几种?
3. "天王老子"的"老子"指什么?
4. "爷"表敬称用法的形成与什么有关?

词语提示

声符	(名)	shēng fú	即声旁。
子虚乌有	〈组〉	zǐ xū wū yǒu	指假设的、不存在的、不真实的事情。
虔敬	(形)	qián jìng	恭敬。
阎王爷	(名)	yán wáng yé	迷信的人认为主管地狱的神。
灶王爷	(名)	zào wáng yé	迷信的人认为掌管一家祸福的神。
无与伦比	〈组〉	wú yǔ lún bǐ	指事物非常完美,没有能跟它相比的。

阅读2

　　像浪迹天涯一样,看手相紧密地同吉卜赛人的生活方式联系在一起。但除看手相以外,占卜也已成为吉卜赛人的一种职业或谋生手段,她们靠这种活动帮助丈夫维持生活。尽管早在希腊——罗马时代欧洲就已产生了占卜,但自公元15世纪初吉卜赛人到达西欧之后,这种习俗似乎已成为吉卜赛人的专利了。

　　吉卜赛妇女用硬币、扑克牌算命,她们善于观察占卜者内心的活动,能够抓住对方表情瞬间的变化,她们口若悬河、随机应变,像魔术家一样,她们利用硬币、扑克牌的变化来预言未来,告诉求卜者什么时候交好运或遭灾难,并指出消灾祛祸的办法。她们懂得求卜者的心理,因为这些人往往都是生活上不如意的人,而又无力改变社会现实,才把希望寄托在将来,并通过占卜来得知这一切。因此吉卜赛妇女往往故弄玄虚,她们可以对一个结过婚的男人讲:"你的妻子注定要使你戴上绿帽子!"也可以对一个已婚妇女讲:"你的丈夫欺骗了你。"对一个老年人讲:"你的家庭将要遭到不幸,有人要脱离尘世,最好的办法是离开家乡到外地躲避一段时间。"或者对一个年轻人讲:"你有血光之灾,最好的办法是赶快结婚冲冲喜,如能生下一男半女便可万事大吉。"

与占卜相类似的活动是巫术,吉卜赛妇女,特别是老年妇女往往施用巫术替病人"治病"。在沙俄时代,吉卜赛巫者使用栗子往病人身上擦,每日三次可以"医治百病"。在德国吉卜赛巫婆替人看病时,带上事先准备好的用烧红的针刺过的栗子,诊断时,假装看看栗子是否有黑心,如果有黑心就是病魔缠身。这种特制的栗子当然有黑心,于是病人就要接受她们的治疗并付以酬金。其治疗方法,一种是给病人符水或草药;另一种方法是驱魔镇鬼。这种方法是由女巫先召鬼,施法时病人和家属不准离开屋子,鬼来时屋外发出各种声音,如各种家畜被鬼惊动的奔跑声、屋顶上面的滚动声或咯咯作响的窗户声等。当然这些音响效果全是由巫婆的同伙制作的。鬼被召来后,再施魔法将鬼驱逐,巫婆在室内念念有词,然后户外寂静无声,一切恢复正常。鬼被驱走了,病也就"痊愈"了。

在用草药治病时确实也有不少被治愈者,吉卜赛人由于流浪的习俗,也积累了不少治病防病的经验。他们传统的医药学知识非常丰富,特别是对草药十分内行,什么季节、什么地方生长何种药草,能治什么病,都知道得一清二楚。他们把采集来的草药分别包起来,隔着纸用鼻子一嗅便知道里边是什么药。吉卜赛人还擅长兽医学,可以为马、牛、猪看病,甚至这种行业是一个十分重要的收入来源。西方学者对吉卜赛人的传统医学做过一些研究,经过临床实验证明,他们的医药是有科学根据和有疗效的。

(选自《世界风俗大观》赵锦元主编,有删减)

练 习

速读第 1 遍,完成下面的练习(建议阅读时间 6 分钟)

一、根据阅读内容选择正确答案

1. 在欧洲占卜能最终成为吉卜赛妇女专利的主要原因是:
   A. 吉卜赛人擅长玩硬币和扑克牌
   B. 吉卜赛妇女非常聪明,善于随机应变
   C. 吉卜赛妇女善于观察并且懂得占卜人的心理
   B. 吉卜赛妇女喜欢故弄玄虚
2. "你的妻子注定要使你戴上绿帽子",画线部分的正确解释是:
   A. 气得脸发青 B. 蒙受耻辱
   C. 有第三者出现 D. 让人倒霉
3. 吉卜赛人的收入来源文中没提到的是:
   A. 看手相 B. 占卜
   C. 用巫术替人看病 D. 采集草药

4. 根据文章内容,我们可知:
   A. 吉卜赛人用栗子擦身可以医治百病
   B. 只有吉卜赛老年妇女才通过巫术替病人治病
   C. 吉卜赛人根本不懂任何医药学知识
   B. 吉卜赛人懂得一些传统的医药学知识
5. 吉普赛人最擅长:
   A. 玩扑克牌　　B. 与人沟通　　C. 替人治病　　D. 辨别草药

细读第 2 遍,完成下面的练习

二、根据阅读内容回答问题
1. 吉卜赛人靠什么来维持生活?
2. 一般是什么样的人喜欢求卜?
3. 吉卜赛人给人治病使用什么方法?
4. 吉卜赛人为什么会懂得一些医药学知识?

词语提示

占卜	(动)	zhān bǔ	古代用龟、蓍等,后世用铜钱等推断祸福。
口若悬河	(组)	kǒu ruò xuán hé	讲起话来滔滔不绝,像瀑布不停地奔流倾泻。形容能说会辩,说起来没个完。
血光之灾	(组)	xuè guāng zhī zāi	迷信指有被杀的灾祸。
冲喜	(动)	chōng xǐ	旧时迷信风俗,家中有人病重时,用办理喜事(如迎娶未婚妻过门)等举动来驱除所谓作祟的邪气,希望转危为安。
万事大吉	(组)	wàn shì dà jí	什么事都很圆满顺利。也指一切事情都已办好。
酬金	(名)	chóu jīn	付给代办人或受雇者的费用。
痊愈	(动)	quán yù	病好了。
内行	(形)	nèi háng	对某种事情或工作有丰富的知识和经验。

阅读3

在古代,人们对"死亡"大致有三类说法:一类是上天,如"归天""宾天""驾鹤西行""仙逝""上西天"等,皆带有褒义。一类是入地,如"下十八层地狱",明显有诅咒的意思。但因为实际上人死后的确是要葬到地下的,所以"入地型"更多的是不带贬义的,譬如"入土为安"就包含着祝福死者太太平平地"长眠"的意思。还有一类并不讲去哪,只讲碰到谁,如"见列祖列宗""见上帝""见阎王",或是老臣死前说的"我去见先帝"。仿照这一格式,近几十年还出现了"见马克思"的说法。

各种宗教也对死亡提出了各种不同的称呼,基督教徒说:"我要上天堂,不能下地狱。"高僧死了称"圆寂",而佛则达到了"涅槃"的境界。道士一生修行,死后自然是"驾鹤""羽化"了。

死亡作为一种生理现象,自然会表现出一些生理特征,人们便常用这些特征来代称死亡。马克思下葬时,恩格斯称他为"停止思想了",之所以这样说,是因为恩格斯认为马克思是"当代最伟大的思想家"。然而这毕竟太抽象了,因此,尽管有医学家提出"脑死亡"的概念,人们仍常常用"心脏停止了跳动""停止了呼吸"来指代死亡。还有许多类似的称呼,只是有些不登大雅之堂,如:断气、咽气、没气了、翘辫子、身体冰凉之类。值得注意的是一个比较特殊的动作:合眼(也可说成瞑目之类)。平常并不用它指代死亡,但这个动作又似乎是人死时的特征。尤其在电影或电视剧中,表现人物死亡时,镜头难以表现"心脏停止跳动""停止呼吸",便常常用闭上眼睛,头歪向一边来表现这个人的去世。

对于剥夺重犯的生存权,有个专用词:"处决",但老百姓更熟悉的是"斩首"。此外还有"腰斩""车裂""凌迟"等,都是十分残酷的。到了现代,由于处决方式的改变,又有了"饮弹伏法"即"枪毙"的说法,现代的"江湖人物"也随着实际情况改口说"吃粒花生米"。

对待死亡,人们达成了共识的其中一点便是死者已经"不在了"。例如美女之死便被称为"香消玉殒"。"永别"一般用在面临着死亡的场合。当然,有时也可用"与世长辞"、"长眠"代替"永别"。

许多表示离别、离开意思的词语都可代称死亡,除"辞""离""逝"外,还有"去了""走了"等等。"撒手人寰"也有"离去"的意思,但由于它带上了"人寰",使它成为了一种特殊的"离去",通常用在死者匆匆离去,而且怀着深深遗憾的场合——"人寰"中的事毕竟太复杂了。

以上大致介绍了一些关于"死亡"的代称。一管窥豹,可见我国民族语言的丰富多彩。正是几千年来人民群众的智慧,才使一个"死"字有这么多称法,而且各自有其微妙的含义。

(选自《咬文嚼字》2000年第7期,有删减)

练 习

速读第1遍,完成下面的练习(建议阅读时间6分钟)

一、根据阅读内容选择正确答案

1. 下面不是用来表达死亡意思的词是:
   A. 闯鬼门关　　B. 入土为安　　C. 见阎王　　D. 驾鹤西行
2. "翘辫子"一词一般多用于:
   A. 严肃场合　　B. 书面语　　C. 粗俗的口语　　D. 开玩笑
3. 下列死亡的表达中带有贬义的是:
   A. 驾鹤西行　　B. 入土为安　　C. 与世长辞　　D. 饮弹伏法
4. 在古代用来表达处决方式的语言是:
   A. 吃枪子　　B. 饮弹伏法　　C. 吃粒花生米　　D. 凌迟处死
5. "在小五子仅仅五岁的时候,相依为命的奶奶也_____离他而去。"该句话中最适合划线部分的词是:
   A. 撒手人寰　　B. 寿终正寝　　C. 英勇就义　　D. 倒毙街头

细读第2遍,完成下面的练习

二、根据阅读内容回答问题

1. 古代人们对死亡有哪三种说法?
2. 高僧、道士死了,汉语一般怎么表达?
3. 美女之死一般用哪个词来表达?
4. 请举出两个用动态的词来表达死亡的例子。

词语提示

褒义	(名)	bāo yì	字句里含有的赞许或好的意思。
诅咒	(动)	zǔ zhòu	原指祈祷鬼神加祸于所恨的人,今指咒骂。
圆寂	(动)	yuán jì	佛教用语,称僧尼死亡。
涅槃	(动)	niè pán	佛教正觉的境界,在此境界,贪、嗔、痴与以经验为根据的我亦已灭尽,达到寂静、安稳和常在。
翘辫子	〈组〉	qiào biàn zi	死(讥笑或诙谐)。
凌迟	(动)	líng chí	古代一种残酷的死刑,分割犯人的肢体。
香消玉殒	〈组〉	xiāng xiāo yù yǔn	比喻美丽的女子死亡。
撒手人寰	〈组〉	sā shǒu rén huán	指离开人世。

阅读4

清晨第一缕阳光拉长了街上行人的影子,我从朋友家出来,穿过大马戏院来到大学地铁站,晃一下地铁月票,然后站在扶梯上下行。火车是在地下200多米的深度飞驰,即使自动扶梯以每分钟40—50米的速度运行,也要2分钟才能到达地铁深处,难怪二战期间,莫斯科的地铁站会成为市民躲避德国空袭的防空洞呢。

莫斯科的地铁站对我来说,是到莫斯科后的第一个惊喜。这里不论外部设计还是内部装修都用料考究、精雕细琢、极尽豪奢,与其说是地铁站,还不如说是大气磅礴、富丽堂皇的宫殿。"莫斯科——北京"列车首发站所在地共青团广场地铁站的候车厅明亮高敞,拱顶是描绘前苏联青年劳动、战斗和生活的马赛克镶嵌画;阿尔巴特站装饰风格高贵典雅,令乘客恍若进入华丽的皇家客厅;马雅可夫斯基站则犹如这位大诗人的纪念厅,用高强度不锈钢筑成轻巧的列拱,地面铺着白色大理石,用红色大理石镶边,中间有一条紫红大理石通道纵贯候车厅,就像长长的红地毯,直抵候车厅尽头诗人的半身像。

正是上班的点,人多但很有秩序,车厢里坐着的大多是中老年妇女或老年男性,在这里,年轻人给岁数大的人让座是铁定的行为规范。颤颤巍巍地,一位驼背银发的老者提着满满一帆布包新鲜蘑菇走进车厢,这一定是他刚刚从郊外的森林里采回来的,早晨的莫斯科地铁不时就能闻到野蘑菇的清香。

莫斯科人喜爱养狗,所以车厢里有时还会出现一些"四条腿的乘客",它们一上车就自觉地趴到车厢角落,乖巧可爱。有一次,上来一位年轻少妇,怀里鼓鼓囊囊像抱了个婴儿,只露出一顶鲜艳的绒线小帽。忽然,小帽下的小脑袋转过来,居然是一张毛茸茸的小狗脸。

莫斯科地铁虽然富丽堂皇,但却没有卫生间,这给许多初来乍到的人添了麻烦,其实不光地铁里没有,整个莫斯科的公共服务设施都比较缺乏。我的一个刚从国内来的朋友,出去逛街,想上厕所,却发现连找了好几条街,问了好几个人都说附近没有。情急之下,杀奔地铁,没想到地铁里也没有,只好转了一圈又上去了。最后居然是买了张电影票,在电影院里解决了燃眉之急。

莫斯科地铁站的大厅填满了售货亭,只要不是太玄的东西都可以买得到,熙熙攘攘地像个大集市。地铁站外就更热闹了,到处是商贩,他们多为中老年妇女,手里或拿几双自家缝制的袜子或几条俄罗斯纯毛围巾,间或拿几件中国的羽绒服、旅游鞋或太阳镜什么的站着叫卖。有一次,下着雨,我在这里遇到了一位卖围巾的老先生,真正的风度翩翩,他说他以前曾是大学里教党史的教授,围巾是他夫人做的,10卢布一条。

莫斯科人说:"没有地铁就没有莫斯科人的生活"。当午夜1点,最后一班车行驶在黑暗的地铁甬道里,四周万籁俱寂,此时你就会听到莫斯科的心跳,辉煌与疲惫,沧桑与不安。

(选自网络资料,有删减)

练习

速读第1遍,完成下面的练习(建议阅读时间6分钟)

一、根据阅读内容选择正确答案

1. 莫斯科地铁站成为市民躲避德国空袭的防空洞的原因是:
   A. 地铁离城市中心较远   B. 地铁站位置很深
   C. 地铁站比较坚固   D. 地铁站不易被发现

2. 莫斯科地铁站中装饰风格高贵典雅的是:
   A. 共青团站   B. 阿尔巴特站
   C. 马雅科夫斯基站   D. 大学站

3. "马雅科夫斯站犹如伟大诗人的纪念厅"这句话可以从下面哪个选项中得出结论:
   A. 诗人曾经在这里战斗过   B. 诗人曾来过的皇家客厅
   C. 紫红色大理石通道   D. 候车厅尽头的诗人半身像

4. 可以看到老人提着一包新鲜的蘑菇走进车厢,这时候应该是莫斯科的:
   A. 晚上   B. 清晨   C. 黄昏   D. 黎明

5. 下面哪件商品不是地铁站外商贩叫卖的?
   A. 手工袜子   B. 自织围巾
   C. 中国产的羽绒服   D. 绒线小帽

细读第2遍,完成下面的练习

二、根据阅读内容判断正误

1. 要到达地铁深处,至少需要两分钟。   (　)
2. 莫斯科地铁站对我来说,最大的惊喜是设计与装修非常上档次。   (　)
3. 在文章的前三个自然段中,共提到了四个站点。   (　)
4. 上班的时候,乘坐地铁的基本上是中老年人,很少有年轻人。   (　)
5. 莫斯科地铁的公共服务设施非常缺乏,连卫生间也没有。   (　)
6. 莫斯科地铁站就像一个大超市,而站外比站内更热闹。   (　)

词语提示

大气磅礴	〈组〉	dà qì páng bó	形容气势浩大。
纵贯	〈动〉	zòng guàn	南北方向延伸。
颤颤巍巍	〈组〉	chàn chàn wēi wēi	震颤而动作不准确的样子。多用于老年人。

初来乍到	〈组〉	chū lái zhà dào	刚刚来到。
燃眉之急	〈组〉	rán méi zhī jí	火烧眉毛那样紧急。形容事情非常急迫。
玄	〈形〉	xuán	深奥玄妙。
万籁俱寂	〈组〉	wàn lài jù jì	形容周围环境非常安静，一点儿声响都没有。

阅读5

如果我们把出租车比作是城市的"名片"，那么，的哥就是这座城市的"形象大使"。许多第一次到某国或某个城市旅行的游客，往往就是从出租车开始认识这个国家或这座城市的。纽约的的哥喜欢开飞车，但因为英语差，大都不愿意与乘客交谈；希腊的的哥却不在乎自己的英语是否通顺，你一上车，他就会和你海阔天空地侃起来，有时还会对当前的国内外形势发表一番评论；泰国的的哥服务热情周到，常常会有拾金不昧的"壮举"。不过，各国的的哥又都有着一个共同的职业特点：累。

在许多国家，要想当一名出租车司机，必须经过严格的考试。比如在英国伦敦，要当一名出租车司机，需要掌握很多技能，如熟记考试指南中的500条交通规则和注意事项，并能熟练找出各车站、广场、宾馆、医院、餐馆以及旅游购物场所的位置，最后还要通过90多项高难度的考核。

泰国曼谷的出租车司机大多来自东北部的贫困地区，没有受过太多教育。他们把城市当成打工之地，有的人农忙季节还要回家帮助收割。但他们要想在曼谷开出租车，首先得有3年以上的驾龄，并且没有严重违法的纪录。泰国的哥的职业道德常会受到夸赞，的哥拾金不昧或见义勇为的事时常见诸报端。

在一些国际大都市，语言对出租车司机有重要影响。在美国纽约，因为的哥工作辛苦，只有外来移民才会干这种活，所以常常会影响服务质量。据统计，纽约的出租车司机中移民占了90％。乘客对的哥英语不好、线路不熟、多绕弯子、多收车费等现象投诉最多。后来，纽约市出租汽车管理局修改了规定，要求考驾驶执照者只许用英语回答，这种情况才开始有所改变。

出租车司机很辛苦，不但每天要忙于奔波、开车要小心不出事故，还面临着各种意想不到的危险。

泰国的哥一烦警察，二怕抢劫。有一次违章了，警察看着司机说：你自己说该怎么办吧？意图很直白。不过，交警的胃口都不大，一般也就一包烟钱，20铢至100铢就可以打发了。但不是每个警察都这样。曼谷很多巷子又深又窄，夜里进去让人心里不踏实。一位大学女教师告诉记者，她以前住的巷子夜里就经常出事，不是客人"打霸王车"，就是司机被抢劫。她每晚打车，只要说出目的地，司机都会犹豫半天。泰国的出租车没有隔离护栏，抢劫的事时有发生。

巴西有些地方的社会治安很不好，光天化日之下的抢劫事件时有发生。在一般情况下，歹徒抢劫时并不会伤害出租车司机，但被人拿枪顶着的经历还是让许多出租车司机心惊胆战。即便是在美国，有些城市因犯罪率高，出租车司机风险也很大。纽约一些街区的犯罪活动就很猖獗，开出租车被认为是最危险的工作之一。

(选自中华网新闻《国外"的哥"挺辛苦》2006年4月27日，有删减)

练习

速读第 1 遍，完成下面的练习（建议阅读时间 6 分钟）

一、根据阅读内容选择正确答案

1. 下面哪项不符合文章原意？
   A. 泰国的哥职业道德较高,经常有报纸报道他们拾金不昧的举动
   B. 美国纽约的出租车司机大多是外来移民
   C. 泰国的警察对违章的出租车司机处罚力度较大
   B. 巴西的出租车司机经常被劫匪吓得胆战心惊

2. 在国际化的大都市里,对出租车有重要影响的是：
   A. 服务质量   B. 语言沟通   C. 拾金不昧   D. 安全驾驶

3. "泰国的哥拾金不昧或见义勇为的事时常见诸报端。"中划线词语的正确解释是：
   A. 受到表扬   B. 经常发生
   C. 在报纸上会见到   D. 得到电台的通报

4. 文中的大学女教师打车,为什么司机会犹豫？
   A. 路远   B. 路不好走   C. 路不安全   D. 警察太多

5. 下面哪项文中没有提到？
   A. 的哥收入少   B. 的哥工作辛苦
   C. 的哥经常面临危险   D. 的哥英语水平差

细读第 2 遍，完成下面的练习

二、根据阅读内容回答问题

1. 在文中提到了哪个城市的司机很健谈,哪个城市的司机又沉默寡言？
2. 在英国伦敦要当一名司机,最重要的条件是什么？
3. 泰国的司机要想在曼谷开出租车必备的条件是什么？
4. 美国纽约的市民对出租车司机投诉最多的是哪些方面？
5. 文中提到的"打霸王车"是什么意思？

词语提示

壮举	（名）	zhuàng jǔ	伟大的举动；壮烈的行为。
直白	（形）	zhí bái	坦率；干脆爽快。
猖獗	（形）	chāng jué	凶猛而放肆。

茶道作为传统的文化遗产已有 400 余年的历史。它不仅是日本十分流行的一种独特的品茶艺术和饮茶方式,而且成为日本人修身养性、提高文化素养和进行社交的手段。日本少女在结婚之前几乎都学习茶道,以培养优雅、文静的举止和宽舒的胸怀。

茶道由四个要素组成,即宾主、茶室、茶具和茶。茶会进行的全过程约需 3—4 小时,共分

4个程序。第1个程序为"怀石"。客人就座后,宾主致词,然后进简单的点心。第2个程序为"中立"。客人进点心后,走下茶亭,在坐凳上休息。第3个程序为"御座入",即向客人供奉浓茶。第4个程序为"点淡茶"。在不少情况下,目前举行的茶会已简化为只有"第4个程序"了。品茶时,要双手捧碗,从左向右转一周,喝茶时一定要三口喝尽,最后一口还应发出轻轻响声,表示对茶的赞美。

茶道有四规七则。四规为和、敬、清、寂。和是和睦;敬是对人尊敬;清是纯洁,幽静;寂是凝神沉思、摈弃欲望。七则为:茶要浓、淡适口;添炭煮茶要注意火候;随着季节的变化,茶水的温度要与之相适应;插花要新鲜;时间要早些(如客人通常早于规定时间15—30分钟到达指定地点);不下雨也要准备雨具;要周到地照顾所有的客人,包括客人的客人。总之,在茶会进行中,自始至终贯穿着浓郁的人情味和以礼待人的大和民族风格。

由此可见,茶道包含着艺术、哲学、道德、文化等因素,是接待亲朋、宾客、交流情感、增进友谊的一个渠道。这便不难理解,为什么茶道在日本有着广泛的社会基础和社会影响,至今盛行不衰。

首先创立日本茶道的是15世纪奈良称名寺的和尚村田珠光。然而,把喝茶和茶道真正提高到艺术水平上的是千利休(1522—1591年)。茶道的四规七则,就是千利休制定的。

由于茶道的盛行,日本人普遍喜欢饮茶。他们认为,饮茶有助于健康,可以延年益寿。他们还常常以茶祝寿,把108岁称为"茶寿",因为"茶"字的最上面"艹"为20,加上下面其余笔划为"八""十""八",20加88,总和为108。

(选自《世界风俗大观》赵锦元主编,有删减)

练习

速读第1遍,完成下面的练习(建议阅读时间5分钟)

一、根据阅读内容选择正确答案

1. 下面哪一项不符合文中内容:
   A. 日本少女在婚前都必须学习茶道,以培养优雅、文静的举止
   B. 由于茶道十分盛行,日本人普遍喜欢饮茶
   C. 对日本人来说,茶道可以修身养性,提高文化素养
   D. 茶道是日本人进行社交的一种手段

2. 关于日本的茶道内容表述不正确的一项是:
   A. 不下雨也要为客人准备雨具是日本茶道的一条准则
   B. 泡茶的水温要随季节的变化而变化
   C. 创立日本茶道并把喝茶和茶道真正提高到艺术水平的是千利休
   D. 千利休制定了茶道的四规七则

3. 茶道在日本受到推崇的原因是:
   A. 茶道可体现日本以礼待人的民族风俗
   B. 茶道富有浓郁的人情味
   C. 茶道在日本有广泛的社会影响
   D. 茶道是接待亲朋好友、交流感情、增进友谊的一个渠道

4. 日本人把108岁称为"茶寿"是由于:

  A. "108"以"8"字结尾是个吉利的数字
  B. 由于多喝茶才能活到 108 岁
  C. 茶字蕴含着 108 这个数
  D. 期望大家多喝茶以长寿
 5. 如果给这篇文章一个合适的题目应是：
  A. 茶道　　　　　　　　B. 日本的茶道
  C. 饮茶有助于健康　　　D. 日本茶道的影响

细读第 2 遍，完成下面的练习

二、根据阅读内容回答问题

1. 茶道应该有哪四个程序？
2. 日本人是如何品茶的？
3. 日本的茶道有哪七则？
4. 为什么茶道在日本有着广泛的社会基础和社会影响？

词语提示

摒弃	（动）	bìng qì	抛弃。
千丝万缕	（组）	qiān sī wàn lǚ	形容相互之间种种密切而复杂的联系。

第五单元　历史地理篇

> 中国是历史文化悠久的国家。中国人民的祖先很早就劳动、繁衍、生息在中国这块广袤的土地上，不断地改造自然，创造生活，并且形成了南北差异较大的历史地理文化。通过这个单元同学们可以了解一些中国历史地理方面的文化知识。

第21课　胡同名儿里的北京

我初到北京时，出门乘车常有一种畏惧感，一来因为报站名的售票员那一口的京味儿，使站名听起来都似是而非，结果不是下错车，就是坐过站。二来，北京的地名五花八门，按名寻路，绝对叫人崩溃。一次我从北边去往南城的天桥剧场，一路经过的地名让人啼笑皆非：菜市口、骡马市、虎房（坊）桥、鲜鱼口，彷如要去的是牲口和菜市场。这还不是孤例，老舍的小说《四世同堂》里，祁家那一大家子也是住在动物世界里——小羊圈胡同。我很诧异：堂堂的一个首都，为何却会有如此俗气的地名？

时光荏苒，北京的胡同如今渐拆日少，我却和老北京人一样，开始怀念起那些消失的胡同。有开车经过明清时期的内城时，总会留心街边、胡同口的地名，一边依旧诧异于它们的奇特，一边感叹它们的名存实亡。

历史地理学家侯仁之先生编有一部《北京历史地图集》，其上不仅清晰地记录了北京城的变迁，也留下了北京胡同那密如蛛网的身影。

按照公认的说法，北京的胡同始于元大都的建设，而后历经明清，由少渐多，由疏入密，由内城向外城弥漫。

元时的居民住宅，以坊划定，有坊名却没有胡同名，或者说没有在文献上留下胡同的名字。胡同名有记录在案并出版成书时，已晚至明嘉靖三十九年(1560年)，那是一个叫张爵的锦衣卫官员的功劳。他因时常在大街小巷巡视，抓捕盗贼，故而对街巷极为熟悉，退休时，便编撰了这本小书，考订出街巷1170条，其中胡同459条。此后就有人前仆后继了，将北京胡同名搜录在案。

随意搜寻明清时胡同的名字，经常会被逗乐。比如有猪尾（yǐ）巴胡同、狗尾巴胡同，还有猴尾巴、羊尾巴胡同。这些地名是怎么起的呢？有一些规律。因为是自发形成、约定俗成、口口相传的地名，所以要通俗、好记、上口。那么有标志物作用或形象有名的人、事、物，皆可成地名，比如城门、庙宇、官府、仓库、王府、兵营等等，都可以成为名字的来源。于是其结果就是，既有石大人胡同，也有张秃子胡同；既有圆恩寺胡同，也有油炸鬼胡同……至于涉及老百姓生活内容的，吃穿用度、五行八作，更是随口拈来。什么干面胡同、烂面胡同、细米胡同，这是主食；茄子胡同、豆芽菜胡同、豆角胡同，是副食。想喝酒有烧酒胡同，想喝茶有茶叶胡同，想吃水果有果子胡同。而用呢，也是想象不出的丰富：柴火、风箱、煤渣、铁炉、……数不胜数。一个上至皇宫王府，下至担水拉车的北京人的北京，生龙活虎、热气腾腾、有滋有味地扑将过来。可谓老北京有什么，就有什么胡同名。北京人真是老实啊，不管好歹，照称无误。于是无论你是否是北京人，看见这些地名，一个千年古都就宛若在眼前。

遗憾的是，历史总是不那么完美，人们总爱拆旧建新，抹旧立新，而且手法决绝：不仅要拆胡同，还要改名字，彻底"毁尸灭迹"。上述胡同，如今几乎是名不存实也亡。再想找寻老北京时，只有翻阅历史地图。

老北京不只是柴米油盐的平民城市，还是一个泱泱大国之都。这一点在地名上也清晰呈现。比如明时内城宣武门边的"象房街"。象房街顾名思义与大象有关。大象为吉祥物，有万象更新之意。因此古时多为东南亚国家进贡时的首选贡品。明弘治八年(1495年)，朝廷特设象房和演象所，驯养大象。每当奉天殿举行盛典，象群就被牵进皇宫表演，驾车的、驮宝的，好不喜人。平时大臣上朝，大象则站立排列于午门前御道左右，夹道欢迎。清朝沿袭旧制，更名为"驯象所"，街则曰"象来街"，更形象生动。此前看过一些相关绘画，常以为那是一种虚假的歌舞升平之作，看到象来街才知确有其事。可见万邦来朝不是虚言。可惜清后期时，国力不济，驯象经费被层层克扣，大象境遇不断恶化，逐渐病饿而死，驯象所遂消失了，仅留下象来街立此存照。再后来，象来街也没了，被改为长椿街，与进贡大象没有丝毫干系。这段历史也就淹没无声。

有很多人对文化保护持不以为然之色，他们很难理解文化之于人的重要，当然更不用说地名文化遗产了。

(选自《中华遗产》，有删减，作者：黄秀芳)

词语提示

似是而非	〈组〉	sì shì ér fēi	好像是对的，实际上不对。
五花八门	〈组〉	wǔ huā bā mén	比喻变化多端或花样繁多。
崩溃	〈动〉	bēng kuì	彻底破坏或垮台。
啼笑皆非	〈组〉	tí xiào jiē fēi	哭也不是，笑也不是，不知如何才好。形容处境尴尬或既令人难受又令人发笑的行为。
诧异	〈动〉	chà yì	惊讶；觉得奇怪。
时光荏苒	〈组〉	shí guāng rěn rǎn	时间一点一点的流逝。指时间渐渐地过去了。
密如织网	〈组〉	mì rú zhī wǎng	像蜘蛛网那样非常地密集。
坊	〈名〉	fāng	里巷(多用于街巷的名称)。
编撰	〈动〉	biān zhuàn	撰写。
前仆后继	〈组〉	qián pū hòu jì	前面的人倒下了，后面的人紧跟上去。形容斗争的英勇壮烈。
五行八作	〈组〉	wǔ háng bā zuò	泛指各行各业。
万象更新	〈组〉	wàn xiàng gēng xīn	一切事物或景象变得焕然一新。
泱泱大国	〈组〉	yāng yāng dà guó	指气魄宏大的国家。

| 夹道欢迎 | （组） | jiá dào huān yíng | 为表达敬意和尊重，人群及物品自发地排成两列，留出中间部分，像一条道路一样。表示欢迎和尊重。 |
| 万邦 | （名） | wàn bāng | 泛指众多的国家。 |

练习

一、根据课文内容判断正误

1. 北京的胡同名儿全都像是菜市场和牲口市场。（　）
2. 北京的胡同现在已经没有了。（　）
3. 有标志物作用的东西都可以成为胡同名儿。（　）
4. 北京的胡同名儿现在是名存实亡。（　）
5. 象房街现在已改为象来街了。（　）
6. 北京的胡同名儿能让人感受到一个古都的历史感。（　）

二、选择画线部分词语在句子中的意思

1. 报站名的售票员那一口的京味儿，使站名听起来都<u>似是而非</u>。
   A. 所说与所想不一致　　　B. 理所当然的事
   C. 好像懂，又好像不懂　　D. 好像是对的，实际上不对
2. 一个千年古都就<u>宛若</u>在眼前。
   A. 好像　　　B. 几乎　　　C. 立刻　　　D. 马上
3. 不仅要拆胡同，还要改名字，彻底"<u>毁尸灭迹</u>"。
   A. 销赃　　　B. 清扫　　　C. 烧掉　　　D. 销毁
4. 可见万邦来朝不是<u>虚言</u>。
   A. 谦辞　　　B. 实话　　　C. 空话　　　D. 客气话
5. 有很多人对文化保护持<u>不以为然</u>之色。
   A. 不当回事　B. 习以为常　C. 自以为是　D. 理所当然
6. 这还不是<u>孤例</u>。
   A. 榜样　　　B. 特例　　　C. 个案　　　D. 例外

三、选择合适的词语填空

密如织网　　前仆后继　　五花八门　　数不胜数　　毁尸灭迹　　万象更新

1. 这家超市虽小，但产品种类（　　）。
2. 城市上空电线电缆（　　）。
3. 改革开放后，中国（　　），人民生活大大提高。
4. 他杀了人之后，还（　　），手段之残忍令人发指。
5. 在抗日时期，一个个杰出的战士都（　　）地投入战斗。
6. 天上的星星真的是（　　）啊！

四、根据阅读内容选择正确答案

1. 北京的胡同开始建于：

A. 元朝　　　　B. 明朝　　　　C. 清朝　　　　D. 现代
2. 下面哪个不是胡同名儿的特点？
　　A. 通俗　　　　B. 好记　　　　C. 上口　　　　D. 高雅
3. 象房街改了几次名字？
　　A. 一次　　　　B. 两次　　　　C. 三次　　　　D. 四次
4. 文章第6自然段介绍的内容是什么？
　　A. 胡同名儿的来源　　　　　　B. 胡同名儿的种类
　　C. 胡同名儿的历史　　　　　　D. 胡同名儿的特点
5. 从胡同名儿中可以看出：
　　A. 北京人的生活　　　　　　　B. 北京人的历史
　　C. 北京人的特点　　　　　　　D. 北京人的爱好
6. 根据文章，判断下面哪一项是正确的？
　　A. 胡同名儿有记录在案并出版成书是在唐朝
　　B.《北京历史地图集》是记录胡同最全的一本书
　　C. 作者认为胡同名儿起得太俗气，应该改掉
　　B. 张爵是第一个记录胡同的人

五、根据课文内容回答问题

1. 胡同的名儿是怎么来的？
2. 象房街的名字是怎么起的？
3. 作者对胡同名儿的名存实亡是什么态度，为什么？

1. 请介绍一下你居住的街道或村庄的名称。
2. 请说说你印象最深的地名。

阅读技能指导

抓细节

　　在此所说的细节是指在段落中对主要观点给予说明或详细解释的事实证据。在文章中，作者往往会用大量的细节来论证、叙述或说明文章的主要观点。如果细节与主要观点没有任何关系，就说明细节找错了。在阅读时，快速辨认文段中不同细节的布局模式，就会节省阅读时间，加快阅读速度，并能有效、准确地把握文章的主要观点。此外，在阅读理解考察中，有许多题是针对细节的理解和考察，熟悉细节支持主要观点的模式能帮助我们更快、更有效地找到问题答案。

　　细节支持主要观点的模式一般有举例、事实和数据、引用、分类、下定义、因果、时间顺序、比较等，而作者在用细节论证一个观点时，往往会用到不止一种，甚至有好几种细节支持模式。

练习

阅读后完成相应的练习

老北京不只是柴米油盐的平民城市,还是一个泱泱大国之都。这一点在地名上也清晰呈现。比如明时内城宣武门边的"象房街"。象房街顾名思义与大象有关。大象为吉祥物,有万象更新之意。因此古时多为东南亚国家进贡时的首选贡品。明弘治八年(1495年),朝廷特设象房和演象所,驯养大象。每当奉天殿举行盛典,象群就被牵进皇宫表演,驾车的、驮宝的,好不喜人。平时大臣上朝,大象则站立排列于午门前御道左右,夹道欢迎。清朝沿袭旧制,更名为"驯象所",街则曰"象来街",更形象生动。此前看过一些相关绘画,常以为那是一种虚假的歌舞升平之作,看到象来街才知确有其事。可见万邦来朝不是虚言。可惜清后期时,国力不济,驯象经费被层层克扣,大象境遇不断恶化,逐渐病饿而死,驯象所遂消失了,仅留下象来街立此存照。再后来,象来街也没了,被改为长椿街,与进贡大象没有丝毫干系。这段历史也就淹没无声。

1. 请画出本段的主题句。
2. 文中举"象房街"的例子是为了说明:
   A. "象房街"的由来
   B. "象房街"的辉煌
   C. 老北京的衰落
   B. 老北京曾是泱泱大国的首都

阅读1

丝绸之路是一条具有历史意义的国际通道。通过这条古道,把古老的中国文化、印度文化、波斯文化、阿拉伯文化和古希腊、古罗马文化连接起来,促进了东西方文明的交流。

中国是世界上第一个养蚕制丝的国家。公元前139年,西汉著名的外交家、旅行家张骞带领一支队伍,首次从长安出使西域,到达楼兰、龟兹、于阗等地,其副手更远至安息(伊朗)、身毒(印度)等国进行友好访问。在回国时,所到国的使者亦随同回访中国。各国商人也紧随其后,开始不断地奔波在他们所开辟的丝绸之路上。公元73年,为确保因战争所阻的丝绸之路能畅通无阻,班超和他的36名随从人员出使西域。其副手甘英到达了大秦(古罗马)并转道波斯湾,扩展了原有的丝绸之路。至此,一条长10,000里,穿越广阔田野、无垠沙漠、肥沃草原和险峻高山的安全通道便将中国的古都长安(今日西安)和地中海东岸国家联系起来。丝绸之路从此正式成为中国联系东西方的"国道"。

西方人定名"silkroad"是自德国地理学家里希霍芬、德国人赫尔曼始,由此人们把"丝绸之路"的概念扩大为整个古代中外经济及文化交流。

丝绸之路有"沙漠丝绸之路""海上丝绸之路"和"草原丝绸之路"三个概念。

人们通常所指的丝绸之路是穿越中亚、翻过帕米尔高原、抵达西亚的线路。若再往北走,则是北路,往南走是南海路。实际历史上,丝绸之路并没有严格的界定,三条线路皆由众多干线与支线所组成。北路是指北纬50度横跨蒙古高原、越喀喇昆仑山的草原之路。这条路主要是中亚牧民西去的线路,历史上称为北路。从北纬40度向西至北纬35度偏南的这一带沙漠中,曾经有数条线路,但以北纬40度贯穿东西的最长一条线路作为丝绸之路的中路。人们通常所指丝绸之路从狭义上讲就是该线路,即史书记载的商队(西域以骆驼为交通运输工具的商队)所经路线。史书上记载最多的是这条丝路。南路基本上是指经印度、东南亚至红海、波斯湾的南海路。古代相当多的东南亚人、波斯人、阿拉伯人都利用此道。

十几个世纪以来,古丝绸之路将中国的文化与印度、罗马及波斯文化联系起来,将中国的丝绸、火药、造纸及印刷术这些伟大的发明传到了西方,也将佛教、景教及伊斯兰教等及相关的艺术引入中国。自古以来,丝绸之路就一直是中外人民友好交往的纽带和桥梁。

随着开发大西北的步伐,丝绸之路在沉寂了数个世纪之后,又重新焕发了她往日的光彩。如今,旅游者们又可以沿着这条历史之路尽情浏览绮丽的西域风光;探访引人遐思的古迹,还可以欣赏到艺术荟萃的石窟、佛龛和文物……而这一切又会使人体会太平盛世的美好。

(选自网络资料,有删减)

练 习

速读第1遍,完成下面的练习(建议阅读时间6分钟)

一、根据阅读内容选择正确答案

1. 丝绸之路不经过下列哪个国家?
    A. 伊朗　　　　　B. 波斯　　　　　C. 阿拉伯　　　　　D. 日本
2. 下面哪一项符合文章原意?
    A. 张骞友好访问了伊朗和印度等国
    B. 班超到达了大秦(古罗马)并转道波斯湾
    C. 丝绸之路的起点是长安(今西安)
    D. 丝绸之路的名称始于张骞
3. 关于丝绸之路,下列说法正确的是:
    A. 丝绸之路的意义在于促进了东西方的经济和文化交流
    B. 丝绸之路的概念是中国人提出的
    C. 丝绸之路只有三条线路
    D. 人们现在已不需要丝绸之路了
4. 人们通常所指的丝绸之路指:
    A. 沙漠丝绸之路　　　　　B. 海上丝绸之路
    C. 草原丝绸之路　　　　　D. 文中没有提到
5. 本文的主要内容是:
    A. 介绍丝绸之路的概念
    B. 介绍丝绸之路的历史意义
    C. 介绍丝绸之路的路线
    D. 介绍丝绸之路的历史与未来

细读第2遍,完成下面的练习

二、根据课文内容判断正误

1. 丝绸之路的意义在于促进了东西方文明的交流。　　　　　　　　　　　(　)
2. 张骞开辟了丝绸之路,班超扩展了丝绸之路。　　　　　　　　　　　　(　)

3. 丝绸之路只从事丝绸的交易。（　　）
4. 古代的丝绸之路只有三条。（　　）
5. 人们通常所指的丝绸之路是贯穿东西的一条最长的线路,即中路。（　　）
6. 丝绸之路现在已失去了存在的意义。（　　）

三、根据加点词在句中的意思选择正确答案

1. 在回国时,所到国的使者亦随同回访中国。
   A. 从　　　　B. 在　　　　C. 也　　　　D. 又
2. 西方人定名"silkroad"是自德国地理学家里希霍芬、德国人赫尔曼始。
   A. 从　　　　B. 在　　　　C. 也　　　　D. 又
3. 三条线路皆由众多干线与支线所组成。
   A. 从　　　　B. 都　　　　C. 是　　　　D. 又
4. 人们通常所指丝绸之路从狭义上讲就是该线路,即史书记载的商队所经路线。
   A. 就是　　　B. 如果　　　C. 立即　　　D. 即使
5. 若再往北走,则是北路。
   A. 如果　　　B. 虽然　　　C. 因为　　　D. 即使

词语提示

景教	（名）	jǐng jiào	景教即唐朝时期传入中国的基督教聂斯脱里派,起源于今日的叙利亚,被视为最早进入中国的基督教派,成为汉学研究一个活跃的领域。
沉寂	（形）	chén jì	十分安静,没有动静。
绮丽	（形）	qǐ lì	华美艳丽;或是形容辞藻华丽。
遐思	（动）	xiá sī	通过什么事情得到一种启发,一种比较狭义上的思考。
荟萃	（动）	huì cuì	比喻优秀的人物或精美的东西会集、聚集。
佛龛	（名）	fó kān	安置佛像的地方。

阅读2

瓷器是中国古代伟大的独创的发明之一。你知道为什么外国人称中国为"China"吗？其原因就和瓷器有关。

景德镇是我国历史上著名的瓷都,它旧称昌南镇。东汉时代,古人就在这里筑窑伐木,烧制陶瓷。到了唐代,由于昌南镇高岭土质好,人们又吸收了南方越窑青瓷和北方邢窑白瓷的优点,创造出一种青白瓷。青白瓷晶莹滋润,素有"假玉器"的美称,因而远近闻名,并大量出口欧洲。18世纪以前,欧洲还不会制造瓷器。所以中国瓷器,特别是昌南镇的精美瓷器很受欢迎。在欧洲,昌南镇瓷器是人们十分珍爱的贵重物品。人们以能获得一件昌南镇瓷器为荣,这样,欧洲人就把"昌南"（China）作为"瓷器"和生产瓷器的"中国"代称。久而久之,欧洲人把"昌南"的本意忘却了,只记住了它是"瓷器"和"中国"。到了宋朝的景德年间,真宗皇帝十分赏识

昌南镇所产的瓷器,在此设置官窑,派遣官吏,专门替皇帝烧制各种瓷器,并要在进贡的瓷器底部写上"景德年制"四个字。从此,"昌南镇"就改为"景德镇"并一直沿用至今。

中国制瓷的历史,可以追溯到3000多年前的商代。从考古发现的材料看,商周遗址中出土的青瓷器皿有瓮、罐、瓶、尊、碗、豆等等。它们是迄今为止中国最早的原始青瓷。从此以后,制瓷工艺逐步发展,由青瓷发展到白瓷,再由白瓷发展到彩瓷,唐代青瓷发展到顶峰。唐末诗人陆龟蒙曾用"九秋风露越窑开,夺得千峰翠色来"的诗句来形容越窑(今浙江绍兴)青瓷动人的色泽。唐宋时期,白瓷也发展到高峰。唐宋文人是用"类银""类雪""薄如纸,明如镜,声如磬"等语句来赞美白瓷的。明清时期,彩瓷发展起来。明代的青花瓷、斗彩和清代的素三彩、五彩、珐琅彩,都饮誉中外。

在200多年以前,北欧的瑞典王国有个地位显赫的贵族,他酷爱中国的彩绘瓷器,因此不惜重金派遣专人万里迢迢到中国来订做瓷器。他为了显示自己高贵的地位,严格地按照贵族等级的标准预先绘制了成套的图案,要求中国工匠必须依照他的图案烧制彩绘瓷器。他派遣的人乘帆船在海上漂泊了好几个月才到达中国,不幸的是携带的制瓷图案被海水浸湿了,周围渗出一圈淡淡的水痕。

中国工匠接到图案后,发现了上面的水痕,但由于无法核实这水痕是否是作者的本意,只好忠实原作,把水痕也当作图案的组成部分烧制在瓷器上。这位贵族收到成品后,起初有些不高兴。他认真地拿成品跟原稿核对,才惊奇地发现瓷器上水痕的成因,情不自禁地赞叹中国制瓷工匠的技艺高超绝伦。这个消息不胫而走,前来观赏的人络绎不绝。

这件由于误会造成的瓷器成了极为绝妙的珍品,如今它已经成为瑞典无价的国宝,也是中瑞两国文化交流和友好往来的物证。

(选自网络资料,有删减)

速读第1遍,完成下面的练习(建议阅读时间5分钟)

一、根据阅读内容选择正确答案

1. 这篇文章主要告诉我们:
   A. 中国瓷器的地位及历史　　　　B. 中国被称为"China"的原因
   C. 中国瓷器的制作方法　　　　　D. 中国瓷器的种类

2. 人们之所以称中国为"China"是由于:
   ①"China"是昌南的音译
   ②昌南镇是著名的瓷都
   ③欧洲人把昌南作为瓷器和生产瓷器的"中国"的代称
   ④昌南镇后来改名为景德镇
   A. ①　　　　B. ①②　　　　C. ①②③　　　　D. ①②③④

3. 唐宋文人用"类银""类雪"来赞美白瓷,请问"类"在文章里的含义是:
   A. 种类　　　　B. 类似　　　　C. 类别　　　　D. 类推

4. 文中瑞典贵族定做瓷器的故事说明了:
   A. 瑞典贵族有意考验中国工匠的水平
   B. 中国瓷器的图案不好看
   C. 中国工匠的制瓷工艺很高
   D. 中国瓷器中的次品在欧洲的价值也是很高的

5. 从文中我们可以看出：

    A. 景德镇是中国最早制瓷的地方

    B. 中国的瓷器中最有名的是青白瓷

    C. 中国的瓷器闻名全世界

    D. 欧洲至今没有掌握制瓷的工艺

细读第2遍，完成下面的练习

二、根据课文内容判断正误

1. 由于土质好，再加上吸收了青瓷和白瓷的优点，景德镇的青白瓷才能远近闻名。（　）
2. 给皇帝制作瓷器的地方叫做官窑。（　）
3. 景德年间制作的瓷器都会在底部写上"景德年制"。（　）
4. 中国最早出现的瓷器是青瓷。（　）
5. 明代是中国瓷器发展的最高峰。（　）
6. 中国工匠的粗心使得瓷器上的图案多了一圈淡淡的水痕。（　）

三、解释句子中的画线词语

1. 从此，"昌南镇"就改为"景德镇"并一直沿用<u>至今</u>。（　）
2. 中国制瓷的历史，可以<u>追溯</u>到3000多年前的商代。（　）
3. 唐宋时期，白瓷也发展到高峰。唐宋文人是用"类银""类雪""薄<u>如</u>纸，明<u>如</u>镜，声<u>如</u>磬"等语句来赞美白瓷的。（　）
4. 这位贵族收到<u>成品</u>后，起初有些不高兴。（　）
5. 这个消息<u>不胫而走</u>，前来观赏的人络绎不绝。（　）

词语提示

官窑	（名）	guān yáo	指朝廷开设的烧制瓷器的场所。
饮誉	（动）	yǐn yù	享有声誉。
显赫	（形）	xiǎn hè	权势、名声等盛大显著的。
核实	（动）	hé shí	检验和查证，审核是否属实。
不胫而走	〈组〉	bù jìng ér zǒu	比喻事物无需推行，就已迅速地传播开去。
络绎不绝	〈组〉	luò yì bù jué	形容车船人马等前后相接，往来不断。

第22课　清朝地图的由来

康熙年间,西方先进的科学就已伴随传教士的进入被带到中国,包括天文、地理、数学等多门学科。比利时人南怀仁给康熙带来一份世界地图《坤舆全图》,让康熙眼界大开,异常痴迷。康熙想堂堂大清居然没有一份详细的地图,决心排除万难,绘制一份详细的全国地图。

为了保险起见,康熙让传教士在北京长城外围先进行小规模测绘,康熙实地检验,果然效果不错,确实比原来的地图强。于是,1708年(康熙四十七年),康熙正式下令测绘第一份全国地图。测绘团队中西合璧,由西方传教士雷孝思、白晋、杜德美与中国学者何国栋、理藩院主事胜住等十余人共同主持。

当时没有汽车,也没有手机,交通基本靠走、通讯基本靠吼。测绘团队只能一个省一个省地走,先由平原地区开始,河北河南,山东山西。测绘前,康熙早已向各省发了"红头文件",测绘团队受特别照顾,各省各地都是高规格接待陪同。

走完一地绘制一地的地图,走完一省绘制省图,然后再进行各省拼接,组成全国地图。虽为全国地图,但还是不包括内蒙古西部、新疆、西藏等地,只因山高路远,无法涉及。

十年后,1718年(康熙五十七年),全国地图绘制完成,地图测绘范围东北直达库页岛,西至伊犁河,东南到台湾,南边到海南岛,最北则到贝加尔湖。当这份地图摆到康熙的办公桌上时,康熙当时就震惊了。乖乖,我的大清地盘这么辽阔!

可能连康熙都想不到,这份地图后来成了中国地图的祖宗。事实上,它是中国第一份有经纬度的地图,由西方传教士专门采用经纬度测量仪绘制而成。康熙特为此地图命名为《皇舆全览图》。后来,从清朝中期到民国初年,很多中国地图都是克隆此图,可谓"图子图孙"遍天下。

得此地图,康熙如获至宝,于是想到处显摆一下,便派法国传教士带回法国,特别嘱咐要给国王路易十四看看。可惜的是,路易十四还是死在了这份地图到达之前。

雍正时代,西南地区施行改土归流政策,很多少数民族地区纳入大清版图。雍正将大清的地盘再次扩大,也想显摆一下。于是,雍正招集前朝参与测绘《皇舆全览图》的中西团队,重新培训,购置仪器,再行测绘。

有了《皇舆全览图》的基础,这次测绘简单了很多。1725年(雍正三年),第一份《十排皇舆全图》正式诞生。这次雍正的大清地盘又扩大了,往北甚至到了北冰洋,往西更是扩展到地中海与黑海的交界处。

不仅如此,雍正的地图比老爸康熙的地图更详细,标注的地名更多,各种符号也更为科学,经纬直线等分呈正方形,每隔八条横线为一排,共十排,故得名《十排皇舆全图》。此图堪称大清最大最完整的全国地图。雍正对此地图喜爱有加,吩咐用木板、铜板进行复制,分发各地。

话说地图也有特供版。雍正的新地图,虽然很好很详细,但阅览起来非常不方便,经常使雍正的脖子左伸右伸,上看下看,很是别扭。不仅如此,地图上密密麻麻的各种符号也让雍正的老花眼看不清楚。于是雍正下令,"再给我整个简单版的地图,专供我一个人看"。1727年(雍正五年),一幅十五省的简略图绘制完成。地图简单明了,长江长城、黄山黄河,各省一目了然。雍正更是爱不释手,有事没事就在地图上指指点点,太监们还以为雍正要筹划自驾游呢!

一朝天子一幅图。1735年,德国人正在绘制中国地图时,大清的乾隆帝正式登基。乾隆也想绘制一幅更大更详细的地图。老爸雍正有《十排皇舆全图》,我就多几个排。1760年(乾隆二十五年),《乾隆十三排图》绘制完成,这份地图的比例尺比康熙的《皇舆全览图》整整大了一倍。

此图疆域更为辽阔,北到北冰洋,南到南海、印度洋,西至地中海,东到库页岛,此时乾隆的地盘基本囊括了整个亚洲大陆,海域也远超以往。

(选自上海观察网,有删减,作者:陈事美)

词语提示

痴迷	（动）	chī mí	极度迷恋某人或某种事物而不能自拔。
传教士	（名）	chuán jiào shì	远行向不信仰宗教的人们传播宗教的修道者。
中西合璧	〈组〉	zhōng xī hé bì	兼有中国和外国精华的事物。
鲜为人知	〈组〉	xiǎn wéi rén zhī	很少有人知道。
一目了然	〈组〉	yī mù liǎo rán	一眼就看得很清楚。
爱不释手	〈组〉	ài bù shì shǒu	喜欢得舍不得放手。
改土归流	〈组〉	gǎi tǔ guī liú	指改土司制为流官制。土司即原民族的首领,流官由中央政府委派。
囊括	（动）	náng kuò	全部包罗在里面。也泛指包含了一切事物。
如获至宝	〈组〉	rú huò zhì bǎo	形容对所得到的东西非常珍视喜爱。
滞后	（动）	zhì hòu	事物落后于形势的发展。
星罗棋布	〈组〉	xīng luó qí bù	形容数量很多,分布很广。
浮想联翩	〈组〉	fú xiǎng lián piān	指许许多多的想象不断涌现出来。
密密麻麻	〈组〉	mì mì má má	形容又多又密。

练习

一、根据课文内容判断正误

1. 《坤舆全图》是康熙在位时绘制的一份中国地图。（ ）
2. 在康熙绘制《皇舆全览图》之前,清朝没有地图。（ ）
3. 雍正的《十排皇舆全图》比康熙绘制的《皇舆全览图》先进。（ ）
4. 《十排皇舆全图》是中国第一份有经纬度的地图。（ ）
5. 雍正的特供版地图非常详细,用起来很方便。（ ）
6. 《乾隆十三排图》上绘制的疆域比前代更加辽阔。（ ）

二、选择画线部分词语在句子中的意思

1. 得此地图,康熙如获至宝,于是想到处<u>显摆</u>一下。
   A. 炫耀　　　B. 显示　　　C. 说明　　　D. 展示
2. 很多地图都是<u>克隆</u>此图,可谓"图子图孙"遍天下。
   A. 印刷　　　B. 仿制　　　C. 模拟　　　D. 复印
3. 在中国又出现了新的全国地图,那就是<u>鲜为人知</u>的雍正《十排皇舆全图》。

A. 大家早都知道　　　　　　　B. 大家刚刚才知道
C. 很多人都知道　　　　　　　D. 很少有人知道

4. 地图简单明了,长江长城,黄山黄河,各省<u>一目了然</u>。
   A. 用一只眼就看得很清楚　　B. 用一只眼看不清楚
   C. 一眼就看得很清楚　　　　D. 一眼看不清楚

5. 此图<u>堪</u>称大清最大最完整的全国地图。
   A. 非常　　　B. 可以　　　C. 忍受　　　D. 支持

6. 每隔八条横线为一排,共十排,<u>故</u>得名《十排皇舆全图》。
   A. 原因　　　B. 本来　　　C. 存心　　　D. 所以

三、选择合适的词语填空

根深蒂固　　鲜为人知　　如获至宝　　星罗棋布　　浮想联翩　　密密麻麻

1. 世博会就要闭幕了,人们都来世博园,所以从上往下看,人头（　）。
2. 这幅画饱含诗情,使人（　）,神游画外,得到美的享受。
3. 他从古籍书店买来一本《诗经选译》高兴得（　）,爱不释手。
4. "正确答案只有一个"这种思维模式,在我们头脑中已（　）。
5. 大大小小的商店（　）,热闹非凡。
6. 这件事（　）,直到这部纪录片的播出大家才了解了真相。

四、根据课文内容选择正确答案

1. 中国第一份全国地图是谁下令绘制的?
   A. 康熙　　　B. 雍正　　　C. 乾隆　　　D. 顺治

2. 中国第一份有经纬度的地图是:
   A.《皇舆全览图》　　　　　B.《坤舆全图》
   C.《十排皇舆全图》　　　　D.《乾隆十三排图》

3. 《皇舆全览图》上没有内蒙古西部、新疆、西藏等地,原因是:
   A. 不属于清朝的版图
   B. 路程太遥远,顾不上实地测绘
   C. 地盘太大了,有没有无所谓
   D. 技术太落后,无法涉及

4. 下面哪一种说法是正确的?
   A.《坤舆全图》是一份中国地图
   B.《十排皇舆全图》是康熙下令绘制的
   C. 因为大清没有地图,康熙决定绘制大清地图
   D. 乾隆时期清朝的疆域最大

5. 《皇舆全览图》是由谁绘制的?
   A. 比利时人　B. 西方传教士　C. 中外合作　D. 中国学者

6. 《皇舆全览图》绘制了多长时间?
   A. 五年　　　B. 十年　　　C. 十五年　　D. 二十年

五、根据课文内容回答问题

1. 《十排皇舆全图》中的十排是什么意思?
2. 为什么雍正的地图会有特供版?
3. 请介绍《皇舆全览图》的绘制过程。

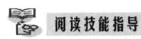

1. 世界上最大的国家是哪个?中国的疆域在世界上排第几位?
2. 请介绍一下你所熟悉的中国地图。

阅读技能指导

细节举例模式

　　细节支持主要观点的举例模式就是作者在段落中使用例子来说明主要观点。例如:随着抗病毒等有效治疗手段的出现,HIV 感染者的存活时间已经大大延长了。美国篮球巨星,"魔术师"约翰逊前几天刚刚度过了他感染 HIV 后的第 20 个年头,看来虽然无法彻底根除,但控制 HIV 的成果仍可圈可点。

　　显然这段文字的主要观点是"随着抗病毒等有效治疗手段的出现,HIV 感染者的存活时间已经大大延长了"。细节用例子"美国篮球巨星,'魔术师'约翰逊前几天刚刚度过了他感染 HIV 后的第 20 个年头,看来虽然无法彻底根除,但控制 HIV 的成果仍可圈可点。"来证明主要观点。

练 习

找出文中的主要观点和细节支持的模式

　　才华是美。我国清朝名相刘墉,天生一副罗锅背,可是他满腹经纶、学富五车,用自己的所学造福国家,造福人民。大寓言家伊索生来丑陋,他却著下了光辉灿烂的《伊索寓言》。他们比那些徒有其表,对人类无所贡献的"绣花枕头"们,难道不是美得多吗?

1. 主要观点:＿＿＿＿＿＿＿＿＿＿＿＿＿＿＿＿＿＿＿＿＿＿＿＿＿＿＿＿。
   细节支持的模式:＿＿＿＿＿＿＿＿＿＿＿＿＿＿＿＿＿＿＿＿＿＿＿＿＿＿。
2. 关于才华是美,不符合本文叙述的是:
   A. 刘墉驼背,但他用自己的才华造福国家、造福人民而显得美
   B. 伊索长得丑陋,但他因为写下《伊索寓言》而显得美
   C. 只徒有其表,对人类无所贡献的"绣花枕头"是极其丑陋的
   B. 有才华的人,即使长得丑,也会因为对人类做出贡献而显得美

　　我国历史上的儒学大师、国学大师满坑满谷,但数学家、物理学家、化学家却凤毛麟角,能叫上名来的不过祖冲之等几个人,简直就是空白。出现这种结果,跟封建社会的选才制度有关。科举考试只考四书五经,大家当然都争先恐后地学习四书五经。如果科举考修脚,我估计中国一定能涌现出一批修脚大师。

事实上,我国在唐朝时曾一度把数学纳入了科举范围。显庆元年(656年),国子监开办了数学专科学校——"算学馆",招收学生三十人,设置算学博士和算学助教主持日常教学工作。这样,国子监内就有了国子、太学、四门、律学、书学、算学六个学馆。

政府还让李淳风编订了十部算经,即《周髀算经》《九章算术》《海岛算经》《孙子算经》《夏侯阳算经》《张丘建算经》《缀术》《五曹算经》《五经算术》《缉古算术》,统称《算经十书》,作为官方教材。让数学入科举,数学过关就可以做官,这在当时,可说是开了世界之风气。

尽管那时数学还不是很发达,但先把架子搭起来,建立起有效的激励机制,沿袭、发展到今天,难保不让中国成为数学大国,进而推动与此相关的科学进步。更甚至,几个诺贝尔数学奖、物理奖都到手了。

但奇怪的是,到了晚唐和明朝算科考试停止了。本有可能大踏步前行的数学科目,在中国戛然而止,此后只靠几个民间数学爱好者支撑。停考的原因是,应试的人太少。

原来,政府做了个规定,国子博士的官阶是正五品上,算学博士的官阶却是从九品下,是官阶中最低的一级。其间,算学馆停了开,开了停,没有个连续性,学生们也觉得没意思,老师才是从九品的芝麻官,学生还不得憋到二十品去啊!干脆另谋出路吧!

为什么历代当政者都不重视以数学为中心的科学,而只注重玄而又玄的国学、儒学呢?要我看,全是因为数学对于专制制度毫无用处。一样的国学典籍,你可以这样理解,我可以那样理解,每个统治者都能随便发挥,拿来为我所用,将其变成专制统治的护身符。天文学也是如此。

编订《算经十书》的李淳风同时还是个天文学家,他居然可以根据天象推断出武则天在四十年后要篡位,但星星的位置跟武则天篡位有什么必然联系?没有,反正天象就这么说。国学的功能类似。为什么大臣必须效忠皇帝?没有理由,儒家经典就是这么说的,你就得这么做。相比之下,数学就不行了,因为一加一等于二,所以就应该由我当皇帝,这不像话。

为了像话,统治者们纷纷把数学扒拉到一边去了。

(选自《教科书里没有的历史细节》,有删减,作者:王国华)

速读第1遍,完成下面的练习(建议阅读时间5分钟)

一、根据阅读内容选择正确答案

1. 唐朝显庆年间,国子监共有几个学馆?
   A. 三个　　　　B. 四个　　　　C. 五个　　　　D. 六个
2. 根据文章,下面哪一项是正确的?
   A. 算学馆一直都招不上学生　　　B. 算学博士很受尊重
   C. 数学是一门无用的科学　　　　D. 从未有人获得过诺贝尔数学奖
3. 唐朝的官阶中最低的是:
   A. 国子博士　　B. 太学博士　　C. 算学博士　　D. 书学博士
4. 历代当政者都不重视数学的原因是:
   A. 数学对统治无用　　　　　　　B. 数学没人喜欢
   C. 数学太简单　　　　　　　　　D. 数学太难
5. 这篇文章主要介绍了:
   A. 数学在科举考试中的地位　　　B. 数学在中国的发展史
   C. 数学对统治阶级的作用　　　　D. 中国少有数学家的原因

读第 2 遍，完成下面的练习

二、根据阅读内容判断正误

1. 我国在宋朝时曾一度把数学纳入了科举范围。（　）
2. 到了晚唐和明朝算科考试戛然而止。（　）
3. 国子监开办了数学专科学校——"算学馆"。（　）
4.《算经十书》作为官方教材，共有十本。（　）
5. 数学停考的根本原因是应试的人太少。（　）
6. 祖冲之是一名文学家。（　）

三、解释句子中的画线词语

1. 我国历史上的儒学大师、国学大师满坑满谷，但数学家、物理学家、化学家却凤毛麟角。
（　）
2. 我估计中国一定能涌现出一批修脚大师。（　）
3. 本有可能大踏步前行的数学科目，在中国戛然而止。（　）
4. 每个统治者都能随便发挥，拿来为我所用。（　）
5. 每个统治者都拿来为我所用，将其变成专制统治的护身符。（　）

词语提示

满坑满谷	〈组〉	mǎn kēng mǎn gǔ	形容多得很，到处都是。
凤毛麟角	〈组〉	fèng máo lín jiǎo	形容具体的物品珍贵而稀少。
争先恐后	〈组〉	zhēng xiān kǒng hòu	比喻争着向前，唯恐落后。
科举	（名）	kē jǔ	科举是一种通过考试来选拔官吏的制度。
国子监	（名）	guó zǐ jiàn	国子监是中国古代隋朝以后的中央官学，为中国古代教育体系中的最高学府。
戛然而止	〈组〉	jiá rán ér zhǐ	形容声音突然终止。
官阶	（名）	guān jiē	清朝官员等级分"九品十八级"，每品有正从之别。
正五品	（名）	zhèng wǔ pǐng	封建社会九品十八级官制中的第九等级。
从九品	（名）	cóng jiǔ pǐn	封建社会九品十八级官制中的第十八等级。
护身符	（名）	hù shēn fú	道士或巫师等所画的符随身佩戴可以驱邪免灾。
篡位	（动）	cuàn wèi	指封建时期臣子用非正常的手段来谋夺君主帝位的行为。
天象	（名）	tiān xiàng	泛指各种天文现象。

 阅读 2

什么叫历法？简单说来，就是人们为了社会生产实践的需要而创立的长时间的纪时系统。

具体说,就是年月日时的安排。时间的计量单位也和长度、重量等计量单位一样,是人为规定的。但是,人们的实践告诉我们,利用和生产实践密切有关的自然现象的变化规律作为天然计量时间的尺度,这对人们计量时间的工作,将带来极大方便。于是,反映季节变化规律的"回归年"、反映月貌变化规律的"朔望月"和反映昼夜变化规律的"太阳日",便组成三个大小合适的时间计量单位。这三种计量单位并用的历法,人们称作阴阳历(例如农历);只考虑回归年变化的称作阳历(例如现行的公历);固定十二个朔望月作为一年的称作阴历。

中国历史上一共产生过 102 部历法,这些历法中有的曾经对中国文化与文明产生过重大影响,比如夏历、商历、周历、西汉太初历、隋唐大衍历和皇极历等,有的历法虽然没有正式使用过,但对养生、医学、思想学术、天文、数学等起到过重大作用,如西汉末期的三统历和唐朝的皇极历法。

纵观中国古代历法,所包含的内容十分丰富,大致说来包括推算朔望、二十四节气、安置闰月以及日月食和行星位置的计算等。当然,这些内容是随着天文学的发展逐步充实到历法中去的,而且经历了一个相当长的历史阶段。辛亥革命之后,孙中山先生于 1912 年宣布采用格里高历(即公历,又称阳历),即进入了公历时期。公历只以地球绕太阳运动的规律为依据,完全不考虑月球的变化,月份的设置完全是人为设定的。为了方便对外交往和文化交流,也为了我们生活使用简便,公历现在成了我国通用的历法。

中华人民共和国成立后,在采用公历的同时,考虑到人们生产、生活的实际需要,还颁行中国传统的农历。农历是中国传统历法之一,也被称为"阴历",最早源自何时无从考究。农历属于阴阳历并用,一方面以月球绕地球运行一周为一"月",平均长度等于"朔望月",这一点与阴历原则相同,所以也叫"阴历";另一方面设置"闰月"以使每年的平均长度尽可能接近回归年,同时设置二十四节气以反映季节的变化特征,因此农历集阴、阳两历的特点于一身,也被称为"阴阳历"。也正是由于这个原因,中国的农历比纯粹的阴历或西方普遍利用的阳历实用方便。它的准确巧妙,常常被中国人视为骄傲。至今几乎全世界所有华人以及朝鲜半岛和越南等国家,仍旧使用农历推算传统节日如春节、中秋节、端午节等节日。

(选自尚香文化论坛,有删减)

练 习

速读第 1 遍,完成下面的练习(建议阅读时间 5 分钟)

一、根据阅读内容选择正确答案

1. 下列各项中不能够作为计量时间的尺度是:
   A. 光年　　　　B. 太阳日　　　　C. 朔望月　　　　D. 回归年
2. 下列哪一项符合文章原意?
   A. "回归年"是反映昼夜变化规律的
   B. 中国只有一种历法
   C. 现行的公历是阴阳合历
   D. 农历也称"阴历",它以固定的十二个朔望月作为一年
3. 农历之所以被中国人视为骄傲,是因为:
   A. 农历集阴、阳两历的特点于一身
   B. 农历比阴历和阳历更加实用方便

C. 农历对中国文化与文明产生过重大影响

D. 几乎全世界所有华人以及朝鲜半岛和越南等国家,仍旧使用农历

4. 我国现在仍然使用农历的原因是:

   A. 为了方便对外交往和文化交流

   B. 为了人民生活使用简便,

   C. 考虑到人们生产、生活的实际需要

   D. 为了保护我国的传统文化

5. 本文的主旨是:

   A. 介绍历法产生的原因　　　　B. 介绍历法在我国的发展历程

   C. 介绍历法在我国的现状　　　　D. 以上三者都有

细读第2遍,完成下面的练习

二、根据课文内容判断正误

1. 历法是在劳动人民的生产实践中产生的。（　）
2. 历法的计量单位是年。（　）
3. 中国历史上有一些历法从未正式使用过。（　）
4. 因为公历比农历准确,所以成为我国通用的历法。（　）
5. 农历起源于何时,至今人们还没有定论。（　）
6. 二十四节气属于农历的内容。（　）

三、根据加点词在句中的意思,选择正确答案

1. 新中国成立后,在采用公历的同时,还颁行中国传统的农历。

   A. 发布　　　B. 公布　　　C. 授予　　　D. 实行

2. 利用自然现象的变化规律作为天然计量单位的尺度。

   A. 尺寸　　　B. 标准　　　C. 分寸　　　D. 长度单位

3. 诸家历法虽多有改革,但其原则却没有大的改变。

   A. 众,许多　　B. 每　　　C. 敬语　　　D. 姓,无实在意义

4. 但对养生、医学、思想学术等起到过重大作用。

   A. 保养身体

   B. 保持身体和心理的平静状态

   C. 培养品德,增进涵养

   D. 奉养老年人

5. 最早源自何处无从考究。

   A. 讲究　　　B. 重视　　　C. 追究　　　D. 查考研究

词语提示

朔望月	（组）	shuò wàng yuè	月球绕地球公转相对于太阳的平均周期。
纵观	（动）	zòng guān	从全面考虑。
颁行	（动）	bān xíng	颁布施行。
考究	（动）	kǎo jiū	查考,研究。

第 23 课　大学者亦大楼也

　　1931年12月2日,清华大学迎来了新校长梅贻琦。在做就职演讲时,寡言务实的梅贻琦却说出了一句此后广受推崇的名言:"所谓大学者,非谓有大楼之谓也,有大师之谓也。"此话可谓点睛,对于大学,师资可不是第一位么。不过大楼呢,恐怕也未必就无足轻重。

　　一般而言,除却非常时期,大学开张之日,必是大学建筑——大楼鼎立之时。然立何种大楼,又如何立,都有讲究。用专业术语表达就是得有校园设计规划。而设计规划的基础、依据,则是大学创办者的办学理念、宗旨以及价值取向、审美倾向。于是大楼的模样,相当于大学的模样。从这一角度讲,大学者亦大楼也。

　　清华大学的大楼,即是一个好例证。不过,这里所说的大楼,是指那些有着纯正的西方古典主义风格的近代建筑:庄重、典雅、稳健的清华园、清华学堂、清华大礼堂、图书馆等等。这些百年建筑,极其鲜明地彰显了清华大学的气质:理性、严谨、厚实、壮美。

　　梅贻琦先生不看重大楼,但是清华初办时,校方却明确要求,校园规划、大楼建筑,一并采用西洋式。因为校长希望学生们能因生活于一所西式校园里,而更容易与西方接轨。因为那时的清华园,是用美国退还的庚子赔款建成的留美预备学校,从这里走出的孩子,方向只有一个——到美国去。因此西洋式,可谓是为清华的取向而量身打造的。

　　西式的校园,美国的教师,西方的知识,还有身负的以科学救国的厚望,在这样的背景里历练的清华学子,遂养成了严谨、理性、务实的校风与学风。

　　颇为有趣的是,与清华一路之隔的北京大学的模样,却别有韵味。因为其原址上的燕京大学的办学取向,与清华貌若两样。

　　燕京大学乃教会大学,校长是赫赫有名的美国人司徒雷登。司徒雷登出生于杭州,出任校长前是传教士,且正饶有兴致地为金陵神学院服务。他中文极好,热爱中国,也深谙中国文化。难能可贵的是,勉强赴任的司徒雷登,在办学理念上却独树一帜——要办一所"中国人的大学",而他定立的校训则是出自《圣经》的"因真理得自由而服务"。一方面是要中国化,另一方面是要求真理、得自由以服务社会。可谓亦中亦西,中西合璧。以这样的理念办学,校园模样当然不会西化,但也不会是纯粹的中国礼教建筑的翻版。

　　事实的确如此。燕园的总设计,是同样痴迷于中国宫殿式建筑的美国设计师墨菲,两个倾情于中国的美国人,合力打造了燕园的大楼。于是这一所教会大学,内里暗含着西方的情愫,外观宛若中国古老的书院。看似温婉、娴雅,实则不羁不驯。

　　大学建筑,是大学肇建者的愿景的外在表达,也是时代诉求所为。当我们查阅中国大学史时,不难发现一个现象——几乎所有创建于近代的大学建筑,那些大楼们,其风格,无一不是西式或中西合璧式。这似乎是对中国大学的一个最直白的图解和诠释——中国的大学就是一个西来的产物,故而怎能逃得了一个"西"字?从这个角度而言,大学者亦大楼也,实是不谬。

　　近代大学建筑风貌的向西看,是一个必然要出现的结局。因为当时有志于大学教育者,要么是教会,要么是留洋归国者;大学校园设计师,不是外国人,就是外国设计师教出的中国学生,因此无论是大学制度的制定还是大学风貌的建设,天然地会有西方印记。"取法日本"、"照搬美国",确是彼时白纸一张的中国人办学的一条捷径。

　　落笔至此,却有些难过。我似乎正违背自己的民族感情,为这一段被逼出来的近代化、国际化而感到庆幸。看到那些历尽百年、至今依然挺立在诸多大学校园里的大楼,而且还几乎都是最为美丽的大楼们,内心颇感纠结:看到它们,你会想到中国屈辱的近代史;看到它们,你又会想到,从那时起绵延至今的福祉。

如此一看,大学者,不是大楼么?

(选自《中华遗产》2012 年 6 月 撰文:黄秀芳,有删减)

词语提示

推崇	(动)	tuī chóng	尊崇,推重崇敬。
点睛	(动)	diǎn jīng	指艺术创作在紧要之处,加上关键的一笔,使内容更加生动传神。
无足轻重	〈组〉	wú zú qīng zhòng	可有可无,对事情不会产生影响。
鼎立	(动)	dǐng lì	挺立。
彰显	(动)	zhāng xiǎn	鲜明地显示。
赫赫有名	〈组〉	hè hè yǒu míng	形容声名非常显著。
饶有兴致	〈组〉	ráo yǒu xìng zhì	一般是指很有兴致地看着一样物体或事物或令人感到很有趣,并十分注意。
深谙	(动)	shēn ān	非常透彻地了解;熟悉内中情形。
独树一帜	〈组〉	dú shù yī zhì	独自打起一面旗号。比喻与众不同,自成一格。
不羁不驯	〈组〉	bù jī bù xùn	不受别人的束缚和约束。
肇	(动)	zhào	开始,初始。
情愫	(名)	qíng sù	感情,真情实意。
中西合璧	〈组〉	zhōng xī hé bì	指兼有中国和外国精华的事物。
诠释	(动)	quán shì	说明,解释。
捷径	(名)	jié jìng	近便的小路;比喻能较快地达到目的的巧妙手段或办法。
纠结	(动)	jiū jié	互相缠绕。
福祉	(名)	fú zhǐ	幸福、利益。

练习

一、根据课文内容判断正误

1. "所谓大学者,非谓有大楼之谓也,有大师之谓也"的意思是:大学之所以为大学,在于有大师。( )
2. 清华大学的清华园、图书馆等建筑至少有一百多年的历史了。( )
3. 清华大学初办时,它的大楼建筑都是中西合璧式的。( )
4. 司徒雷登办学理念的独特之处在于他定立的校训。( )
5. 近代的大学建筑的风格大都是中式的。( )
6. 最初,中国人办学主要选择向日本和美国学习。( )

二、选择画线部分词语在句子中的意思

1. 不过大楼呢,恐怕未必就无足轻重。
   A. 很重要　　　B. 不值得一提　　C. 无从说起　　D. 可有可无
2. 这些百年建筑,极其鲜明地彰显了清华大学的气质。
   A. 突显　　　　B. 明显　　　　　C. 显赫　　　　D. 显著
3. 因此西洋式,可谓是为清华的取向而量身打造的。
   A. 按照清华的办学宗旨而建筑了西洋式大楼
   B. 清华的建筑都是唯一的
   C. 为清华学子们订做统一服装
   D. 设计新的大楼
4. 他热爱中国,也深谙中国文化。
   A. 深刻体会　　B. 非常熟悉　　　C. 极其苦恼　　D. 非常世故
5. 在做就职演讲时,寡言务实的梅贻琦却说出了一句名言。
   A. 讲究实际　　B. 善于研究　　　C. 勤奋好学　　D. 不识时务
6. 看到那些历尽百年的大楼们,内心颇感纠结。
   A. 难过　　　　B. 惶恐　　　　　C. 犹豫　　　　D. 矛盾

三、选择合适的词语填空

点睛　关键　无足轻重　无关紧要　深谙　熟悉　赫赫有名　声名狼藉

1. 好画配上好的印章,那可真能起到画龙(　　)的效果啊。
2. 阅读时抓住关键句、词,那些(　　)的词语和内容,可以跳跃过去。
3. 你所谈的营销经验不足为奇,因为他已(　　)此道了。
4. 这里的一山一水,一草一木,他再(　　)不过了。
5. 范曾是当今(　　)的大画家,在传统文化方面也很有造诣。
6. 在人们逐渐了解了转基因食品后,它开始变得(　　)。

四、根据课文内容选择正确答案

1. 关于清华大学大楼的特点,下面哪一项描述是错误的?
   A. 有中国古典建筑的风格　　　　B. 有着百年历史
   C. 有西方古典主义风格　　　　　D. 庄重、典雅、稳健
2. "所谓大学者,非谓有大楼之谓也,有大师之谓也"这句话表明梅贻琦看重的是:
   A. 大学的建筑　B. 大学的师资　C. 大学的校风　D. 大学的学风
3. 燕京大学的校园建筑风格主要是:
   A. 中国礼教式建筑　B. 西洋式　　C. 中西合璧式　D. 教会式
4. 关于燕京大学,下面哪项说法是正确的?
   A. 燕京大学是清华大学的前身
   B. 燕园的外观像一座中国古老的书院,极具中国宫殿式建筑的特色
   C. 燕园大楼的风格彰显了庄重、典雅和稳健的气质
   D. 燕园大楼的总设计师是司徒雷登

5. 司徒雷登为燕京大学设计的校训源自：
   A.《论语》　　　B.《大学》　　　C.《圣经》　　　D.《中国大学史》
6. 根据本文我们可以知道：
   A. 清华大学与燕京大学的大楼建筑有很多相似的风格
   B. 清华大学原是一所教会大学，燕京大学原是留美预备学校
   C. 创建于近代的大学建筑的风格以中国古典主义风格为主
   D. 中国近代的大学大都有西化色彩

五、根据课文内容回答问题

1. 清华大学的校风与学风是什么？它们是在什么背景下形成的？
2. 为什么说近代大学建筑风貌的西化是一个必然出现的结局？
3. 作者在文章最后所说的"纠结"，应该如何理解？

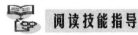

1. 请你描述一下你熟悉的学校的建筑。
2. 你能说出三所以上大学的校训吗？

阅读技能指导

细节事实和数据模式

在说明主要观点时，作者常常使用具体事实和数据来支持自己的观点，以增加说服的力度。例如：蜜蜂采蜜时的辛勤，可以从这么一个有趣的统计里面看出来：一只蜜蜂要酿造一公斤蜂蜜，必须在一百万朵花上采集原料。假如蜜蜂采蜜的花丛同蜂房的距离平均是一公里半，那么，蜜蜂采一公斤蜜，就得飞上四十五万公里，差不多等于绕地球赤道飞行十一圈。这段话通过"一只蜜蜂""一公斤蜂蜜""一百万朵花""距离一公里半""飞四十五万公里""赤道飞行十一圈"这些事实与数据细节来佐证蜜蜂采蜜的辛勤。在阅读考查中，如果有对事实与数据细节的考查，那将是关注的重点，否则可以略过不读。

练习

找出文中的主要观点和细节支持的模式

最近教育部和卫生部调查显示，视力低下和肥胖已经成为威胁孩子健康的两大疾病。目前我国中小学生的近视发生率接近60%，居世界第一位。少年儿童超重和肥胖率也极为严重，18岁以下儿童少年超重及肥胖率分别为17.6%和5.6%。由此导致的青少年慢性疾病发病率也呈显著上升趋势。少年儿童是国家的未来和希望，社会、学校、家长在关心青年成长成才的同时，也应高度关注其身体健康。

主要观点：＿＿＿＿＿＿＿＿＿＿＿＿＿＿＿＿＿＿＿＿＿＿＿＿＿＿＿＿。
细节支持的模式：＿＿＿＿＿＿＿＿＿＿＿＿＿＿＿＿＿＿＿＿＿＿＿＿。

 阅读1

何谓人才？唐太宗李世民与明太祖朱元璋有着不同的人才观，他们最后的政绩也说明了

不同的人才观产生的不同效果。

李世民认为:"前代明王使人如器,皆取士于当时,不借才于异代。岂得待梦傅说,逢吕尚,然后为政乎?且何代无贤,但患遗而不知耳!"李世民这种"使人如器"的人才观,使得他的身边聚集了很多能人,他们各自发挥所长,在李世民举旗反隋、争夺帝位、治国安邦的过程中发挥了重要作用。在李世民身边,有一心为国操劳,后勤工作做得非常不错的房玄龄;有敢于直谏的魏征;有既可以在外带兵打仗做将军,又可以进入朝廷搞管理担任宰相的李靖等。贞观十八年(644年),李世民曾在朝上指陈大臣的长短:"长孙无忌善避嫌疑,应物敏速,决断事理,古人不过,而总兵攻战非其所长。高士廉涉猎古今,心术明达,临难不改节,当官无朋党,所乏者骨鲠规谏……"在李世民眼中,人才没有优劣之分,只有各有所长。

李世民能够识人、用人、容人,所以身边的人是龙腾虎跃,个个都能人尽其才,为李世民出谋划策。而明太祖朱元璋因为文化水平有限,他的人才观比起李世民就差得远了。朱元璋给人才制定了一个标准。因为人是活的,而标准是死的,所以他用人就显得不那么灵活。明朝洪武年间,有一位叫马亮的年轻人,出身商业世家,才高八斗。经过县、府、州层层推举,马亮被明太祖朱元璋钦点为山东日照知县。当时,知县的首要任务是执行朱元璋的休养生息政策,抓好农业生产。可马亮一心想到督运部门工作。督运是明朝的经济部门,主要管理全国商业。马亮上任后,为了表现自己的才能,他帮助日照督运部门,狠抓日照的商业,做了不少大事儿。三年期满,知府给马亮的评语是:无课农兴学之绩而擅长督运。

朱元璋看了评语后问马亮:"你觉得你这个知县干得如何?"马亮回答道:"卑职在日照三年,日照的商业有了很大的改变!"朱元璋说:"可这些都是督运的工作呀!你分内的事做不好,其他事做得再好,还是不称职。我知道你在经商方面很有才能,原打算让你在基层锻炼一下,然后委以重任。可是,如今我怎么能重用一位不称职的官员呢?"就这样,朱元璋不仅没有给马亮提职,还免了他的知县之职,并且还"永不录用"。

上君尽人之知,中君尽人之力,下君尽己之能。现实生活中,常见一些单位的领导人总是感叹身边没有人才。事实上,只要做到知人善用,人尽其才,何愁没有人才,人才不是招聘来的,而是培养发现的!当然也有一些单位的领导生怕自己的下属抢权夺位,给那些有才能的人穿小鞋,打压人才!其实,在识人与用人方面,只要人尽其才,物尽其用,一个团队就不愁没有发展。

(选自《宝安日报》2014年9月10日,有删减,作者:罗日荣)

练习

速读第1遍,完成下面的练习(建议阅读时间5分钟)

一、根据阅读内容选择正确答案

1. 朱元璋的人才观比李世民的人才观差得远,是因为:
   A. 朱元璋的文化水平低   B. 朱元璋不看重人才
   C. 朱元璋身边没有好的谋士   D. 朱元璋出身卑微
2. 在李世民的大臣中,既能文又能武的是哪一位?
   A. 房玄龄   B. 魏征   C. 李靖   D. 长孙无忌
3. 马亮在任期间的主要业绩是在哪一方面?
   A. 农业生产   B. 发展水利   C. 商业   D. 挖掘人才

4. 马亮没有得到提升反而被免职的原因是：
   A. 得罪了朱元璋　　　　　　　B. 没有做好分内的事
   C. 遭人嫉妒陷害　　　　　　　D. 主动提出辞职
5. 一个团队要发展应该做到：
   A. 有一大批人才　　　　　　　B. 有像李世民那样的领导
   C. 有像马亮那样的职员　　　　D. 人尽其才

细读第2遍，完成下面的练习

二、根据阅读内容回答问题

1. 李世民有着怎样的人才观？
2. 朱元璋的人才观是怎样的？
3. 文中例举马亮的遭遇是为了说明什么？
4. 文中罗列李世民身边一些人才的名字及他们的特长是为了说明什么？
5. 怎样理解"人才不是招聘来的，而是培养发现的"？

三、选择画线部分词语在句子中的意思

1. 有敢于<u>直谏</u>的魏征。
   A. 规劝　　　B. 警告　　　C. 惩戒　　　D. 愤怒
2. 高士廉涉猎古今，心术明达，临难不<u>改节</u>。
   A. 改变方向　B. 改变计划　C. 改变志气　D. 改变身份
3. 有一位叫马亮的年轻人，出身商业世家，<u>才高八斗</u>。
   A. 知识渊博　B. 才能居首位　C. 财富众多　D. 身材高大
4. <u>卑职</u>在日照三年，日照的商为有了很大的改变。
   A. 身份低微　B. 性格不好　C. 品行不端　D. 谦虚的自称
5. 原打算让你在基层锻炼一下，然后<u>委</u>以重任。
   A. 辞去　　　B. 嘱托　　　C. 交代　　　D. 派任

词语提示

直谏	（动）	zhí jiàn	直言规谏。
指陈	（动）	zhǐ chén	指明和陈述。
骨鲠	（名）	gǔ gěng	比喻个性正直、刚健。
钦点	（动）	qīn diǎn	皇帝点名派任。
休养生息	〈组〉	xiū yǎng shēng xī	指在战争或社会大动荡之后，减轻人民负担，安定生活，恢复元气。
穿小鞋	〈组〉	chuān xiǎo xié	现在多指类似打小报告、公报私仇、私底下报复等。
人尽其才	〈组〉	rén jìn qí cái	每个人都能充分发挥自己的才能。
物尽其用	〈组〉	wù jìn qí yòng	让各种东西的功能都充分发挥出来。指充分利用资源，一点不浪费。

阅读2

现在对电视剧有一个普遍的批评，叫作"雷"。这个"雷"字的涵义很广，有可能指代粗制滥造，也有可能指台词或情节荒唐可笑，或者思想境界低下粗俗什么的。其中历史题材是个重雷区，招致的批评最多。

我一直在跟影视圈的朋友们讨论，把一部雷历史剧和一部好历史剧区分开来的标准是什么？怎样给历史剧安上避雷针？不止一个朋友脱口而出：这还不简单，不符合真实历史或经典原著的，当然就是雷剧。

这其实是一个误区。要知道，要拍出一部严格符合历史的电视剧或电影是不可能的。比如，《史记》中有记载："既已，齐人徐巿等上书，言海中有三神山，名曰蓬莱、方丈、瀛洲，仙人居之。请得斋戒，与童男女求之。于是遣徐巿发童男女数千人，入海求仙人。"徐巿就是徐福。假如我们要拍一部徐福主题的电影，只凭这么一点记载是根本不够的。他从哪里知道这三座神山的存在？为什么要上书？动机是什么？又是如何说服秦始皇的？那几千童男童女是如何征集的等等，我们需要补充大量细节，才能够形成一个完整的故事。而这些细节，我们不可能通过史书去补充，只能靠脑补，自然不可能完全符合历史。

在我看来，一部装上了避雷针的历史剧或名著改编剧应该是这样的：它在大事上坚定不移地按照历史的进程发展，但在虚构的细节上却可以尽情发挥。

当然，这些发挥要符合隐含的事件逻辑和人物性格，甚至有所升华，并与大事件相统一，即所谓"大事不虚，小事不拘"。

《三国演义》里空城计一段，罗贯中笔下的诸葛亮洒然登城，气定神闲，一具瑶琴吓退司马懿的大军，然后从容离去。而在老版电视剧《三国演义》里，却是这么安排的：唐国强演的诸葛亮听说司马懿大军来袭，焦虑不已，拿着扇子在屋子里来回踱步，扇子无意中碰到瑶琴，才急中生智。等到吓退司马懿大军以后，诸葛亮伏在琴上，汗如雨下。电视剧《三国演义》不符合文学名著，可这个原创的细节把诸葛亮从神坛上拉了下来，变成一个有血有肉、真实可信的人物。像这样的改编原创，都是极高明的。

所以归根到底，历史剧的好与坏，不能仅仅只以符合真实历史与否来判断，它能不能避开天雷，其实是靠那些虚构细节里的避雷针。

（选自《看天下》，有删减，作者：马伯庸）

练 习

速读第1遍，完成下面的练习（建议阅读时间6分钟）

一、根据阅读内容选择正确答案

1. "大事不虚，小事不拘"的意思是：
   A. 大事件上可参照历史的发展，小细节上可尽情发挥
   B. 大事件上必须符合历史的发展，小细节的发挥上要符合隐含的事件逻辑和人物性格
   C. 人物性格、故事情节可以随意虚构发挥
   D. 人物性格、故事情节都应严格按照经典原著

2. 下面哪一项不是文中"雷"的意思？
   A. 台词和情节荒唐可笑　　　　　　B. 内容粗制滥造

  C. 思想境界低俗不堪   D. 人物命运跌宕起伏
3. "空城计"这个故事的主人公是谁？
  A. 徐福   B. 李世民   C. 司马懿   D. 诸葛亮
4. 如果历史剧里的细节无法从史书中找到,可以：
  A. 到民间去找   B. 虚构   C. 放弃   D. 留下空白让观众思考
5. 最适合做本文题目的是：
  A. 雷历史剧和好历史剧的区分标准   B. 历史剧的"雷区"
  C. 历史剧的"避雷针"   D. 历史剧如何改编

细读第2遍,完成下面的练习

二、根据阅读内容判断正误

1. 文中所说的"雷"既有讽刺的意义,又有赞赏的意味。   (　)
2. 作者反对"不符合真实历史或经典原著的,当然就是雷剧"的说法。 (　)
3. "徐福求仙"的故事已拍成历史剧。   (　)
4. 电视剧《三国演义》中"空城计"一段没有尊重原著,改编是失败的。 (　)
5. 只要编剧尊重历史,就能拍出严格符合历史真实的电视剧。   (　)
6. 历史剧中的很多细节是不可能完全符合历史原貌的。   (　)

三、用所给的词语替换下列句子中的画线部分词语,保证句子意思基本不变。

  泰然自若　荒诞　引来　徘徊　提升　编撰　蹒跚

1. 其中历史题材是个重雷区,<u>招致</u>的批评最多。   (　)
2. 有可能指台词或情节<u>荒唐</u>可笑。   (　)
3. 这些发挥要符合隐含的事件逻辑和人物性格,甚至有所<u>升华</u>。   (　)
4. 罗贯中笔下的诸葛亮洒然登城,<u>气定神闲</u>。   (　)
5. 唐国强演的诸葛亮听说司马懿大军来袭,焦虑不已,拿着扇子在屋子里来回<u>踱步</u>。(　)

词语提示

粗制滥造	〈组〉	cū zhì làn zào	写文章或做东西马虎草率,只求数量,不顾质量。
避雷针	〈名〉	bì léi zhēn	本义是指用来保护建筑物等避免雷击的装置。在文中比喻历史剧改编应遵循的原则。
气定神闲	〈组〉	qì dìng shén xián	形容一种悠然自在镇定的心境与状态。
有血有肉	〈组〉	yǒu xuè yǒu ròu	比喻富有生命的活力和内容。多用来形容文艺作品中人物形象生动。

第24课　南米北面的贡献

说起吃饭,南方人和北方人脑海里的饭一定大不相同。南方人说的饭,必定是米饭加菜,而北方人的则是馒头、包子、大饼、面条等面食。

南人喜米,北人好面,这是环境的产物,不是基因所致。南方,温暖湿润,草木繁茂,是野生稻天然的孕床,所以早至12000年前,野生稻就已被驯化为人工栽培稻,从此稻米,滋养着南方先民;北方干旱、缺水,只能种植耐旱、耐碱的植物——粟、黍,它们也是米,不过不是稻米,而是小米、黄米,即今天所谓的杂粮。这一吃,也竟然吃了9000年。

小麦不是本土作物,是从地中海跋山涉水而来的,时间晚至公元前30—20世纪,那时大约是五帝至夏朝时期。所以小麦在甲骨文里写作"来"——意为外来之物。但外来之物后来居上,取代了杂粮,四五千年来,成为北方人的主食。

每一样食品,都有数千年的历史,这南人与北人的餐桌主角,怎能轻易更换?南米北面就是必然。

俗话说"人如其食",吃米与吃面,会给南北方人带来什么影响呢?身高?性格?面貌?我想起自己刚从南方北上的那两年,物流还很不通畅,物质匮乏,食堂菜谱基本都是馒头加土豆萝卜熬白菜,日日以面食为主,不经意间,就把瓜子脸吃成了鹅蛋脸。北方人普遍比南方人身材高大、壮硕,就是因为面比米更养人吧?我曾和一些学者探讨这一问题,他们笑道,有影响,但饮食绝不是唯一条件。

我在网上看到一篇调侃南北差异的文章,他的立论更为前卫,直言"选择主食的差异决定了南北双方人的性格、习惯、观念、行为、思维、审美等差异!"理由是因为中国文化是一种"饮食文化"。他的一个论据也很有个性,说南方地区女性着装像"米饭"一样追求淡雅;北方地区秋冬季节漫长,冰天雪地,所以女性着装像"花馍"般强调艳丽。如果拿食物来比拟南北方女性的审美情趣差异,则是:南方女性像汤圆,北方女性像饺子。前者小巧玲珑、圆润甜美;后者棱角分明、秀外慧中。

一家之言,缺乏严谨论据,姑且听之,做不得数。但是吃什么与怎么吃,确实是有条件的。这个条件,有自然的、技术的,也有心理的、文化的等等,而这些主客观因素,反过来又会影响南北饮食文化的形成与饮食心理的差异。

我是南方人,却长期生活于北方,深知南北方在对待吃上的不同。吃米的一到做饭时间先问:吃什么菜啊?因为米饭必须有菜配,否则就一碗寡淡无味的素米饭,这饭就难以下咽。而这也是让人最挠头的,365天,米饭可以固定不变,但菜却不能重样,于是好主妇便要拼命地变换菜式,炒一个素的,搭一个荤的,讲究的,还要来碗汤,日久天长,俨然需要有菜谱做后盾了。这就逼着吃米的人不断去开拓菜品,发明了一种又一种新菜式,最后催生出一个又一个菜系。不信,看看中国八大菜系,鲁、川、粤、闽、苏、浙、湘、徽,只有一个属于北方。

这也许是米食对南方人性格的一个影响所在——勇于开拓创新。也是米食文化对中华饮食的一个贡献——因为原材料可变性差和国人进食心理丰富性的要求,导致菜肴品种的多样性和多变性。

我发现面食有一好处:不用考虑下饭的菜。有馅儿的包子、饺子、馅饼,只要一样菜即可满足。没馅儿的馒头、烙饼、烧饼,没菜也好下咽。甚至一杯豆浆就能打发。而更大的长处是,一盆面粉揉成面团后,可以变出无数种花样。不像稻米,仅有米粉、米糕、饭团、汤圆、年糕,花样屈指可数。

是什么原因导致北方人对面粉的开发能力?因为缺少蔬菜。菜品的单调,导致饮食种类的贫乏,于是同样在进食者心理丰富性需求的压力中,表现出对原材料的开发动力。我忽然想到"忠厚"这两个字,一辈子甚至数辈子,只专注于对一种材料的用心,怎能不培养出北方人的忠厚呢?

(选自《中华遗产》,有删减,作者:黄秀芳)

词语提示

杂粮	(名)	zá liáng	通常是指水稻、小麦、玉米、大豆和薯类五大作物以外的粮豆作物。
跋山涉水	〈组〉	bá shān shè shuǐ	翻山越岭,趟水过河。形容走远路的艰苦。
匮乏	(形)	kuì fá	缺乏;贫乏,困乏。多用以指物资。
壮硕	(形)	zhuàng shuò	健壮魁伟。
调侃	(动)	tiáo kǎn	用言语戏弄、嘲弄;嘲笑。现在多指开玩笑。
前卫	(名)	qián wèi	领先于当时的。(有未被社会普遍认可的意思)
棱角分明	〈组〉	léng jiǎo fēn míng	形容两个事物分辨得很清楚。
秀外慧中	〈组〉	xiù wài huì zhōng	外表秀美;内心聪明。
俨然	(副)	yǎn rán	形容特别像。
后盾	(名)	hòu dùn	比喻后边的支援力量。
打发	(动)	dǎ fā	度过,消磨(时间)。本文中是指吃完饭。
屈指可数	〈组〉	qū zhǐ kě shǔ	形容数目很少,扳着手指头就能数过来。

练 习

一、根据课文内容判断正误

1. 南方人喜欢吃米,北方人喜欢吃面,这是受基因的影响。( )
2. 人们吃杂粮,已有1200多年历史了。( )
3. 小麦在甲骨文中写作"来",表明小麦的原产地并非中国。( )
4. 饮食习惯对南方人和北方人的身高起着决定作用。( )
5. 吃什么与怎么吃受到人们主客观因素的影响。( )
6. 中国八大菜系中,绝大部分属于南方。( )

二、选择画线部分词语在句子中的意思

1. 我想起自己刚从南方北上的那两年,物流还很不通畅,物质<u>匮乏</u>。
   A. 缺少　　　　B. 减少　　　　C. 紧张　　　　D. 丰富
2. 日日以面食为主,不经意间,就<u>把瓜子脸吃成了鹅蛋脸</u>。
   A. 在一个地方呆得久了,脸形也发生了变化

B. 天天吃面食，不知不觉就吃胖了
C. 天天吃面食外，还吃瓜子和鹅蛋
D. 经常吃瓜子和鹅蛋使脸形发生了变化

3. 我在网上看到一篇调侃南北差异的文章。
   A. 讨论　　　　B. 褒奖　　　　C. 批评　　　　D. 讽刺
4. 一家之言，缺乏严谨论据，姑且听之，做不得数。
   A. 暂时　　　　B. 并且　　　　C. 勉强　　　　D. 随意
5. 而这也是让人最挠头的，365天，米饭可以固定不变，但菜却不能重样。
   A. 让人为难　　B. 让人不知所措　C. 让别人挠痒　D. 用手抓头
6. 日久天长，俨然需要有菜谱做后盾了。
   A. 用菜谱支撑场面　　　　　　B. 有了菜谱心里就有了底
   C. 用以补充的菜单　　　　　　D. 用菜单收集顾客的意见

三、选择合适的词语填空

跋山涉水　前卫　流行　后盾　后援　匮乏　贫乏　壮硕

1. 今年三月的车展，车模们的穿着很（　），引起不少非议。
2. 赛场上身体（　）的球员总是比较占优势。
3. 李时珍（　），尝遍百草，用尽毕生心血编著了《本草纲目》。
4. 一个知识（　）的人，怎么能担负起建设祖国的重任？
5. 丈夫的悉心照护是她克服病痛的坚强（　）。
6. 在物质（　）的年代，只有过年时孩子们才能穿上新衣服，吃上糖果。

四、根据课文内容选择正确答案

1. 北方的米不同于南方，它是：
   A. 稻米　　　　B. 小米　　　　C. 糯米　　　　D. 高粱
2. 米作为北方人的主食已有多少年？
   A. 4000多年　　B. 1200年　　　C. 900年　　　　D. 500年
3. 影响南北饮食文化的形成与饮食心理差异的因素是：
   A. 自然、技术、心理和文化等因素　　B. 自然与人为因素
   C. 技术与文化因素　　　　　　　　　D. 心理与文化因素
4. 八大菜系的产生是由于：
   A. 南方人更讲究吃　　　　　　B. 北方人更讲究吃
   C. 人们对荤素搭配的讲究　　　D. 人们对菜谱的不断研究
5. 面食的长处在于：
   A. 不用考虑下饭的菜　　　　　B. 经济实惠价格便宜
   C. 花样少　　　　　　　　　　D. 易制作
6. 北方人专注于一种材料的用心，体现了北方人怎样的性格？
   A. 精明　　　　B. 忠厚　　　　C. 愚笨　　　　D. 固执

五、根据课文内容回答问题

1. 南方人的米食文化对中华饮食有什么贡献?
2. 导致北方人对面粉具有很强开发能力的原因是什么?
3. 说一说面食都有哪些种类?

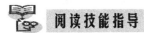

1. 在你的民族饮食中,你知道米和面都可以制成哪些美食吗?
2. 介绍一种你所熟悉的饮食的制作方法。

阅读技能指导

细节比较模式

比较模式就是作者在段落中通过两个事物之间的对比来论证说明其观点。例如:我发现面食有一好处:不用考虑下饭的菜。有馅儿的包子、饺子、馅饼,只要一样菜即可满足。没馅儿的馒头、烙饼、烧饼,没菜也好下咽。甚至一杯豆浆就能打发。而更大的长处是,一盆面粉揉成面团后,可以变出无数种花样。不像稻米,仅有米粉、米糕、饭团、汤圆、年糕,花样屈指可数。文中通过"面食"的"无数种花样"和"米食"的"花样屈指可数"的对比,来说明该段的主要观点"面食的好处"。

练习

找出文中的主要观点和细节支持的模式

(一)

老师对不同年龄段的学生应采取不同的教育方式。对初中生,应当提倡"赏识教育",也就是说要以表扬为主。

过多的表扬会不会使人产生骄傲自满呢?事实证明,这个担心是多余的。国外有一位教育家,分别用表扬和批评的方式教育两个班的学生,结果,以批评为主的班级经常有违纪违规的现象,而以表扬为主的班级,班风良好,成绩优秀。由此可见,表扬所产生的积极作用能使整个班集体不断进步。

主要观点:＿＿＿＿＿＿＿＿＿＿＿＿＿＿＿＿＿＿＿＿＿＿＿＿＿＿＿＿。

细节支持的模式:＿＿＿＿＿＿＿＿＿＿＿＿＿＿＿＿＿＿＿＿＿＿＿＿＿＿＿＿。

(二)

曾几何时,在那个大学生被誉为"天之骄子"的年代,"象牙塔""大学生"几乎就是"好工作""金饭碗"的代名词。然而,进入21世纪以来,象牙塔里的莘莘学子们越来越容易感觉到,找工作对于他们来说绝不再是一件轻而易举的事情,"大学生"这一身份在就业中的优越感已经几乎荡然无存。越来越多的事实证明,就业问题已经成为了大学生不得不承受的巨大心理压力之一。

主要观点:＿＿＿＿＿＿＿＿＿＿＿＿＿＿＿＿＿＿＿＿＿＿＿＿＿＿＿＿。

细节支持的模式:＿＿＿＿＿＿＿＿＿＿＿＿＿＿＿＿＿＿＿＿＿＿＿＿＿＿＿＿。

阅读 1

关于中国人喝牛奶的历史,就我手头的资料,可追溯到唐高宗时期,再远就查不到了。唐代人喝牛奶,仅限于宫廷贵胄之家,普通官吏及民间则鲜有闻矣。赵匡胤建立北宋以后,喝牛奶、吃奶制品的习惯,开始在地主及士子以上阶层普及,甚至还出现了相关的营养研究者。唐慎微是个代表,他的《证类本草》认为:"牛乳、羊乳实为补润,故北人皆多肥健。"陈直的《养老奉亲书》也叙述:"牛乳最宜老人,平补血脉,益心,长肌肉,使人身体康强润泽,面目光悦,志不衰,故为人子者,常须供之以为常食,或为乳饼,或作断乳等,恒使恣意充足为度,此物胜肉远矣。"

北宋末年,京城汴梁出现了经营奶制品的民间饮食店,标志着牛奶及奶制品开始飞入寻常百姓家,如袁在《枫窗小牍》里提到的"王家乳酪",就是私营店。可是不久,北宋灭亡了,老百姓连命都保不住,哪里还顾得上喝牛奶?

牛奶真正成为大众饮品并稳居餐桌成为常备饮品之一,应始于南宋孝宗时期。张仲文在《白獭髓》里说:"浙间以牛乳为素食。"这里的"素食"可不是相对于"荤食"而言的,而是平素、平常的意思,家常食品耳,如同豆腐青菜,一日三餐不可或缺。这则记载起码说明至少在江浙一带,民众无论贵贱,喝牛奶已成生活习惯。

诗人杨万里有一年在杭州过除夕,感叹牛奶与奶酥还没送来,有些生气了,写诗道:"雪韭霜菘酌岁除,也无牛乳也无酥。"生气归生气,后果并不严重,杨大人爱民如子,断不会为难送奶工的。

隆兴年间的地理学家周去非,在其著作《岭外代答》中拿牛奶来形容椰子汁的"味美",也足以说明当时牛奶比椰子汁更为常见,已经为社会各阶层所熟悉了。

孝宗年间,无论是牛奶还是奶制品,早已失去了原先"特供"奢侈品的标签,老百姓人人皆可食用,且每餐必备。用"奶生活"来概括这个时期的南宋人对牛奶的喜爱,大致上比较贴切。

南宋人的"奶生活"不但如此甘甜,还颇为讲究饮用时的视觉欣赏和情调追求,他们习惯把牛奶跟樱桃搭配在一起食用。

陆游诗曰:"槐柳成荫雨洗尘,樱桃乳酪并尝新。"一场早春的雨,让整个世界清新起来,诗人很惬意,找了个槐柳成荫的地方,悠然自得地品尝牛奶和樱桃了。牛奶的乳白,樱桃的艳红,如今的时尚饮品店里随处可买。

(选自网络资料,有删减,作者:赵炎)

速读第 1 遍,完成下面的练习(建议阅读时间 4 分钟)

一、根据阅读内容选择正确答案

1. 喝牛奶不论身份地位,而成为民众的生活习惯开始于:
   A. 唐高宗时期   B. 北宋初年   C. 北宋末年   D. 南宋孝宗时期

2. "北宋末年,京城汴梁出现了经营奶制品的民间饮食店,标志着牛奶及奶制品开始飞入寻常百姓家",对画线句子的正确理解是:
   A. 老百姓才开始制作牛奶及奶制品
   B. 老百姓被允许经营奶制品
   C. 牛奶及奶制品成了普通百姓的饮食
   D. 牛奶及奶制品开始成为很便宜的食品

3. "孝宗年间,无论是牛奶还是奶制品,早已失去了原先'特供'奢侈品的标签",对画线句

子的正确理解是:
A. 牛奶一直以来都是奢侈品
B. 牛奶曾经很昂贵
C. 牛奶以前是贵族的专用饮品
B. 奶制品上都标有"特供"二字

4. 在牛奶中加樱桃的吃法可以看出南宋人:
A. 很讲究喝牛奶的方法　　　B. 很讲究吃樱桃的方法
C. 生活既富足又有情趣　　　D. 饮食上注意视觉与情调的协调

5. 如果给本文加上标题,最合适的是:
A. 古人怎样喝牛奶　　　　　B. 中国人喝牛奶的历史
C. 南宋人的"奶生活"　　　　D. 诗人的"奶生活"

细读第2遍,完成下面的练习

二、根据阅读内容回答问题

1. 唐代人与北宋人最初喝牛奶的人群有什么不同?
2. 从陈直的《养老奉亲书》中的叙述可知,牛奶有什么功效?
3. 张仲文说"浙间以牛乳为素食","素食"与现在的意义有何不同?
4. 南宋人有着怎样的"奶生活"?
5. 南宋人的"奶生活"有什么讲究?

三、解释句子中的画线词语

1. 唐代人喝牛奶,仅限于宫廷贵胄之家,普通官吏及民间则<u>鲜</u>有闻矣。（　）
2. 故为人子者,常须供之以为常食,或为乳饼,或作断乳等,恒使<u>恣意</u>充足为度。（　）
3. 标志着牛奶及奶制品开始飞入<u>寻常</u>百姓家。（　）
4. 用"奶生活"来概括这个时期的南宋人对牛奶的喜爱,大致上比较<u>贴切</u>。（　）
5. 诗人很<u>惬意</u>,找了个槐柳成荫的地方,<u>悠然</u>自得地品尝牛奶和樱桃了。（　）

词语提示

追溯	(动)	zhuī sù	比喻回首往事,探寻本质或源泉。
贵胄	(名)	guì zhòu	〈书〉贵族的后代。
士子	(名)	shì zǐ	古代指士大夫官僚阶层,豪门士族和将士家的子弟,读书人。
恣意	(形)	zì yì	任意;任性。
汴梁	(名)	biàn liáng	古地名,今河南省开封市。
情调	(名)	qíng diào	情意,情味,情趣。
惬意	(形)	qiè yì	心情愉快或感到畅快愉悦和舒畅。
悠然	(形)	yōu rán	安闲、闲适的样子。

阅读2

曾听人讲洋话,说西洋人喝茶,把茶叶加水煮沸,滤去茶汁,单吃茶叶,吃了咂舌道:"好是好,可惜苦些。"新近看到一本美国人作的茶考,原来这是事实。茶叶初到英国,英国人不知怎么吃法,的确吃茶叶渣子,还拌些黄油和盐,敷在面包上同吃。什么妙味,简直不敢尝试。以后他们把茶当药,治伤风、清肠胃。不久,喝茶之风大行。1660年的茶叶广告上说:"这种刺激品,能驱疲倦,除噩梦,使肢体轻健,精神饱满。尤能克制睡眠,好学者可以彻夜攻读不倦。身体肥胖或食肉过多者,饮茶尤宜。"莱顿大学的庞德戈博士应东印度公司之请,替茶大做广告,说茶"暖胃,清神,健脑,助长学问,尤能征服人类大敌——睡魔"。他们的怕睡,正和现代人的怕失眠差不多。怎么从前的睡魔,爱缠住人不放;现代的睡魔,学会了摆架子,请他也不肯光临。传说,茶原是达摩祖师发愿面壁参禅,九年不睡,上天把茶赏赐给他帮他偿愿的。

浓茶搀上牛奶和糖,香洌不减,而解除了茶的苦涩,成为液体的食材,不但解渴,还能疗饥。卢仝一气喝上七碗的茶,想来是叶少水多,冲淡了的。诗人柯勒律治的儿子,也是一位诗人,他喝茶论壶不论杯。约翰生博士也是有名的大茶量。不过他们喝的都是甘腴的茶汤。若是苦涩的浓茶,就不宜大口喝,最配细细品。照《红楼梦》中妙玉的论喝茶,一杯为品,二杯即是解渴的蠢物。那么喝茶不为解渴,只在辨味,细味那苦涩中一点回甘。记不起英国哪一位作家说过,"文艺女神带着酒味""茶只能产生散文"。而咱们中国诗,酒味茶香,兼而有之,"诗清只为饮茶多"。也许这点苦涩,正是茶中诗味。

法国人不爱喝茶。巴尔扎克喝茶,一定要加白兰地。茶中加酒,或可使之有"和美之态"吧?美国人不讲究喝茶,北美独立战争的导火线,不是为了茶叶税吗?因为要抵制英国人专利的茶叶进口,美国人把几种树叶,炮制成茶叶的代用品。至今他们的茶室里,顾客们吃冰淇淋、喝咖啡和别的混合饮料,内行人不要茶。好些美国留学生讲卫生不喝茶,只喝白开水,说是茶有毒素。茶叶代替品中应该没有茶毒。不过对于这种"茶",完全可以毫无留恋地戒绝。

伏尔泰的医生曾劝他戒咖啡,因为"咖啡含有毒素,只是那毒性发作得很慢"。伏尔泰笑说:"对啊,所以我喝了70年,还没毒死。"唐宣宗时,东都进一僧,年百三十岁,宣宗问服何药,对曰:"臣少也贱,素不知药,惟嗜茶。"因赐名茶50斤。看来茶的毒素,比咖啡的毒素发作得要更慢些。爱喝茶的,不妨多多喝吧。

(选自《杨绛文集·细味那苦涩中的一点回甘》)

练 习

速读第1遍,完成下面的练习(建议阅读时间5分钟)

一、根据阅读内容选择正确答案

1. 以下表述不符合原文的一项是:
   A. 茶叶是由东方传向西方的
   B. 东西方人对茶叶的态度及喝茶方式有很大不同
   C. 古人与现代人对茶叶的态度及喝茶方式有很大不同
   D. 茶叶的替代品中没有茶毒,可以尽情享用

2. 在浓茶中加牛奶和糖是为了:
   A. 增强茶叶的奶香味　　　　　　　B. 增加茶叶的甜味

C. 减轻或消除茶叶的苦涩　　　　　D. 增加饱腹感
3. 对"细味那苦涩中一点回甘"的正确理解是:
   A. 喝茶不是为了解渴,而是为了品味茶中的那一丝甘甜
   B. 如果承受得住茶叶刚开始时的苦涩,就能感受之后的余香
   C. 只有长时间的喝茶,才能品出茶叶的余香
   D. 只有慢慢喝茶,才能感受茶叶苦涩中的甘甜
4. 本文最后一段举伏尔泰和一僧人的例子主要是想说明:
   A. 咖啡的毒素大于茶叶的毒素,宜少喝
   B. 茶叶的毒性发作得很慢,可以常喝
   C. 咖啡中其实不含毒素,茶叶虽有毒素,但可以作药
   D. 咖啡和茶叶可以激发创作灵感
5. 《红楼梦》中妙玉论喝茶时说"一杯为品,二杯即是解渴的蠢物",妙玉的意思是:
   A. 好茶只能喝第一杯,第二杯茶就不值得喝了
   B. 喝茶只应该喝一杯,喝第二杯就会使人变得蠢笨
   C. 如果喝茶只为解渴就不如不喝
   D. 喜欢大量喝茶的人就像愚笨的人一样让人嗤笑

细读第2遍,完成下面的练习

二、根据阅读内容判断正误

1. 西洋人喝茶只吃茶叶渣儿并与面包同吃,这一说法是没有根据的。　　　(　)
2. 从两则茶叶广告中可知,外国人尤其看重茶叶提神止睡的功效。　　　(　)
3. 据说,卢仝一口气喝了七大碗浓茶。　　　(　)
4. 巴尔扎克喝茶时一定要兑牛奶,可以激发人的创作灵感。　　　(　)
5. 美国人喝的茶实际上是用几种树叶熬制而成的。　　　(　)
6. "不过,对于这种'茶',很可以毫无留恋地戒绝"。这句话表明作者认为美国人的茶并不能算真正的茶。　　　(　)

三、选择画线词语在句子中的意思

1. 曾听人讲洋话,说西洋人喝茶,把茶叶加水煮沸,<u>滤去</u>茶汁,单吃茶叶。
   A. 除去　　　B. 筛选　　　C. 渗透　　　D. 清洗
2. 浓茶搀上牛奶和糖,香<u>冽</u>不减。
   A. 寒凉　　　B. 清醇　　　C. 纯正　　　D. 浓烈
3. 不过他们喝的都是<u>甘腴</u>的茶汤。
   A. 甜美　　　B. 油腻　　　C. 清淡　　　D. 可口
4. 若是苦涩的浓茶,就不宜大口喝,最<u>配</u>细细品。
   A. 调和　　　B. 衬托　　　C. 搭配　　　D. 适合
5. 至今他们的茶室里,顾客们吃冰淇淋、喝咖啡和别的混合饮料,<u>内行人</u>不要茶。
   A. 内部工作人员　　　　　　　B. 懂茶的人
   C. 路过的客人　　　　　　　　D. 茶室的老顾客

词语提示

咂舌	（动）	zā shé	表示赞叹或羡慕。
参禅	（动）	cān chán	佛教指静坐冥想、领悟佛理参禅悟道。
卢仝	（名）	lú tóng	唐代诗人。善用散文句法写诗，风格奇特险怪。
甘腴	（形）	gān yú	甘美可口。
巴尔扎克	（名）	bā ěr zhā kè	(1799—1850)法国著名作家。他创作的主要小说总称为《人间喜剧》，其中包括著名的长篇小说《欧也妮·葛朗台》和《高老头》等。
伏尔泰	（名）	fú ěr tài	(1694—1778)法国启蒙思想家。反对当时的封建专制制度，主张资产阶级的自由、平等，对18世纪法国资产阶级革命影响很大。
赐	（动）	cì	赏给的东西，给予的好处。

第 25 课　　如果罗斯福……

如果要选出美国历史上最伟大的三位总统,最有可能当选的,会是华盛顿、林肯,以及小罗斯福。

前两者,大多数中国人不会陌生。华盛顿乃结束英国殖民统治的美国立国之父,林肯则解放黑奴,挽救了濒临瓦解的联邦,两人都建下旷世功勋。但说到小罗斯福,好些人就可能感到陌生了,究竟这位总统有何丰功伟绩,可以名垂不朽呢?

最易想起的,定是他带领美国克服经济大萧条,打赢二战,让美国否极泰来。实际上他的贡献不止于此。

诺贝尔经济学奖得主克鲁格曼对罗斯福可谓推崇备至,他说在 20 世纪 30 年代罗斯福推行"新政"之前,美国是一块贫富悬殊、经济上充满不平等的土地,后来情况得以改变,财富能够让大部分人雨露均沾,中产阶级得以形成和壮大,这并非随着经济成熟自然而然出现的,而是国家强力介入的结果,这种政府干预,就是罗斯福推行的新政。

克鲁格曼指出,罗斯福新政当中有三大政策,一是对富人大举加税,二是支持工会力量大幅扩张,三是借着战时薪资控制来缩小薪资差距。这些举措极大地扭转了国家贫富悬殊、经济极不平等的状况。结果是,新政成功地让所得平等化持续了很长时间——超过 30 年,而那段时期正好是美国史无前例的繁荣期。

罗斯福这样一个伟大的政治领袖,改写了美国的历史,把美国改造成一块较为平等的土地。

不说可能有人不知道,罗斯福其实是富家子弟,他当总统后的所作所为,可以说是出卖了自己的阶级。是什么原因导致他如此体恤民间疾苦呢?

原因之一,就是他的太太——伊莲娜。

伊莲娜是一个女强人,她是第一位高调并广为人知的美国第一夫人。年轻时她已经热衷于政治和公益事业,是一个热心的义工。她甚至要影响男友,让他也变成同样对社会尤其是基层充满理想和关怀的人。她总是故意要年轻的罗斯福在傍晚时分到她当义工的基层社区去接她,让他增长见识。

伊莲娜对一件事津津乐道。有次罗斯福帮她送一名病童回家,那是一栋破旧的大厦,没有电梯只有楼梯,一向养尊处优的罗斯福倒也不介意多走几层楼梯,但到了幼童家,才发现那是一个散发着恶臭的小房子,里面竟然挤了一家人。这让罗斯福脸色发白,他惊讶地说:"我的天啊!我不知道这样的地方竟然能够住人!"

伊莲娜后来回忆说:"我希望他能看看人们是怎样生活的。我的想法起到了效果,他看到人们是怎么生活的,从此就铭记于心。"

罗斯福从年少时的花花公子,蜕变成一个有理想并关怀弱者的从政者,伊莲娜功不可没。如果罗斯福没有结识并迎娶这位太太,美国过去一个世纪的历史是否会改写呢?

美国近年有一本十分有趣的书《如果》。书中有一个有趣的话题,由历史学家 Geoffrey Ward 探讨,罗斯福在迈向总统宝座的路上,如果在七个"如果"中,有任何一个真的发生,他的政途将会改写。那些"如果"包括:

如果在 1921 年,当政敌磨刀霍霍,准备以他的一宗丑闻来大肆修理他时,他若不是患上小儿麻痹症暂时退出政坛,而其政敌又放虎归山,他的政治生命是否会从此完蛋?

如果在1933年2月,罗斯福刚当选后出席一个露天集会时,他没有拒绝一个记者的请求,站起身让他拍照,让行刺歹徒的子弹顺利射中,那么他还会有命当总统吗?

如果那位让青年罗斯福神魂颠倒的美女没有拒绝他的求婚,让他在失落之余找了伊莲娜当"爱的替身",他是否由始至终也只是一个玩世不恭的花花公子?

历史,原来并不是那么必然,它真的有很多可能。

（选自《新君王论》,有删减,作者:蔡子强）

词语提示

旷世	〈形〉	kuàng shì	当世没人比得上;当代所没有的。
否极泰来	〈组〉	pǐ jí tài lái	逆境达到极点,就会向顺境转化。指坏运到了头好运就来了。
介入	〈动〉	jiè rù	插进两者之间干预其事。
干预	〈动〉	gān yù	指参与别人的事。
举措	〈名〉	jǔ cuò	行为,措施。
史无前例	〈组〉	shǐ wú qián lì	历史上从来没有过的事。指前所未有。
体恤	〈动〉	tǐ xù	设身处地为人着想,给以同情、照顾。
津津乐道	〈组〉	jīn jīn lè dào	指很有兴趣地说个不停。
养尊处优	〈组〉	yǎng zūn chǔ yōu	指生活在有人伺候、条件优裕的环境中。
铭记	〈动〉	míng jì	深深地记在心里。
蜕变	〈动〉	tuì biàn	(人或事物)发生质变。
功不可没	〈组〉	gōng bù kě mò	形容人功劳很大,不能够忽略。
磨刀霍霍	〈组〉	mó dāo huò huò	多形容敌人在行动前频繁活动。
放虎归山	〈组〉	fàng hǔ guī shān	把老虎放回山去。比喻把坏人放回老巢,留下祸根。
玩世不恭	〈组〉	wán shì bù gōng	以消极、玩弄的态度对待生活。

练习

一、根据课文内容判断正误

1. 美国的立国之父当推林肯。（　）
2. 罗斯福对美国的贡献远不止克服经济大萧条和打赢二战。（　）
3. 推行新政后,美国的情况有了很大改变,这是经济成熟带来的结果。（　）
4. 美国史无前例的繁荣期是指推行新政的那些年。（　）
5. 伊莲娜让罗斯福去接她是为了考验他对自己的感情。（　）
6. 1933年2月,在一个露天集会上,罗斯福拒绝了记者让他起身拍照的请求。（　）

二、选择画线部分词语在句子中的意思

1. 华盛顿和林肯两人都建下旷世功勋。
   A. 历时久远的　　B. 当代没有的　　C. 卓越的　　D. 全世界的
2. 他带领美国克服经济大萧条,打赢二战,让美国否极泰来。
   A. 否定　　　　B. 错误　　　　　C. 不顺利　　D. 顺利
3. 借着战时薪资控制来缩小薪资差距。
   A. 工资　　　　B. 资产　　　　　C. 资金　　　D. 利益
4. 一向养尊处优的罗斯福倒也不介意多走几层楼梯。
   A. 不满意　　　B. 不需要介绍　　C. 不加以注意　D. 不放在心上
5. 她总是故意要年轻的罗斯福在傍晚时分到她当义工的基层社区去接她。
   A. 时刻　　　　B. 时候　　　　　C. 工夫　　　D. 某时某分
6. 罗斯福从年少时的花花公子,蜕变成一个有理想并关怀弱者的从政者。
   A. 成长　　　　B. 改造　　　　　C. 演变　　　D. 质变

三、选择合适的词语填空

干预　介入　举措　功不可没　丰功伟绩　玩世不恭　功勋卓著

1. 人民英雄纪念碑承载着革命先烈的（　　）。
2. 他是一位（　　）的老革命,一生参加过无数次战役。
3. 孩子已经是成人了,你应该给他一些空间,不要过多（　　）他的行为。
4. 他表面上看（　　）,其实是一个很有责任心的人。
5. 为纠正上班纪律松懈懒散的风气,公司推出了新的管理（　　）。
6. 每次抗震救灾,解放军武警官兵总是冲在最前边,他们（　　）。

四、根据课文内容选择正确答案

1. 罗斯福推行新政前,美国的情况是：
   A. 经济繁荣　　　　　　　　B. 贫富悬殊,经济不平等
   C. 中产阶级势力强大　　　　D. 大量人口失业
2. "后来情况得以改变,财富能够让大部分人雨露均沾"一句的"雨露"的正确理解是：
   A. 雨水　　　B. 土地　　　C. 利益　　　D. 金钱
3. 新政推行后的结果是：
   A. 使美国取得了繁荣　　　　B. 罗斯福得到了国民的拥戴
   C. 生产力的发展受到了阻碍　D. 摧毁了美国经济
4. 关于伊莲娜,下列说法不正确的是：
   A. 她曾经做过义工　　　　　B. 对社会充满关怀
   C. 她并非罗斯福的第一个恋人　D. 出身富贵
5. 伊莲娜对罗斯福的影响不包括下列哪一项？
   A. 对社会充满理想　　　　　B. 开始体恤下层民众
   C. 了解了民间的疾苦　　　　D. 拒绝与记者拍照
6. 本文的主旨是：
   A. 罗斯福如何成为杰出的总统

B. 罗斯福对美国的贡献
C. 历史存在着许多必然性和偶然性
D. 每个人的历史都有着许多"如果"

五、根据课文内容回答问题

1. 为什么说，华盛顿、林肯和小罗斯福最有可能当选为美国历史上最伟大的三位总统？
2. 罗斯福新政的主要内容是什么？
3. 伊莲娜最津津乐道的是哪件事？

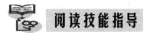

1. 请说说你知道的某位伟人（或名人）的故事。
2. 你觉得生活中有"如果"吗？并说明自己的理由。

阅读技能指导

细节因果模式

当作者在描述一个事件导致另外一个事件发生时，或者一个结果有许多原因形成时，常使用因果模式。这种模式体现了主要观点和细节之间的因果关系。

练习

找出文中的主要观点和细节支持的模式

（一）

学校管理不到位和不良的社会环境影响也是造成问题少年的重要原因。青少年正处于青春期，逆反心理严重，一些青少年表现为心理上的狭隘、自私、唯我独尊、好占上风，易出现问题。如果学校教育管理方法不当，一味强调成绩，而忽视了对学生的道德教育、法制教育和世界观、人生观、价值观的培养，使得学生对学校生活毫无留恋之处，对学习不感兴趣，就会使学生厌学、辍学、逃学而流向社会。

主要观点：＿＿＿＿＿＿＿＿＿＿＿＿＿＿＿＿＿＿＿＿＿＿＿＿＿＿＿＿。
细节支持的模式：＿＿＿＿＿＿＿＿＿＿＿＿＿＿＿＿＿＿＿＿＿＿＿＿。

（二）

孩子们特别爱过生日。过生日，就能吃到香甜可口的生日蛋糕，能收到各种各样的生日礼物，如得到爸爸妈妈的允许，还能邀请要好的小伙伴一起到家里来嬉闹、庆贺。特别是在《祝你生日快乐》的歌声中，一口气吹灭生日蛋糕上小蜡烛的一刹那，更使生日蒙上了一层梦幻般的色彩。

主要观点：＿＿＿＿＿＿＿＿＿＿＿＿＿＿＿＿＿＿＿＿＿＿＿＿＿＿＿＿。
细节支持的模式：＿＿＿＿＿＿＿＿＿＿＿＿＿＿＿＿＿＿＿＿＿＿＿＿。

阅读1

在科学史上，爱因斯坦被认为是20世纪最伟大的科学家，也是古往今来仅次于牛顿第二伟大的科学家,是现代物理学的开山鼻祖、集大成者和奠基人,同时也是著名思想家和哲学家。如果按全球知名度来看,爱因斯坦可能比牛顿和伽利略更有名。

不过,小时候的爱因斯坦在很多亲友和街坊邻居的记忆中,是笨拙、迟钝的,衣扣总是对不齐,东西总是找不着,三岁多还不会讲话,父母一度担心他是哑巴,曾带他去看医生。

爱因斯坦读小学和中学时,说话慢、动作慢、记忆力不强,不善于和同学交往,学习成绩也不起眼,当然很难让老师和同学喜欢。在慕尼黑路易·波尔德中学的6年生活,给爱因斯坦留下的回忆尤其压抑、孤独和痛苦:学习上,他除了数学,其他各门学科,特别是需要大量死记硬背的课程,大都成绩不佳;生活上,与班里同学话不投机,格格不入,被认为"生性孤僻";在老师眼里,他不仅"智力迟钝",而且"不守纪律、心不在焉、想入非非"……但事实上,爱因斯坦的早慧和早熟,被这些"小时不佳"的故事和考试成绩单所掩盖,真要探究起来,恐怕远远超过一般人的想象。10岁,他便在两位医科大学生引导下自己阅读通俗科学读物和哲学著作;12岁,醉心于欧几里德几何学,开始自学高等数学;13岁,开始读哲学家康德的著作;不满16岁,已经依靠自学,无师自通地学会解析几何和微积分……

万幸的是,中小学阶段的痛苦经历,没有令爱因斯坦感到自卑或者产生扭曲甚至报复社会的心理,反而产生一种强烈的反作用力,刺激他更加珍视个性和思想的独立与自由,珍视真、善和美的价值。

爱因斯坦晚年回忆道:"当我还是一个相当早熟的少年的时候,我就已经深切地意识到,大多数人终生无休止地追逐的那些希望和努力是毫无价值的。"难以置信一个十几岁的毛孩子就拥有这样的思考和判断能力。爱因斯坦是填鸭式教学法的铁杆反对派,但更有价值的,可能是他对学校应当教什么的独到看法。他认为,学校教育"不应把获得专业知识放在首位"。"学校的目标应当是培养有独立行动和独立思考的个人,不过他们要把为社会服务看做是自己人生的最高目的。""通过专业教育,他(学生)可以成为一种有用的机器,但是不能成为一个和谐发展的人……他必须获得对美和道德上的善有鲜明的辨别力。"

对真、善、美价值的珍视和独立辨别力,这是爱因斯坦伟大人生的第一颗扣子。

(选自《国际先驱导报》,有删减,作者:徐剑梅)

速读第1遍,完成下面的练习(建议阅读时间4分钟)

一、根据阅读内容选择正确答案

1. 现代物理学的奠基人是:
   A. 达尔文　　　B. 牛顿　　　C. 爱因斯坦　　　D. 伽利略
2. 下面哪一项不是爱因斯坦小时候的表现?
   A. 聪明伶俐,但沉默寡言　　　B. 爱干净,穿戴整齐
   C. 总是丢三落四　　　D. 反应慢,行动迟钝
3. 下面哪一项不是爱因斯坦读小学和中学时的表现?
   A. 不善交际,不受同学喜欢
   B. 说话和做事都很迟缓
   C. 记忆力强,数学成绩极好
   D. 不善于死记硬背,所以除数学外的其它成绩都不好
4. 爱因斯坦认为学校教育应该:
   A. 采取填鸭式的教学方法以使学生接受更多的知识

B. 应该以教授专业知识为主
C. 应该以培养学生的独立行动和思考能力为主
D. 培养学生为社会服务的人生理想

5. 如果给本文加一个标题,下面最合适的一项是:
A. 爱因斯坦的第一颗扣子　　　B. 爱因斯坦的成长经历
C. 爱因斯坦的教育观念　　　　D. 爱因斯坦的智慧

细读第 2 遍,完成下面的练习

二、根据阅读内容回答问题

1. 请说说爱因斯坦读小学和中学时的情况怎样?
2. 中小学阶段,爱因斯坦都读过哪些书?
3. 中小学阶段的经历,对爱因斯坦有什么影响?
4. 爱因斯坦认为,学校的目标应该是什么?
5. 如何理解"对真、善、美价值的珍视和独立辨别力,这是爱因斯坦伟大人生的第一颗扣子"这句话?

三、选择画线部分词语在句子中的意思

1. 爱因斯坦被认为是 20 世纪最伟大的科学家,也是古往今来仅次于牛顿的第二伟大的科学家。
A. 紧紧排在之后　B. 不差于　　C. 相当于　　D. 差于

2. 他是现代物理学的开山鼻祖、集大成者和奠基人。
A. 名列第一位　B. 影响最大　C. 成就最高　D. 开创者

3. 生活上,与班里同学话不投机,格格不入。
A. 意见相合　B. 说不到一起　C. 说不到点子上　D. 不爱说话

4. 爱因斯坦是填鸭式教学法的铁杆反对派。
A. 铁棒　　　B. 强硬　　　C. 痴迷　　　D. 坚定

5. 对真、善、美价值的珍视和独立辨别力,这是爱因斯坦伟大人生的第一颗扣子。
A. 第一颗纽扣
B. 第一个目标
C. 最初的价值观和能力
D. 第一个成就

词语提示

开山鼻祖	〈组〉	kāi shān bí zǔ	比喻一个学术流派、技艺的开创者。
集大成	〈组〉	jí dà chéng	集中某类事物的各个方面,达到相当完备的程度。
奠基	〈动〉	diàn jī	比喻创建某种事业。
话不投机	〈组〉	huà bù tóu jī	形容话说不到一起。
格格不入	〈组〉	gé gé bù rù	形容彼此不协调,不相容。
心不在焉	〈组〉	xīn bù zài yān	心思不在这里。指思想不集中。
想入非非	〈组〉	xiǎng rù fēi fēi	形容完全脱离现实地胡思乱想。
无师自通	〈组〉	wú shī zì tōng	没有老师的传授就能通晓。

阅读2

居里夫人(1867—1934),原名玛丽·斯可罗多夫斯卡,波兰物理学家,最早荣获诺贝尔奖的女性。

居里夫人出生在波兰华沙市的一个教师家庭。10岁丧母、家境贫困,造就出她吃苦耐劳、好学不倦的品质。1891年,她只身前往法国巴黎大学理学院求学深造。她珍惜其间艰苦而又"完美"的时光,勤奋努力,于1893年获得物理学硕士学位,1894年又获得数学硕士学位。几乎与此同时,科学之缘将她和彼埃尔·居里吸引到一起。1895年两人结了婚。

1897年,居里夫人看到亨利·柏克勒尔发现铀具有放射性的报告,引起她极大兴趣。她悉心探索、反复实验,与居里先生密切合作,终于研究出两种新的化学元素,它们比铀具有更强的放射性。一个是"钋",它是居里夫人出于对祖国的热爱,以波兰的第一个字母命名的;另一个是"镭",它倾注了居里夫妇巨大的心血、智慧、体力,甚至生命。为了证实镭的存在,他们在一间夏不避燥热,冬不避寒冷的破旧棚屋内从事起脑力加苦力的劳动,从1898年到1902年四年时间里,坚持不懈,终于从几十吨铀沥青矿废渣中提炼出十分之一克纯镭盐,并测定了镭的原子量。1903年,居里夫妇和柏克勒尔共同获得了诺贝尔物理学奖金。

1906年,居里先生突遇车祸逝世。居里夫人以坚强的意志战胜巨大悲痛,承担起全部家庭责任。很快地,她又继任了居里先生在巴黎大学的课程,并指导实验室工作。

1911年,居里夫人参加法国科学院院士竞选,由于有人提出"女人不能成为科学院院士"而以一票之差落选。但这阻挠不住她献身科学的追求,同年12月她又获得了诺贝尔化学奖。

居里夫人终生为人类的幸福献身科学,从不计较个人的私利和荣誉。她先后获得奖金10种之多、奖章16种之多,以及100多个名誉头衔。1914年,镭学研究所在巴黎落成,她开始在此主持居里实验室工作,培养出许多颇有成就的科学家。

居里夫人富于牺牲精神。第一次世界大战期间,她利用X光设备诊救伤病员。她长期在艰苦的条件下进行紧张的放射性元素研究,致使有毒物质侵害了她的健康,晚年身患多种疾病。1934年7月4日因白血病逝世。

皮埃尔·居里夫人——原子能时代的开创者之一,是世界上第一个两次诺贝尔奖获得者。作为一位伟大的女性,她赢得了世界人民的同情、支持和敬仰。

(选自网络资料,有删减)

练习

速读第1遍,完成下面的练习(建议阅读时间4分钟)

一、根据阅读内容选择正确答案

1. 下面对居里夫人的表述哪一项与原文不符?
   A. 家境贫困,能吃苦耐劳　　　　B. 好学勤勉,不在乎名利
   C. 富有牺牲精神　　　　　　　　D. 一心要成为第一位女院士
2. 铀的发现者是:
   A. 亨利·柏克勒尔　　　　　　　B. 居里夫人
   C. 彼埃尔·居里　　　　　　　　D. 居里夫妇
3. 居里夫人竞选法国科学院院士落选是因为:

A. 她的研究成果不够　　　　　B. 她已获得了很多头衔
C. 她不是法国人　　　　　　　D. 她是女人

4. 关于"钋"和"镭",下列说法正确的一项是:
A. 是居里夫人发现的　　　　　B. 是亨利·柏克勒尔发现的
C. 比铀的放射性强　　　　　　D. 它们分别以居里夫妇的名字命名

5. 镭学研究所落成后,居里夫人主要做了什么?
A. 任研究所所长　　　　　　　B. 培养了许多科学人才
C. 完成居里没有完成的工作　　D. 诊治受辐射的病员

细读第 2 遍,完成下面的练习

二、根据阅读内容判断正误

1. 居里夫人是波兰物理学家,但她其实是法国人。　　　　　　　　　　（　）
2. "钋"的命名与彼埃尔·居里的名字有关。　　　　　　　　　　　　　（　）
3. 居里夫人研究镭时,实验室条件很恶劣。　　　　　　　　　　　　　（　）
4. "镭"的提炼花费了居里夫人四年时间。　　　　　　　　　　　　　　（　）
5. 长期进行放射性物质的研究,居里夫人患上了白血病。　　　　　　　（　）
6. 居里夫人一生获得了两次诺贝尔物理学奖,一次诺贝尔化学奖。　　　（　）

三、用所给的词语替换下列句子中的画线部分词语,保证句子意思基本不变

建成　仰慕　全心全意　孤身　在意　精心　算计

1. 1891 年,她只身前往法国巴黎大学理学院求学深造。　　　　　　　（　）
2. 她悉心探索、反复实验,与居里先生密切合作,终于研究出两种新的化学元素。（　）
3. 居里夫人从不计较个人的私利和荣誉。　　　　　　　　　　　　　　（　）
4. 1914 年,镭学研究所在巴黎落成。　　　　　　　　　　　　　　　　（　）
5. 她赢得了世界人民的同情、支持和敬仰。　　　　　　　　　　　　　（　）

词语提示

只身	zhī shēn	（形）	孤单一人。
悉心	xī xīn	（副）	尽心、全心。
倾注	qīng zhù	（动）	指把精神、力量等集中到一个目标上。
继任	jì rèn	（动）	接替担任。
敬仰	jìng yǎng	（动）	敬重、仰慕。

单元阅读测试练习五

从小我就从隔壁老婆婆口中听说,三峡边有个丰都城,是人死后灵魂归宿的地方,谁家死了人,只要去那里都能再见到;城中有条阴司街,白天人赶场,晚上鬼逛街。酷爱听聊斋故事的我,当时真的想被人牵着小手去看看,但当时作为留守儿童,没有这样的机会。而三峡大坝蓄水后,丰都老城已成为江水中的废墟。再也见不到。

大一点读《三国演义》,很仰慕诸葛亮的八阵图。这个石阵其实离我家并不远,位于重庆奉节的鱼腹浦,也就一天车程。我无数次在梦中领悟它的绝妙。但家长总是说,读书那么忙,有什么看头,长大了再去。现在,鱼腹浦早已被江水吞没,只留下一首"江流石不转"的诗供我缅怀。再也见不到。

或许是童年阴影的影响,在大学的很长一段时间里,我疯狂地完成着旅行计划,最长的一次4个月未归家——旅行中有失望,也有庆幸。失望的是很多景色已不如前人所说,变得糟糕市侩;庆幸的是,我也抓住了许多美景消失前的尾巴。

那神奇的九寨。20世纪90年代中期,我随一位叔叔一起进山,那时没有那么多路标,没有那么多车,最关键的是没有那么多人——那是我第一次知道什么叫"山水对灵魂的洗礼"。2001年我带母亲又去了一次,不料,什么洗礼都不见了,鞋还被抢位置照相的大妈踩掉了一只。一切成为回忆,再也见不到。

旅行的最大成就无疑是发现,正如麦哲伦与麦哲伦海峡,约瑟夫·洛克与"消失的地平线"。可惜的是,我们正好处在一个浮躁的时代,发现之后往往是无尽的破坏。我曾与雅安市一位市领导聊到牛背山——这是一个摄影天堂,2009年,一位摄影师在当地老向导的带领下发现了它,并封此地为"中国最大观景平台"。站在山顶,几乎天府之国的所有名山峻岭,都成为了眼前的玲珑盆景……

这位领导说,他们正在筹备修一条公路,因为牛背山目前只有一条采矿大车碾压出的机耕道,完全不能满足大批量游客的好奇心,去年就有游客不听劝阻,冒风雪上山,最后导致数千人被困。我反问他:"你觉得,一群连老天立的规矩都不听的人,会遵守人定的规矩吗?修路让他们进山,牛背山的安静还会存在多久?牛背山的环境,又还剩下多少年寿命?"

是的,从经济发展的角度讲,我错了,但依照敬天爱人的原则看,我宁愿犯这样的错。

旅行要趁早,这似乎是一个悖论,但从现在的情况看,它很适用。

(选自《环球人文地理》,有删减,作者:姚於)

速读第1遍,完成下面的练习(建议阅读时间5分钟)

一、根据阅读内容判断正误

1. 我在旅途中感受到的不仅仅是失望。 (　　)
2. 鱼腹浦让作者知道了什么叫"山水对灵魂的洗礼"。 (　　)
3. 我小的时候父母都不在身边工作。 (　　)
4. 我亲眼看到了石阵的绝妙。 (　　)
5. 牛背山这个摄影者的天堂已经被游客破坏。 (　　)

6. 作者写这篇文章的目的是告诉人们不要破坏环境。（   ）

细读第2遍，完成下面的练习

二、根据阅读内容回答问题

1. 作者儿时的梦想是什么？
2. 作者为什么没有看到丰都老城？
3. 为什么作者说90年代去九寨沟的经历成为回忆，再也见不到？
4. 作者说他宁愿犯这样的错，这个错指什么？

词语提示

阴司街	（名）	yīn sī jiē	鬼城丰都的著名景点之一，是幽冥世界、阴曹地府的政治经济、文化娱乐的中心，是阴间臣民赶集、交流、汇集之地。
归宿	（名）	guī sù	人或事物最终的着落。
留守儿童	〈组〉	liú shǒu ér tóng	指父母双方或一方外出打工，而自己留在农村生活的0—17周岁儿童。
蓄水	（动）	xù shuǐ	为了灌溉、水力发电、防汛或类似的用途而将水拦蓄起来；储存水。
废墟	（名）	fèi xū	城市、村庄遭受破坏或灾害后变成的荒凉的地方。
仰慕	（动）	yǎng mù	敬仰思慕。
市侩	（形）	shì kuài	现泛指唯利是图的人。
悖论	（名）	bèi lùn	指一种导致矛盾的命题。

阅读2

制一把弓箭要多长时间？也许你会说一周，最多十天。可是在宋朝时却要一年，有的甚至三年。其制作过程复杂，所用材料繁多，这已不仅是一种工艺，更是一种工作的态度。

制弓首重选材，其基本材料有六种，称之为"六材"：干、角、筋、胶、丝、漆。制作上好的弓，需要选用上好的木做弓干，另外还有弓两侧装饰的角，缠绕弓身的丝线和外面黏着的动物筋，以及涂的胶和漆，都需要精心配制选择。

从木材来说，干材以柘木为上，次有檀木、柞树等，竹为下。这些木头的材质坚实无比，任凭推拉也不会轻易折断，发箭射程远，杀伤力大。而且选木的纹理致密平滑，湿度在8%～10%，木材太干了容易折断，太湿了力量不够。为此有的木材放在通风阴凉的地方1年以上，其湿度才合格。大弓箭必须将十多块不同角度、厚度的木头黏合在一起。这些材料的加工程序有切、锯、刨、打光、粘贴等多种工艺，每道工序都要细致、规范，马虎不得。

再说，六材之筋，筋和角的作用都是增强弓臂的弹力，贴于弓臂的外侧。对于牛筋的年龄、韧性、弹性和制作弓一样在选料上都有着严格的要求。取自牛背上紧靠牛脊梁骨的那块筋。牛筋买回后放在房檐上风干，风干到八九成，用粗湿布把它裹上。接下来是砸牛筋，力量不能过大，还要慢慢砸，力量太大就把它砸碎了，而慢慢砸可以把它砸劈了。砸完之后可看到筋已被劈成了一条一条的状态。然后一点一点地撕,撕成所需要的粗细,最后变成一丝一丝的。撕筋的过程是一个慢工细活。

还有六材之角,即动物角。一张弓要用两只牛角,且要选用长度在60厘米以上的水牛角。六材之胶,用以黏合干材和角筋,即承力之处。以黄鱼鳔制得的鱼胶最为优良。中国工匠用鱼胶制作弓的重要部位,而将兽皮胶用于不太重要的地方。然后是漆,将制好的弓臂涂上漆,以防霜露湿气的侵蚀。一般每十天上漆一遍,直到能够起到保护弓臂的作用。

一张良弓一般要历经两三年才能制成,如此制作出来的弓已是非常成熟的复合弓,弹力大,经久耐用。制作一把弓需要上百件专用工具,对20多种天然材料进行手工加工,通过200多道工序,不抢工期,所以质量好。

"板凳需坐十年冷,文章不写一句空。"做学问、做人做事,莫不如此。想要成就大事,绝不能急功近利,在任何时候都不能心浮气躁,要耐得住寂寞。

(选自网络资料,有删减,作者:苗向东)

练 习

速读第1遍,完成下面的练习(建议阅读时间5分钟)

一、根据阅读内容选择正确答案

1. 制作弓箭首先要选择:
   A. 上好的木材　　B. 上好的牛筋　　C. 上好的牛角　　D. 上好的鱼胶
2. 有的木材要在通风阴凉的地方放1年以上,原因是什么?
   A. 为了让弹性合格　　　　　B. 为了让韧性合格
   C. 为了让温度合格　　　　　D. 为了让湿度合格
3. 做弓箭最差的材料是什么?
   A. 柘木　　　　B. 檀木　　　　C. 柞树　　　　D. 竹
4. 将制好的弓臂涂上漆,目的是为了什么?
   A. 增强弹性　　　　　　　　B. 保护弓箭
   C. 使弓箭美观　　　　　　　D. 防止虫蛀
5. 下面哪一个适合做文章的题目?　　　　　　　　　　　　　　　　(　)
   A. 弓箭的制作　　　　　　　B. 弓箭的秘密
   C. 好弓三年成　　　　　　　D. 古今弓箭对比

细读第2遍,完成下面的练习

二、根据阅读内容回答问题

1. 为什么宋朝制作弓箭时需要一年,有的甚至三年?
2. 制作弓箭需要哪些材料?
3. 为什么砸牛筋用力不能太大?
4. 做弓箭需要选择什么样的木材?
5. 这篇文章写作的目的是什么?

词语提示

奠定	（动）	diàn dìng	建立；安置使稳固。
匣	（名）	xiá	收藏东西的器具，通常指小型的，盖可以开合。
黏合	（动）	nián hé	使两个或几个物体粘在一起。
碾子	（名）	niǎn zi	轧碎谷物的石制工具
叹为观止	〈组〉	tàn wéi guān zhǐ	赞美看到的事物好到了极点。
急功近利	〈组〉	jí gōng jìn lì	急于求成，贪图眼前的成效和利益。

阅读3

我们在看古书、典戏剧时往往会碰到同一个人在他的姓名之外，还有字、号的情况，有时还不止一个号，不同的场合，有不同称呼。这是怎么回事？

这里就来谈一谈这方面的知识，主要讲一讲姓、氏、名、字、号的历史由来及演变情况。

姓本来是族号，是整个氏族的称号，氏是后起的族号。到了秦汉以后，姓与氏合而为一，从汉代起就通称为姓了。中国人在三皇五帝以前（距今约五千年），就有了姓。那时是母族社会，只知有母，不知有父。所以"姓"是"女"和"生"组成，就说明最早的姓，是跟母亲的姓。"姓别婚姻，氏别贵贱。"上古贵族有姓氏，平民无姓亦无氏。

名是每个人的代号。姓氏是公共的，名是个人的。"名"的产生也是在氏族社会时期，同时也是人的个体意识逐渐觉醒的必然结果。古人"三月剃发取名"。命名之道，各代不同。商朝常用天干地支取名，如盘庚。春秋战国时，或以动物为名，如触龙、项燕、西门豹；或以贱以丑为名；或以职业为名，如庖丁、师旷、轮扁、优孟。魏晋时好用"之"，如王羲之、王献之。

但由于古代的女子地位卑贱，只有姓而无名，在家只有小名、乳名，对外则称某某氏。

古人除了有名外，还要有字，但"字"只是限于古代有身份的人。《礼记·曲礼》上说："男子二十冠而字"，"女子十五笄而字"，就是说不管男女，只有到了成年才取字，取字的目的是为了让人尊重他，供他人称呼。一般人尤其是同辈和属下只许称尊长的字而不能直呼其名。

名与字在意思上经常是相辅相成、互为表里的，所以字又叫"表字"。例如诸葛亮，复姓诸葛，名亮，字孔明，孔明就是很明的意思，基本与"亮"同意；辛弃疾字幼安，"弃疾"（抛弃疾病）与"幼安"（幼年安康）也有一定的联系。

许多古人还有号，号就是一种固定的别名，因此又叫"别号"。号有自取的，也有别人给取的。如苏轼号"东坡"，李白号"青莲居士"。有的人还有多个别号，如欧阳修自号"六一居士"，又号"醉翁"；陶渊明自号"五柳先生"，朋友又给他赠号"靖节先生"。

除此之外古代的帝王、诸侯及大夫等还有谥号（人死后获得的封号）。历代帝王的谥号多为"美谥"，只有亡国之君才可能有"恶谥"。除了皇帝外，谥号大都用两个字，如欧阳修的谥号为"文忠"，左光斗的谥号为"忠毅"。

皇帝还有庙号，开国皇帝一般称高祖、太祖或世祖等，后边的皇帝有太宗、世宗等庙号，我们熟悉的如汉高祖、唐太宗。

古代的文人雅士还有室号、斋号，如蒲松龄的书室号为"聊斋"，梁启超的书室叫"饮冰室"，姚鼐的室号是"惜抱轩"。

（选自网络资料，有删减）

练习

速读第 1 遍,完成下面的练习(建议阅读时间 6 分钟)

一、根据阅读内容选择正确答案

1. "姓别婚姻,氏别贵贱"中的"别"字是什么意思?
   A. 表分离　　　B. 表区分　　　C. 表固定　　　D. 表禁止
2. 下面哪一项符合文章原意?
   A. 人们最早跟母亲的姓说明当时女性的地位很高
   B. "姓"和"名"都是个人的代号
   C. 上古时期平民只有姓没有氏
   D. "字"与"名"没有太大的关系
3. 普通的百姓只可能有下列哪一种?
   A. 谥号　　　　B. 姓名　　　　C. 斋号　　　　D. 室号
4. 下面说法中正确的一项是:
   A. 古代女子地位一直很高,所以孩子才会跟母亲的姓。
   B. 古代女子地位一直很低,所以没有姓名
   C. 古代一些有身份的人才会既有"名"又有"字"。
   D. 一个人的"别号"越多,说明他的地位越高。
5. 下面哪一个称呼是可以自己命名的?
   A. 姓　　　　　B. 氏　　　　　C. 号　　　　　D. 谥号

细读第 2 遍,完成下面的练习

二、根据阅读内容回答问题

1. 上古时期"姓""氏"的作用分别是什么?
2. 什么是"名"?它与"姓""氏"的区别是什么?
3. "名"与"字"有何关系?
4. 什么是"谥号"?
5. "号"包括哪些内容?

词语提示

相辅相成	〈组〉	xiāng fǔ xiāng chéng	指两件事物互相配合,互相辅助,缺一不可。
冠	〈名〉	guān	帽子的总称。古代男子到成年则举行加冠礼,叫做冠。一般在二十岁。
笄	〈名〉	jī	古代的一种簪子,用来插住挽起的头发,或插住帽子。
天干地支	〈组〉	tiān gān dì zhī	简称干支,是夏历中用来编排年号和日期用的。

三皇五帝	〈组〉	sān huáng wǔ dì	是中国在夏朝以前出现在传说中的"帝王"。三皇指伏羲、女娲、神农，五帝指黄帝、颛顼、帝喾、帝尧、帝舜。
庙号	〈名〉	miào hào	是中国古代帝王去世后，后人在太庙之中奉祀时追尊的名号。
谥号	〈名〉	shì hào	古代帝王、诸侯、卿大夫、高官大臣等死后，朝廷根据他们的生平行为给予一种称号，以褒贬善恶。

 阅读 4

　　浩瀚星空中，最引人注目的天体要数月亮了，它那变化万千的外貌，它所承载的从古至今那么多的美丽动人的神话传说，为人间平添了多少诗情画意！广寒宫里琼楼玉宇，有嫦娥仙子舞翩翩。不仅如此，月亮周期性的阴晴圆缺还是人们自古以来制定历法的根据之一。

　　月亮围绕地球公转，同时也自转，两者周期相同，方向也相同，因此月亮总以相同的一面对着地球，在人造卫星上天之前的漫长岁月里，人们从来没见过月亮的后脑勺。

　　月亮为什么会有阴晴圆缺的变化呢？大家知道，月亮本身不发光，只是把照射在它上面的太阳光的一部分反射出来，这样，对于地球上的观测者来说，随着太阳、月亮、地球相对位置的变化，在不同日期里月亮呈现出不同的形状，这就是月相的周期变化。进一步说，虽然月亮被太阳照射时，总有半个球面是亮的，但由于月亮在不停地绕地球公转，时时改变着自己的位置，所以它正对着地球的半个球面与被太阳照亮的半个球面有时完全重合，有时完全不重合，有时一小部分重合，有时一大部分重合，这样月亮就表现出了阴晴圆缺的变化。

　　当月亮处于太阳和地球之间时，它的黑暗半球对着我们，我们根本无法看到月亮的任何一点形象，这就是"朔"，朔在天文上是指月亮黄经和太阳黄经相同的时刻。逢朔日，月亮和太阳同时从东方升起，即使地球把太阳光反射到月亮，然后再由月亮反射回来的那部分光，也完全淹没在强烈的太阳光辉中。

　　而当地球处于月亮与太阳之间时，虽然三个星球也是处于一条线上，但这时，月亮被太阳照亮的半球朝向地球，柔和的月光整夜洒在大地上，这就是满月，也就是"望"。

　　月相变化的周期，也就是从朔到望或从望到朔的时间，叫做朔望月。观测结果表明，朔望月的长度并不是固定的，有时长达 29 天 19 小时多，有时仅为 29 天 6 小时多，它的平均长度为 29 天 12 小时 44 分 3 秒。

　　朔望月因为是月亮圆缺变化的周期，与地球上涨潮落潮有关，与航海、捕鱼有密切的关系，对人们夜间的活动有较大的影响，同时在宗教上月相也占有重要位置，所以人们自然地以朔望月作为比日更长的记时单位。

（选自网络资料，有删减）

练习

速读第1遍,完成下面的练习(821字 阅读时间6分钟)

一、根据阅读内容选择正确答案

1. 人们之所以将朔望月作为记时单位,是因为:
   A. 它比"日"这个记时单位准确
   B. 朔望月与人类的日常生活关系密切
   C. 因为月亮比较容易观测
   D. 因为夜晚的月亮很美

2. 下面哪一种说法正确?
   A. 月亮只有自传,没有公转
   B. 逢朔日月亮根本不反射太阳光
   C. 朔望月就是太阳变化的周期
   D. 月相的变化会影响地球的潮汐

3. 下列哪一种说法更符合文章原意?
   A. 人类至今从来没有看到过月亮的后脑勺
   B. 月相的变化只与太阳、月亮的位置有关
   C. 实际上,月亮总是半边亮,半边黑
   D. 月亮根本不反射太阳的光芒

4. 月相的周期变化给人类带来的影响不包括:
   A. 航海　　　B. 夜间的活动　　　C. 捕鱼　　　D. 信仰

5. 关于朔望月下列说法正确的是:
   A. 朔望月就是从朔到望的这一段时间
   B. 朔望月的长度是变化的
   C. 与地球上涨潮落潮无关
   D. 比日更长的计时单位只有朔望月

细读第2遍,完成下面的练习

二、根据阅读内容判断正误

1. 月亮的阴晴圆缺是人们制定历法的唯一根据。　　　　　　　　　　(　)
2. 月亮运行的方向与地球不一样。　　　　　　　　　　　　　　　(　)
3. 月亮的阴晴圆缺是因为太阳光照的位置不同导致的。　　　　　　(　)
4. 朔望月就是指月亮从满月到看不到一点儿迹象的这段时间。　　　(　)
5. 逢朔日夜空中找不到月亮的踪影。　　　　　　　　　　　　　　(　)
6. 地球上涨潮落潮与朔望月有关。　　　　　　　　　　　　　　　(　)

词语提示

琼楼玉宇　〈组〉　qióng lóu yù yǔ　古人常指所谓仙界的楼台或月宫。也形容富丽堂皇,十分美丽的建筑物。

| 嫦娥 | 〈名〉 | cháng é | 神话中的人物,是后羿的妻子。其美貌非凡,后飞天成仙,住在月亮上的仙宫。 |
| 广寒宫 | 〈组〉 | guǎng hán gōng | 即月球,也称蟾宫,因嫦娥再嫁寒浞,后人将嫦娥奔月后所居住的屋舍命名为广寒宫。 |

阅读5

"黄河,你是中华民族的摇篮,5000年的古国文化,从你这儿发源……"这是人们熟知的歌曲《黄河颂》的歌词。每当人们唱起这首歌的时候,就会浸沉在对黄河的无限追忆之中。黄河,是中华民族的母亲河,作为中华文明的发祥地,维系炎黄子孙的血脉,是中华民族民族精神与民族情感的象征。

黄河是我国第二大河,也是世界上屈指可数的名川,她从巴颜喀拉山北麓起步,接纳千溪百川,一路浩浩荡荡,奔驰东流,经青海、四川、甘肃、宁夏、内蒙、陕西、山西、河南、山东等九大省区,注入浩瀚的大海,全长5464公里,流域面积75万都平方公里,像一条金色的巨龙,昂首横卧在我国北部辽阔的大地上。

在古代,黄河流域的自然环境是很优越的。那时,这里的气候温暖湿润,土地肥沃,到处是青山绿野,植物种类繁多,为原始人类的生存提供了有利的条件。殷代以后黄河中下游流域成为我国开发最早地区,经济发展,人口繁衍较快,政治、文化也比较先进。因此,黄河流域成为中华民族成长的摇篮。

相传中华民族的始祖——黄帝出生在黄河中游,他和他的族系主要活动的区域也在黄河中游。后来建立夏、商、周王朝的都是他的后裔。他们自称"华",聚居在中原地区,人们认为"中原"位居四方之中,所以后世又称为"中华"。后来"中华"又成了整个中国的代称。

黄河孕育了中华民族的古代文化,是古代文明的发祥地之一。在新石器时代中期,黄帝族就已开始使用彩陶。从河南渑池仰韶村、西安半坡村等地发掘的古文化遗址中,可以见到大约5000年前即新石器时代中期的人们使用的简陋的木制古农具,木结构房屋,储粮的窖穴,还有各式各样的陶器,其中带有人面、鱼、鹿等图案的彩陶相当精美,反映了中华民族历史的悠久和艺术才能的高超。这种文化被称为"仰韶文化"或"彩陶文化"。

我国历史上七大古都中的安阳、西安、洛阳和开封,都在黄河流域。以古都长安为中心的唐代文化,曾是当时世界文化的高峰。影响着世界各国,尤其是亚洲邻国的文化。黄河,以丰富的乳汁,哺育了中华民族,而中华民族的优秀儿女在她的身旁辛勤劳动,创造了光辉灿烂的古代文化。黄河,不愧是中华民族的摇篮,我国文化的发源地。

(选自网络资料,有删减)

练 习

速读第1遍,完成下面的练习(建议阅读时间5分钟)

一、根据阅读内容选择正确答案
　　1. 下面有关唐代文化表述不正确的是:
　　　　A. 以洛阳为中心
　　　　B. 是世界文化的高峰

C. 都城设在黄河流域

D. 对亚洲邻国的影响巨大

2. 对黄河流域成为中华民族成长的摇篮的原因,概括全面的一项是:

A. 气候温暖湿润,冬暖夏凉

B. 土地肥沃,到处是青山绿野

C. 自然环境优越,有利于人类生存

D. 植物种类繁多,食物丰富

3. 对"中华"这个名称的由来,理解正确的一项是:

A. 因为黄帝出生在黄河中游

B. 因为黄帝后裔自称"华"

C. 因为华族发展到整个中国

D. 因为华族聚居于被认为是四方之中的中原地区

4. 下列对本文有关内容理解最准确无误的一项是:

A. 文章第四段开头的"相传"二字不能省略,因为它所表述的内容来源于传说,不是确实有据的

B. 文章第五段中"仰韶文化"的例子是为了说明"黄河流域的自然环境很优越"

C. 处在新石器时代的"仰韶文化"是世界文化的顶峰

D. 文中多处用"摇篮"来比喻黄河,因为黄河在地图上的形状像一个摇篮

5. 下面哪一项最适合做本文的题目?

A. 黄河——我国第二大河

B. 黄河——中华民族的摇篮

C. 中华民族的由来

D. 黄河——古代文明的发祥地

细读第 2 遍,完成下面的练习

二、根据阅读内容判断对错

1. 黄河是我国北部的第二大河。( )

2. 黄河流域的自然环境孕育了中华民族。( )

3. 在新石器时代中期,黄帝族就已开始使用彩陶。( )

4. 黄河流域的文化是世界上最先进的文化。( )

5. 黄帝因居住在黄河流域而得名。( )

6. 我国历史上的七大古都都在黄河流域。( )

词语提示

发祥地	(名)	fā xiáng dì	原指帝王祖先兴起的地方,后指民族、文化等的发源地。
屈指可数	〈组〉	qū zhǐ kě shǔ	扳着手指就可以数清楚,形容数量稀少。
后裔	(名)	hòu yì	子孙、儿孙、后代的统称。

维吾尔族是个历史悠久而文化发达的民族,其天文学知识源远流长。喀喇汗王朝时期的哈斯·哈吉甫在其《福尔智慧》一书中就介绍了当时的许多天文学知识,并在第五章《论七曜和黄道十二宫》中以诗歌的形式描述了七曜和黄道十二宫。作者介绍了七曜的名称、特性、位置及其出现的时间,并根据"地球中心说"列出了行星在太阳系中的排列顺序,画出了七曜星图。所谓黄道十二宫,即十二个星座,把天空中一年四季出现的可以观察到的星群分为十二组。

穆罕默德·喀什噶里在其《突厥语大词典》里也收集了许多天文学的资料,如:"傍晚出现火烧云,妻儿如亲人;清晨出现火烧云,家中起哭声。""月出晕伴生,白云浮晴空。云头堆叠起,大雨自天倾。"民间也有"月晕白,雨雪来;月晕红,天放晴"的说法。维吾尔族民间把金牛宫之七星称为"于凯尔"星座。夜行人利用这个星座定方向,如同使用罗盘。人们认为,于凯尔渐大,天气就会变化。维吾尔族谚语说:"于凯尔掠过天边,节气就属夏天。"据民间星相家的说法,于凯尔一年中有 40 天栖于地上,这时的天气最热,被称为伏天。40 天之后,于凯尔重新升入星空,植物开始结籽。民间有"七星显,天气变;七星不坠,地温不升"的说法。维吾尔族民间还把北极星称为"铁木尔阔足克"(意为"铁桩"),并把此星作为夜间行路或军队夜出时方向的标尺。对火星、金星、土星、水星等星体也予以维吾尔族的称呼,并正确认识到这些星体运动与地球气候、季节变化的规律。

维吾尔族历史上曾使用过多种历法。最早的是回纥汗国时期使用的十二兽历法。十二兽名称分别为:鼠、牛、虎、兔、龙、蛇、马、羊、猴、鸡、狗、猪。每年 12 年循环一次。据考古和文献资料,高昌回鹘王国时期曾使用一种叫"七曜历"的历法,即以日、月和金、木、水、火、土五大行星纪日的历法。

维吾尔族信奉伊斯兰教后,便开始使用回历。《西域图志》《西域闻见录》等书均记载明清时期的维吾尔族已使用回历。回历又称"希吉来历"或"伊斯兰教历"。回历纯系阴历,其纪年法是:太阴圆缺一次为 1 月,12 个月为一年,单月 30 日,双月 29 日,不置闰月,全年 354 日。每 30 年为一周,其中有 11 年(约每隔二三年)的 12 月末添设一个闰日。故该历平均每年为 354 日 8 时 48 分。对于月的计算方法,不用实朔,而以看见新月时期做月首,所以它的月首日期,常在农历初二、三日以后。

(选自网络资料,有删减)

练习

读第 1 遍,完成下面的练习(940 字 阅读时间 6 分钟)

一、根据阅读内容选择正确答案

1. 下面哪一种说法不符合文章的原意?
   A. 喀喇汗王朝时期维吾尔族就已经知道了有关行星的知识
   B. 十二兽历法是维吾尔族最早使用的历法
   C. 回历的使用与维吾尔族信仰了伊斯兰教有关
   D. 维吾尔族的历法中也有节气

2. 关于"于凯尔",下面哪一种说法是正确的?
   A. 因为于凯尔形状像罗盘,所以夜行人可以利用它以避免迷路

B. 人们可以通过于凯尔的变化判断出天气的变化

C. 于凯尔有 40 天在地上，40 天在天上

D. 于凯尔就是北极星

3. 维吾尔族使用的回历：
   A. 是阴阳合历　　　　　　　B. 一年分为 12 个月
   C. 置闰月和闰日　　　　　　D. 一年为 365 日

4. 通过短文我们可以知道：
   A. 维吾尔族使用过多种历法，最早使用的是回历
   B. 使用十二兽历法时，维吾尔族还没有信仰伊斯兰教
   C. 回历是维吾尔族创制的
   D. 回历比十二兽历法准确和科学

5. 本文的主旨是：
   A. 介绍维吾尔族对星座的认识
   B. 介绍维吾尔族历法的起源
   C. 介绍维吾尔族的天文学知识
   D. 介绍维吾尔族有关天文学的著作

读第 2 遍，完成下面的练习

二、根据阅读内容回答问题

1. 《福乐智慧》一书中记载了哪些天文学方面的知识？
2. 《突厥语大词典》中记载的"于凯尔"是现在的什么星座？
3. "七曜"具体指什么？
4. 维吾尔族何时开始使用回历？
5. 维吾尔族历史上曾使用了哪些历法？

词语提示

源远流长	（组）	yuán yuǎn liú cháng	比喻历史悠久。
七曜	（名）	qī yào	就是日、月、火星、水星、木星、金星、土星七星。
标尺	（名）	biāo chǐ	一种有刻度的杆，用于测量地面上一点到测量员水平视线之间的垂直距离；比喻衡量事物的标准。
黄道	（名）	huáng dào	是地球绕太阳公转的轨道平面与天球相交的大圆。

第六单元　人生哲理篇

> 人只有保持快乐和满足，才能远离痛苦；只有保持青春活力，才能激流勇进；只有坚持学习，才能与时俱进。读精美故事，品百味人生。助你坚定自己的人生目标，拥有高尚的人生境界。

第26课　生活来源于精神

朋友告诉我一个故事，令人印象深刻：有一个国王，他有四位妻子。国王最爱他的第四个妻子，穿最漂亮的衣服，吃最美味的佳肴。国王也很爱他的第三个妻子，常带着她去邻国访问。国王同样爱着第二个妻子，她是国王的知心人，凡是遇到什么麻烦事，国王总要去找她商量并在她的帮助下渡过难关。第一位妻子对国王忠心耿耿，为帮助他守住财富和王位付出了很多，然而国王却并不珍惜她。终于，国王病重，时日无多，他暗想：我有四个妻子，死的时候只能独自一人离去吗？于是他问第四个妻子："我最爱你，你能陪我一起进坟墓吗？""想都别想！"这位妻子丢下一句话，头也不回地走了。伤心的国王于是问第三个妻子："我一辈子都爱着你，你准备同我一起去吗？""不！"这位妻子答道，"你死了，我就改嫁。"他又问第二个妻子："你总能帮我，现在，你能同我一起去吗？"对方答道："这次我可帮不了你，我能做的至多是给你下葬。"这时，一个声音传来："我陪你去，你去哪儿我都陪着你。"国王朝声音传来的方向望去，原来是他的第一位妻子。望着这位因营养不良而骨瘦如柴的妻子，国王热泪盈眶地说："我早该对你好一点！"

实际上，每个人的一生中都有四位妻子。第四位妻子是我们的身体，无论在世时耗费多少时间和精力去保养，一旦离开人世，身体也就离我们而去。第三位妻子是财富、权力和地位，哪天我们死了，这些东西都将落到别人手里。第二位妻子是我们的家人和朋友，无论他们愿意给予我们多大的帮助，至多也只能陪我们走到墓穴的门口。第一位妻子是心灵，人生在世，人们总在不断追逐财富、权力和欢娱，反而忽视了心灵，然而只有心灵才会陪伴我们走到天涯海角。

你有什么样的精神状态就会有什么样的生活，生活来源于精神。罗素说：不经审视的生活是不值得过的。然而我们有多少人审视过自己的生活？现在的时代，是一个日益功利和浮躁的时代。他们总是被太多外在的东西所迷惑，而忽略了内心的存在；他们总是被一时的得失所左右，而丢失了生命中最为宝贵的东西。人性中最基本的品性，如善良、质朴、诚实等被束之高阁，甚至被丢弃。更为可怕的是，我们再也没有审视自己灵魂的能力，沉溺其中而不自知，就在这盲目的追逐与取舍之间，良知被蒙上一层厚厚的尘土。国外一位女政治家曾指出，东方人和西方人都认为社会价值是通过物质财富来衡量，尤其是通过令人印象深刻的增长率来表现的，从而忽略了不讲道义和隐藏其后的痛苦。还有人认为，发展必须通过人类幸福、社会和平与环境和谐来衡量。我们并不缺少发展所需的科学和技术，但我们内心深处依然缺少的也许是一种真正温暖的感觉。

多年来因物欲膨胀而混沌了的思想，模糊了的信仰，类似正确、前卫实则荒谬、迂腐的观念，还左右着人们的思维，使很多人近乎丧失了最基本的是非判断标准。于是，烟花巷里，买红尘一笑；赌博桌上，写浮生无聊；视百姓如奴仆，玩弄法律于股掌；腐败网络纵横交错；信仰成为谋取权力的叩门砖，权力成为获得金钱的有效手段。我们郑重地谈论着股票、期货、房地产、时髦和流行，把自己包裹为与世界同步的模样。不再在乎信仰，不再谈论人格，触手可得的感官刺激成为麻木心灵获取娱乐的简洁方式。德国哲学家海德格尔说过的"人生而被抛""无家可归"，道出了现代人精神堕落方面的实情。这种单纯对于物的追求，物欲的无限膨胀，已经使人的精神逐渐走向"傻瓜化"，生活走向"动物化"。

真正的和谐是心灵的和谐，是来自内心的宁静。但这样的宁静不是一潭死水般的沉寂，要废弃的是世俗的洪流与嘈杂，要保留的是宁静的晶莹，从而能品味出生活的温馨，这才是精神能带给生活的真正幸福。也只有守住了这样的一座精神的大厦，才能回到澄明如水的生命境界中，那样或许才能享有生命与精神真正合一的甘美。一位哲人的话在心底共鸣："把尘世的礼物堆积到愚人们脚下吧，请赐给我不受烦扰的心灵。"

（选自《新疆日报》2007年3月10日）

词语提示

词语	词性	拼音	释义
佳肴	（名）	jiā yáo	精美的饭菜和可口的食品，形容食物非常好吃。
忠心耿耿	〈组〉	zhōng xīn gěng gěng	形容非常忠诚。
骨瘦如柴	〈组〉	gǔ shòu rú chái	形容消瘦到极点。
热泪盈眶	〈组〉	rè lèi yíng kuàng	因感情激动而使眼泪充满了眼眶，形容感动至极或非常悲伤。
墓穴	（名）	mù xué	埋葬尸体的洞穴。
天涯海角	〈组〉	tiān yá hǎi jiǎo	形容极远的地方，或相隔极远。
浮躁	（形）	fú zào	急躁，不沉稳；做事无恒心，忧虑感强烈。
左右	（动）	zuǒ yòu	支配；操纵；控制。
束之高阁	〈组〉	shù zhī gāo gé	比喻放着不用，也比喻把某事或某种主张、意见、建议等搁置起来，不予理睬和办理。
沉溺	（动）	chén nì	陷入不良境地，难以自拔。
膨胀	（动）	péng zhàng	由于温度增高或其他因素，物体的长度或体积增加。泛指事物的扩大或增长。
混沌	（动）	hùn dùn	指混乱而没有秩序的状态。
荒谬	（形）	huāng miù	荒唐，非常离谱，不合常理。
迂腐	（形）	yū fǔ	拘泥于陈旧的、固定的模式、准则；不知变通，不合时宜。
股掌	（名）	gǔ zhǎng	在大腿和手掌上面。比喻在操纵、控制的范围之内。

纵横交错	〈组〉	zòng héng jiāo cuò	横的竖的交叉在一起。形容情况复杂。
叩门砖	〈名〉	kòu mén zhuān	敲门的砖石。比喻借以谋取名利的工具,目的一旦达到就被抛弃。
股票	〈名〉	gǔ piào	股份证书的简称,是股份公司发给股东的一种有价证券。
期货	〈名〉	qī huò	交易双方不必在买卖发生的初期就交收实货,而是约定在未来某一时候交收实货。
温馨	〈形〉	wēn xīn	温暖芳香。

练 习

一、根据课文内容判断正误

1. 第二个妻子是国王的知心人,她是国王的最爱。　　　　　　　　(   )
2. 第一个妻子之所以骨瘦如柴是因为国王不珍惜她。　　　　　　　(   )
3. 当人离开这个世界时,是无法带走我们所拥有的一切的。　　　　(   )
4. 无论走到哪里,始终陪伴我们的是心灵。　　　　　　　　　　　(   )
5. 一个人的生活状态取决于他的精神状态。　　　　　　　　　　　(   )
6. 对于物质财富是否能够体现社会价值,东方人和西方人的观念是不相同的。(   )
7. 生活带给我们的真正幸福应该是摒弃世俗,回归心灵的宁静。　　(   )

二、选择画线部分词语在句子中的意思

1. 终于,国王病重,<u>时日</u>无多。
   A. 时候　　　B. 时间　　　C. 一时　　　D. 时段
2. 这次我可帮不了你,我能做的<u>至多</u>是给你下葬。
   A. 到时候　　B. 好多　　　C. 多少次　　D. 最多
3. 他们总是被一时的得失所<u>左右</u>,而丢失了生命中最为宝贵的东西。
   A. 管理　　　B. 支配　　　C. 约束　　　D. 两方面
4. 信仰成为谋取权力的<u>叩门砖</u>,权力成为获得金钱的有效手段。
   A. 谋取利益的工具　　　　　B. 敲门用的砖石
   C. 用来叩门的工具　　　　　D. 类似于垫脚石
5. <u>触手可得</u>的感官刺激成为麻木心灵获取娱乐的简洁方式。
   A. 非常容易获得　　　　　　B. 动动手就有了
   C. 随手拿来　　　　　　　　D. 需要用手去拿来
6. 这道出了现代人精神堕落方面的<u>实情</u>。
   A. 真实的景物　　　　　　　B. 真实情形
   C. 实际的效果　　　　　　　D. 真正的本质

三、选择合适的词语填空

热泪盈眶　天涯海角　荒谬　知心　追逐　反而　浮躁　温馨　沉溺

1. 当一个人完全(　　)于金钱、职位与权利时,他丢掉的就是灵魂。

2. 在外打拼的人，都期望有一个属于自己的（　）的家。
3. 当今社会到处是逐利的（　），而缺少的是内心的沉淀。
4. 与其混迹于 QQ 群、朋友圈，倒不如真正交几个（　）朋友。
5. 一场电影看得她（　）。
6. 无论走到（　），你的亲人都会牵挂着你。

四、根据课文内容选择正确答案

1. 关于第三位妻子，以下哪一项是正确的？
   A. 国王把她当作知己，与她交流
   B. 国王很爱她，但她准备在国王死后就改嫁
   C. 国王出国访问，有时会让她陪伴同行
   D. 她是国王的最爱，她愿意为国王殉葬

2. 现实中的人们：
   A. 不注意保养身体
   B. 可以永远拥有财富与权力
   C. 对于家人与朋友寄予期望
   D. 忽视了心灵的需要

3. 第 3 自然段中，罗素所说的话的意思是：
   A. 有没有人审视过自己的生活
   B. 审视过自己生活的人有多少
   C. 审视过自己生活的人没几个
   D. 是没有人审视过自己的生活的

4. 第 4 自然段的主题是：
   A. 西方世界物欲横流　　　　　B. 政府愚弄百姓
   C. 哲学家的理论　　　　　　　D. 物欲膨胀使精神丧失

5. 以下哪一选项与文章内容有出入？
   A. 人们物欲膨胀，信仰模糊
   B. 要获得金钱，权力可作为有效手段
   C. 法律可以约束人们的行为
   D. 人们谈论着股票、房地产，而非信仰、人格

6. 德国哲学家海德格尔认为：
   A. 人出生后就被人世所抛弃　　B. 人有家庭却不能回去
   C. 人的精神走向了堕落　　　　D. 人对于物质的需求很单纯

五、根据课文内容回答问题

1. 真正爱着国王的是他的第几位妻子？为什么？
2. 作者所指的"人生中的四位妻子"的含义是什么？
3. 对于现代人的生活，作者是怎么看的？
4. 哲学家海德格尔是如何评价人类精神的？
5. 作者认为，我们怎样才能做到内心安静？

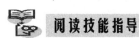

1. 你认为物质和精神,哪一个更重要?为什么?
2. 用你所耳闻目睹的真实故事,告诉我们生活中并不缺少真善美。

阅读技能指导

细节打比方模式

打比方模式是作者把将要描写的事物比喻为它物来表达自己的观点。例如:2008年北京奥运会的主场馆,由于其独特造型又俗称"鸟巢",形态如同孕育生命的"巢",它更像一个摇篮,寄托着人类对未来的希望。文中把北京奥运会主场馆比喻成"巢"和"摇篮",以说明北京奥运主场馆为什么要设计成"鸟巢"的造型。

练习

找出文中的主要观点和细节支持的模式

实际上,每个人的一生中都有四位妻子。第四位妻子是我们的身体,无论在世时耗费多少时间和精力去保养,一旦离开人世,身体也就离我们而去。第三位妻子是财富、权力和地位,哪天我们死了,这些东西都将落到别人手里。第二位妻子是我们的家人和朋友,无论他们愿意给予我们多大的帮助,至多也只能陪我们走到墓穴的门口。第一位妻子是心灵,人生在世,人们总在不断追逐财富、权力和欢娱,反而忽视了心灵,然而只有心灵才会陪伴我们走到天涯海角。

主要观点:_____。
细节支持的模式:_____。

近年来,"走近"之声不绝于耳,走近明星,走近作家,走近……。"走近"是对的。走近方能观察入微。走近方能建立感情,走近方能写得出大特写,方能写得出报告文学。

可是,走得太近了,变成了"零距离",也会走向反面。君不见有些"走近"之作,"零距离"之篇,充斥着溢美之词,左一个"著名",右一个"著名"。可是,这"著名"不仅让读者看了莫名,而且连"走近""零距离"的先生们有时竟然把"著名人士"的名字写错。口口声声什么"高瞻远瞩"喽,什么"高屋建瓴"喽,什么"高山仰止"喽,等等,总归"居高不下"就是了。仿佛他所"走近的人"是摸不着头脑的"丈二和尚",只有优点,没有缺点,美不胜收,完美无缺。实际情况会是这样吗?伟人还说要对自己"三七开"呐!你所走近的人怎么可能十全十美呢?物极必反,拔得太高令人难以置信。

何以会言过其实?看来"走近"也是其中的一个原因。"不识庐山真面目,只缘身在此山中。"谁都会有这样的经验:走得近了,往往是"只见树木,不见森林"。走得太近了,甚至是只见巴掌大的树皮,不见树干,更见不到树冠。"情人眼里出西施"。走得太近容易产生偏见。保持大于零的距离,保持远远大于零的距离,能使人冷静。冷静使人看问题客观。客观的人写出来的东西准确、耐看。反过来说,失真的文字再美也是丑的。虚假的包装,那必然是越包装越假。修饰、润色只会是帮倒忙。"边缘化"通常是作贬义用。其实,有时"边缘化"也是好事情。

司马迁不靠边能写出《史记》吗？李白不靠边能写出"安能摧眉折腰事权贵"的千古佳句吗？还有诗圣杜甫,在靠边住草堂时差不多一周写一首,可是在他一度进入主流(即入宫)的那半年里没写出几首。这也说明距离与作品之间有个不可忽视的函数关系。

因此,要写出好作品,既要走近,又要走远。"横看成岭侧成峰,远近高低各不同"。也就是说全方位看了,作品才能接近事物的全貌,才显得丰满。为什么有的文章会"像瘪三"？就是因为只有走近,没有走出,或者是所谓"走近",也是蜻蜓点水。

不过,那些一味地添加形容词的文字,有时候也不完全是因为只有"走近",没有"走出",还可能有世界观上的原因。那就是有个"怕"字在作祟,怕"踩线",怕"触电",怕写出了另一面会得罪人。我有位朋友写了好几本传记,可是他在私下里给我们讲的很多有关传主的另类材料,书里都没有。我们劝她出一本《传外传》,她也相信会畅销,但是她说她不敢。其实,有什么关系呢？看来,"走出"还包括要从老套套中走出来。"走远"还包括要距离陈规陋习远一点,距离老话、套话远一点。

(选自网络资料,有删减)

速读第1遍,完成下面的练习(建议阅读时间5分钟)

一、根据阅读内容选择正确答案

1. 第2自然段中,"摸不着头脑的丈二和尚"的意思是:
    A. 和尚摸不着头绪　　　　　B. 搞不清底细
    C. 摸不着头头脑脑　　　　　D. 和尚搞不清尺寸

2. 第3自然段中"只见树木,不见森林"的意思是:
    A. 看见的只有树木而没有森林
    B. 只看见局部而看不见全部
    C. 只能看一棵树而不能看一片树林
    D. 视线被一棵树木阻挡

3. 第4自然段是在告诉读者:
    A. 没有生活就没有好的作品
    B. 创作文章不可蜻蜓点水
    C. 丰满的作品来自于全面的观察
    D. 角度不同,视野自然不同

4. 以下哪一项与文中的内容不符？
    A. 名人也是人,也有缺点,不应将其神话
    B. 我们的作品应摆脱老话、套话、虚话
    C. 事物发展到极端,便会走向它的反面
    D. 生动的渲染、恭维的话语可使文章妙笔生花

5. 本文是在谈论:
    A. 走近、走出与走远
    B. "走近"的利害关系
    C. 文学作品的创作风格
    B. 文学作品创作存在的问题

细读第 2 遍,完成下面的练习

二、根据阅读内容回答问题

1. 作者认为,"走近"有哪些积极的一面?
2. "走得太近"会有哪些弊端?
3. 作者为什么认为看问题要保持一定的距离?
4. 作者通过哪几个实例来肯定了"边缘化"?
5. 要出好的作品,应该怎么做?

三、选择画线部分词语在句子中的意思

1. 走近<u>方</u>能观察入微。
   A. 才　　　　　B. 刚　　　　　C. 就　　　　　D. 可
2. 物极必反,拔得太高令人难以<u>置信</u>。
   A. 理解　　　　B. 信任　　　　C. 相信　　　　D. 置疑
3. 全方位看了,作品才能接近事物的全貌,才显得<u>丰满</u>。
   A. 丰富　　　　B. 饱满　　　　C. 圆润　　　　D. 美满
4. 因为只有走近,没有走出,或者所谓"走近",也是<u>蜻蜓点水</u>。
   A. 点到为止　　B. 画龙点睛　　C. 蜻蜓戏水　　D. 轻描淡写
5. 那些<u>一味</u>地添加形容词的文字,还可能有世界观上的原因。
   A. 一向　　　　B. 单一　　　　C. 单纯　　　　D. 一直
6. 那就是有个"怕"字在<u>作祟</u>,怕"踩线",怕"触电"。
   A. 作怪　　　　B. 鬼祟　　　　C. 捣腾　　　　D. 防碍

词语提示

不绝于耳	〈组〉	bù jué yú ěr	声音在耳边不断鸣响。
大特写	〈组〉	dà tè xiě	把拍摄对象的某个细部拍得占满整个画面的镜头。
溢美	〈动〉	yì měi	过分夸奖。
口口声声	〈组〉	kǒu kǒu shēng shēng	形容一次一次地说,或经常说。
高瞻远瞩	〈组〉	gāo zhān yuǎn zhǔ	站得高,看得远。比喻眼光远大。
高屋建瓴	〈组〉	gāo wū jiàn líng	在房顶上用瓶子往下倒水,形容居高临下,不可阻遏。
高山仰止	〈组〉	gāo shān yǎng zhǐ	比喻对高尚品德的仰慕。
三七开	〈组〉	sān qī kāi	三成七成的比例,三分错误,七分成绩。
物极必反	〈组〉	wù jí bì fǎn	事物发展到极点,会向相反方向转化。
言过其词	〈组〉	yán guò qí cí	原指言语浮夸,超过实际才能。后也指话说得过分,超过了实际情况。
润色	〈动〉	rùn sè	修饰文字,使有文采。

边缘化	〈组〉	biān yuán huà	非中心,非主流,或者说被主流(主流社会、主流人群、主流意识形态、主流文化、主流经济……)所排斥,所不包容。
靠边	〈动〉	kào biān	靠近边缘或靠到旁边。也比喻干部停职反省、撤职查办或失去权力、利益等。
蜻蜓点水	〈组〉	qīng tíng diǎn shuǐ	比喻做事肤浅,不深入,只有浮面的接触。
瘪三	〈名〉	biē sān	城市中无正当职业而以乞讨或偷窃为生的游民,他们通常是很瘦的,穿得破破烂烂。
作祟	〈动〉	zuò suì	人或某种因素作怪、捣乱。
踩线	〈动〉	cǎi xiàn	比喻触碰到某个敏感界限。
触电	〈动〉	chù diàn	人或动物接触较强的电流。
老套	〈名〉	lǎo tào	形容旧的条条框框,老的手法。
陈规陋习	〈组〉	chén guī lòu xí	陈旧不合理的规章制度或习惯。

阅读2

先说一件小事。前几天家里的自来水龙头出了毛病,水流特别小,便给熟识的水管工师傅打电话,不多时师傅带着工具上门,凑近水龙头,使一柄扳手左敲敲右弄弄,然后告诉我:好了,你试试。我一扭开,水流哗哗作响,恢复了正常的流量——此时距离师傅进门不到一分钟。我问师傅:多少钱?师傅略一思忖说:二十。我照价付款,双方客气道别。

稍后我遇到朋友,聊天时随口将这件琐事说与他听,他惊呼:一分钟就赚二十块的没本买卖!你被宰了!我嘿嘿一笑,并不以为然。

说到底,现在的社会,有时缺乏对劳动者和他们持有的"手艺"的尊重。纵然现代社会"劳动者"的概念似乎无所不包,但哪些人真正被看作"劳动者",每个人心知肚明。三百六十行,有的出状元,有的似乎只能出壮劳力。那些对手艺人和手艺的尊重心态,已经与人们渐行渐远了。

有手艺的劳动者,古语谓之"匠"。我们今天讲"文坛巨匠",讲"匠心独运",似乎"匠"成了一个高贵典雅的文绉绉的词汇,其实"匠"的本义也就是"手艺人"。

劳动者的手艺,我们习惯称之为"技"。从词源上看,"技"在过去也是一个高端词汇:有"技"而能解决问题,便被称为"技能";不仅解决问题而且又快又好,有巧思存焉则称为"技巧";更进一步形成了理论体系,便足以称为"技术";最后上升到艺术与美的高度,则以"技艺"一词赞之。然而到了今天,说起"技工""技师""技校",似乎也有一些不那么"高大上"的感觉了,这无关个人好恶,确是社会风气使然。

匠,乃罕见之人才;技,乃稀有之能力。"匠"与"技"从古时以来,一直是伴随着劳动者的光荣的称谓,代表着"能人所不能"的自豪,支撑它的是知识,是经验,是长久的训练乃至独一无二的传承。但是如今,这些称号却和劳动者们一起,似乎已与光荣错身,"劳动光荣"已经只能在斑驳的旧墙上依稀辨认,空余下五月份的一个小长假供人们怀想。

我见过熟练的出租车司机,精通这座城市所有的隐秘近路,在交通大拥堵时一骑绝尘;我见过娴熟的搬家工,四五件双手合抱不住的大行李经他巧妙归置,一趟就能搬上六层楼;我见过手艺老到的裁缝,经她缝补的衣服让我根本找不到原来是哪里坏了……然而面对这些出没于市井之中的劳动者,人们却往往对他们缺乏"匠"与"技"的尊重,以为只不过是替自己代行粗鄙工作的劳工。

　　这是一个现实的时代,想当年,"我的理想是长大做一名卡车司机"可做教科书例句,如今这样的句子只能尘封在遥远的童年记忆里。"劳动的报酬被分为三六九等"是社会的现状,高收入者纵以"某某行业民工"自嘲,流露出的却是对真正民工无法掩饰的优越感。但我想,无论如何,对于"匠"与"技"的尊重都不应该被遗忘,这是对人类无差别的劳动与智慧的尊重。它让每一位身负"技"的"匠",都可以平等地挺起胸膛,充满自信,充满尊严,充满光荣。

(选自《人民日报》2014 年 4 月 28 日,有删减,作者:马涌)

练 习

速读第 1 遍,完成下面的练习(阅读时间 6 分钟)

一、根据阅读内容选择正确答案

1. "他凑近水龙头,使一柄扳手左敲敲右弄弄"中"凑近"的意思是:
   A. 凑合　　　　　B. 近处　　　　　C. 接近　　　　　D. 紧凑
2. "一分钟就赚 20 块的没本买卖"中"本"的意思是:
   A. 成本　　　　　B. 本质　　　　　C. 原本　　　　　D. 本事
3. 以下选项中,符合文意的句子是:
   A. 人们对于民工已缺少应有的尊重,这可以理解
   B. "技"和"艺"在过去是属于被人赞美之词
   C. "技师"就是职业上的高大上
   D. 劳动者的报酬应该统一标准
4. 对于出没于市井之中的劳动者,作者认为:
   A. 他们只是粗鄙的劳工　　　　　B. 他们得到了应有的尊重
   C. 他们有优越感　　　　　　　　D. 他们应该充满自信
5. 这篇短文是在告诉读者:
   A. 三百六十行,行行出状元
   B. "匠"与"技"的含义发生了很大的变化
   C. 作为劳动者是光荣的
   D. "手艺人"在古代并未得到尊重

细读第 2 遍,完成下面的练习

二、根据阅读内容判断正误

1. 要请水管工师傅上门服务的话,是需要专门预约的。　　　　　　　　　　(　　)
2. 对于作者来说,水龙头跑水是一件不大不小的事情。　　　　　　　　　　(　　)
3. 师傅不到一分钟就赚 20 块,这件事我特意告诉了我的朋友。　　　　　　(　　)
4. 对于"匠"的理解,从古至今没有多大差别。　　　　　　　　　　　　　(　　)
5. 所谓"劳动光荣"的理念,在现代人的意识中已经很模糊了。　　　　　　(　　)
6. 作者认为,人们对于普通工人不够尊重。　　　　　　　　　　　　　　　(　　)

三、对划线词语进行解释

1. 师傅略一思忖说:20。（   ）
2. 纵然现代社会"劳动者"的概念似乎无所不包,但哪些人真正被看作"劳动者",每个人心知肚明。（   ）
3. 有巧思存焉,则称为"技巧"。（   ）
4. 支撑它的是知识,是经验,是长久的训练乃至独一无二的传承。（   ）
5. 这些称号却和劳动者们一起,似乎已与光荣错身。（   ）
6. 这些是出没于市井之中的劳动者。（   ）

词语提示

熟识	（动）	shú shi	认识某人很久或对某种事物了解得比较透彻。
思忖	（动）	sī cǔn	思量;考虑。
不以为然	（组）	bù yǐ wéi rán	不认为是对的。表示不同意或否定。
心知肚明	（组）	xīn zhī dù míng	指心里十分清楚明白,不言而喻。
匠心独运	（组）	jiàng xīn dú yùn	独创性地运用精巧的心思。
文绉绉	（形）	wén zhōu zhōu	有文学教养,有涵养。形容人谈吐、举止文雅的样子。
使然	（动）	shǐ rán	使其如此;使他变得这样。
依稀	（形）	yī xī	含糊不清,隐隐约约,若有若无。
娴熟	（形）	xián shú	形容对某种事物或工作很熟练。
一骑绝尘	（组）	yī jì jué chén	形容速度很快,只看到滚滚烟尘却没有看到烈马。
出没	（动）	chū mò	曾经在某个地方出现。
尘封	（动）	chén fēng	搁置已久,被尘土盖满。
自嘲	（动）	zì cháo	自我嘲笑;自我解嘲。

第 27 课　教你如何看"人才"

对人才的重要性似乎没人否定,可是,有些人总觉得找不到人才。同时呢,也有些人才又有怀才不遇之感。这是怎么回事呢?

有些人之所以看不见人才,原因之一是:他们总喜欢看到人才的不才之处。说实在的,认为人才有不才之处,也不完全是错的。凡人才皆有不才之处。也许可以武断地说:越是人才越是有不才之处。人才固然多才,可是,一般来说,只是多在自己的专业上。离开了他的专业,就未必是多才了。道理很简单:你在这一门上花的时间多了,你在另一门上花的时间就相应地减少了。大家都记得1978年春开过一次全国科学大会,与会者可以说个个是才。敝人不才,不是会议代表,可我是以记者身份在会上跑腿儿的。我采访过当时最走红的数学家陈景润。他翻来覆去说"革命加拼命,拼命干革命"一句话,没别的词了,确实像徐迟描绘的那样呆。告辞后,一位朋友对我说:"就是这句话他还是刚刚学会的。"还有位当时的科委领导,学富五车,近年被人誉为知识老人。可能是他过去不大生病,从没吊过针、输过液。一天,他从医院看望一位学者回来,对大家说:那学者"在滴灌",把周围的学人逗得前仰后合,捧腹大笑,笑得失态。试问:你能因为陈景润有点呆,就说他无才吗?你能因为那位科委领导连输液也不知道,就说他是"学有一车"的不才吗?显然不行。

有些人之所以看不见人才,原因之二是:他们总嫌人才"怪"。对的,"十个人才九个怪"。一个人专得厉害了,在性格上也容易怪僻,"三句话不离本行",就会被人认为"迷""迂""怪"。我认识一位研究计划生育的老人。他开口精子,闭口卵子。有次他女儿在场,他也是精子、卵子的说个没完。后来就有人讥他为"怪老头子"。其实有什么好怪的?卖啥的讲啥,十分正常。你不喜欢听,可能同你自己对他那个领域不熟悉有关。把不怪当怪,说不定自己有点怪。

有些人之所以看不见人才,原因之三是:嫌人才"骄傲"。对骄傲要分析,狂妄自大,目空一切,谓之傲。如果人家坚持己见,不肯通融,就不算傲,至多是孤芳自赏吧!想想看,做学问做到"独到"的份上,不就是拿到了"孤芳"吗?那"孤芳"别人没有,他有,怎能叫他不"自赏"呢?因此,对人才的傲,一要理解,二要谅解。

有些人之所以看不见人才,原因之四是:嫌人才"缺德"。缺德是不好的,要德才兼备嘛!可是,对人才要扬长避短,用其专业之长,避其品质欠佳之短。敢不敢用、会不会用有问题的人才是对领导胆识的检验。20世纪50年代,安徽有个大胆的省委书记叫曾希圣,他1960年第一个搞包产到户已经出了名了。可是很少有人知道他在用人上的大胆。从1952年起,他从劳改人员中调用的工程师、技术员有上百人,技工约两千人。他查出上海提篮桥监狱有个麻省理工学院毕业的工程师以后,便亲自给上海领导写信,获准后便把这个工程师带到安徽,发挥一技之长。只要能以一技之长为社会主义祖国服务、为社会发展作贡献,什么人才不能起用呢?

"人各有才",大小不同而已。坚持"人各有才",便能做到爱才即爱民,爱民如爱才。宋人黄庭坚有句诗说得很好:"世上岂无千里马,人中难得九方皋。"九方皋是古代善相马的人。黄庭坚的意思是:世上难道少了人才吗?只不过没有识别人才的能人罢了。其实这句名言也只说对了一半。在中国,识别人才的人才还是很多的。社会需要人才,一切真心推动社会向前发展的人,无不是爱护人才,关心人才的大人才。

(选自《北京日报》2004年3月15日)

词语提示

词语	词性	拼音	释义
怀才不遇	〈组〉	huái cái bù yù	胸怀才学但生不逢时,难以施展;不被赏识任用。
武断	（形）	wǔ duàn	原指以权势断定是非曲折,后指完全凭自己的想象作决定。
敝人	（代）	bì rén	对人谦称自己。
跑腿儿	（动）	pǎo//tuǐr	为人奔波做杂事儿。
学富五车	〈组〉	xué fù wǔ chē	形容读书多,学识丰富。
前仰后合	〈组〉	qián yǎng hòu hé	身体前后晃动。形容大笑或困倦得直不起腰的样子。
失态	（动）	shī tài	举止失去应有的身分或礼貌。
怪僻	（形）	guài pì	古怪。
迂	（形）	yū	言行或见解陈旧,不合时宜。
通融	（动）	tōng róng	破例迁就;给人方便。
狂妄	（形）	kuáng wàng	极端的自高自大。
目空一切	〈组〉	mù kōng yī qiè	形容骄傲自大,什么都看不起。
孤芳自赏	〈组〉	gū fāng zì shǎng	比喻自命清高,自我欣赏。也指脱离群众,自以为了不起。
德才兼备	〈组〉	dé cái jiān bèi	既有好的思想品质,又有工作的才干和能力。
包产到户	〈组〉	bāo chǎn dào hù	也叫大包干,一般以农户为单位,在集体统一组织和经营下,根据计划,承包一季或全年以至更长时间的生产任务。
一技之长	〈组〉	yī jì zhī cháng	指有某种技能或特长。

练习

一、根据课文内容判断正误

1. 人无完人,是人都有不才之处。　　　　　　　　　　　　　　（　）
2. 所谓专门人才,是说在某一专项上是多才的。　　　　　　　（　）
3. 对于把"输液"说成"滴灌"的知识老人,大家认为他过于迂腐。（　）
4. "怪僻"往往是有些人才的特质。　　　　　　　　　　　　　（　）
5. 如果你是人才,你就可以骄傲,可以孤芳自赏。　　　　　　（　）
6. 领导用人,要懂得用其长,避其短。　　　　　　　　　　　　（　）

二、选择画线部分词语在句子中的意思

1. <u>凡</u>人才皆有不才之处。
   A. 平常　　　B. 只是　　　C. 但凡　　　D. 平凡
2. 离开了他的专业,就<u>未必</u>是多才了。

A. 不一定　　　B. 未曾　　　C. 不必　　　D. 必然

3. 敝人不才，不是会议代表，可我是以记者身份在会上跑腿儿的。
   A. 我本人　　　B. 那个人　　　C. 自以为　　　D. 自身

4. 你能因为那位科委领导连输液也不知道，就说他是"学有一车"的不才吗？显然不行。
   A. 果然　　　B. 显示　　　C. 显得　　　D. 当然

5. 对骄傲要分析，狂妄自大，目空一切，谓之傲。
   A. 称谓　　　B. 称为　　　C. 所说　　　D. 所谓

6. 只要能以一技之长为社会主义祖国服务、为社会发展做贡献，什么人才不能起用呢？
   A. 依赖　　　B. 通过　　　C. 以为　　　D. 凭借

7. "人各有才"，大小不同而已。
   A. 是了　　　B. 只是　　　C. 罢了　　　D. 仅仅

三、选择合适的词语填空

武断　跑腿儿　翻来覆去　描绘　实在　至多　德才兼备　一技之长

1. 老太太得了阿尔茨海默症，一件事情（　）地说。
2. 这样的决定，未免太（　）了。
3. 医疗费用的增加，（　）让人承担不起了。
4. 单位办公室的工作有许多是需要（　）的杂事儿。
5. 《水浒传》里（　）了一幅幅激动人心的战斗情景。
6. 没有（　）就很难在社会上立足。

四、根据课文内容选择正确的答案

1. "他们总喜欢看到人才的不才之处"中的"不才"是什么意思？
   A. 不是人才
   B. 没有才能
   C. 不识人才
   D. 找不到人才

2. 以下哪种观点文章中没提到？
   A. 我们要允许人才有不才之处
   B. 在专业上专的人往往在其他方面不才
   C. 有些人找不到人才往往是因为对人才的要求不高
   D. 人才到处都有，只是缺少识别人才的能人

3. "我"为什么参加了1978年的全国科学大会？
   A. 我是人才
   B. 我是记者
   C. 我是领导
   D. 我是与会代表

4. "我"对知识老人把输液说成"在滴灌"持什么态度？
   A. 认为老人太呆了
   B. 他的知识其实并不多
   C. 并不能因此说他没知识
   D. 他不配知识老人的称号

5. 对于人才的"骄傲"以下哪种观点文章中没提到？
   A. 坚持自己的观点，不应算作傲
   B. 只要有才干就应该骄傲
   C. 我们应该允许人才欣赏自己的才干

D. 狂妄自大,目空一切就叫骄傲

6. "世上岂无千里马,人中难得九方皋"中的"九方皋"是什么意思?
   A. 能识人才的人　　　　　B. 人才
   C. 骑千里马的人　　　　　D. 掌管国家大事的人

五、根据课文内容回答问题

1. 作者认为,有些人看不见人才的原因是什么?
2. 关于"才"与"不才",作者是如何论述的?
3. 关于"德"与"才",作者是什么态度?

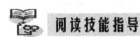

1. 你认为"德"重要还是"才"重要?
2. 你走上工作岗位后,如果不被重视,你会怎么做?

阅读技能指导

细节下定义模式

作者在使用下定义模式时首先陈述段落的中心思想,或给出某个关键术语;然后对术语进行解释说明或详细描述,以证明其主要观点。例如:在饮食方式上,中国人也有自己的特点,这就是聚食制。聚食制的起源很早,从许多地下文化遗存的发掘中可见,古代炊间和聚食的地方是统一的,炊间在住宅的中央,上有天窗出烟,下有篝火,在火上做炊,就食者围火聚食。这种聚食古俗,一直至后世。聚食制的长期流传,是中国重视血缘亲属关系和家族家庭观念在饮食方式上的反映。该段中对"聚食制"这一富有文化内涵的术语进行了详细描述。

找出文中的主要观点和细节支持的模式

那些到了就业年龄而不愿工作,或者在就业与失业之间不断游走,经济上完全依赖或半依赖父母的年轻人,其中也包括少部分中年人。他们被社会学家称之为"新失业群体",网上的博客则形象地称呼他们为"啃老族"或"傍老族"。这类人群是躺在父母襁褓中永远长不大的孩子,长期闲待在家里吃老人的、用老人的、要老人的,过着悠然轻松、安逸的生活,甚至还显得乐此不疲。近年来,伴随着社会出现的快速转型和急剧变迁,我国"啃老族"的规模在不断地扩大,分布的年龄范围更加广泛。

主要观点:＿＿＿＿＿＿＿＿＿＿＿＿＿＿＿＿＿＿＿＿＿＿＿＿＿＿＿＿＿。
细节支持的模式:＿＿＿＿＿＿＿＿＿＿＿＿＿＿＿＿＿＿＿＿＿＿＿＿＿。

阅读1

我们这个社会很浮躁。人们渴望着一夜暴富,于是,六合彩成了不少人的"精神寄托",人们都希冀不用吹灰之力就能掌握每项技能。于是,不少人常常浑浑噩噩地等待奇迹发生。

走过一条大街,如果你愿意伸手,定会接到一大堆宣传单,各式各样的,其中以培训资料和招生简章为甚,如"英语口语一月速成""记忆速成""钢琴速成""管理学速成"等等。

我对这些向来都是嗤之以鼻。如果真有这么神奇,那么那些刻苦努力的人岂不是白费心血了?别人几年甚至数十年才能练就的功夫,你几天几个月就能搞到手了,上天会这么不公平吗?

不过,那些粗浅可笑的骗人伎俩,却常常能使不少人信以为真。为何?除了社会上普遍流行的惰性,我想不出别的理由。

前些日子,一个朋友拉我去听某"记忆大王"的讲座,说是能过目不忘。朋友正在准备某项考试,常对我抱怨"书太多,根本看不完。"其实,他根本就没用心去对待,他把所有的心思都花在了投机取巧上。我之所以陪同他去,就是想揭穿所谓的"记忆大王"的谎言,让朋友从虚幻回到现实中来。

在讲座上,那位"记忆大王"说他看了一遍《老子》,就一字不差地背了出来,博得了满堂喝彩。但当我从自己的包里拿出一本《韩非子》,让他看一遍立刻背诵,只见他支支吾吾,面色铁青。

有些东西是无法速成的,比如一锅饭煮熟需要十分钟,你硬是五分钟就迫不及待地开吃,结果只能是夹生饭。欲速则不达,这本来就是很浅显的道理。其实,浮躁表现在国人的方方面面。以我国的经济建设为例吧,一些地方,一些官员,为了所谓政绩,盲目追求GDP,结果环境破坏严重,与和谐发展的本意背道而驰。这种以损害人类居住环境为代价换来的经济增长,是不可能持续太久的,也是得不偿失的。

日本战略之父、全球管理大师大前研一认为,中国在管理学方面相当滞后,没有一个严格意义上的管理学家。他说中国人不是不聪明,而是聪明得过了头;他举例指出,西方百年积淀下来的管理学,中国一本薄薄的教材就可以概括。此言不假,书店到处都是《西方管理学百年经典》《世界500强管理要诀》《管理学速成》之类的书籍。上百年,多少经典案例,一本书就能容纳进去,这确实让人觉得荒唐。

事物的发展有一个从量变到质变的过程,囫囵吞枣的结果是一知半解,纸上谈兵还可以,真到了实战的时候就派不上用场了。

世界上没有多少捷径可走,只有抛却浮躁,踏踏实实,方能抵达自己的目标。

(选自《济南时报》2007年1月24日)

练 习

速读第1遍,完成下面的练习(建议阅读时间5分钟)

一、根据课文内容选择正确的答案

1. "不少人常常浑浑噩噩地等待奇迹发生"中"浑浑噩噩"的意思是:
   A. 混沌无知　　B. 模糊不清　　C. 不明事理　　D. 神情恍惚

2. "我对这些向来都是嗤之以鼻"中"嗤之以鼻"的意思是:
   A. 不予表态　　B. 很生气　　C. 看不起　　D. 用鼻子呼气

3. "在讲座上,那位记忆大王博得了满堂喝彩"中"满堂喝彩"的意思是:
   A. 全面胜利　　　　　　　B. 都在喊叫
   C. 大声叫好　　　　　　　D. 全场叫好

4. 以下哪一项是"欲速则不达"的准确解释?

A. 一味图快反而达不到目的　　B. 想快速达到目的
C. 有希望却无法实现　　D. 以很快的速度是无法实现的

5. 以下哪一项是作者未曾提到的？
   A. 质的变化来源于量的积累
   B. 记忆大王只看了一遍《老子》,就全部背下来了。
   C. 不少人将自己的希望寄托于生命中的奇迹
   D. 中国的管理学与西方相比是有相当差距的

6. 作者写本文的目的在于：
   A. 揭示现代社会的许多浮夸现象
   B. 成功没有捷径可走
   C. 走捷径只能是得不偿失
   D. 普遍存在的骗人伎俩蒙骗了不少人

细读第 2 遍,完成下面的练习

二、根据阅读内容判断正误

1. 一夜暴富的事实在我们的生活中并不少见。　　（　）
2. 走在大街小巷,各种广告宣传单铺天盖地。　　（　）
3. 几十年练就的功夫,通过速成,几个月就能达成。　　（　）
4. 在现实生活中,很多东西都是不能速成的。　　（　）
5. 以破坏环境为代价的经济建设不会长久。　　（　）
6. 大前研一对于中国的管理学有看法。　　（　）
7. 一本书中所容纳的管理学知识是有限的。　　（　）
8. 许多事情的成功是要靠实践的,而非捷径。　　（　）

三、根据阅读内容回答问题

1. 在作者看来,现代社会上充满了什么？
2. 作者对于满大街的宣传广告是什么态度？为什么？
3. "我"为什么会陪朋友去听"记忆大王"的讲座？
4. 哪些词句表现了人们的浮躁心理？
5. 哪些词句表现了作者对于"捷径"所持的态度？

词语提示

浮躁	（形）	fú zào	急躁,不沉稳。
希冀	（动）	xī jì	书面用语,意思是希望。
浑浑噩噩	〈组〉	hún hún è è	形容混沌无知的样子。
嗤之以鼻	〈组〉	chī zhī yǐ bí	意思是用鼻子吭声冷笑。表示轻蔑。
伎俩	（名）	jì liǎng	手段;花招。
惰性	（名）	duò xìng	不想改变生活和工作习惯的倾向（多指消极落后的）。

第六单元　人生哲理篇

投机取巧	〈组〉	tóu jī qǔ qiǎo	指用不正当的手段谋取私利。也指靠小聪明占便宜。
支支吾吾	〈组〉	zhī zhī wú wú	说话吞吞吐吐，含混躲闪。
铁青	〈形〉	tiě qīng	形容人矜持、恐惧、盛怒或患病时发青的脸色。
夹生饭	〈名〉	jiā shēng fàn	指没熟透的饭。比喻一开始没有做好就再难以做好的事。
背道而驰	〈组〉	bèi dào ér chí	朝相反的方向跑去。比喻彼此的方向和目的完全相反。
得不偿失	〈组〉	dé bù cháng shī	所得的利益抵偿不了所受的损失。
滞后	〈动〉	zhì hòu	落在后面。
囫囵吞枣	〈组〉	hú lún tūn zǎo	把枣整个咽下去，不加咀嚼，不辨滋味。比喻对事物不加分析思考。
荒唐	〈形〉	huāng táng	（思想、言行）错误到使人觉得奇怪的程度。
一知半解	〈组〉	yī zhī bàn jiě	知道得不全面，理解得也不透彻。

 阅读2

　　在我十分年幼的时候，父亲就告诉我，不要在跛子面前奔跑，不要在病人面前说健康，不要在鳏寡孤独面前逞人力，那样做，只会让别人徒增伤悲。父亲所说的这段话，我曾一度不明白，为什么不可以炫耀一下自己的优势？

　　父亲说，在别人缺失的地方炫耀你的富有，无异于在别人的痛处揭伤疤，何必在别人的弱势处炫耀，那样做也不能证明你的优秀。

　　父亲的这些话，我一直记着，后来参加了工作，到了一家传媒策划公司，一次选题征集，我为了能在公司站稳脚跟，挖空心思做了一个文案，交到总经理办公室。到选题会上，我才发现自己的选题和别人相比，漏洞百出，有许多地方需要完善，但是，公司负责策划案的一位长者还是优先选用了我的文案。他说，按理说，我的文案和公司其他老员工相比不是最好的，他本人就有一个和我差不多的文案，但是，他知道，他的若拿出来，我的就没戏了。为了我，他最终还把自己的文案拿出来，并且悄悄地塞给了我。打开他的文案我才发觉，自己做得真是太稚嫩了，实属"小儿科"。

　　这位长者用自己的一份"隐藏"成就了我的"崭露头角"，凭借这次机会，我最终在公司立定了脚跟。

　　在美国俄亥俄州克里夫兰举行的多场慈善活动中，作为首富的洛克菲勒总是排在15名开外，无论是慈善捐款，还是慈善拍卖、赞助、义演等都是如此。为此，许多人说洛克菲勒是"小家子气"，甚至还有人批评他是"铁公鸡"，而洛克菲勒却总是默不作声。

　　其实，洛克菲勒在做好事上，从来不喜欢出风头，他总是把"首善"的机会留给别人。他说，出风头的机会要留给别人，我只需要在背风处享受安逸就行了。这不禁让我想起洛克菲勒的另外一句话：沉默带给你的好处很多，摆低姿态，变得谦虚，换言之就是隐藏你的聪明。越聪明的人越懂得沉默，就像成熟的稻子，稻穗总是低垂的。

　　是的，越内敛，越风度翩翩；越抢风头，越容易头破血流。生活中，恰恰需要一些美丽的"隐藏"。隐藏自己的优势,往往是为了保护别人的尊严;隐藏自己的长处,往往是为了成全别人的安身立命之本;隐藏自己的荣耀,往往是为了让更多的荣耀如鲜花撒向众人,让更多的人从善如流,让世界春暖花开。

所以,请珍视生命中那些美丽的"隐藏"吧,让我们默默为那些不争风、不逐名、不显山、不露水的谦谦君子叫好。

(选自《生命时报》2014年5月20日,作者:李丹崖)

练 习

速读第1遍,完成下面的练习(建议阅读时间8分钟)

一、根据阅读内容选择正确答案

1. "我为了能在公司站稳脚跟,挖空心思做了一个文案"。这句话中"站稳脚跟"的意思是:
   A. 站得稳当　　　　　　　　B. 脚踏实地
   C. 希望留在公司里　　　　　D. 真正留在公司里

2. "我的文案漏洞百出,有许多地方需要完善"。这句话的意思是:
   A. 我的文案有100多处错误,需要修改
   B. 我的文案有很多错误,需要修改
   C. 我的文案有100个问题,需要修改
   B. 我的文案有近百余处问题,需要修改

3. 下面哪一选项和"打开他的文案,我才发觉,自己做得实属'小儿科'"这句话的意思相仿?
   A. 我做的文案是关于儿科疾病的治疗
   B. 我做的文案是关于小儿科的,他的不是
   C. 和他的文案相比,我的文案实在是有小家子气
   B. 和他的文案相比,我的文案实在是太幼稚了

4. 以下哪一选项和短文内容不一致?
   A. "我"曾认为,自己的优势是可以炫耀一下的
   B. 我的文案有问题,我是在公司的选题会上才知道的
   C. 洛克菲勒对于众人的指责,总是能够隐忍,保持沉默
   B. 洛克菲勒认为,聪明的人,爱出风头,也爱炫耀

5. 对于"隐藏美丽",作者的态度是:
   A. 非常赞同　　　B. 不清楚　　　C. 保持沉默　　　D. 不必珍视

细读第2遍,完成下面的练习

二、根据阅读内容回答问题

1. 父亲为什么告诉我"不要在跛子面前奔跑"?
2. 公司负责策划案的一位长者为什么选用了"我"的文案?
3. 洛克菲勒在慈善活动中的捐款数额排名靠后,有人批评他太小气,他是怎样回应的?
4. 对待"出风头",洛克菲勒是怎么说的?
5. 依作者看,生活中为什么需要一些美丽的隐藏?

三、选择画线部分词语在句子中的意思

1. 在别人缺失的地方炫耀你的富有,无异于在别人的痛处揭伤疤。
   A. 把盖在伤口上的药棉打开　　B. 使伤口暴露出来
   C. 说出让人心痛的事情　　　　D. 通过手术把疤痕去除

2. 许多人说洛克菲勒是"小家子气"。
   A. 出身于小户人家　　　　　　B. 做事不大方
   C. 做事挑剔　　　　　　　　　D. 容易生气

3. 洛克菲勒在做好事上,从来不喜欢出风头。
   A. 表现自己　　　　　　　　　B. 出现在背风处
   C. 抛头露面　　　　　　　　　D. 喜欢跟风

4. 隐藏自己的优势,往往是为了保护别人的尊严。
   A. 往后　　　B. 往日　　　C. 以往　　　D. 常常

5. 让我们默默为那些不争风、不逐名、不显山、不露水的谦谦君子叫好。
   A. 求名人签字　　　　　　　　B. 追逐名气
   C. 被驱使　　　　　　　　　　D. 逐渐有了名气

词语提示

跛子	〈名〉	bǒ zi	指瘸腿的人。
鳏寡孤独	〈组〉	guān guǎ gū dú	泛指没有劳动力而又没有亲属供养的人。
炫耀	〈动〉	xuàn yào	从各方面(多指金钱、权力、地位等)特意强调自己(略带夸大自己,看轻别人的意思)。
挖空心思	〈组〉	wā kōng xīn sī	形容费尽心思,想尽一切办法。含贬义。
稚嫩	〈形〉	zhì nèn	幼稚;不成熟。
崭露头角	〈组〉	zhǎn lù tóu jiǎo	头上的角已明显地突出来了。指显露优异的才能。
安逸	〈形〉	ān yì	指安闲舒适、舒服和享乐,自由自在。
内敛	〈形〉	nèi liǎn	性格、思想、感情等深沉,不外露。
风度翩翩	〈组〉	fēng dù piān piān	举止文雅优美。
安身立命	〈组〉	ān shēn lì mìng	指生活有着落,精神有所寄托。
从善如流	〈组〉	cóng shàn rú liú	形容能迅速地接受别人的意见。
谦谦君子	〈组〉	qiān qiān jūn zǐ	指谦虚而严格要求自己的人。

第 28 课　人人皆可为国王

说到权力和享受,国王可算是一国之最。普天之下莫非王土,一国之财任其索用,一国之人任其役使。所以古往今来王位就成了人追求的目标,国王生活的样子也成了一般人追求的最高标准。

但是不要忘了一句俗话:尺有所短,寸有所长。虽然大有大的好处,但它却不是能占尽全部的风光。就比如,同是长度单位,以"里"去量路程可以,去量房屋之大小则不成;以"尺"去量房间大小可以,去量一本书甚至一张纸的厚薄则难为了它。同是观察工具,望远镜可以观数里、数十里之外,看微生物则不行,这时挥洒自如的是显微镜。所以,就是镜中之最——天文望远镜也决不敢说有了它就不必再有显微镜,而显微镜也不必自卑自弃。以人而论,权大位显,如王如皇者亦有他的局限,比如他就不能享村夫之乐、平民之趣。就如望远镜永远不可能知道微生物王国是什么样子。《红楼梦》里凤姐说得好,"大有大的难处"。而《西游记》里孙悟空就懂得小有小的好处,钻到铁扇公主肚子里去成大事。就是在君主制度的社会里,王位也并不是所有人的选择。对量子理论作出贡献的法国人德布罗意也是出身公爵世家,但他不要锦衣玉食,终于在科学史上占有一席之地。据说现在的荷兰女王也很为继承人发愁,因为她的三个子女对王位都不感兴趣。

在现代社会里,特别是在市场经济的运行规则下,人们的利益取向、价值取向和实现途径都大大多元化了。每一个成功者都可以享受山呼万岁式的崇敬,享受鲜花和红地毯。社会有许许多多的"国王"在各自不同的王国里尽情享受着自己臣民的膜拜。你看歌星、球星是追星族的国王;作家、画家是他的读者的国王;学者、教授是他学术领域内的国王。幼儿园的阿姨、小学校的教师整天享受着孩子们的拥戴,也俨然如王——孩子王。就是牧羊人,在蓝天白云下长鞭一甩,引吭高歌,也有天地间唯我独尊的王感。

事物总是有两方面,有所不为才能有所为;失之东隅,收之桑榆;塞翁失马,焉知非福。每个人只要努力都能得到一种王者的回报。当一个人壮志难酬或怀才不遇时,这大约是人生最低潮最无奈的吧。但就是在这种状态下,他仍然会有追随者,仍然可以反败为王。

林则徐因主张禁烟被清政府贬到新疆伊犁。但就是这样一个"钦犯",沿途官民却泪洒长亭,赠衣赠食,送马送车,纷纷争睹尊容。到住地后人们又去慰问,去求字。以至于待写的宣纸堆积如山。他比皇帝登朝上殿还忙。在人格王国里林则徐被推举为王。以他们这样身处逆境,生存空间已经很小的人都可为王,正常生活中更是人人可以为王。只是我们不必介意这王国的大小,王位的长久。

一次爬香山,在山脚下草地旁一位年轻人用草编成蚂蚱、小鹿之类的小动物,插满一担,惹得小孩子和家长将他团团围住。等到登上半山时,又见一个老者在玩三节棍,他两手各持一节细棍,将那第三节不停地上下翻挑,做出各种花样,人们越是喝彩他越是得意,就连山坡上也满是看热闹的人,他于紧张操作之余还肯分出眼睛的余光留心周围的反应,尽情享受着投向他的惊奇的目光,甚是得意。在这个山坡上,他就是国王。

国王的精神享受有三,一是有成就感;二是有自由度;三是有追随。只要做到这三点,不管你是白金汉宫里的英国女王,还是拉着小提琴的街头艺术家,在精神上都已得到了一样的满足。做到这一点并不难,只要诚实、勤奋就行。因为你虽没有王业之成,至少总有事业之成;虽没有权的自由,但有身心的自由;虽没有臣民追随,但一定有朋友,有人缘,也可能还有崇拜者,"天下谁人不识君"。所以人人皆可为国王,谁也不用自卑,谁也不要骄傲。

（选自《中国剪报》2006年4月18日）

词语提示

役使	（动）	yì shǐ	强迫使用人力。
上书	（动）	shàng shū	臣子以文字的形式向君主陈述事情。
锦衣玉食	〈组〉	jǐn yī yù shí	华丽的衣服,精美的食物。
膜拜	（动）	mó bài	跪在地上举双手虔诚地行礼。
俨然	（形）	yǎn rán	形容很像。
引吭高歌	〈组〉	yǐn háng gāo gē	放开喉咙高声歌唱。
唯我独尊	〈组〉	wéi wǒ dú zūn	认为只有自己最了不起。形容极端自高自大。
壮志难酬	〈组〉	zhuàng zhì nán chóu	伟大的志向很难实现。
怀才不遇	〈组〉	huái cái bù yù	有才能而得不到施展的机会。
尺有所短,寸有所长	〈组〉	chǐ yǒu suǒ duǎn, cùn yóu suǒ cháng	指由于应用的地方不同,一尺也有显着短的时候,一寸也有显着长的时候。比喻人或事物各有各的长处和短处。
失之东隅,收之桑榆	〈组〉	shī zhī dōng yú, shōu zhī sāng yú	比喻这个时候失败了,另一个时候得到了补偿。东隅:东方日出处,指早晨;桑榆:西方日落处,日落时太阳的余光照在桑树榆树之间,指傍晚。
塞翁失马,焉知非福	〈组〉	sài wēng shī mǎ, yān zhī fēi fú	指边塞上一个老头儿丢失了一匹马,别人来安慰他,他说:"怎么知道就不是一件好事呢?"后来丢失的马竟带着一匹好马回来了。比喻坏事在一定条件下可以变为好事。"焉"也作"安"。

专名

《红楼梦》:原名《石头记》,长篇小说。作者曹雪芹。
《西游记》:长篇小说。明吴承恩作。在流传于民间的唐僧取经故事的基础上创作而成。
铁扇公主:《西游记》中人物。又名罗刹女,牛魔王之妻。
白金汉宫:英国王宫。位于伦敦圣詹姆士公元的西端。1703年为英国白金汉公爵所建。从1837年起,英国历代君主都在这里。

练习

一、根据课文内容判断正误

1. 古往今来,因为人们追求王位,所以它成了权力的象征。（ ）
2. 以"里"去量房间就如同用望远镜去看微生物一样,有其局限性。（ ）
3. 位高权重的皇帝是无法享受村夫之乐的。（ ）
4. 市场经济的运行规则并没有影响人们的利益、价值取向。（ ）
5. 人世间的事情往往都在得失之间。（ ）
6. 诚实与勤奋是实现精神享受所必需的。（ ）

二、选择画线部分词语在句子中的意思

1. 普天之下<u>莫非</u>王土,一国之财任其索用,一国之人任其<u>役使</u>。
   A. 不是 奴役   B. 莫不是 强迫   C. 都不是 使用   D. 都是 使用
2. 以人而论,权大<u>位显</u>,如王如皇者亦有他的局限。
   A. 地位显赫   B. 位置明显   C. 地位显著   D. 地位显眼
3. 他不要锦衣玉食,终于在科学史上占有<u>一席之地</u>。
   A. 席子大小   B. 一定地位   C. 主席台上   D. 脚跟稳当
4. 幼儿园的阿姨、小学校的教师整天享受着孩子们的<u>拥戴</u>,也俨然如孩子王。
   A. 前呼后拥   B. 拥护爱戴   C. 拥护支持   D. 支持尊敬
5. 每个人只要努力都能得到一种王者的<u>回报</u>。
   A. 报复   B. 报告   C. 报答   D. 答复
6. 他于紧张操作之余还肯分出眼睛的余光留心周围的反应,尽情享受投向他惊奇的目光,<u>甚</u>是得意。
   A. 什么   B. 胜过   C. 非常   D. 甚至
7. 当一个人壮志难酬或怀才不遇时,这大约是人生最低潮最<u>无奈</u>的吧。
   A. 无可奈何   B. 可惜   C. 没有能耐   D. 没有遗憾

三、选择合适的词语填空

运行 限制 自由 追求 崇尚 运动 崇敬 追随 局限 出处 自如 出身

1. 这么多年来,母亲（　　）着父亲南征北战,四处奔波。
2. 希波克拉底是西方医学的奠基人,永远值得（　　）。
3. "推敲"这两个字的（　　）大家都知道,原来是"僧推月下门",后来改成"僧敲月下门"。
4. 经过反复实践,这台仪器,他已经能够操纵（　　）。
5. 随着交通运输业的发展,各地列车的（　　）时间都在逐渐缩短。
6. 政府为了整顿市容市貌,（　　）随意摆摊设点。

四、根据阅读内容选择正确答案

1. 课文的第2自然段主要讲述:
   A. 大有大的难处   B. 《西游记》的故事
   C. 房间可用尺量   D. 小的益处

2. "有所不为才能有所为"是在说明:
   A. 丢了芝麻,保了西瓜　　　B. 事物总是有两方面的
   C. 鱼与熊掌可以兼得　　　　D. 得与失是不能平衡的
3. 作者以林则徐禁烟被贬为例,是想告诉读者:
   A. 人人皆可为王　　　　　　B. 人人都有回报
   C. 身处逆境的人可以为王　　D. 人生有低谷也有高潮
4. 对于山野村夫生活面貌的描写,反映出作者的什么态度?
   A. 得意　　　B. 欣赏　　　C. 惊奇　　　D. 紧张
5. 以下哪一个选项不符合课文原意?
   A. 微观需用显微镜,宏观需用望远镜
   B. 并非所有的人都愿意追求一国之最
   C. 在现代社会里,人们的价值取向和实现途径都是多元的,古代亦如此
   D. 草编的蚂蚱、小鹿,吸引了孩子和家长们的目光
6. 一个人要满足精神需求就得:
   A. 勤奋、诚实　　B. 尽情享受　　C. 唯我独尊　　D. 胸怀壮志

五、根据课文内容回答问题

1. 作者通过哪些实例来说明"尺有所短,寸有所长"的道理的?
2. 国王可以享有无上的权利与财富,但他的局限又是什么呢?
3. 作者用哪两个成语来说明失败与成功的辩证关系的?

1. 当你面对"益"和"利"需要取舍时,你会做出什么选择?
2. 你是希望能够成名成家还是只求做一个普通人?为什么?

阅读技能指导

细节引用模式

细节支持主要观点的引用模式就是作者引用名人名言、俗语等模式来说明文章的主要观点。例如:民间流行七十三岁、八十四岁为不吉之年的说法。俗话说,"七十三,八十四,阎王不请自己去","七十三,八十四,阎王请你商量事",意思都是说这两个岁数是人生的一大关口。通过引用俗语"七十三,八十四,阎王不请自己去"、"七十三,八十四,阎王请你商量事"来说明"七十三岁、八十四岁为不吉之年的说法"。

练习

找出文中的主要观点和细节支持的模式

但是不要忘了一句俗话:尺有所短,寸有所长。虽然大有大的好处,但它却不是能占尽全部的风光。就比如,同是长度单位,以"里"去量路程可以,去量房屋之大小则不成;以"尺"去量房间大小可以,去量一本书甚至一张纸的厚薄则难为了它。同是观察工具,望远镜可以观数里、数十里之外,看微生物则不行,这时挥洒自如的是显微镜。所以,就是镜中之最——天文望

远镜也决不敢说有了它就不必再有显微镜,而显微镜也不必自卑自弃。以人而论,权大位显,如王如皇者亦有他的局限,比如他就不能享村夫之乐、平民之趣。就如望远镜永远不可能知道微生物王国是什么样子。《红楼梦》里凤姐说得好,"大有大的难处"。而《西游记》里孙悟空就懂得小有小的好处,钻到铁扇公主肚子里去成大事。

主要观点:_____。
细节支持的模式:_____。

阅读1

屠宰场里,肮脏的牛血流得满地都是,来买肉的人自然嫌脏。屠夫却和买肉人打赌说,就是这样的牛血,到时候你也一定会吃。买肉人回答,肯定不吃!屠夫一笑,你肯定会吃!

这样的牛血又被成千上万只苍蝇叮着。屠夫又问买肉人,这样的牛血,你更不会吃了?!买肉人愤然回答,肯定不吃!

其实这只是一道农民饲料加工的工序,有意让苍蝇来叮牛血,然后使苍蝇下蛆,再用苍蝇的蛆来喂鸡。鸡吃了苍蝇下的蛆,生出的蛋美味可口,在市场上卖到十八块钱一斤,人们疯抢。你看,人终于还是吃了。所以,别把事情看绝了!

美国电视台开展的极限节目,因为魔鬼般的难度,看得让人心惊肉跳,吸引了千百万观众。极限运动的宗旨就是把不可能的事变为可能。每次挑战,都有一项是人与虫子为伍的内容。举办人把丑陋的爬虫放在玻璃缸里。挑战者伸进头去,让这些虫子爬满自己的脸……

其中非洲大蛹是最丑陋、最令人恐惧的爬虫,它浑身是毛,口吐黏液。三百只这样的恶虫在玻璃缸里一起蠕动,别说人把头伸进缸里,就是看一眼都毛骨悚然。结果所有的参与者,都拒绝了这项挑战。

然而,当这些丑陋的、令人作呕的大虫蜕壳后,人们却为之一震,原来它是世上最美丽的非洲蓝蝶。许多人都把它作为珍贵的标本收藏。你看,原本恐怖无比的毛虫,事隔两月,却变成了人人都想抚摸的漂亮蝴蝶。所以,还是别把事情看绝了!

1945 年,华盛顿第一大富商西蒙被人绑架了。绑匪将西蒙关在一座海边的六层楼上。只等西蒙的家人给钱后,就将西蒙杀死。绑匪使用的绳子,既是绑架西蒙的工具,也将是最后勒死西蒙的凶器。

藏匿西蒙的密室,门是锁着的,屋里空空荡荡,什么都没有,只有一根让西蒙恐怖的绳子。谁想,事情突变,绑西蒙的时候,绳子是湿的,干后的绳子却松动了。西蒙挣脱了绳子,这时却成了解救他的帮手。西蒙将绳子拴在窗上,爬了下去。同样的一根绳子,一头是生,一头是死。西蒙逃脱了!你看,还是别把事情看绝了。

天下事,只有你根本想不到的,没有不可能发生的。什么事都没有绝对的。懂得没有绝对,你才会相信绝路逢生。懂得没有绝对,你才会相信辩证。懂得没有绝对,你才会看破天下的真相。

(选自《北京晚报》2007 年 1 月 30 日)

练习

速读第1遍,完成下面的练习(建议阅读时间4分钟)

一、根据阅读内容选择正确答案

1. 屠宰场的工人为何将牛血弄得满地?
   A. 喂食母鸡　　　B. 吸引苍蝇　　　C. 吸引大蛹　　　D. 生产蛆卵

2. 人们疯抢鸡蛋,是因为:
   A. 饲料工艺特殊　　　　　　　B. 加工程序复杂
   C. 鸡蛋味道鲜美　　　　　　　D. 鸡蛋价格优惠

3. 极限运动的参与者最终都退出了挑战。其原因不包括:
   A. 节目缺乏挑战性　　　　　　B. 爬虫过于丑陋
   C. 挑战难度极高　　　　　　　D. 爬虫令人毛骨悚然

4. 绑匪关押富商西蒙的目的是:
   A. 交换人质　　　　　　　　　B. 敲诈并撕票
   C. 夺其性命　　　　　　　　　D. 绑架勒索

5. 作者列举发生在西蒙身上的奇特经历,是要说明:
   A. 生与死就在一念之间　　　　B. 绑匪给西蒙脱逃的机会
   C. 如何面对生死　　　　　　　D. 你没有绝处逢生的机会

6. 以下哪一个选项能够反映短文的主题?
   A. 再丑陋的大蛹也可以蜕变成美丽的蓝蝶
   B. 让人作呕的蝇蛆也有它可利用的价值
   C. 挑战极限,就是战胜自我
   D. 学习辩证法,懂得相对论

细读第2遍,完成下面的练习

二、根据阅读内容判断正误

1. 鸡蛋能卖出好价钱是缘于吃了蛆的鸡生出的蛋美味可口。　　　　　　　(　)
2. 苍蝇、蛆卵、母鸡、人类,在特定条件下有了必然的联系。　　　　　　(　)
3. 美国电视台开展的极限节目吸引了百万观众,看得人心惊肉跳。　　　　(　)
4. 在令人毛骨悚然的爬虫面前,挑战极限的参与者选择了放弃。　　　　　(　)
5. 人对于非洲大蛹和蓝蝶所表现的态度是截然不同的。　　　　　　　　　(　)
6. 令富翁恐惧的凶器——绳子成为了他求生的帮手,那是必然的。　　　　(　)

三、解释句子中的画线词语

1. 肮脏的牛血流得满地都是,来买肉的人自然<u>嫌脏</u>。　　　　　　　　　(　)
2. 买肉人<u>愤然</u>回答,肯定不吃!　　　　　　　　　　　　　　　　　　(　)
3. 这只是一道农民饲料加工的工序,<u>有意让苍蝇来叮牛血</u>。　　　　　　(　)
4. 极限运动的<u>宗旨</u>就是把不可能的事变为可能。　　　　　　　　　　　(　)
5. 每次挑战,都有一项是人与虫子<u>为伍</u>的内容。　　　　　　　　　　　(　)
6. 门是锁着的,屋里<u>空空荡荡</u>。　　　　　　　　　　　　　　　　　　(　)

7. 懂得没有绝对,你才会<u>看破</u>天下的真相。   （ ）

词语提示

屠宰	（动）	tú zǎi	宰杀牲畜。
打赌	（动）	dǎ dǔ	对比赛或竞争的结果或不可预料的结局赌输赢。
愤然	（形）	fèn rán	愤怒的样子。
为伍	（动）	wéi wǔ	同伙;做伙伴。
粘液	（名）	nián yè	植物或动物体内分泌出来的粘稠的液体。
蠕动	（动）	rú dòng	像蚯蚓那样慢慢移动。
毛骨悚然	〈组〉	máo gǔ sǒng rán	汗毛竖起,脊梁骨发冷。形容十分恐惧。
蜕壳	（动）	tuì ké	动物的外壳脱落。
藏匿	（动）	cáng nì	藏起来不让别人发现。
绝路逢生	〈组〉	jué lù féng shēng	形容在最危险的时候得到生路。

阅读2

好多人都希望活在圈子里。

一个重要的原因是,圈子里有温暖。所谓温暖,就是这里有一群投脾气的人,说彼此投缘的话,同声相和,同气相求。这种感觉,恍若在陌生的世界走了太久,一下子找到了组织。温暖感,其实就是一种知音感。最小的圈子,只有几个闺蜜、若干死党。大点的圈子呢,譬如各种沙龙,或者某个协会。一伙人,爱好相近也好,臭味相投也罢,总之凑到了一起。

这是一种自我生命的归属感。一个人在精神天地里,总得要嗅着气味,找到同类。没有同类的生活是孤独的。孤独的意思是,你活得精彩没有人欣赏,活得落魄没有人疼惜,尽管身边人来人往,你却好像被全世界遗忘。这样的孤独,是多么深的苍凉。

问题是,有的人一旦沉溺到圈子里,就不愿再出来了。时间久了,圈子的温暖,成了生命所必须的热闹。陷在圈子里,其实是留恋在热闹里,不能自拔。有时候,明知道圈子会荒废了自己,甚至毁灭了自己,但就是不能拔腿出来。因为,这样的热闹一旦失去,属于生命的滋味就会尽失。这种冷清和落寞,是自己所不能承受的。再有理想的人,厮混于这样的圈子之中,也难免志向灰飞烟灭。

圈子有温暖,也生是非。小圈子会生小恩怨,大圈子会生大是非。看似志趣相近的人走到了一起,也难免各自心怀鬼胎。于是,有人使坏,就有人受伤。有人在背后说三道四,就会有人躺着无辜中枪。这是圈子不好玩的地方。

曾亲眼见一个人,入了某个圈子,一天到晚,吃喝玩乐,形影不离,一帮人好得跟三生有幸似的。但没多长时间,就臭了。很快,他入了另一个圈子,且喜上眉梢。他说,这次的人错不了,素质好,修养高。然而,没半年,又臭了,还直骂那些人势利眼。既然这样,为什么还要跟这些人混在一起。他说:不就是图个人脉吗?原来,他是奔着利用别人去的。

奔着互相利用而结成的圈子,易结,也易散。这个世界,利益的链条最脆弱,跟利益谈友谊,就像跟流氓动感情一样,你全心全意换来的,只能是三心二意,或虚情假意。一个圈子,一且有了利益的交易,就容易藏污纳垢。再华丽的圈子,最后,都容易沦陷在肮脏和不堪里。

干净的圈子,风格都淡泊,只是喝喝茶,聊聊天,然后鸟兽散。你可以疯一点,傻一点,这都没有关系。干净的圈子,易养干净的人、干净的灵魂。你可以卸下面具,率真地活在这些人周围,而无须为这样的率真付出什么、损失什么。在这样的圈子里,你是轻松的、自由的,完全不用设防。

一个圈子,就是一个江湖,就会有几分江湖险恶。你所要明白的是,圈子都是由人组成的,人性有多跌宕,圈子就会有多动荡。圈子里有好人,就会有坏人,有君子,就会有小人。

一个人,得活在一个圈子里,否则会很孤独。但是,最好时常离圈子远一点,好让自己活到安静。这个道理,不活到一定的份上是不会明白的。

是的,远离圈子与亲近圈子,一样有技术含量。

(选自《广州日报》2014年8月10日,作者:马德)

练习

速读第1遍,完成下面的练习(建议阅读时间6分钟)

一、根据阅读内容选择正确答案

1. 人们希望生活在圈子里,那是因为:
   A. 在圈子里会有依靠　　　　B. 圈子里有志趣相投的人
   C. 圈子里有各种协会　　　　D. 圈子是生命的归宿

2. 作者认为,没有同类的生活会怎么样?
   A. 很孤独　　　　　　　　　B. 很精彩
   C. 很无辜　　　　　　　　　D. 很动荡

3. 第4自然段的主题是:
   A. 有理想的人,不该在圈中厮混
   B. 陷入圈子中,难以自拔
   C. 沉溺于圈子,会丧失理想与志向
   B. 沉溺于圈子,享受着圈中的热闹

4. 下面哪一项不是"圈子"不好玩儿的原因?
   A. 人们各怀心事　　　　　　B. 总有是是非非
   C. 相互恩恩怨怨　　　　　　D. 彼此志趣相投

5. 作者认为,利益的链条有什么特性?
   A. 最脆弱　　　　　　　　　B. 很淡泊
   C. 有铜臭味　　　　　　　　D. 充满势力

6. 以下和阅读内容不相符合的选项是:
   A. 人性是复杂而且多变的
   B. 在圈子里不该只是喝喝茶,聊聊天
   C. 人要活得精彩,也需要有人欣赏
   B. 圈子在某种时候如同组织,又好似知音

细读第 2 遍,完成下面的练习

二、根据阅读内容判断正误

1. 一群脾气相投的人在一起交流,就会感到温暖。( )
2. 没有人欣赏的精彩生活是孤独的。( )
3. 当你有所企图地进入某个圈子时,你的存在是不会长久的。( )
4. 可以和利益谈友谊,但不能和流氓动感情。( )
5. 奔着利益建立起来的圈子容易污浊不堪。( )
6. 在干净的圈子里,假面具是多余的,灵魂是坦诚的。( )
7. 与社会圈子保持一定距离,可以让心灵安宁。( )

三、选择画线部分词语在句子中的意思

1. 这种感觉,恍若在陌生的世界走了太久,一下子找到了组织。
   A. 恍然　　　B. 好像　　　C. 假若　　　D. 恍惚
2. 看似志趣相近的人走到了一起,也难免各自心怀鬼胎。
   A. 以免　　　B. 避免　　　C. 不难避免　　　D. 很难避免
3. 有人在背后说三道四,就会有人躺着无辜中枪。
   A. 丧命　　　B. 吃枪子儿　　　C. 受到伤害　　　D. 毙命
4. 没有同类的生活是孤独的。
   A. 孤僻　　　B. 孤单　　　C. 独立　　　D. 独自
5. 尽管身边人来人往,你却好像被全世界遗忘。
   A. 即使　　　B. 老是　　　C. 既然　　　D. 不管
6. 你可以卸下面具,率真地活在这些人周围,而无须为这样的率真付出什么。
   A. 必须　　　B. 务须　　　C. 不需要　　　D. 务必

词语提示

投缘	（形）	tóu yuán	情谊相合。
恍若	（动）	huǎng ruò	仿佛;好像。
闺蜜	（名）	guī mì	闺中密友。
死党	（名）	sǐ dǎng	为某人或某集团出死力的党羽。常含贬义。
沙龙	（名）	shā lóng	有闲阶级的文人雅士清谈的场所。
臭味相投	（组）	chòu wèi xiāng tóu	彼此的思想作风、兴趣等相同,很合得来(专指坏的)。
落魄	（形）	luò pò	潦倒;失意。
沉溺	（动）	chén nì	陷入不良境地,难以自拔。
厮混	（动）	sī hùn	无所事事,到处闲晃。
三生有幸	（组）	sān shēng yǒu xìng	比喻非常幸运。
喜上眉梢	（组）	xǐ shàng méi shāo	喜悦的心情从眉眼上表现出来。
藏污纳垢	（组）	cáng wū nà gòu	比喻隐藏或包容坏人坏事。
跌宕	（动）	diē dàng	形容事物多变,不稳定。

第 29 课　　两种推理

　　凤凰卫视的主持人刘海若不幸在英国遭遇车祸,颅脑严重创伤。英国皇家医学院的权威诊断为不治。无奈之下,刘海若被送回北京,在中国医生的医治下,她不仅保住了生命,而且奇迹般地恢复了大脑的功能。这一奇迹震动了世界!一时间人们议论纷纷,中国医生似乎有回天之术。中医立刻声誉鹊起,令人刮目相看。

　　这件事不禁让我们深思和遐想。

　　中医与西医之争由来已久。西医出现并传入中国后,中医便面临巨大挑战。在20世纪中国现代化的历史进程中,中医自然逐渐式微,门庭冷落。一代文豪鲁迅对于中医深恶痛绝,曾经用嬉笑怒骂、尖酸刻薄的文字,描绘了中医中种种可笑的做法。比如,作药引子要经霜三年的甘蔗、原配的蟋蟀等等。然而,随着中国现代化的深入,人们逐渐发现西方医学的局限性和不足。于是,中医的地位在20世纪末发生了微妙的变化。在悄无声息中,中医慢慢走红,又形成澎湃之势。

　　西医是与西方科学一体的,中医是与中国古代的学术一体的,中西医之间的区别,典型地反映了中西方学术和思想的不同,在根本上是两种思维方式和两种知识体系的表现。西医把单个的人体作为对象,从人的五官脏器、血液循环、细胞组织、神经系统等进行专门研究。人们出现生病的症状,可从身体某一脏器找到病因,进行治疗。脏器的功能恢复正常,疾病也就痊愈了。西医的理论都可以用实验进行证明,运用的方法实质上都是一种解剖学和直观验证的方法。比如借助显微镜、X光、B超等一些器械诊断疾病。其理论和方法与生物化学、动植物学等自然科学是一致的。

　　从西医角度来看,中医的理论几近巫术。中医所谓的五脏六腑,在人体中很难找到实物与之相应,经络穴位只在意会之中,解剖是找不到的。至于阴阳、干湿、虚实之说,更是无迹可寻。中医还有人体之"气"的理论,离开气的理论,中医就要解体。中医运用中国古代思想中的阴阳五行学说,把人体内在生命的运行之理,与天地万物、四时寒暑的运行规律结合起来,让人感到中医不仅仅是医学,而是一种哲学,这种阴阳五行、藏象经络的哲学与西方科学是完全不同的。

　　至此,我们便看到一个实质性问题:这两种几乎完全不同的知识系统是否能够同时成立呢?

　　科学的价值在于效用,即有效性。我们对于西方医学的有效性毋庸置疑。随着西方近代医学的发展,很多导致大面积瘟疫、威胁人类生存的疾病,如天花、鼠疫、黑死病等被根绝了。很多的常见病能够被西医迅速治愈,一些疑难杂症被一个个攻克,西医对于人类健康所作出的贡献有目共睹。而传统中医也具有效性,且不说几千年来它治愈的无数病例,在目前的社会生活中,中医仍然接纳大量病人,治愈者成千上万。

　　中西医虽然都具有效性,但是,它们之间能否相互取代?现实的情况告诉我们,西医和中医都不能包治百病,一统天下。

　　就西医来说,不仅没有攻克像癌症、艾滋病等疑难病症,甚至对于有些常见病,如关节炎、鼻炎也束手无策。按照中医的说法,西医头痛医头,脚痛医脚,没有整体的思维,治标不治本。但是,号称能治本的中医,虽然在西医束手无策的疑难杂症面前,有时能妙手回春,治愈患者,然而,中医不仅对于医治一些普通的炎症效果欠佳,而且,对于治疗的病例没有一种非常准确的预测和说明,因此给人造成治愈和不治都带有偶然性的印象。

　　这说明,中西医学不仅同时成立,而且在具体的医疗过程中有很大的互补性。目前治疗艾滋病最有效的鸡尾酒疗法中,也结合进了中国传统医学的方法。

　　中西医能够合理合法并存的论证,揭示了这样一个道理:除了西方科学这样一种知识系统,人类还可以发现其他的知识系统。这句话还可以简单表述为:西方科学并非是人类唯一的知识系统,并非除了西方科学之外的其他所有学术理论都是"非科学"的东西。我们对于世界,宇宙的研究,可以运用各种方法进行探讨。中国的思维方法,西方的思维方法,都是当今世界上已经被证明非常有效的方法。人类对于未知世界的探求,仍然存在更广阔的道路。

　　唯西方科学独尊的观念是一种偏狭、浅薄的观点,也是一种十分有害的观念。

(选自《今天是什么》,有删减)

词语提示

刮目相看	〈组〉	guā mù xiāng kàn	用新的眼光来看待。
声誉鹊起	〈组〉	shēng yù què qǐ	比喻声名迅速增高。
门庭冷落	〈组〉	mén tíng lěng luò	形容十分冷落,宾客稀少。
遐想	(动)	xiá xiǎng	悠远地思索或想象。
深恶痛绝	〈组〉	shēn wù tòng jué	厌恶、痛恨到极点。
澎湃	(形)	péng pài	波浪互相撞击。比喻声势浩大。
意会	(动)	yì huì	不经直接说明而了解意思:可以意会,不可言传。
毋庸置疑	〈组〉	wú yōng zhì yí	无需怀疑的。
有目共睹	〈组〉	yǒu mù gòng dǔ	指非常明显,谁都看得见。
妙手回春	〈组〉	miào shǒu huí chūn	称赞医生医道高明,一下手就能把垂危的病人治好。
偏狭	(形)	piān xiá	片面而狭隘。
浅薄	(形)	qiǎn bó	肤浅。多指人的学识、修养等不深厚,很浅显。

练习

一、根据课文内容判断正误

1. 刘海若的例子说明中国的医术比英国高。　　　　　　　　　　　　(　)
2. 刘海若的奇迹改变了世人对中医的看法。　　　　　　　　　　　　(　)
3. 西医传入中国后,中医逐渐受到了人们的冷落。　　　　　　　　　(　)
4. 20世纪末,中医又开始受到人们的重视。　　　　　　　　　　　　(　)
5. 中西医之间的差别,典型地反映了中西方思维方式的不同。　　　　(　)
6. 中医的理论是想象出来的,解剖是找不到的,因此也是不科学的。　(　)

二、选择画线部分词语在句子中的意思

1. 英国皇家医学院的<u>权威</u>诊断为不治。

A. 有权力的人 　　　　　　　　B. 权力与威望
   C. 最有说服力的 　　　　　　　D. 在某范围内令人信服的人
2. 一时间人们议论纷纷,中国医生似乎有回天之术。
   A. 升天的本事 　　　　　　　　B. 力量很大
   C. 能扭转很难挽回的局面的本领 　D. 把死人医活的本领
3. 西医把单个的人体作为对象,……,进行条分缕析。
   A. 没有条理的
   B. 有条理的,分门别类地仔细分析
   C. 只研究某一条
   D. 分几条出来研究
4. 西医对于有些常见病,例如关节炎、鼻炎等,也束手无策。
   A. 没有办法 　　　　　　　　　B. 把手捆住
   C. 不去想任何办法 　　　　　　D. 不加限制和约束
5. 一些癌症和晚期绝症被中医医治的例子不可胜数。
   A. 不能统计 　　　　　　　　　B. 多得数也数不完
   C. 不会计算 　　　　　　　　　D. 不能去数的
6. 惟西方科学独尊的观念是一种偏狭、浅薄的观点,也是一种十分有害的观念。
   A. 地位最高的 　　　　　　　　B. 最受人尊敬的
   C. 独一无二的 　　　　　　　　D. 唯一正确的

三、选择合适的词语填空

回味　遐想
1. 听着《我们新疆好地方》的旋律,(　)着家乡熟悉的大草原、蓝天、白云……,使我加深了对故乡的思念。

有目共睹　刮目相看
2. 通过一年的学习,我们的进步是(　)的。

澎湃　蓬勃
3. 随着经济的飞速提升,新生事物(　)发展。

企图　试图
4. 他(　)踩着河中鹅卵石过去,可一不小心掉进了河里。

碍事　妨碍
5. 我正在做实验,请你不要(　)我。

束手无策　妙手回春
6. 面对痛苦的病人,我(　),这时我才意识到我的知识是多么欠缺。

四、根据课文内容选择正确答案

1. 英国皇家医学院对重伤后的刘海若的诊断结果是什么?
   A. 无法医治 　　　　　　　　　B. 只有西医能治
   C. 只有中医能治 　　　　　　　D. 要中西医结合治疗
2. 一代文豪鲁迅对中医的态度是:

A. 中医是国宝,要重视　　　　　　B. 不屑一顾
   C. 认为比西医效果好　　　　　　　D. 大加赞赏
3. 中医的地位在20世纪末发生了怎样的变化?
   A. 濒临失传　　B. 无人问津　　C. 不受重视　　D. 蓬勃兴起
4. 与西医相关的学科以下哪一项文章中没提到?
   A. 解剖学　　　B. 生理学　　　C. 药学　　　　D. 病理学
5. 以下哪一项不是中医的不足?
   A. 对医治普通的炎症效果欠佳
   B. 只治标,不治本
   C. 对于治疗的病例没有一种非常准确的预测和说明
   D. 给人们造成治愈和不治都带有偶然性的印象
6. 以下哪一项不是作者的观点?
   A. 西方科学并非是人类唯一的知识体系
   B. 并非西方科学之外的科学都是"非科学""反科学"
   C. 除西方思维方式外,其他思维方式的科学性还未被证实
   D. 对于世界、宇宙的研究可以运用各种方法进行

五、根据课文内容回答问题
   1. 为什么说中西医的区别是两种思维方式和两种知识体系的表现?
   2. 从西医的角度是如何看待中医的?
   3. 中西医能够合理合法并存的论证,揭示了一个什么道理?

1. 结合你掌握的知识,谈谈中医与西医的优势。
2. 你对于我国的民族医药有了解吗?希望能与大家分享。

阅读技能指导

细节分类模式

细节支持主要观点的分类模式就是作者在段落中对某一观点分门别类地进行说明。例如:京剧中的角色,依据性别、年龄和性格分成生、旦、净、丑四大类型。生指男子;旦指女子;净指性格刚烈或粗暴的男性;丑指演滑稽人物,鼻梁上抹白粉,称小丑、小花脸。通过对"生、旦、净、丑"四大类型的详细说明来进一步阐述京剧中的角色是怎样的。

练习

找出文中的主要观点和细节支持的模式

前些年,流行"世界三大戏剧体系"的说法;一是苏俄的斯坦尼斯拉夫斯基体系,一是德国的布莱希特体系,一是中国的梅兰芳体系(或称中国戏曲表演体系)。简单地说,所谓斯坦尼体系,指的是幕景化的、模拟现实场景的、创造生活幻觉的话剧表演体系;所谓布莱希特体系,指的是将舞台视为流动空间的、无场景无场次的、使演员与观众产生意识交流(即所谓演员与角

色的"间离效果"),并带有某种哲理意味儿的戏剧体系。斯坦尼和布莱希特 30 年代在苏联都观看过梅兰芳的演出,不约而同地大为赞叹,都认为梅兰芳的表演可以印证他们各自的理论。后来,就有人称中国戏曲为"梅兰芳表演体系"。

主要观点:_____。
细节支持的模式:_____。

 阅读 1

读到一篇文章,说一位心理学教授伪装有精神病症状的病人,住进精神病医院。医院里的精神科医生根据症状作出诊断,一致认定这位假病人真的患有精神病!可笑的是,和他相处数天的其他精神病病人反而认为他是个记者或大学教授!文章说明,在社会生活中,人一旦被认定具有某种行为特征,以后在别人的眼中,他的一切行为都将带有这个特征。

记得我还是年轻医生时,一名曾住过板桥精神病医院的病人投诉,说耳朵里常发出一些像水蒸气似的吱吱声响,有时还有火车开动的声音。为此,他找过好几位医生,但医生都说他没事。这种情形一直拖延了快一年,直到病人病情恶化,视觉衰退,并开始出现重影,才被送入医院。

由于他有过精神病的病史,大家对他的病情都不以为意,以为那些只不过是精神病患者的幻觉,心中疑神疑鬼,要博取他人的重视和同情,证明自己存在的价值。

后来在每周的医生会诊时,资深的主任医师听了报告后,思索片刻,怀疑病人患上脑肿瘤,不是精神病发作。于是,他指示对病人进行更详细检查,照几次 X 光,再检查眼睛和耳朵等。结果,检查报告证实,主任医师的诊断正确。

还有一个病例,一位 70 多岁的婆婆行为有异,动作笨拙,记性差,口齿不清。医生认为她年纪大了,是老年痴呆症的症状表现,家人也接受这个诊断。后来她又大小便失禁,看了医生,还诊断是老毛病。直到有一位新调来的医生替她诊治,发现她颅内有一块淤血,压住脑部!

我们的师长常常教导我们,在诊断时,必须客观运用自己的观察能力和分析能力,然后综合患者所有资料,才去下判断!切不可让所听、所知、所闻误导自己,更不要抱着这就是"最后的诊断"的主观态度。而且还得时常检讨病人的诊断,留意状况的新变化,否则偏见会导致误诊!

行医如是。在现实生活中,对人对事也应如是!

(选自《许昌日报》2007 年 2 月 9 日,作者:张治良)

练 习

速读第 1 遍,完成下面的练习(建议阅读时间 4 分钟)

一、根据阅读内容选择正确答案

1. 心理学教授是怎么住进精神病医院的?
   A. 医生诊断他有精神病　　　B. 精神病人喜欢这位心理学教授
   C. 自己装成精神病人住进去的　　　D. 文章中没提到

2. 以下哪一项不是医生对曾患精神病的病人的自述所做出的反应?
   A. 他想博得大家的重视和同情　　　B. 他的精神病又犯了
   C. 他是没事找事　　　D. 应该对病人进行全面检查

3. 以下哪一项是影响对70岁老婆婆病情正确诊断的原因?
   A. 老婆婆年纪太大
   B. 只凭以往的认识,而不是具体问题具体分析
   C. 她的症状就像老年痴呆症
   D. 医生的水平不够高
4. 文章中列举三个例子是想告诉我们什么?
   A. 医生也常误诊
   B. 医生的任何一次诊断都不应该是最后的诊断
   C. 我们只能听最后一次诊断的结论
   D. 医生需要不断提高水平
5. 以下哪一项不是作者的师长常常教导他们的话?
   A. 运用自己的观察能力和分析能力诊断的病情准没错
   B. 医生不仅要靠经验,还要综合病人的所有资料才能判断
   C. 医生切不可让所听、所知、所闻误导自己
   D. 医生要留意病人状况的新变化,不能盲目下结论

细读第2遍,完成下面的练习

二、根据阅读内容判断正误

1. 心理学家伴装有精神病,住进精神病院是为了了解医院的情况。( )
2. 精神病医生一致认为心理教授有精神病是因为医生已经把教授当病人看待了。( )
3. 精神病人对自己病情的描述也是准确的,医生不能不重视。( )
4. 检查证实,主任医师对患者可能患有脑肿瘤的怀疑是正确的。( )
5. 文章中的事例告诉我们,对病人任何一次诊断都不是最后诊断。( )
6. 现实生活如同行医,一旦对某人某事形成了认识,就别去改变。( )

三、用所给的词语替换下面句子中的画线词语,保证句子意思基本不变

如此   就是   不以为然   留心   假装   思考   认为   无误   决定

1. 读到一篇文章,说一位心理学教授<u>伴装</u>有精神病症状的病人,住进精神病医院。( )
2. 大家一致<u>认定</u>这位假病人真的患有精神病! ( )
3. 大家对他的病情都<u>不以为意</u>。 ( )
4. 资深的主任医师听了报告后,<u>思索</u>片刻。 ( )
5. 检查报告证实,主任医师的诊断<u>正确</u>。 ( )
6. 医生应时常检讨病人的诊断,<u>留意</u>状况的新变化,否则偏见会导致误诊! ( )
7. 行医<u>如是</u>。在现实生活中,对人对事也应<u>如是</u>! ( )

词语提示

投诉	(动)	tóu sù	向有关部门或有关人员申诉。
博取	(动)	bó qǔ	指用言行取得对方的信任、赞赏或同情等。
笨拙	(形)	bèn zhuō	反应迟钝,手脚不灵活的、动作难看的。

痴呆症	（名）	chī dāi zhèng	即阿尔茨海默病。是一种中枢神经系统变性病，起病隐袭，病程呈慢性进行性，是老年期痴呆最常见的一种类型。主要表现为渐进性记忆障碍、认知功能障碍、人格改变等。
失禁	（动）	shī jìn	指对事物和人物失去控制能力，如大小便失禁，它是一先天或后天疾病。
淤血	（动）	yū xuè	血液凝聚，不流通。
行医	（动）	xíng yī	从事医务工作。

阅读2

你有没有留意，旁人一般会用什么词来介绍你？

拿我来说，青春痘的印痕，一脸都是，在单位里，有不认识的人找我，同事会笑着介绍：就是脸上有小坑坑的那位。女儿则会在客人面前称呼我"小点点爸爸"，惹人哄笑。相似的，还有人被称为"小个子""小胖墩""小光头""大嗓门""大嘴巴""大长腿"，在皆以帅哥美女相称的年代，这些标签极具"辨识度"，一个词就让人轻易识得你。

人潮汹涌、竞争激烈的当今，若要让人很快记住，需要有与众不同的特质，具备超高的"辨识度"。比如，一说"刘老根大舞台"，哦，赵本山；一说林永健，哦，那个"小眼睛"，一说张靓颖，哦，那个海豚音；一说曾轶可，哦，那个绵羊音……这就是"辨识度"的魅力。

"辨识度"高，人容易脱颖而出。看一部青春偶像剧，帅哥美女扎堆，养眼过后却难以入心。相反，某小人物因其丑陋的面容或夸张的表演，倒令人一见难忘。看某歌唱比赛，众人皆以极具爆发力、穿透力的高音示人，而以柔美、凄婉的嗓音低唱的那位歌手，反令评委眼前一亮。

在生活中，普通人也需要"辨识度"提升自己。我也算有"辨识度"，大家用"小坑坑"辨识我，而我还不恼，这说明我友善、亲切、大度，与同事关系好。当然，外在形象是拜父母所赐，也只是初识时一面之缘的浅薄印象。真正能提升自己形象的"辨识度"，当是有别于他人的特别专长、品行修养、人格魅力，这样的"辨识度"才是高级的，更足以骄傲的。

单位有位司机大哥，最初的印象是外形酷似歌手刀郎，大家以"像刀郎的那位"来介绍他。一次摄影大赛，他送了几幅作品，获得二等奖，令人刮目相看。原来，他的业余爱好是摄影，空闲时间会携带相机随走随拍，在当地摄影圈里已小有名气。从此，他的辨识语变为"会摄影的那位"。其实，留意身边，还有业余作家、业余歌手、业余舞蹈家、业余主持人……除了正职外，他们还有小有名气的副职，那"辨识度"会更高。

"辨识度"是会改变的。有位比较内向的同事，不擅交际，只顾埋头做事。别人业余时间常用来打麻将、应酬、瞎逛，他却用来陪家人、读书、写字，他在同事眼中的"辨识度"就是"不明世故的榆木疙瘩"。后来，他以优异的工作业绩脱颖而出，他的"辨识度"也转为令人佩服的"业务能手白骨精"。

"辨识度"是一个人的名片，当然是要正能量的，谁会希望贴上"滥赌""贪心"之类的标签？想要提高你在众人间的"辨识度"，除了天生外在的，还需用心发现自己，打造自己，向善向美，率真率性，放大优点，隐蔽缺点，拥有专长，这才是你最易识别、最被称道的"辨识度"。

（选自《广州日报》2014年8月18日，作者：张金刚）

练习

读第1遍,完成下面的练习(建议阅读时间5分钟)

一、根据阅读内容选择正确答案

1. 以下哪一项符合作者对自己的评价?
   A. 友善　　　　B. 内向　　　　C. 贪心　　　　D. 率真
2. "帅哥""美女"之类的称呼,在当今社会:
   A. 肆意滥用　　B. 不能接受　　C. 极为普遍　　D. 令人亲切
3. 课文中未提到的"辨识度"是:
   A. 面容　　　　B. 爱心　　　　C. 性格　　　　D. 穿戴
4. "他在同事眼中就是不明世故的榆木疙瘩"这句话的意思是:
   A. 同事们认为他不会交际,只知道工作
   B. 同事们认为他缺乏处世经验,不开窍
   C. 同事们认为他缺乏外交能力,太孤僻
   D. 同事们认为他缺乏处世经验,太内向
5. 以下哪一项不符合短文的意思?
   A. "小个子""大嗓门"可以代表一个人的形象特质
   B. 与众不同的超高辨识度就是魅力所在
   C. 名人需要通过辨识度来提升自己,而普通人则不同
   D. 再愚笨的人通过努力也照样可以成为业务精英。

读第2遍,完成下面的练习

二、根据阅读内容判断正误

1. 外人怎么称呼"我","我"是在意的。　　　　　　　　　　　　　　　　( )
2. 青春偶像剧中的俊男靓女很吸引眼球,具有很高的辨识度。　　　　( )
3. 同为演员,长相奇特;同为歌手,声线特别,这就是辨识度。　　　　　( )
4. 可以树立个人形象的辨识度是品行修养与人格魅力。　　　　　　　( )
5. 作者对于人们在业余时间所从事的副业持不屑的态度。　　　　　　( )
6. 向善向美、率真率性是正能量,值得骄傲。　　　　　　　　　　　　( )

三、解释句子中的画线词语

1. 某小人物因其丑陋的面容或夸张的表演,倒令人<u>一见难忘</u>。　　　( )
2. 外在形象是拜父母所<u>赐</u>。　　　　　　　　　　　　　　　　　　　( )
3. 看一部青春偶像剧,帅哥美女<u>扎堆</u>。　　　　　　　　　　　　　　( )
4. 有位比较内向的同事,不擅交际,只顾<u>埋头</u>做事。　　　　　　　　( )
5. 需用心发现自己,打造自己,放大优点,<u>隐蔽</u>缺点。　　　　　　　　( )
6. 拥有专长,这才是你最易识别、最被<u>称道</u>的"辨识度"。　　　　　　( )

词语提示

印痕	（名）	yìn hén	留下的痕迹。
哄笑	（动）	hōng xiào	许多人同时大笑。
胖墩	（名）	pàng dūn	称身材矮而胖的人。多指儿童。
标签	（名）	biāo qiān	标志目标的分类或内容所使用的工具。
汹涌	（动）	xiōng yǒng	指水势翻腾上涌。形容波浪又大又急。
脱颖而出	〈组〉	tuō yǐng ér chū	锥尖透过布囊显露出来。比喻本领全部显露出来。
养眼	（动）	yǎng yǎn	看起来舒服，视觉效果协调，给人以美的享受和感觉。
凄婉	（形）	qī wǎn	声音悲哀而婉转。
白骨精	（名）	bái gǔ jīng	《西游记》中一个阴险狡诈、善于伪装变化的女妖精。常用来比喻阴险毒辣的坏人。

第 30 课　工作与人生

我现在已经活到了人生的中途,拿一日来比喻人的一生,现在正是中午。人在童年时从朦胧中醒来,需要一些时间来克服清晨的软弱,然后就要投入工作;在正午时分,他的精力最为充沛,但已隐隐感到疲惫;到了黄昏时节,就要总结一日的工作,准备沉入永恒的休息。按我这种说法,工作是人一生的主题。这个想法不是人人都能同意的。我知道在中国,农村的人把生儿育女看作是一生的主题。把儿女养大,自己就死掉,给他们空出地方来——这是很流行的想法。在城市里则另有一种想法,但不知是不是很流行:就是把取得社会地位看作一生的主题。站在北京八宝山的骨灰墙前,可以体会到这种想法。我在那里看到一位已故的大叔墓上写着:副系主任、支部副书记、副教授、某某教研室副主任,等等。假如能把这些"副"字去掉个把,对这位大叔当然更好一些,但这些"副"字最能证明有这样一种想法。顺便说一句,我到美国的公墓里看过,发现他们的墓碑上只写两件事:一是生卒年月,二是某年至某年服兵役。这就是说,他们认为人的一生只有这两件事值得记述:这位上帝的子民曾经来到尘世,以及这位公民曾去为国尽忠,写别的都是多余的,我觉得这种想法比较质朴……恐怕在一份青年刊物上写这些墓前的景物是太过伤感,还是及早回到正题上来吧。

我想要把自己对人生的看法推荐给青年朋友们:人从工作中可以得到乐趣,这是一种巨大的好处。相比之下,从金钱、权力、生育子女方面可以得到的快乐,总要受到制约。举例来说,现在把生育作为生活的主题,首先是不合时宜;其次,人在生育力方面比兔子大为不如,更不要说和黄花鱼相比较;在这方面很难取得无穷无尽的成就。我对权力没有兴趣,对钱有一些兴趣,但也不愿为它去受罪。做我想做的事(这件事对我来说,就是写小说),并且把它做好,这就是我的目标。我想,和我志趣相投的人总不会是一个都没有。

根据我的经验,人在年轻时,最头疼的一件事就是决定自己这一生要做什么。在这方面,我倒没有什么具体的建议:干什么都可以,但最好不要写小说,这是和我抢饭碗。当然,假如你执意要写,我也没理由反对。总而言之,干什么都是好的;但要干出个样子来,这才是人的价值和尊严所在。人在工作时,不单要用到手、腿和腰,还要用脑子和自己的心胸。我总觉得国人对后一方面不够重视,这样就会把工作看成是受罪。失掉了快乐最主要的源泉,对生活的态度也会因之变得灰暗……

人活在世上,不但有身体,还有头脑和心胸——对此请勿从解剖学上理解。人脑是怎样的一种东西,科学还不能说清楚,心胸是怎么回事就更难说清。对我自己来说,心胸是我在生活中想要达到的最低目标。某件事有悖于我的心胸,我就认为它不值得一做;某个人有悖于我的心胸,我就觉得他不值得一交;某种生活有悖于我的心胸,我就会以为它不值得一过。罗素先生曾言,对人来说,不加检点的生活,确实不值得一过。我同意他的意见:不加检点的生活,属于不能接受的生活之一种。人必须过他可以接受的生活,这恰恰是他改变一切的动力。人有了心胸,就可以用它来改变自己的生活。

中国人喜欢接受这样的想法:只要能活着就是好的,活成什么样子无所谓。从一些电影的名字就可以看出来:《活着》《找乐》……我对这种想法是断然地不赞成,因为抱有这种想法的人就可能活成任何一种糟糕的样子,从而使生活本身失去意义。高尚、清洁、充满乐趣的生活是好的,人们很容易得到共识。卑下、肮脏、贫乏的生活是不好的,这也能得到共识。但只有这两条远远不够。我以写作为生,我知道某种文章好,也知道某种文章坏。仅知道这两条尚不足以开始写作。还有更加重要的一条,那就是:某种样子的文章对我来说不可取,绝不能让它从我笔下写出来,冠以我的名字登在报刊上。以小喻大,这也是我对生活的态度。

（选自《王小波文集》）

词语提示

朦胧	（形）	méng lóng	神志迷糊的样子。
疲惫	（形）	pí bèi	极度疲劳。
生儿育女	〈组〉	shēng ér yù nǚ	指生育子女。
推荐	（动）	tuī jiàn	推举。
伤感	（动）	shāng gǎn	因受外界事物感触而引起悲伤。
制约	（动）	zhì yuē	限制约束。
不合时宜	〈组〉	bù hé shí yí	不适合时代形势的需要。
执意	（动）	zhí yì	坚持自己的意见、主张。
有悖于	（动）	yǒu bèi yú	违反;违背。
检点	（动）	jiǎn diǎn	注意约束(自己的言语行为)。
断然	（副）	duàn rán	坚决、果断。
卑下	（形）	bēi xià	地位低微。
可取	（动）	kě qǔ	可以采纳接受。
冠	（动）	guàn	命名。

练习

一、根据课文内容判断正误

1. 所有的中国人都把生儿育女看作是一生的主题。（　）
2. 作者现在是一个中年人,拿一日来比喻一生,现在正是中午。（　）
3. 美国人把取得社会地位看作一生的主题。（　）
4. 这篇文章发表在一份青年刊物上。（　）
5. 作者对钱没兴趣,对权力有一些兴趣,但也不愿为它去受罪。（　）
6. 作者接受这样的想法:只要能活着就是好的,活成什么样子无所谓。（　）

二、选择画线部分词语在句子中的意思

1. "在童年时从朦胧中醒来,需要一些时间来克服清晨的软弱,然后就要投入工作。"画线部分指的是:
   A. 青少年时的缺少生存技能　　　B. 早晨起来体乏无力
   C. 青少年时期犯的很多错误　　　D. 不想起床想睡懒觉
2. "到了黄昏时节,就要总结一日的工作,准备沉入永恒的休息。"画线部分指的是:
   A. 生命最后阶段的平静状态　　　B. 死亡
   C. 退休生活　　　　　　　　　　D. 生命价值实现后的喜悦

3. "把儿女养大,自己就死掉,给他们空出地方来。"与画线部分意思相近的一项是:
   A. 腾出　　　　B. 空间　　　　C. 空虚　　　　D. 找到
4. "根据我的经验,人在年轻时,最头疼的一件事就是决定自己这一生要做什么。"与画线部分意思相近的一项是:
   A. 生病后的症状　　　　　　B. 最难决定的
   C. 最厌烦　　　　　　　　　D. 万分痛苦
5. "干什么都可以,但最好不要写小说,这是和我抢饭碗。"与画线部分意思相近的一项是:
   A. 形容肚子饿　　　　　　　B. 争工作
   C. 作者不喜欢写小说　　　　D. 争夺权力
6. 只要能活着就是好的,活成什么样子无所谓。
   A. 不在意　　　B. 不满足　　　C. 没有称谓　　　D. 精彩

三、选择合适的词语填空

充沛　充实　不合时宜　糟糕　有悖于　共识　识别

1. 这种结果(　)我的初衷,真是没想到。
2. 一个精力(　)的人才能胜任这样的工作。
3. 她说话做事总是(　),让人很尴尬。
4. 这件事被他处理成这样,真是(　)透了!
5. 在人权问题上,双方达成了(　),开始了新一轮的合作。
6. 虽然很辛苦,但我觉得我活得很(　)。

四、根据课文内容选择正确答案

1. 作者现在大概多大年龄?
   A. 不惑之年　　B. 60岁左右　　C. 20岁出头　　D. 古稀之年
2. 站在北京八宝山的骨灰墙前,可以体会到:
   A. 生儿育女的重要　　　　　B. 取得社会地位的重要
   C. 活着的重要　　　　　　　D. 坟墓的重要
3. 对作者人生观的描述正确的是:
   A. 从工作中获取快乐　　　　B. 追求名利与金钱并获得快乐
   C. 获取高官厚禄　　　　　　D. 只要活着就好
4. 这篇文章可能发表在什么类型的刊物上?
   A. 青年杂志　　B. 老年读物　　C. 少儿读物　　D. 时政杂志
5. 对青年人具体的人生选择,作者的建议是:
   A. 文学创作　　B. 从政　　C. 进外企　　D. 干什么都可以
6. 以下对作者生活态度的描述不正确的是:
   A. 高尚、清洁的生活是美好的
   B. 肮脏、卑下的生活是坏的
   C. 某种生活对自己是可取的就选择它
   D. 只要活着就是好的

五、根据课文内容回答问题

1. 作者推荐给青年的人生观是什么？
2. 作者为什么同意罗素的观点？
3. 作者对中国人的生活观持什么态度？为什么？

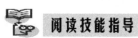

1. 你想怎样度过你的一生？
2. 你认为工作重要还是生活重要？两者的关系应该怎样处理？

 阅读技能指导

细节时间顺序模式

细节支持主要观点的时间顺序模式就是作者在篇章中按照故事或事物发生发展的先后时间顺序和逻辑推理顺序来说明中心观点。例如：中国人是全世界擅吃的民族。首先，在人们的风俗习惯中，婚丧嫁娶这类的大事，总是以吃作为其重要内容；其次，吃是中国人最重要的社交手段之一。这段话中从"首先""其次"两个方面来说明中心观点"中国人是全世界擅吃的民族"。

找出文中的主要观点和细节支持的模式

我想要把自己对人生的看法推荐给青年朋友们：人从工作中可以得到乐趣，这是一种巨大的好处。相比之下，从金钱、权力、生育子女方面可以得到的快乐，总要受到制约。举例来说，现在把生育作为生活的主题，首先是不合时宜；其次，人在生育力方面比兔子大为不如，更不要说和黄花鱼相比较；在这方面很难取得无穷无尽的成就。我对权力没有兴趣，对钱有一些兴趣，但也不愿为它去受罪。做我想做的事（这件事对我来说，就是写小说），并且把它做好，这就是我的目标。我想，和我志趣相投的人总不会是一个都没有。

主要观点：_____。
细节支持的模式：_____。

阅读1

对诸暨，我向往已久。早在1963年秋，我在萧山搞社教时，工作队里有位诸暨的公社书记。他是诸暨的打虎英雄，世世代代以打虎为生。他说他一只眼睛受伤，是被老虎咬的。人们说"虎口余生"，大多是比喻。可这位诸暨人则是货真价实的"虎口余生"，是他父亲把他从虎口里救出来的。听了这个故事以后，我很想去看看这个老虎出没的地方。后来听说没有虎了，我的兴趣也就淡了。前不久，读到作家庄志霞的《浣纱女》一书，又勾起了我去西施故里的欲望。

6月6日，我们一行十余人来到了诸暨。天从人愿，在诸暨处处可见"西施"二字。桥有西施大桥，店有西施饭店、西施旅店，吃菜第一道要吃西施豆腐。也许是因为爱美之心人皆有之吧！中国历朝历代有数以千计的显赫的皇帝，可是他们绝大部分不为人们听知，而美女西施则几乎是家喻户晓。西施成了诸暨的一个重要文化资源。更可贵的是，诸暨人为东施恢复了名誉。《庄子·天运》里讲，有一天，东施见西施皱着眉头，捂着肚子，以为这就是美人的优美姿态，也跟着皱起眉头，捂起肚子来，殊不知那天东施所见的西施正在生病，是痛得皱眉、捂腹，并非美丽的动作。结果是，人们一看见东施那般丑态，就吓得跑掉了。两千多年来，人们就以"东施效颦"来形容胡乱模仿。我也自幼接受这种教育，对东施缺乏好感。不料，这次在苎罗山上，导游却对我们一行人作了另一种解释。她指着浣纱河东岸说："那边的东施也是很漂亮的，至于说模仿，那对任何人来说都是有的。也是不可少的。"我听了直想笑。《庄子》本来就是寓言，并不是历史。庄周比西施小二百岁，那就是说也比东施小二百岁，庄周没见过东施，东施也不可能留下照片，甚至也不可能有什么画像，庄周怎么会知道东施丑到什么样子！"东施效颦"只是一种富有哲理的想象。有没有东施其人都是个问号。导游姑娘何必如此执著、较真？不过，反过来一想，导游变故事中的"东西对立"为"东西联动"，也不失为一种注重协调的思路。否定之否定嘛！

　　这次在诸暨获悉：由于生态环境的改善，诸暨又有老虎了。我这属虎人不禁为之击掌。虎，有一个从"有"到"无"再到"有"的曲折历程。同样的，西施有一个从平民到贵妇再回到平民的"抛物线"。那东施呢？也有一个从丑到美的变化。天变地变，万事万物都在变。"以人为本"，希望方方面面都能朝着有利于人的生理和心理的方向变化，而不是相反。

（选自《人民日报》2004年6月23日）

练习

速读第1遍，完成下面的练习（建议阅读时间5分钟）

一、根据阅读内容选择正确答案

1. 诸暨的公社书记当年为什么没被老虎吃掉？
   A. 他打死了老虎成了打虎英雄　　B. 那里的老虎只伤人，不吃人
   C. 他父亲救了他的命　　　　　　D. 西施保护了他
2. "我"想去诸暨是因为：
   A. 想见打虎英雄　　　　　　　　B. 那里有老虎出没
   C. 那里是西施的故乡　　　　　　D. 想成为打虎英雄
3. "东施效颦"的故事主要是为了说明什么？
   A. 西施很美　　　　　　　　　　B. 不要胡乱模仿
   C. 东施很丑　　　　　　　　　　D. 想要美就要学西施的一举一动
4. 西施为什么皱眉头、捂肚子？
   A. 以为这样才美　　　　　　　　B. 为了让东施学她的样子
   C. 因为西施生病了　　　　　　　D. 这种表情才能得到别人的同情
5. 导游对东施效颦持什么态度？
   A. 效仿并不为过　　　　　　　　B. 东施本身就很美，不需要模仿
   C. 缺乏好感　　　　　　　　　　D. 不要学东施
6. "我"听说诸暨有老虎了为什么高兴？
   A. "我"属虎　　　　　　　　　　B. 能去打虎了
   C. 说明生态环境好了　　　　　　D. 老虎的有无决定人们的身心健康

细读第 2 遍,完成下面的练习

二、根据阅读内容回答问题

1. "我"为什么对诸暨向往已久?
2. 为什么说西施成了诸暨的一个文化资源?
3. 请讲一讲东施效颦的故事。
4. 为什么说东施效颦是一种寓有哲理的想象?
5. 作者听说诸暨又有了老虎是什么态度?为什么?

三、用所给的词语替换下面句子中的画线词语,保证句子意思基本不变

效仿　名副其实　人尽皆知　名声　愿望　老少皆宜　仿照

1. 这位诸暨人则是<u>货真价实</u>的"虎口余生"。（　　）
2. 读到作家庄志霞的《浣纱女》一书,又勾起了我去西施故里的<u>欲望</u>。（　　）
3. 美女西施则几乎是<u>家喻户晓</u>。（　　）
4. 更可贵的是,诸暨人为东施恢复了<u>名誉</u>。（　　）
5. 多年来,人们就以"东施效颦"来形容胡乱<u>模仿</u>。（　　）

词语提示

诸暨	（名）	zhū jì	越国古都,西施故里。位于浙江省中北部。
天从人愿	〈组〉	tiān cóng rén yuàn	上天顺从人的意愿。指事物的发展正合自己的心愿。
显赫	（形）	xiǎn hè	权势、名声等盛大显著。
家喻户晓	〈组〉	jiā yù hù xiǎo	家家户户都知道。形容人所共知。
殊不知	〈组〉	shū bù zhī	竟不知道。
东施效颦	〈组〉	dōng shī xiào pín	比喻胡乱模仿,效果极坏。
执着	（形）	zhí zhuó	顽强;一直追求某样东西不放弃。
较真	（动）	jiào zhēn	方言。认真;太当回事儿。

生命的逝去总是让人心痛,特别是看到逝去的细节。据新闻报道,近日从沉在海底的韩国"岁月"号船舱里打捞出来的学生遗体,大多都指骨折断,可见他们曾为逃生做过怎样的努力。但当他们做出这等努力的时候,已经晚了。当船体严重倾斜,已有不止一艘船只赶到出事海域救援,学生们也已经穿好救生衣,只要跳下海就可以获救时,他们却由于服从船方指挥,安静地待在舱内,错过了逃生的最佳时机。反而是一些没有听到或者不听指示的学生跳下海,获救了。

家长们总是告诉孩子,要听大人的话。但这一次的事实似乎做出了相反的印证——不听话的孩子反而活了!那么,我们的孩子到底要不要听话?遇事(特别是紧急情况)还要不要服从权威的指引?我想,这不是简单的"是"与"否"就能回答的。

人为什么会服从权威,最主要的原因,是权威代表着正确,代表着秩序,服从权威对自己有

利,对全局有利。譬如像航海和飞行这类事,专业性极强,一般人不具有判断和控制全局的能力,只能听从权威者指挥。事实上,在一些空难、海难、恐怖袭击等突发事件中,正是因为权威者的正确指挥,普通人的服从配合,才保证了逃生和营救的效率。如果盲目地擅自行动,不仅个人会冒很大风险,也会给整个救援行动制造混乱。所以,紧急情况下,一般应该服从权威的指挥。

但这是以权威的正确性为前提的,假如权威的正确性受到怀疑,人们对权威的服从也一定会瓦解。

那么,权威的正确性有多大保证呢?这必须从两方面来考虑,一是动机,二是能力。人非上帝,都有七情六欲,所以很难保证每一个权威在动机上都绝对纯洁。其次,人的能力也有限,排除道德风险,即使权威者绝对无私公正,也不能保证他的判断力绝对正确,他的专业能力绝对过硬。而且,有时候正确答案不止一个,经常看医生的人就有经验,这个专家和那个专家,都是专家,但他们之间的治疗方案往往不同,越是复杂的病情,越是要多找几个专家看看,比较之后再作决定。所以,很多时候,权威者的指示很难用正确或不正确来界定,必须要由被指挥者根据自己的情况来综合处理。

由此看来,无论从动机还是能力上,权威都不是绝对可靠的,盲目服从权威就带有一定的危险性。事实上,很多灾难性的后果,小到一次事故的处置,大到整个民族的灾难,里面都能看到盲从者的影子。

因此,我们既要看到权威的必要性,尊重权威,又不能绝对服从权威,必须保持自己的独立思考,保持自己的警觉,相信常识性的判断,相信自己的本能感受。

(选自《北京青年报》,有删减,作者:鲁稚)

练 习

速读第1遍,完成下面的练习(建议阅读时间5分钟)

一、根据阅读内容选择正确答案

1. 从失事船只"岁月"号船舱里打捞出来的学生:
   A. 都穿着救生衣　　　　　　B. 多数指骨折断
   C. 跳海获救了　　　　　　　D. 不听从救援指挥
2. 在紧急情况时,要不要服从指挥呢?
   A. 绝对服从　　　　　　　　B. 完全服从并配合
   C. 盲目服从　　　　　　　　D. 服从,但保持自己的警觉
3. 第3自然段主要是写:
   A. 服从权威的依据　　　　　B. 盲目服从的风险
   C. 专业性强的工作需要服从权威　　D. 突发空难海难时要绝对服从权威
4. 人们对于权威的信赖取决于权威的:
   A. 判断力　　B. 正确性　　C. 综合力　　D. 纯洁性
5. 这篇短文的主题是关于:
   A. 如何服从权威　　　　　　B. 权威的正确性
   C. 服从权威的利与弊　　　　D. 什么是权威

细读第2遍,完成下面的练习

二、根据阅读内容判断正误

1. 学生的丧生不是因为听从了船方的指挥。（　）
2. 孩子应不应该听话,还得看是在什么时间,什么地点。（　）
3. 权威并非在任何时候都能够代表着正确与秩序。（　）
4. 人非上帝,孰能无过？（　）
5. 对于同一种疾病,不同专家的治疗方案一定不同。（　）
6. 在性命攸关之时,盲目的服从是很危险的。（　）

三、选择画线部分词语在句子中的意思

1. 生命的<u>逝去</u>总是让人心痛,特别是看到逝去的细节。
   A. 过去　　　　B. 失去　　　　C. 去世　　　　D. 死亡
2. 我们发现,他们大多都指骨折断,<u>可见</u>他们曾为逃生做过怎样的努力。
   A. 看得出来　　B. 可能想象　　C. 从此看见　　D. 可以见到
3. 当时有不止一艘船只赶到出事海域<u>救援</u>。
   A. 救命　　　　B. 救急　　　　C. 接应　　　　D. 援救
4. 这一次的事实似乎作出了相反的<u>印证</u>。
   A. 理论　　　　B. 证物　　　　C. 证明　　　　D. 证据
5. 如果盲目地<u>擅自</u>行动,不仅个人会冒很大风险,也会给整个救援行动制造混乱。
   A. 自己擅长　　B. 积极主动　　C. 自作主张　　D. 善于解决
6. 他的专业能力绝对<u>过硬</u>。
   A. 过于强硬　　B. 超过一般　　C. 过得去　　　D. 经得起检验

词语提示

倾斜	（动）	qīng xié	歪斜；偏斜。
权威	（名）	quán wēi	在某种范围里最有威望、地位的人或事物。
秩序	（名）	zhì xù	有条理；不混乱的情况。
盲目	（形）	máng mù	眼睛看不见东西。比喻认识不清。
擅自	（副）	shàn zì	对不在自己职权范围以内的事情自作主张。
七情六欲	（组）	qī qíng liù yù	泛指人的喜、怒、哀、乐和嗜欲等。

单元阅读测试练习六

 阅读1

  关于满足,有话想说。
  有人总诉说不足与不满,我却不然,常常想着工作生活中的种种满足。满足于工作的安闲,满足于经过多年磨炼基本上能够宠辱不惊;满足于孩子的努力,满足于妻子的贤淑,满足于四世同堂高龄父母康健;满足于生活中与书为伴不觉空虚,满足于有几个朋友可以相互信赖;满足于不高的收入月月保证,满足于无下岗之忧……
  满足不是自满,不是不知道不足,不是不懂得自省。生活在一个特殊的环境下,收入和同一个单位工作、做着同样工作的人相比,却没有同样的待遇,拿着相当悬殊的工资,物质生活上的不足是显而易见的。还是由于在一个特殊的环境条件下,人到中年就到了事业职位的顶点,没有了可努力的希望,从某一个角度说,一个男人的政治生命过早地到了晚年。常常会面对着一些蔑视,一些歧视,一些轻视,一些不是语言而是行为上的看不起,心里是明白的。一切的一切,是我们自己的命运呢,还是生活把我们旋到了这样的地步?让人羡慕的人和事太多太多,其实这都是自己的不足和他人的拥有对比的结果。人生的美好和满足是阶段性的,唯有不足才是永久存在的。
  关键在于对于生活所持的态度。人不可能独立于环境,不能脱离社会。当你在一块土地上收获了一季庄稼的时候,你也必然要接受收割后的麦茬,以及经营这一季庄稼时的杂草病虫。当我拥有安闲的生活的时候,必然失去了工作的挑战;当我看清工作生活的一些步骤的时候,却早早失去了进取攻伐的平台;当我的三口之家没有匮乏之虞稍有积蓄的时候,竟相出现了弟妹们买房借款、父母多病需要花费的景况。人有平坦安适么?人有事事如意么?不能绝对地否定,但我高度怀疑。
  满足是相对的。满足而不自满,满足而清醒着,这样的满足是值得庆幸的。这样的满足就是知足。知足常乐,幸甚之至。不足是绝对的。知不足而积极进取是有益的,知不足而嫉妒甚至怀恨在心则是害人而不利己的。我见过有的人,沉湎于某种景象中不能自拔。永远哭穷的,永远不服气官场人事的,老在背后捣鬼告状的,一直自卑的。这样的人,没有几个挺直了腰活着的,让人看着可怜又可气。
  生活中,自己的满足可能就是别人的不足,自己的缺憾也往往是看到了别人的拥有。"人比人,活不成"的古训虽然充满哲理,但是,在一个透明的世界里,装聋作哑也是不可能的。重要的还是对人生的认识问题,是世界观、价值观的问题。正确认识自己与他人,正确认识得到和失去,正确认识昨天、今天和明天,满足与不足就都有了特有的可爱之处了。
  遗憾是生活的全部,不足是生活的本质。满足于所得,珍惜已有,努力工作生活,这就足够了。

(选自《城市金融报》2006年3月1日)

练习

速读第1遍,完成下面的练习(建议阅读时间5分钟)

一、根据课文内容判断正误

1. "我"并不因为父母安康、家庭和睦、工作稳定而感到满足。（　）
2. 出现在他人身上待遇的不公,物质生活的不足,于"我"也是同样存在的。（　）
3. 作为一个中年男子,"我"的政治生命已走到了尽头。（　）
4. 蔑视、轻视等一些情感状态可通过语言表现,而非行为。（　）
5. 人生的美好与满足感不可能永久存在。（　）
6. "我"以为,人这一生也不是可以事事如意的。（　）
7. 由不足而产生的进取心或嫉恨感是不同价值观的具体体现。（　）

细读第2遍,完成下面的练习

二、根据阅读内容回答问题

1. 作者对于自己的生活境况是什么态度?
2. 满足与自满是一个概念吗?为什么?
3. 对于生活、工作中的诸多不如意,应该怎么看?
4. 对于不足,作者是怎么谈的?

词语提示

词语	词性	拼音	释义
宠辱不惊	〈组〉	chǒng rǔ bù jīng	受宠受辱都不在乎。指不因个人得失而动心。
贤淑	〈形〉	xián shū	形容女子德性佳美。
四世同堂	〈组〉	sì shì tóng táng	祖孙四代共同生活,无一人离世。
自省	〈动〉	zì xǐng	回过头来检查自己的言行得失。
蔑视	〈动〉	miè shì	小看;看不起。
歧视	〈动〉	qí shì	对人就某个缺陷、缺点、能力、出身以不平等的眼光对待。
麦茬	〈名〉	mài chá	麦子收割后,遗留在地里的根和茎的基部。
步骤	〈名〉	bù zhòu	事情进行的程序。
匮乏	〈动〉	kuì fá	(物资)缺乏;贫乏。
虞	〈动〉	yú	忧虑。
景况	〈名〉	jǐng kuàng	指事物的各种情况;状况;光景。
沉湎	〈动〉	chén miǎn	处于某种思维活动中,无法自拔。多表示消极意义。

阅读2

《孔子家语》里有这样一个故事:鲁国制定了一条法律,如果鲁国人在外国沦为奴隶,如果有人肯出钱把这些沦为奴隶的鲁国人买回来,可以凭"发票"到鲁国国库领取"国家补偿金"。

这个法出来后,大大推动了鲁国人的救赎行动,产生了极好的社会效果。

子贡是孔子门下最有钱的弟子之一,也是一位成功的商人。他在周游列国途中,遇到了一位鲁国奴隶,于是花钱把这个人赎出来。子贡觉得自己应该做得更高尚一些,于是把那些"收据""发票"全部当众撕毁,并声称:自己愿意承担所有的费用,不向国家报销。这个行为轰动了整个社会。

子贡回国去见孔子,孔子吩咐学生说:"子贡来了你们拦住他;因为我不想再见到这个人。"

子贡感到很委屈。于是他冲破阻挡,见到孔子。

孔子说:"你的行为没有损害你自己的行为价值,却损害了国家的法律。因为你,从此,这个法律再也没有明确的社会效果了。"

子贡的榜样被舆论传播之后,产生了极大的恶劣影响,因为后来者再也不能以正常的心态去国家报销。

因为不能有效地实施这种报销制度,所以肯于出钱赎买的人就越来越少。

在子贡看来,他做得非常"好"。而在孔子看来,子贡虽然做得"好",却没有"做对"。

"做对"不是自己主观认为的"高尚""好"。子贡的做法显然是不符合要求的,所以自然会影响到政策执行的效果。任何工作只有符合客观要求,才能进入可执行的过程,从而达到预期的效率和效果。

"做对"就是符合要求,而不是"好"或者"最好"。这是一条简单的道理。

很多时候,我们拼命地工作,我们为了工作放弃一切,也损害了一切,包括损害我们的家庭、我们的朋友、我们的环境和自然,可是到头来,我们会发现:我们所做的可能不是我们想要的。我们所付出的,在别人看来,可能只是像一群辛勤的蚂蚁,把一块石头搬回了巢穴。我们所搬回的,无论如何,也只是一块石头。在大多情况下,"做好",并不代表"做对"。

如果你去问一下,你会看说明书吗?我相信每个人都会说:"会"。如果你再问一个人,这里有一颗螺丝钉,还有一张关于如何将螺丝钉拧上去的说明书,你认为这个人会把螺丝拧好吗?很多人会说:"肯定会啊!"可是我告诉你,在大多数情况下,80%的人不会把那颗螺丝拧好!因为他们并没有仔细看说明书。他们会在失败第二次、第三次的时候,才会想到说明书,才会在看了说明书以后,幡然醒悟。

为什么我们总是做不对?为什么我们总是犯这样幼稚的小错误?

我们已经太久地沉迷于习惯性思考,我们总是习惯于怠慢、看着办、模棱两可和差不多,我们从没有想到工作就是去做对的事情,做对就是做符合要求的事!

我们不仅可以把事情做对,而且还可以第一次把事情做对!第一次把事情做对才是最便宜的经营之道!

(选自《市场报》2006年12月8日)

练 习

速读第1遍,完成下面的练习(建议阅读时间5分钟)

一、根据阅读内容选择正确答案

1. 子贡的行为产生了怎样的社会影响?
   A. 使救赎的法律失去了明确的社会效果
   B. 子贡成为道德的榜样

C. 大大推动了鲁国人的救赎行为
D. 大家都被他的行为所感动

2. 作者认为最好的经营之道是什么？
    A. 把事情做好   B. 把事情做对
    C. 第一次把事情做好   D. 第一次把事情做对

3. 作者认为大部分人不会把螺丝拧好的原因是什么？
    A. 因为看似简单的事往往很难做   B. 因为他们没有事先仔细看说明书
    C. 因为其实拧螺丝是最难做的事   D. 因为他们重视拧螺丝这种小事

4. 作者认为做事的基本原则是什么？
    A. 适可而止   B. 做到最好   C. 符合要求   D. 熟能生巧

5. 关于子贡，以下哪种说法符合文章意思？
    A. 子贡既是孔子的学生又是一位鲁国的大臣
    B. 孔子不愿见子贡是因为子贡丢了他的脸
    C. 孔子认为子贡的行为损害了他的个人形象
    D. 子贡做得很好但却没有做对

细读第 2 遍，完成下面的练习

二、根据课文内容判断正误

1. 子贡是孔子众弟子中唯一有钱的一个。（　）
2. 孔子不愿意见子贡是因为子贡未经他同意擅自救赎了一位鲁国奴隶。（　）
3. 子贡的榜样被舆论传播之后，产生了极其良好的社会影响。（　）
4. 通常，"做对"和"做好"是可以划上等号的。（　）
5. 如果不仔细看说明书，螺丝一定拧不好。（　）
6. 沉迷于习惯性思考不利于我们把事情做对。（　）

词语提示

救赎	（动）	jiù shú	赎回；买回。
周游	（动）	zhōu yóu	全都走到；游遍。
撕毁	（动）	sī huǐ	撕破毁坏。比喻单方面背弃协议、条约等。
舆论	（名）	yú lùn	群众的言论。
巢穴	（名）	cháo xué	鸟兽藏身的地方。
拧	（动）	nǐng	扭转，控制住东西的一部分而绞转。
幡然醒悟	（组）	fān rán xǐng wù	形容迅速而彻底地认识到过错而悔改。

阅读3

谁都不想当一辈子的穷人，穷开心没有多少说服力。人穷志不短，穷则思变，发财致富才是硬道理。人生舞台，难有几个与金钱无关。钱财可以滋润生活、丰富人生，但如果使用不当，也会带来不少的烦恼。

朋友聚会开销，有钱人冲在前面买单是很理性的想法，但总在前面就不对了。要给人以表现的机会,此次不给面子,下趟再请,人家也会不好意思。财富悬殊太大,无法平起平坐,掏心掏肺的人也少了。婚丧喜庆送点儿礼,表达一点心意,钱多的人不能多给,要考虑一下平衡,让人坦然接受。多给了要解释理由,口气要恰到好处,真费思量。

财不外露,防偷、防抢、防敲诈成了日常生活中的一个心病。低调为人,穿戴入群,内心显富的矛盾无法得到良性排解。事业图发展,跟银行人员打交道要显阔,表示有能力偿还贷款。一旦碰上工商税务,立刻要一百八十度大转弯,向他们哭穷,变着戏法让他们相信,诚信随之掉价。

兄弟姐妹间的财富调剂也让人费尽脑筋。做父母的总想个个日子好过,从先富的人中挤一点给生活差点儿的人。先资助甲,乙有意见;反过来资助乙,甲又感到不平衡。大家都认为接受资助是应该的。碰上偏心的父母,常常是鞭打快牛,有的子女披星戴月做事,而有的却是睡太阳玩月亮。无奈与委屈伴随着财富的增长而挥之不去,有能力捐献社会,却担心亲友的讽刺、挖苦。

近邻最具可比性,眼见为实。财富突然增加,容易引起近邻质疑。双眼紧盯近邻的经济变化,常常被穷人的口水围困孤立起来。亲戚间穷对穷常会走走看看,富对富不需牵挂,也懒得串门,穷攀富怕遭白眼,富人过着孤独的闭门生活。

生活中,钱怎么流出去,心里要有底,不能说漏了嘴。房大收拾难,雇人怕偷,搞卫生不到位。显示身份地位,痛快买部车吧,又担心车被借走出车祸。留着现款又怕亲友上门借钱。

富人的生活就这样担惊受怕,过日子徒增许多忧愁。提醒大家,没必要放弃简约而不简单的生活,去羡慕富人的奢华。

一朝不小心,我也踩进富豪圈,不想说安于清贫的话,也不轻易痛骂铜臭。钱多钱少不是界限,既是朋友一场,有责任带动共同致富,消费场合可以试行大A小A制。

对待父母尽心尽孝,表现突出者,有付出必定要给予回报,该扶持的要尽力给予倾斜。虽说亲情无价,但为了亲情付出时间与精力,减轻他人的负担,就该收到不算额外的资助。这种温情政策的结合点是物质与精神的高度融会贯通。

在有生之年尽可能做点儿捐赠活动,可以看到受赠人改变命运,从而获得精神上的满足。

富而思源,济贫救困,内心常怀感恩,有饭送粥,不必等到酒肉臭才肯施舍米饭,做个逍遥快活、备受欢迎的有钱人。

(选自《东南早报》2006年11月4日)

练习

速读第1遍,完成下面的练习(建议阅读时间5分钟)

一、根据阅读内容选择正确答案

1. 作者认为什么样的人生才有说服力?
   A. 一辈子穷开心　　　　　　B. 穷则思变,发财致富
   C. 人穷志短　　　　　　　　D. 视金钱如粪土
2. 朋友聚会开销,有钱人理性的表现是什么?
   A. 一定要冲在前面买单
   B. 装穷不买单
   C. 消费实行AA制

D. 不要总是抢着买单,要考虑别人的感受
3. 有钱人和什么人打交道时要装富?
   A. 工商税务　　　B. 亲戚朋友　　　C. 银行人员　　　D. 兄弟姐妹
4. 以下哪一项不是富人的担忧?
   A. 朋友越来越少了　　　　　　B. 亲友有时会挖苦
   C. 怕亲友上门借钱　　　　　　D. 怕自己钱多花不出去
5. 关于富人,本文中作者的观点是什么?
   A. 当个富人不轻松　　　　　　B. 为富不仁是必然现象
   C. 一辈子穷开心是一种乐趣　　D. 富贵思淫欲,不要当富人

细读第2遍,完成下面的练习

二、根据阅读内容回答问题

1. 有钱人在婚丧喜庆送礼时应注意什么?
2. 有钱人最大的心病是什么?
3. 有钱人在向社会捐献时最担心什么?
4. 作者是不是有钱人?从文中哪里可以判断出来?

词语提示

开销	(名)	kāi xiāo	支付的费用。
掏心掏肺	(组)	tāo xīn tāo fèi	说出真实情感;愿意付出。
偿还	(动)	cháng huán	一般指归还。可指物质上的,也可指精神上的。
税务	(名)	shuì wù	关于税收的工作。
鞭打快牛	(组)	biān dǎ kuài niú	越是走得快的牛,越是用鞭子打它,让它走得更快。比喻赏罚不明,奖懒罚勤。
披星戴月	(组)	pī xīng dài yuè	形容连夜奔波或早出晚归,十分辛苦。
无奈	(形)	wú nài	表示没有办法了,无计可施。
口水	(名)	kǒu shuǐ	借指人们的各种议论。
白眼	(名)	bái yǎn	看不起人的一种表情。
奢华	(形)	shē huá	表示"奢侈浮华",指花费的财物远远大于其实用的价值,现在多形容有钱人的生活,也形容爱慕虚荣的人所渴望的生活。
铜臭	(名)	tóng xiù	指铜钱的臭味,用来讥讽唯利是图的人。
施舍	(动)	shī shě	出于怜悯或积德思想,把财物送给穷人或寺庙。
逍遥	(动)	xiāo yáo	没有什么约束,自由自在。

阅读4

如果我有6毛零钱,我会随手扔给路边一个乞丐,他心里肯定骂我是吝啬鬼。我是一个正在广州读书的外地大学生,早餐至少是一杯牛奶和一个面包,中午和晚上的快餐一定要5元以上,周末有空还要出去好好吃一餐,每天至少花15块钱。

在广州某大学,我认识了一个来自东北林区的大学生,6毛钱是他一天的生活费。在学校饭堂,一个馒头2毛钱,一两白饭2毛钱。我亲眼见到他以6毛钱过一天的两种吃法:早上买一个馒头,沾一点酸菜汤,配一杯白开水,中午和晚上各打一两白饭就酸菜;他从家里带来的酸菜可以吃上一年,那是他离开家门前母亲临时腌制的。母亲为此在山上摘了三天野菜,脚板都磨出了血。

校长知道他的情况后,想每个月支持他200元。但是,他拒绝了!说"接受施舍不如挨饿实在!"他为了尽快凑足路费和学费,捡垃圾到城里卖。饿了,啃一口窝窝头;渴了,就喝一口冷水。一个月后,他凑够了一张火车票的钱,背着一个空空的行囊来到了广州的学校。

他住750元一年的贫困生宿舍,却一直交不起费用。他有一张长长的账单,借同学的钱买饭、交学费和住宿费⋯⋯刚开始,同学见他实在清贫,都乐意帮他,可是,日子久了,由于借的钱总是无法尽快还上,再借就不易了。有一次,他刚出宿舍门,发现自己忘记拿钥匙,就转身回去,还没进门,就听到一个声音:"有本事把钱先还了,还逞什么能?乞丐身大爷面。"他哭了。他想尽快还清债务,甚至想"重操旧业",但大学城没有垃圾给他捡。他想找点兼职来做,但他个子很矮,人家总是嫌他形象不好而拒绝他。有一次,有个马戏团叫他去当丑角,专逗人开心,一个月可得1200元。他拒绝了!

班里有个同学,家住广州市区,每天开着豪华车来学校上课,一个月消费近万元。有一次学校要补交书本费,这位穷学生向他借了100元。两天后,他开始"催"债。无奈之下,他只得先向另外一个同学借钱还上。

上大二时,他一改初衷,接受了校长一个月200元的惠赠,并申请了银行助学贷款。他跟好友解释说:"校长送给我的钱,我会一直记在账上。等我工作后,一定如数奉还,我仍然不接受任何施舍;至于助学贷款,只是我跟银行之间的一种交易,它会让我的学习有更好的保障。"

他说现在感觉很"幸福",因为他已经找到一份兼职工作,每天可以吃饱饭了。不过,为了下学期的学费,他只能少吃肉食。

"每个人都有自己的生活方式,我只是觉得尊严比任何东西都重要。"他对"尊严"已有了新的解读:尊严不是固执地拒绝别人善意的帮助,也不是刻意地离群索居,而是在各种客观条件下保持自强不息的心态。再一次看见他时,他正跟同学在操场上打篮球,神情明显开朗了很多。

(选自《羊城晚报》2007年1月15日)

练 习

速读第1遍,完成下面的练习(建议阅读时间5分钟)

一、根据阅读内容选择正确答案

1. 以下哪一个选项和阅读内容相符?
   A. "我"认识的这个大学生很吝啬
   B. "他"在大学城里"重操旧业",所以还清了债务
   C. 校长一直在资助学习有困难的学生
   D. 银行发放助学贷款,是贫困生完成学业的保障
2. 这位贫困生第一次拒绝校长的赞助的原因是什么:
   A. 他喜欢挨饿　　　　　　　　B. 他讨厌校长

      C. 他觉得校长在施舍他　　　　　　D. 他觉得挨饿更实在
　3. 这位贫困生来广州上学的路费和学费是如何凑够的？
      A. 省吃俭用存下来的　　　　　　　B. 向乡亲们借的
      C. 母亲卖野菜挣的　　　　　　　　D. 捡破烂到城区卖
　4. 贫困生拒绝到马戏团当丑角的原因是：
      A. 月收入太低　　　　　　　　　　B. 他干不了，太辛苦了
      C. 他觉得自尊受到伤害　　　　　　D. 他不会逗人开心
　5. 本文的作者是谁？
      A. 一名记者　　B. 一位大学生　　C. 一名教师　　D. 文中没提到

细读第2遍，完成下面的练习

二、根据阅读内容回答问题
　1. 这位来自东北林区的大学生每天在学校的饭菜是什么？
　2. 同学们后来为什么渐渐不愿给这位贫困生借钱了？
　3. 他找兼职屡次被拒绝的主要原因是什么？
　4. 上大二时，他为什么会一改初衷，接受惠赠和申请银行助学贷款？

词语提示

乞丐	（名）	qǐ gài	生活没有着落而专靠向人要饭要钱过活的人。
吝啬	（形）	lìn sè	小气。当用而舍不得用；过分爱惜自己的钱财。
腌制	（动）	yān zhì	用盐浸渍食物。
行囊	（名）	xíng náng	出行时所带的背包。
逞能	（动）	chěng néng	显示自己能干。
重操旧业	〈组〉	chóng cāo jiù yè	指再做以前曾做的事。
初衷	（名）	chū zhōng	最初的想法。
惠赠	（动）	huì zèng	用于称对方对自己的赠送。
如数奉还	〈组〉	rú shù fèng huán	按原数还给人家。
施舍	（动）	shī shě	以财物救济穷人或出家人。
贷款	（名）	dài kuǎn	向银行借钱。
刻意	（副）	kè yì	用尽心思。
离群索居	〈组〉	lí qún suǒ jū	离开集体或群众，过孤独的生活。

阅读5

　　有一个年轻人，毕业于名牌大学，并且成绩不错，被许多公司争着聘用。年轻人进了一家自己认为不错的公司。可是，令他意外的是，这家公司里上至总经理下到普通职员，竟然没有一个人是毕业于名牌大学的。
　　年轻人感到很失望，觉得在这里肯定学不到什么东西；慢慢地，他得意起来，因为别人在看他的眼睛里总是带着羡慕的光芒。他开始嫌同事素质低，又嫌总经理没眼光，总是重用那些学历比他低的人，而不重用他。由于心怀怨气，他多次跟同事发生争吵，结果是所有人见到他都

远远地躲开。最后,他不得不选择离开。

　　到了另一家公司后,刚开始时,他谦虚地向人请教,认真地熟悉业务。可是,慢慢地,他又发现,这里的名牌大学毕业生居然也少得可怜,除了他,只有总经理是名牌大学毕业生。于是,他又对同事不满起来。令他不解的是,同是名牌大学毕业生的总经理同样不肯重用他。他的怨气在心里越积越深,最终令所有人都对他敬而远之,他不得不再次选择跳槽。

　　在跳过无数次槽之后,年轻人不再年轻。跟他一起毕业的同学,还有那些没有考上名牌大学的同学,大多功成名就,而他依然为找一份合适的工作而奔波。

　　有一次,我偶遇一位曾与这个年轻人共事过的总经理,他跟我说起这个年轻人。总经理的比喻颇为深刻,他说这个年轻人很像一种身带盾牌的鱼,那是一种生活在大西洋里的盾牌鱼。

　　盾牌鱼有点像我们熟悉的鲤鱼,不同的是,它头上长有一块蚌壳般的硬壳。这块硬壳坚硬得很,用又尖又锋利的刀子都扎不动。盾牌鱼头顶硬壳,像古代手持盾牌的士兵一样令人生畏,力气比它大的鱼顶多只能推着它的盾牌在水里游来游去,根本伤害不了它。如果碰上嘴很大的鱼把它吞到肚子里去,它头上的盾牌能划破大嘴鱼的肚子,让大嘴鱼与它同归于尽,所以,没有哪种鱼敢碰盾牌鱼。盾牌鱼头顶的盾牌,虽然使自己免受敌人的伤害,可是也拒绝了亲人朋友的亲近。最终,因为失去了亲人和朋友,盾牌鱼只得孤身在大海里漂流一生。

　　一个人,不管拥有多么显著的成绩,多么过人的学识,都少不了亲人朋友和同事的帮助。如果不善于虚心进取,与人协作,那过人的学识便会变成骄狂而锋利的盾牌,最终只能是伤人害己。

(选自《羊城晚报》2007年5月18日,作者:沈岳明)

练 习

速读第1遍,完成下面的练习(建议阅读时间4分钟)

一、根据阅读内容选择正确答案

1. 年轻人对第一家公司感到意外的原因是什么?
   A. 除了他没有人毕业于名牌大学
   B. 同事素质太低
   C. 总经理没有眼光
   D. 公司总是重用学历低的人而忽视高学历的人
2. 刚到另一家公司,年轻人的表现怎么样?
   A. 心怀怨气　　B. 骄傲自满　　C. 洋洋得意　　D. 谦虚认真
3. 在经过无数次跳槽之后,年轻人:
   A. 终于成熟了　　　　　　　B. 功成名就
   C. 依然没有找到合适的工作　　D. 决定再次跳槽
4. "我"与这位年轻人是什么关系?
   A. 同学　　B. 同事　　C. 朋友　　D. 文中没提到
5. 文章中用盾牌鱼来比喻哪类人?
   A. 有过人学识的人　　　　　B. 不善于虚心进取的人
   C. 有显著成绩的人　　　　　D. 心怀怨气的人

细读第2遍,完成下面的练习

二、根据阅读内容回答下列问题

1. 年轻人第一次就业选择那家公司的原因是什么?
2. 年轻人第二次跳槽的原因是什么?
3. 年轻人的总经理为什么要把他比喻成盾牌鱼?
4. 本文主要想通过年轻人的经历告诉我们什么道理?

词语提示

敬而远之	〈组〉	jìng ér yuǎn zhī	表示尊敬却有所顾虑不愿接近。
跳槽	〈动〉	tiào cáo	人离开原来的工作,另谋高就。
盾牌	〈名〉	dùn pái	古代用来防护身体、遮挡刀箭的武器。
蚌壳	〈名〉	bàng ké	蚌的外壳。
同归于尽	〈组〉	tóng guī yú jìn	一起死亡或一同毁灭。

 阅读6

有一个俏皮的说法:"有一种性格,有的人都自认为没有,那是嫉妒;还有一种性格,没有的人却都自认为有,那是幽默。"我愿意结合自己的实际行动,挑战该说法的权威性;我宁可承认自己没有幽默感,也不敢否认自身的嫉妒心。

据我看来,不承认自己的嫉妒心,如果较真的话,那就等于否认了自己作为人的基本资格。而缺乏幽默感却没有这种危险,只不过有点乏味罢了。

奥地利心理学家赫·舍克为了研究嫉妒,甚至写出一本厚厚的学术专著,我也曾撰文作过评论。坦白地说,自从十多年前读过赫·舍克的《嫉妒论》之后,我已学会对嫉妒看开一点了,对自己不时冒出的嫉妒心,也逐渐习惯于等闲视之,甚至,将它理解成鱼缸里的热带鱼,一种观赏性情感。附带一提,哲学家弗兰西斯·培根对于嫉妒也曾有过精当的见解,关于嫉妒的近距离原则,阐述尤其深刻。比如,比尔·盖茨用打一个喷嚏的时间赚到的钱,也许超过我在电脑前的30年耕耘,拳王泰森一次拳赛的出场费(且不说他还是给揍趴下了),可以支付大约30个诺贝尔文学奖获得者的奖金,但我对此从来没有一丁点感受,内心全无波澜。然而我的邻居今天居然中大奖了,虽然我们邻里关系不错,我也从无买彩票的习惯,但我能按捺住内心的嫉妒吗?不能,于是我向他表示了最热烈的祝贺。你当然知道,《魔鬼辞典》的作者安·比尔斯早就以他特有的刻薄告诉我们,"祝贺",只是"一种有礼貌的嫉妒"。

我以为,嫉妒是上帝内置于我们心灵里的一个平衡器,用于调整我们的情绪。该平衡器翘向一端时,我们感受到了嫉妒,翘向另一端时,我们感受到了得意。嫉妒与得意都容易使人忘形,但因得意而忘形时,我们浑然不觉,一片舒畅;因嫉妒而失态时,我们浑身冒刺,处处不自在。两者的关系还体现在,我们得意之时,很可能就是另一个家伙嫉妒之日,反过来也成立,我们此时此刻的嫉妒,通常也成全了某位老兄的得意,嫉妒之产生,在于我们内心的平衡器,并非始终能够咬住自然人世的齿轮。所以,嫉妒是我们无法摆脱的情感,人是一生中注定要嫉妒的,时而嫉妒他人,时而被他人嫉妒。

事实上,嫉妒的坏处常常是被夸大的,这是因为我们天生瞧不惯嫉妒的嘴脸,就像我们瞧不惯蛇蝎一样,但真正被蛇蝎咬上一口的人,则少而又少。而如何学会与嫉妒相安无事,也是一个漫长的人生课题。人一旦对嫉妒抱着看轻的态度,他往往立刻就会发现,阳光依旧明媚,人间依旧美好。

嫉妒,只要不升格为猜忌,危害性非常有限。而来自情人的嫉妒,不必说,永远意味着爱情。

(选自《今日女报》2006年11月21日)

练习

速读第1遍,完成下面的练习(建议阅读时间5分钟)

一、根据内容选择正确答案

1. 作者是一个:
   A. 嫉妒心很强的人   B. 有幽默感的人
   C. 很坦白的人   D. 不乏味的人

2. 以下哪一项与文中内容不符?
   A. 拳王泰森的出场费惊人   B. 比尔·盖茨打喷嚏都能赚钱
   C. 我学会了应该如何对待嫉妒   D. 我的工作是离不开电脑的

3. 关于嫉妒,以下哪一项文中未提及?
   A. 体内的平衡器   B. 使人忘形、失态
   C. 往往与"得意"同时存在   D. 国内专家的看法

4. 在作者眼里:
   A. 嫉妒既有积极意义,也有消极意义   B. 嫉妒不仅讨厌,而且危险
   C. 嫉妒他人时,常会使人浑然不觉   D. 看轻嫉妒会使人显得有修养

5. 文章的第4自然段是在写:
   A. 得意与嫉妒的感受不同
   B. 嫉妒与情绪的关系
   C. 得意与嫉妒的翘翘板效应
   D. 通过嫉妒与得意的互相关系,说明嫉妒可以调整情绪

6. 作者写此文是为了:
   A. 介绍国外心理学家的学术著作
   B. 告诉人们,"他"对于嫉妒看得很开
   C. 介绍哲学家、心理学家对于嫉妒的精当的见解
   D. 提醒人们,不应过于夸大嫉妒的危害

细读第2遍,完成下面的练习

二、根据内容回答问题

1. 关于"嫉妒"与幽默的俏皮说法,说明了什么问题?
2. 读了《嫉妒论》后,我有了什么变化?
3. 关于嫉妒,培根是用了哪几个实例来阐述的?
4. 作者认为什么是嫉妒?

5. 当人看轻"嫉妒"时,会有什么感受?

词语提示

俏皮	(形)	qiào pí	聪明活泼兼带玩笑或风趣。
撰文	(动)	zhuàn wén	写作。
等闲视之	〈组〉	děng xián shì zhī	把它看成平常的事,不予重视。
喷嚏	(名)	pēn tì	鼻黏膜受刺激,急剧吸气,然后急速地由鼻孔喷出并发出的声音。
耕耘	(动)	gēng yún	耕地和除草,常用于比喻。
波澜	(名)	bō lán	波涛。比喻起伏变化的思潮。
按捺	(动)	àn nà	抑制,忍耐。
刻薄	(形)	kè bó	在和别人相处的时候,说话以及对别人的态度冷酷无情;过分苛求。
蛇蝎	(名)	shé xiē	一种毒虫。形容人心狠毒。
明媚	(形)	míng mèi	美好;可爱。

参考答案

第一单元　社会生活篇

第1课

主课文

一、1. × 2. √ 3. × 4. √ 5. √ 6. ×

二、1. C 2. A 3. B 4. D 5. B 6. A

三、1. 确诊　操碎了心 2. 端详　白皙 3. 绞尽脑汁　不经意 4. 缠绵　感染 5. 憔悴　错觉

四、1. D 2. B 3. C 4. A 5. C 6. C

五、略

阅读1

一、1. A 2. B 3. C 4. C 5. D

二、略

三、1. B 2. D 3. A 4. C 5. C

阅读2

一、1. C 2. D 3. C 4. B 5. C

二、略

三、1. 责备 2. 嘱咐 3. 忌讳 4. 讨厌 5. 隔三差五

第2课

主课文

一、1. √ 2. × 3. × 4. × 5. × 6. × 7. × 8. √

二、1. A 2. A 3. B 4. C 5. D 6. A

三、1. 流露 2. 见缝插针 3. 不知所措 4. 遥不可及 5. 拐弯抹角　欲言又止

四、A-4, B-3, C-1, D-2

五、略

阅读1

一、1. C 2. C 3. C 4. B 5. D

二、略

三、1. 生路 2. 仍旧 3. 坚持 4. 充满 5. 震撼

阅读2

一、1. B 2. D 3. A 4. C 5. A

二、略

三、1. C 2. B 3. B 4. C 5. D

第3课

主课文

一、1. √ 2. × 3. × 4. √ 5. × 6. ×

二、1. C 2. B 3. B 4. A 5. D 6. A

三、1. 四平八稳 2. 不慎 3. 推辞 4. 调侃 玉树临风 5. 抵不过 6. 苛刻 7. 说来话长

四、1. C 2. C 3. B 4. C 5. C 6. D

阅读1

一、1. C 2. A 3. B 4. D 5. A

二、1. × 2. × 3. √ 4. √ 5. √ 6. √

三、1. 命运 2. 立场坚定 3. 深切 4. 竟然 5. 屡次

阅读2

一、1. C 2. A 3. D 4. C 5. B

二、略

三、1. A 2. A 3. B 4. C 5. D

第4课

主课文

一、1. × 2. × 3. × 4. × 5. √ 6. √

二、1. B 2. A 3. C 4. B 5. D 6. A

三、1. 犹豫 2. 放肆 3. 核实 4. 告示 5. 筋疲力尽 6. 业绩

四、1. B 2. B 3. D 4. A 5. B 6. C

五、略

阅读1

一、1. C 2. C 3. A 4. D 5. B

二、1. √ 2. × 3. × 4. √ 5. √ 6. ×

三、1. C 2. D 3. A 4. A 5. C

阅读2

一、1. B 2. C 3. C 4. D 5. C

二、略

三、1. 巴望 2. 况且 3. 游刃有余 4. 计划 5. 露马脚

第5课

主课文

一、1. × 2. × 3. × 4. √ 5. √ 6. √

二、1. C 2. D 3. D 4. D 5. B 6. B

三、1. 沉醉 2. 冲突 3. 因势利导 4. 五颜六色 5. 痛不欲生 6. 抵挡

四、1. D 2. D 3. C 4. D 5. C 6. D

五、略

阅读1

一、1. D 2. A 3. C 4. D 5. A

二、1. × 2. √ 3. √ 4. √ 5. √ 6. ×

三、1. C 2. D 3. B 4. A 5. A

阅读 2

一、1. B 2. D 3. D 4. D 5. D

二、1. √ 2. × 3. √ 4. √ 5. √ 6. ×

三、1. 滋长 2. 瘫痪 3. 非常 4. 大肆 5. 荒谬

单元阅读测试练习一

阅读 1

一、1. B 2. A 3. D 4. C 5. B 6. A

二、1. × 2. √ 3. √ 4. × 5. × 6. √

阅读 2

一、1. B 2. A 3. D 4. B 5. C

二、略

阅读 3

一、1. D 2. A 3. C 4. D 5. D

二、1. √ 2. × 3. × 4. √ 5. √ 6. ×

阅读 4

一、1. A 2. C 3. D 4. B 5. D 6. D

二、略

阅读 5

一、1. C 2. D 3. A 4. B 5. A

二、略

阅读 6

一、1. C 2. D 3. D 4. A 5. C

二、略

第二单元 文化教育篇

第 6 课

主课文

一、1. √ 2. × 3. × 4. √ 5. √ 6. √

二、1. C 2. A 3. C 4. B 5. B 6. D

三、1. 遏制 2. 客套 3. 难以置信 4. 情有独钟 5. 撕心裂肺 6. 奠定

四、1. A 2. B 3. B 4. D 5. D

五、略

阅读 1

一、1. √ 2. √ 3. × 4. √ 5. √ 6. √

二、1. A 2. A 3. B 4. D 5. D 6. B

三、1. C 2. D 3. A 4. A 5. A 6. B

阅读 2

一、1. A 2. B 3. D 4. B 5. D 6. A.

二、略

三、1. D 2. B 3. C 4. A 5. D 6. D

第 7 课

主课文

一、1. × 2. × 3. √ 4. × 5. √ 6. ×

二、1. B 2. A 3. C 4. D 5. B 6. D

三、1. 慰藉 2. 热衷 3. 心旷神怡 4. 泛滥 5. 一味 6. 相去甚远。

四、1. A 2. D 3. D 4. A 5. B 6. C

阅读 1

一、1. B. 2. A. 3. C 4. D 5. B

二、1. √ 2. × 3. √ 4. √ 5. √ 6. √

三、1. B. 2. A 3. D 4. C 5. B

阅读 2

一、1. C 2. D 3. C 4. B 5. D

二、略。

三、1. 克制 2. 耳熟能详 3. 不堪 4. 殷实 5. 相提并论

第 8 课

主课文

一、1. √ 2. √ 3. × 4. √ 5. × 6. ×

二、1. A 2. A 3. D 4. B 5. C 6. C.

三、1. 知趣 2. 穿梭 3. 腻歪 4. 一根筋 5. 耍滑头 6. 昂贵

四、1. B 2. A 3. D 4. B 5. D 6. C

五、略

阅读 1

一、1. D 2. D 3 D 4. A 5. D 6. B

二、1. √ 2. × 3. × 4. √ 5. √ 6. √

三、1. A 2. C 3. B 4. D 5. C

阅读 2

一、1. B 2. A 3. D 4. D 5. A

二、略

三、1. 屡见不鲜 2. 大有人在 3. 过分 4. 与生俱来 5. 喧闹

第 9 课

主课文

一、1. × 2. × 3. √ 4. √ 5. × 6. ×

二、1. B. 2. B. 3. A. 4. C. 5. C. 6. D.

三、1. 督促 2. 额外 3. 推荐 4. 符合 5. 丰富多彩 6. 疑惑不解

四、1. B 2. C 3. C 4. B 5. D 6. B

五、略

阅读1

一、1. D 2. A 3. D 4. D 5. D

二、1. √ 2. √ 3. × 4. √ 5. × 6. ×

三、1. D 2. C 3. C 4. B 5. C

阅读2

一、1. D 2. C 3. D 4. D 5. B

二、略

三、1. 直言不讳 2. 冒犯 3. 神往 4. 敏感 5. 豁达

第10课

主课文

一、1. √ 2. × 3. √ 4. √ 5. × 6. √

二、1. B 2. A 3. C 4. C 5. C 6. D

三、1. D. 2. A 3. B 4. C 5. D 6. B

四、1. B. 2. C. 3. D. 4. C 5. B. 6. C.

五、略

阅读1

一、1. D 2. C 3. A 4. B 5. C

二、1. × 2. √ 3. × 4. × 5. √ 6. ×

三、1. B. 2. A. 3. B. 4. A. 5. D.

阅读2

一、1. B 2. D 3. D 4. D 5. B

二、略

三、1. 眉开眼笑 2. 一贫如洗 3. 数不胜数 4. 巨大 5. 恰到好处 6. 励志箴言

单元阅读测试练习二

阅读1

一、1. √ 2. × 3. × 4. × 5. √ 6. ×

二、略

阅读2

一、1. B 2. B 3. B 4. C 5. D

二、1. √ 2. × 3. √ 4. √ 5. × 6. √

阅读3

一、1. A 2. D 3. C 4. A 5. D

二、略

阅读4

一、1. C 2. B 3. D 4. B 5. C

二、略

阅读5

一、1. A 2. B 3. D 4. C 5. A

二、略

阅读6

一、1. B 2. B 3. D 4. A 5. D 6. A

二、略

第三单元　文化教育篇

第11课

主课文

一、1. √ 2. × 3. × 4. × 5. × 6. √

二、1. A 2. C 3. D 4. A 5. B 6. A

三、1. 谦和 2. 稀奇古怪 3. 随即 4. 肄业 5. 裨益 6. 溜号

四、1. A 2. B 3. B 4. D 5. A 6. D

五、略

阅读1

一、1. D 2. B 3. C 4. A 5. D

二、1. √ 2. √ 3. × 4. √ 5. × 6. √

三、1. B 2. C 3. B 4. B 5. C

阅读2

一、1. A 2. D 3. B 4. A 5. A

二、略

三、1. 百世 2. 招待 3. 无所作为 4. 回赠 5. 情愿

第12课

主课文

一、1. √ 2. × 3. × 4. × 5. × 6. √

二、1. B 2. D 3. A 4. D 5. A 6. D

三、1. 千锤百炼 2. 驱散 3. 心有余悸 4. 着实 5. 博览群书 6. 无与伦比

四、1. C 2. C 3. B 4. D 5. A 6. B

五、略

阅读1

一、1. A 2. A 3. D 4. C 5. D

二、1. √ 2. × 3. √ 4. × 5. √ 6. ×

三、1. A 2. B 3. B 4. D 5. A

阅读2

一、1. C 2. A 3. B 4. C 5. A

二、略

三、1. B 2. A 3. D 4. C 5. B

第13课

主课文

一、1. × 2. √ 3. × 4. √ 5. √ 6. √

二、1. A 2. D 3. B 4. C 5. A 6. B

三、1. 膨胀 2. 命脉 3. 面目全非 4. 淳朴 5. 居高临下 6. 敬畏

四、1. C 2. A 3. B 4. D 5. A 6. B

五、略

阅读 1

一、1. A 2. C 3. D 4. B 5. D

二、略

三、1. 祥瑞 2. 欢天喜地 3. 败兴 4. 征兆 5. 镂刻

阅读 2

一、1. D 2. A 3. D 4. B 5. D

二、1. √ 2. × 3. √ 4. √ 5. × 6. ×

三、1. 适应时机而产生 2. 不必要的担心 3. 趋势或迹象
 4. 偏于一方面的见解或成见 5. 使人感到新鲜

第14课

主课文

一、1. √ 2. √ 3. × 4. √ 5. √ 6. √

二、1. A 2. C 3. B 4. A 5. D 6. A

三、1. 不言而喻 2. 窥见 3. 对峙 4.（与文字）为伍
 5. 赫赫有名 6. 发端

四、1. A 2. B 3. C 4. D 5. D

五、略

阅读 1

一、1. D 2. A 3. B 4. C 5. D

二、略

三、1. 模仿 2. 异口同声 3. 不适合 4. 世代流传 5. 浩大 6. 同时

阅读 2

一、1. C 2. B 3. A 4. D 5. D

二、1. √ 2. √ 3. × 4. √ 5. × 6. √

三、1. D 2. D 3. A 4. B 5. C

第15课

主课文

一、1. × 2. √ 3. × 4. × 5. √ 6. √

二、1. D 2. B 3. A 4. B 5. C 6. C

三、1. 饮誉中外 2. 风格迥异 3. 源远流长 4. 淋漓尽致 5. 即兴 6. 独树一帜

四、1. A 2. B 3. D 4. C 5. B 6. A

五、略

阅读1

一、1. D 2. D 3. C 4. C 5. C

二、1. √ 2. √ 3. × 4. √ 5. √ 6. ×

三、1. B 2. C 3. B 4. A 5. C

阅读2

一、1. D 2. B 3. B 4. D 5. D

二、略

三、1. 憧憬 2. 擅长 3. 博采众长 4. 无尽 5. 耳目一新

单元阅读测试练习三

阅读1

一、1. A 2. D 3. A 4. D 5. C

二、1. √ 2. √ 3. √ 4. × 5. × 6. √

阅读2

一、1. B 2. C 3. A 4. C 5. B

二、略

阅读3

一、1. D 2. B 3. C 4. B 5. D

二、略

阅读4

一、1. C 2. A 3. B 4. C 5. C

二、1. √ 2. × 3. × 4. √ 5. × 6. ×

阅读5

一、1. A 2. B 3. B 4. A 5. D 6. A

二、略

阅读6

一、1. C 2. A 3. B 4. D 5. B

二、略

第四单元 民情风俗篇

第16课

主课文

一、1. × 2. × 3. √ 4. √ 5. √ 6. √

二、1. C 2. A 3. B 4. A 5. C 6. D

三、1. 弥漫 2. 莫过于 3. 归结于 4. 鲜明 5. 乃至 6. 承载

四、1. B 2. A 3. A 4. D 5. D 6. B

五、略

阅读1

一、1. D 2. D 3. C 4. D 5. A

二、1. × 2. √ 3. √ 4. √ 5. √ 6. ×

三、1. 悠久 2. 撰写 3. 种类 4. 沿用 5. 索性

阅读2

一、1. A 2. A 3. B 4. D 5. B

二、略

三、1. D 2. D 3. C 4. A 5. C

第17课

主课文

一、1. √ 2. √ 3. × 4. √ 5. × 6. ×

二、1. C 2. C 3. A 4. B 5. A 6. A

三、1. 说合 2. 冷漠 3. 过分 4. 说服 5. 转危为安 6. 冷落

四、1. D 2. B 3. C 4. C 5. B 6. D

五、略

阅读1

一、1. D 2. B 3. B 4. B 5. B

二、1. √ 2. × 3. × 4. √ 5. √ 6. √

三、1. D 2. C 3. B 4. C 5. D

阅读2

一、1. D 2. A 3. A 4. B 5. A

二、略

三、1. 讲究 2. 招待 3. 目的 4. 无以复加 5. 脉络

第18课

主课文

一、1. √ 2. × 3. × 4. √ 5. √ 6. √

二、1. B 2. C 3. C 4. A 5. A 6. C

三、1. 臻于 2. 茫然 3. 成就 4. 学贯中西 5. 可见一斑 6. 索然无味

四、1. B 2. C 3. B 4. D 5. D 6. D

五、略

阅读1

一、1. D 2. A 3. A 4. D 5. A 6. D

二、1. √ 2. √ 3. × 4. √ 5. √ 6. √

三、1. D 2. D 3. C 4. C 5. A

阅读2

一、1. C 2. D 3. B 4. D 5. A

二、1. √ 2. × 3. √ 4. × 5. √ 6. √

三、1. A 2. B 3. D 4. C 5. A

第19课

主课文

一、1. √ 2. √ 3. √ 4. × 5. × 6. √

二、1. B 2. D 3. C 4. C 5. D 6. B

三、1. 游手好闲 2. 花言巧语 3. 相敬如宾 4. 后顾之忧 5. 后患无穷 6. 相濡以沫

四、1. D 2. B 3. B 4. C 5. C 6. B

五、略

阅读1

一、1. C 2. C 3. D 4. D 5. D

二、1. √ 2. × 3. √ 4. × 5. × 6. √

三、1. 崇尚,避讳 2. 就,喜欢 3. 就 4. 加上 5. 借以

阅读2

一、1. C 2. D 3. A 4. A 5. D

二、略

三、1. B 2. A 3. C 4. B 5. C

第20课

一、1. × 2. × 3. √ 4. √ 5. × 6. ×

二、1. A 2. A 3. A 4. A 5. D 6. B

三、1. 将计就计 2. 一板一眼 3. 一本正经 4. 人云亦云 5. 莫衷一是 6. 不拘一格

四、1. A 2. B 3. D 4. A 5. D 6. D

五、略

阅读1

一、1. A 2. B 3. C 4. D 5. B

二、1. × 2. √ 3. × 4. √ 5. √ 6. √

三、1. A 2. C 3. C 4. D 5. C

阅读2

一、1. C 2. B 3. B 4. D 5. C

二、略

三、1. 随意 2. 跺脚 3. 说到,提到 4. 七十岁的男人 5. 很大

单元阅读测试练习四

阅读1

一、1. A 2. D 3. C 4. B 5. C

二、略

阅读2

一、1. C 2. B 3. D 4. D 5. D

二、略

阅读3

一、1. A 2. C 3. D 4. D 5. A

二、略

阅读 4

一、1．B 2．B 3．D 4．B 5．D

二、1．√ 2．√ 3．× 4．× 5．× 6．√

阅读 5

一、1．C 2．B 3．C 4．C 5．A

二、略

阅读 6

一、1．A 2．C 3．D 4．C 5．B

二、略

第五单元　历史地理篇

第21课

主课文

一、1．× 2．× 3．√ 4．× 5．× 6．√

二、1．D 2．A 3．D 4．C 5．A 6．C

三、1．五花八门 2．密如蛛网 3．万象更新 4．毁尸灭迹 5．前仆后继 6．数不胜数

四、1．A 2．D 3．B 4．A 5．A 6．D

五、略

阅读 1

一、1．D 2．C 3．A 4．A 5．D

二、1．√ 2．√ 3．× 4．× 5．√ 6．×

三、1．C 2．A 3．B 4．A 5．A

阅读 2

一、1．A 2．C 3．B 4．C 5．C

二、1．√ 2．√ 3．× 4．√ 5．× 6．×

三、1．至：到 2．追溯：探寻本质或源泉 3．如：好像

　　4．成品：加工完毕，可以向外供应的产品

　　5．不胫而走：比喻事物无需推行，就已迅速地传播开去

第22课

主课文

一、1．× 2．× 3．√ 4．√ 5．× 6．√

二、1．A 2．B 3．D 4．C 5．B 6．D

三、1．<u>世博园</u>，密密麻麻 2．浮想联翩 3．如获至宝 4．根深蒂固 5．星罗棋布 6．鲜为人知

四、1．A 2．A 3．B 4．D 5．C 6．B

五、略

阅读 1

一、1．D 2．D 3．C 4．A 5．D

二、1．× 2．√ 3．√ 4．√ 5．× 6．×

三、1. 凤毛麟角:比喻罕见而珍贵的东西 2. 涌现:突然出现
    3. 戛然而止:突然终止 4. 为:被 5. 其:代词,指国学典籍

阅读 2

一、1. A 2. D 3. B 4. C 5. D
二、1. √ 2. × 3. √ 4. × 5. √ 6. √
三、1. D 2. B 3. A 4. A 5. D

第23课

主课文

一、1. √ 2. √ 3. × 4. × 5. × 6. √
二、1. B 2. A 3. A 4. B 5. A 6. D
三、1. 点睛 2. 无关紧要 3. 深谙 4. 熟悉 5. 赫赫有名 6. 无足轻重
四、1. A 2. B 3. C 4. B 5. C 6. D
五、略

阅读 1

一、1. A 2. C 3. C 4. B 5. D
二、略
三、1. A 2. C 3. A 4. D 5. D

阅读 2

一、1. B 2. D 3. D 4. B 5. C
二、1. × 2. √ 3. × 4. × 5. × 6. √
三、1. 引来 2. 荒诞 3. 提升 4. 泰然自若 5. 徘徊

第24课

主课文

一、1. × 2. × 3. √ 4. × 5. √ 6. √
二、1. A 2. B 3. D 4. C 5. A 6. B
三、1. 前卫 2. 壮硕 3. 跋山涉水 4. 贫乏 5. 后盾 6. 匮乏
四、1. B 2. A 3. A 4. D 5. A 6. B

阅读 1

一、1. D 2. C 3. C 4. D 5. C
二、略
三、1. 很少 2. 任意 3. 普通 4. 准确/恰当 5. 舒心/愉快,安闲/闲适

阅读 2

一、1. × 2. √ 3. × 4. × 5. √ 6. √
二、1. D 2. C 3. A 4. B 5. A
三、1. A 2. B 3. A 4. D 5. B

第25课

主课文

一、1. × 2. √ 3. × 4. √ 5. × 6. √

二、1．B 2．C 3．A 4．D 5．B 6．D

三、1．丰功伟绩 2．功勋卓著 3．干预 4．玩世不恭 5．举措 6．功不可没

四、1．B 2．C 3．A 4．D 5．D 6．C

五、略

阅读1

一、1．C 2．B 3．C 4．C 5．A

二、略

三、1．A 2．D 3．B 4．D 5．C

阅读2

一、1．D 2．A 3．D 4．C 5．B

二、1．× 2．× 3．√ 4．√ 5．√ 6．×

三、1．孤身 2．全心全意 3．在意 4．建成 5．仰慕

单元阅读测试练习五

阅读1

一、1．√ 2．× 3．√ 4．× 5．× 6．×

二、略

阅读2

一、1．A 2．D 3．D 4．B 5．C

二、略

阅读3

一、1．B 2．A 3．B 4．C 5．C

二、略

阅读4

一、1．B 2．D 3．C 4．D 5．B

二、1．× 2．× 3．√ 4．× 5．√ 6．√

阅读5

一、1．A 2．C 3．D 4．A 5．B

二、1．× 2．√ 3．√ 4．× 5．× 6．×

阅读6

一、1．D 2．B 3．B 4．B 5．C

二、略

第六单元 人生哲理篇

第26课

主课文

一、1．× 2．√ 3．√ 4．√ 5．√ 6．× 7．√

二、1．B 2．D 3．B 4．A 5．A 6．B

三、1．沉溺 2．温馨 3．浮躁 4．知心 5．热泪盈眶 6．天涯海角

四、1．B 2．D 3．C 4．D 5．C 6．C

五、略

阅读 1

一、1. B 2. B 3. C 4. D 5. D

二、略

三、1. A. 才 2. C. 相信 3. B. 饱满 4. D. 轻描淡写 5. C. 单纯 6. A. 作怪

阅读 2

一、1. C 2. A 3. B 4. D 5. C

二、1. × 2. × 3. × 4. × 5. √ 6. √

三、1. 稍微 2. 即使/就是 3. 巧妙的构思 4. 甚至 5. 擦身而过 6. 街市；市场

第 27 课

主课文

一、1. √ 2. √ 3. × 4. √ 5. × 6. √

二、1. C 2. A 3. A 4. D 5. B 6. D 7. C

三、1. 翻来覆去 2. 武断 3. 实在 4. 跑腿儿 5. 描绘 6. 一技之长

四、1. B 2. C 3. B 4. C 5. B 6. A

五、略

阅读 1

一、1. A 2. C 3. D 4. A 5. B 6. B

二、1. × 2. √ 3. × 4. √ 5. √ 6. √ 7. √ 8. √

阅读 2

一、1. D 2. B 3. D 4. C 5. A

二、略

三、1. C 2. B 3. A 4. D 5. B

第 28 课

主课文

一、1. × 2. √ 3. √ 4. × 5. √ 6. √

二、1. D 2. A 3. B 4. B 5. C 5. C 7. A

三、1. 追随 2. 崇敬 3. 出处 4. 自如 5. 运行 6. 限制

四、1. D 2. B 3. A 4. B 5. C 6. A

五、略

阅读 1

一、1. B 2. C 3. A 4. B 5. A 6. D

二、1. √ 2. √ 3. × 4. √ 5. √ 6. ×

三、1. 讨厌；厌恶 2. 很生气的样子 3. 故意 4. 目的 5. 同伙；做伙伴 6. 什么也没有 7. 看清楚；看透

阅读 2

一、1. B 2. A 3. C 4. D 5. A 6. B

二、1. √ 2. √ 3. √ 4. × 5. √ 6. √ 7. √

三、1. B 2. D 3. C 4. B 5. A 6. C

第29课

主课文

一、1. × 2. √ 3. √ 4. √ 5. × 6. ×

二、1. D 2. C 3. B 4. A 5. B 6. A

三、1. 回味 2. 有目共睹 3. 蓬勃 4. 试图 5. 妨碍 6. 束手无策

四、1. A 2. B 3. D 4. C 5. B 6. C

五、略

阅读1

一、1. C 2. D 3. B 4. B 5. A

二、1. × 2. √ 3. √ 4. √ 5. √ 6. ×

三、1. 假装 2. 认为 3. 不以为然 4. 思考 5. 无误 6. 留心 7. 如此

阅读2

一、1. A 2. C 3. D 4. B 5. C

二、1. √ 2. × 3. √ 4. √ 5. × 6. √

三、1. 反而 2. 给予 3. 很多 4. 专心；下功夫 5. 隐藏 6. 称赞

第30课 工作与人生

主课文

一、1. × 2. √ 3. × 4. √ 5. × 6. ×

二、1. A 2. B 3. A 4. B 5. B 6. A

三、1. 有悖于 2. 充沛 3. 不合时宜 4. 糟糕 5. 共识 6. 充实

四、1. A 2. B 3. A 4. A 5. D 6. D

五、略

阅读1

一、1. C 2. B 3. B 4. C 5. A 6. C

二、略

三、1. 名副其实 2. 愿望 3. 人尽皆知 4. 名声 5. 效仿

阅读2

一、1. B 2. D 3. A 4. B 5. A

二、1. × 2. √ 3. √ 4. √ 5. × 6. √

三、1. B 2. A 3. D 4. C 5. C 6. D

单元阅读测试练习六

阅读1

一、1. × 2. √ 3. √ 4. × 5. √ 6. √ 7. √

二、略

阅读2

一、1. A 2. D 3. B 4. C 5. D

二、1. × 2. × 3. × 4. × 5. × 6. √

阅读 3

一、1. B 2. D 3. C 4. D 5. A

二、略

阅读 4

一、1. D 2. C 3. D 4. C 5. B

二、略

阅读 5

一、1. A 2. D 3. C 4. D 5. B

二、略

阅读 6

一、1. C 2. B 3. D 4. A 5. C 6. D

二、略

关于本教材涉及的有关著作权说明

本教材在编写时,为了让少数民族学生习得自然而真实的汉语言,其语料主要精选于一些优秀报刊杂志上的美文和令人信服网站上的电子资料,并根据教学的需要在真实语料的基础上进行了删减或改编。由于时间、地域等多方面的原因,我们没有一一与著作人取得联系,就使用并删减了有关作者的作品。基于发展新疆少数民族双语教育和提高少数民族高等教育质量的迫切之心,期望能得到您的理解和支持。对您作品的改编或删减可能使其失去了原著的精彩或完整性,希望您能谅解。另外,有些作品由于不清楚作者的信息,所以没有署上作者的名字,也请您谅解。

为了尊重原作者的著作权,特此申明:如著作人不同意自己的作品被当作教材使用,请联系我们,我们会及时更换;如需领取稿酬,也请联系我们。届时请提供相关资料;①本人身份证明;②作者身份证明。

联系方式如下:
地址:新疆乌鲁木齐393号新疆医科大学语言文化学院汉语教研室
电话:0991—4362454
联系人:于红梅

参考文献

[1] 教育部民族教育司中国少数民族汉语水平等级考试课题组编.中国少数民族汉语水平等级考试大纲(三级)[M].北京:北京语言大学出版社.

[2] 教育部民族教育司中国少数民族汉语水平等级考试课题组编.中国少数民族汉语水平等级考试大纲(四级)[M].北京:北京语言大学出版社.

[3] 周小兵,张世涛.中级汉语阅读教程[M].北京:北京大学出版社,1999.

[4] 朱勇.民族汉考(四级)短期强化教程(阅读分册)[M].北京:北京语言大学出版社,2005.

[5] 高顺全,吴中伟,陶炼.十级汉语[M].北京:北京语言大学出版社,2009.

[6] 黄伯荣,谬序东.现代汉语(上、下)[M].北京:高等教育出版社,2008.

[7] 戴庆夏.语言学基础教程[M].北京:商务印书馆,2006.